디자이너's PRO
실무 영상 편집

오창근
장윤제
유희정
지음

디자이너's PRO 실무 영상 편집

Designer's PRO Practical Video Editing

초판 발행 · 2022년 10월 20일

지은이 · 오창근, 장윤제, 유희정
발행인 · 이종원
발행처 · (주) 도서출판 길벗
출판사 등록일 · 1990년 12월 24일
주소 · 서울시 마포구 월드컵로 10길 56 (서교동)
대표전화 · 02) 332-0931 | **팩스** · 02) 323-0586
홈페이지 · www.gilbut.co.kr | **이메일** · gilbut@ gilbut.co.kr

기획 및 책임편집 · 안윤주 (anyj@gilbut.co.kr)
디자인 · 장기춘 | **제작** · 이준호, 손일순, 이진혁
영업 마케팅 · 전선하, 차명환, 박민영 | **영업관리** · 김명자 | **독자지원** · 윤정아, 최희창

편집 진행 · 앤미디어 | **전산 편집** · 앤미디어
CTP 출력 및 인쇄 · 교보피앤비 | **제본** · 경문제책

ISBN 979-11-407-0158-2 03000
(길벗 도서번호 007124)

정가 28,000원

독자의 1초까지 아껴주는 정성 길벗출판사
길벗 IT단행본, IT교육서, 교양&실용서, 경제경영서
길벗스쿨 어린이학습, 어린이어학

페이스북 www.facebook.com/gilbutzigy
네이버 포스트 post.naver.com/gilbutzigy

저자 · 오창근
직업 · 미디어아트 작가
경인교육대학교 교수
이력 · 국제영화제 심사위원
엑스포 전시영상 감독
미디어아트 전시회 110여 회 참가
미디어 연구소장 역임

지금 우리는 영상의 시대를 경험하고 있습니다. 손 안의 스마트폰부터 거실의 TV를 넘어 거리의 대형 스크린까지 영상은 곳곳에서 살아 움직입니다. 유튜브 플랫폼이 불러온 개인 영상 콘텐츠의 폭발적 증가는 이제 공중파 방송을 압도하며 방송 프로그램이 개인 창작자를 흉내내는 모습까지 보이게 만들었습니다. 영상 기술에 능숙하지 못한 어린이도 자신의 재능을 소개하는 영상을 공개해서 인기를 끌기도 합니다. 누구나 영상을 보고, 즐기고, 만드는 시대에 영상 편집은 필수적인 능력이 되고 있습니다. 영상을 촬영하고 편집할 수 있는 능력자가 넘쳐나는 시대에 남다른 영상 편집 전문가로 성장하려면 어떻게 해야 할까요?

먼저 초보자의 영상 편집과 전문가의 편집은 무엇이 다른지 살펴보아야 합니다. 편집 전문가로 성장하려면 먼저 우수한 편집의 결과를 자주 접하고, 좋은 편집으로 평가받는 영상을 영상 편집 프로그램으로 불러와서 자세히 살펴봅니다. 컷 포인트에서 장면의 전환이나 인물의 동작이 어떻게 바뀌는지 살피고, 자기 생각과 비교하면서 더 나은 대안이 없는지 실험해 보는 것도 전문가로 성장하는 방법이 됩니다. 또한, 영상 편집은 단지 시간 순서대로 샷들을 배열하거나 이야기를 충실히 전달하기 위한 수단이 아닙니다. 지루하고 밋밋한 결과를 원하지 않는다면, 처음부터 영상의 호흡과 리듬을 계획할 필요가 있습니다.

비록 어두운 편집실 안에서 일하지만, 편집의 결과가 영상의 성과를 좌우한다는 신념을 가지고, 영상 편집 전문가로서 자부심을 품기 바랍니다.

저자 오창근

머리말

Chang Yoonje

저자 · 장윤제
직업 · 영상 교육 전문가
　　　　계원예술대학교 교수
이력 · 영상학 박사
　　　　영상 프로젝트 다수 참여
　　　　색채디자인연구소 연구원
　　　　영상 공모전 심사위원 역임

영상에 대한 니즈가 증가하면서 다양한 형태의 영상 콘텐츠가 쏟아져 나오고 있습니다. 영상 제작 솔루션도 지속해서 발전하여 영상 편집을 위한 프로그램의 선택지도 넓어졌습니다. 디자이너가 영상 관련 프로그램의 수많은 기능을 표현의 도구로 익혀 자신만의 비주얼 표현 능력을 넓히고 창의적인 결과를 제작하는 능력은 중요합니다. 지금처럼 미디어가 발전하는 추세에서 영상을 제작하는 일이 더욱 대중화된다면, 편집 프로그램을 다루는 스킬만으로는 디자이너의 능력이 차별화되기 어려울 수 있습니다. 빠르게 변화하는 영상의 트렌드 속에서 경쟁력 있는 영상 디자이너가 되기 위한 방편을 알아보겠습니다.

영상의 기본 이론을 충실히 공부하고, 좋은 사례를 따라하며 새로운 편집 디자인 기법을 탐구하면서 자신만의 노하우를 개발해야 합니다. 또 영상 편집 프로그램이 업그레이드되면 기능의 변화에 빨리 적응하여 자신의 표현 능력에 제한이 되지 않도록 합니다.
전달하려는 메시지와 콘셉트에 집중하여 작업자의 입장이 아닌 시청자 입장에서 의도한 바가 잘 전달되는지를 검토하고, 더 나아가 참신한 표현력과 감동을 줄 수 있도록 노력하고 좋아 보이는 시각적 조형성에 관한 디자인 조형의 원리를 깊게 살펴보는 것도 중요합니다.

다양한 영상 형식에 능동적으로 대응할 수 있는 영상 디자이너가 될 수 있다면, 미디어 사용 환경이 크게 바뀌어도 경쟁력을 잃지 않는 디자이너로 성장할 것입니다.

저자 장윤제

저자 · 유희정
직업 · 영상 시각효과 감독
　　　넥스트 비쥬얼 대표
이력 · 국내 다수 대학 출강
　　　영상 시각효과 작품 100여 편 참여
　　　서울국제무용영화제 다큐멘터리
　　　최우수 감독상 및
　　　다수 영화 페스티벌 수상

평소 편집이 잘 되었다고 평가받은 드라마, 영화, 뮤직비디오 등 영상을 재구성해 봅니다. 결론을 바꾸어 보든지, 필요 없고 지루하다고 생각했던 부분을 잘라내든지, 주인공이나 캐릭터가 다르게 보이도록 재편집하든지, 해피 엔딩을 새드 엔딩으로 바꿔보든지, 열린 결말로 바꾸는 등 기존 영상을 재구성해서 새로운 자기만의 편집으로 완성하는 경험을 해보시기를 바랍니다. 이러한 경험에서 기존에 알고 있는 뻔한 스토리와 선입견을 과감하게 뒤집을 수 있는 용기를 얻게 됩니다. 편집에 따라 전혀 새로운 영상이 탄생할 수 있다는 사실에 놀라게 될 것이며, 영상은 편집의 예술이라는 점을 강하게 느끼게 될 것입니다.

영화나 뮤직비디오 등을 보면서 신기한 장면을 발견할 때는 반드시 비포 & 애프터 영상을 찾아 어떻게 촬영하고 편집했을지를 분석하고, 마음에 들거나 눈길을 끄는 영상의 색감을 어떻게 만들었을지 상상하고 컬러를 보정한 결과 샘플을 다양하게 만들어 두는 것이 좋습니다. 이 과정이 습관으로 굳어진다면 영상을 감상의 도구가 아니라 분석의 대상으로 인식하는 입장의 전환이 일어날 것입니다.

남들의 평가가 나쁠까 두려워하며 자신만의 울타리에 갇히면 안 됩니다. 편집은 여러 번 할수록 실력이 늘고, 타인에게 평가받아 보면 배우는 경험이 됩니다. 최대한 많은 사람에게 편집의 결과를 보여 주고 끊임없는 평가와 비평에서 차별화된 영상을 만드는 습관을 갖도록 합시다.

저자 **유희정**

영상 제작 과정은 사전 작업(Pre-Production), 제작(Production), 후반 작업(Post-Production)의 3단계 순서로 진행됩니다. 각 단계에는 다양한 과정이 포함되어 있고, 분야별 전문 인력과 장비들이 투입됩니다.

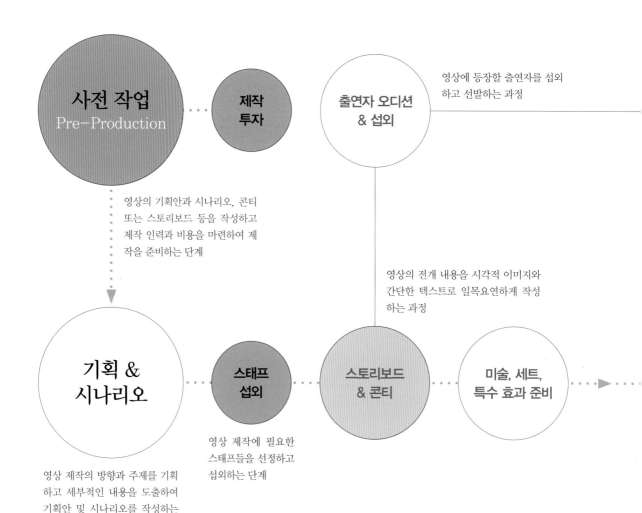

사전 작업
Pre-Production

제작 투자

출연자 오디션 & 섭외

영상에 등장할 출연자를 섭외하고 선발하는 과정

영상의 기획안과 시나리오, 콘티 또는 스토리보드 등을 작성하고 제작 인력과 비용을 마련하여 제작을 준비하는 단계

영상의 전개 내용을 시각적 이미지와 간단한 텍스트로 일목요연하게 작성하는 과정

기획 & 시나리오

스태프 섭외

스토리보드 & 콘티

미술, 세트, 특수 효과 준비

영상 제작에 필요한 스태프들을 선정하고 섭외하는 단계

영상 제작의 방향과 주제를 기획하고 세부적인 내용을 도출하여 기획안 및 시나리오를 작성하는 단계

개인 창작자는 혼자서 제작 과정을 축약하여 감당하겠지만, 영화와 같은 대규모 제작 환경에서는 수많은 전문가와 큰 비용을 활용하며 아래 예시된 전체 프로세스를 거쳐 영상을 완성하게 됩니다.

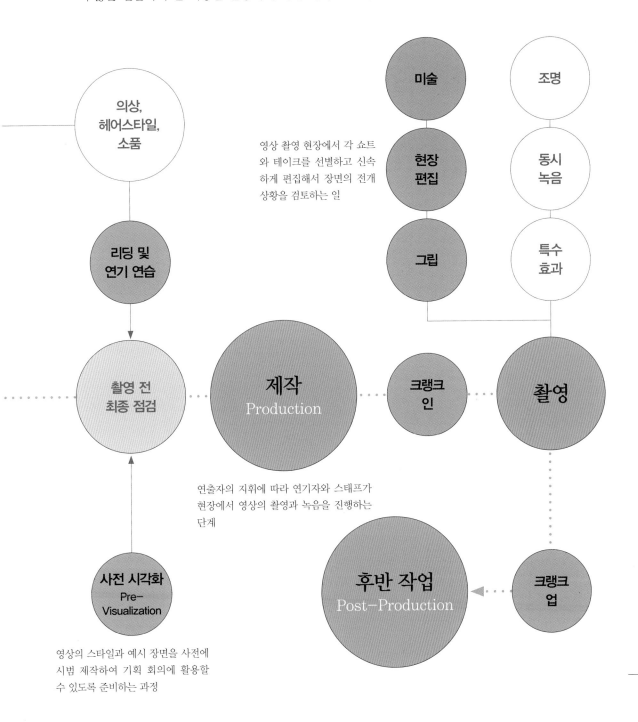

의상, 헤어스타일, 소품

리딩 및 연기 연습

촬영 전 최종 점검

사전 시각화
Pre-Visualization

영상의 스타일과 예시 장면을 사전에 시범 제작하여 기획 회의에 활용할 수 있도록 준비하는 과정

제작
Production

연출자의 지휘에 따라 연기자와 스태프가 현장에서 영상의 촬영과 녹음을 진행하는 단계

미술

조명

현장 편집

동시 녹음

영상 촬영 현장에서 각 쇼트와 테이크를 선별하고 신속하게 편집해서 장면의 전개 상황을 검토하는 일

그립

특수 효과

크랭크 인

촬영

크랭크 업

후반 작업
Post-Production

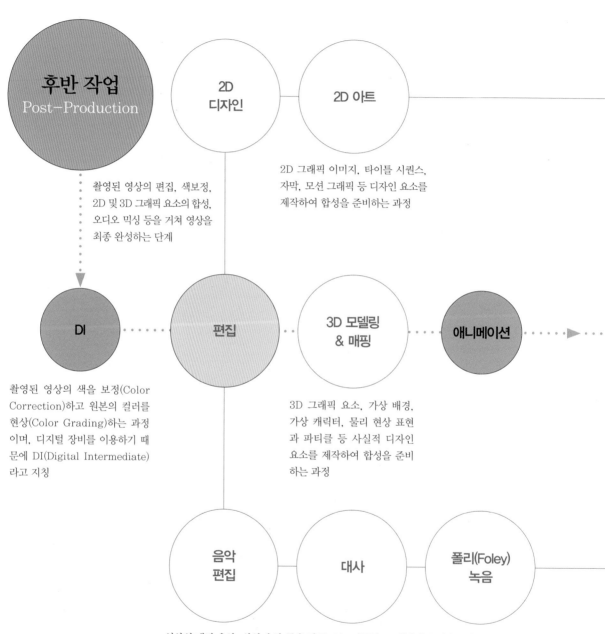

후반 작업
Post—Production

촬영된 영상의 편집, 색보정,
2D 및 3D 그래픽 요소의 합성,
오디오 믹싱 등을 거쳐 영상을
최종 완성하는 단계

2D 디자인

2D 아트

2D 그래픽 이미지, 타이틀 시퀀스,
자막, 모션 그래픽 등 디자인 요소를
제작하여 합성을 준비하는 과정

DI

편집

3D 모델링 & 매핑

애니메이션

촬영된 영상의 색을 보정(Color
Correction)하고 원본의 컬러를
현상(Color Grading)하는 과정
이며, 디지털 장비를 이용하기 때
문에 DI(Digital Intermediate)
라고 지칭

3D 그래픽 요소, 가상 배경,
가상 캐릭터, 물리 현상 표현
과 파티클 등 사실적 디자인
요소를 제작하여 합성을 준비
하는 과정

음악 편집

대사

폴리(Foley) 녹음

영상의 배경 음악, 삽입 음악 등을 작곡 또는 편곡하고, 대사와 효과음 등을 녹음하는 과정

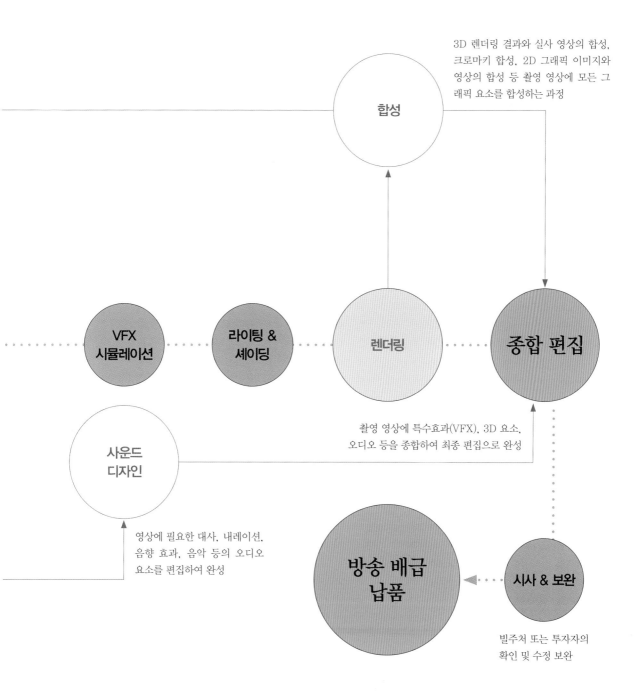

합성

3D 렌더링 결과와 실사 영상의 합성, 크로마키 합성, 2D 그래픽 이미지와 영상의 합성 등 촬영 영상에 모든 그래픽 요소를 합성하는 과정

VFX 시뮬레이션

라이팅 & 셰이딩

렌더링

종합 편집

촬영 영상에 특수효과(VFX), 3D 요소, 오디오 등을 종합하여 최종 편집으로 완성

사운드 디자인

영상에 필요한 대사, 내레이션, 음향 효과, 음악 등의 오디오 요소를 편집하여 완성

방송 배급 납품

시사 & 보완

빌주처 또는 투자자의 확인 및 수정 보완

미리 보기
Preview

영상 편집 기능을 쉽게 배울 수 있도록 이론과 실습 예제를 담았습니다.
이론을 익히고 작업을 시작하기 전 프로젝트를 알아보세요.

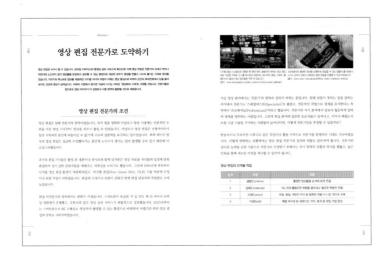

이론

영상 편집 디자인이란 무엇인지 살펴봅니다. 개성 있는 콘셉트나 아이디어를 떠올리는 방법을 살펴보고
기획에서 편집까지 최고의 영상 편집 디자인을 위한 기본기를 익힙니다.

프로젝트

프로젝트에 담긴 영상 편집자의 기획 의도와 구성, 표현 방법,
작업의 특징을 살펴보며 예제 작품을 미리 확인합니다.

영상 편집 기능을 쉽게 배울 수 있도록 실습 예제와 TIP, 디자이너의 노하우를 담았습니다.
직접 따라하면서 프리미어와 애프터 이펙트를 실무자 레벨로 익혀보세요.

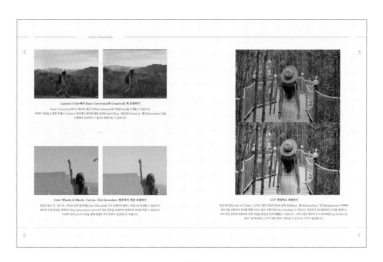

시뮬레이션

실무 디자인 프로젝트를 시작하기 전에 어떤 효과를 적용하는지 알아봅니다.
효과가 적용된 이미지를 한눈에 보기 쉽게 확인할 수 있습니다.

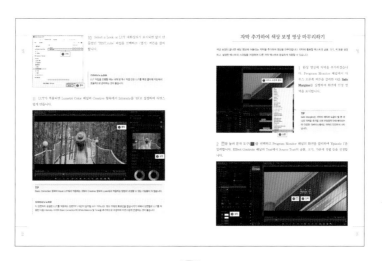

따라하기

실무 디자인 프로젝트를 직접 따라 하면서 만들어 봅니다.
실습 따라하기를 통해 영상을 직접 완성할 수 있습니다.

Part 2 — 이론 실무 영상 기술 파악하기

Part 3 — (*이론*) **영상 기획 과정에 참여하기**

Part 4 — 프로젝트 실전 영상 편집 프로젝트로 현장감 익히기

리퀴드 효과 애니메이션으로 화면 구성하기
Create Nulls From Path.jsx로 형태 변형 애니메이션 만들기

Part 1

영상 편집의
실무 이론
마스터하기

첨단 영상기법이 변화무쌍하게 등장하고 사라져도 변치 않는 원칙과 이론이 있습니다. 영상 편집 실무 이론에서는 무엇보다 가장 중요한 영상 편집의 원리와 원칙에 관해 꼼꼼하게 학습하며 영상의 문법과 이론적 토대를 함께 살펴보겠습니다. 영상 편집의 원칙을 체득하고 나면 어떻게 남다른 편집 기법으로 발전시킬 수 있을지 고민이 필요합니다.

Premiere Pro ——————————————————————— *After Effects* ——————

이론

영상 편집 전문가로 도약하기

영상 편집은 누구나 할 수 있습니다. 모바일 디바이스와 동영상 공유 서비스의 확산으로 이제 영상 편집은 전문가의 손에서 벗어나 어린이와 노인까지 쉽게 영상물을 완성하고 공유할 수 있는 환경으로 세상의 모두가 영상을 만들고 나누며 즐기는 시대로 접어들었습니다. 이미지와 텍스트로 정보를 제공하던 디지털 미디어 유형이 이제는 영상 중심으로 바뀌어 손안의 휴대전화에서 눈을 들어 보아도 곳곳에 영상이 넘쳐납니다. 미래의 시점에서 본다면 지금의 시기는 아마도 '영상화의 시대'로 규정될 것입니다. 전문가들은 앞으로도 영상 미디어가 더 성장하고 다른 영역과 융합될 것으로 예측합니다.

영상 편집 전문가의 조건

영상 편집은 원래 전문가의 영역이었습니다. 과거 필름 영화와 아날로그 방송 시절에는 전문적인 수련을 거친 '편집 기사'만이 영상을 자르고 붙일 수 있었습니다. 아날로그 영상 편집은 선형적이라서 일단 시작되면 중간에 되돌아갈 수 없기에 고도의 집중력을 요구하는 일이었습니다. 특히 테이프 방식의 영상 편집은 성급히 수정했다가는 중간에 노이즈가 생기는 일이 발생할 수도 있기 때문에 더 조심스러웠습니다.

과거의 편집 기사들은 촬영 후 대본이나 큐시트와 함께 넘겨받은 영상 자료를 자신들의 일정에 맞춰 편집하며 성미 급한 관련자들을 애태우는 자부심을 누리기도 했습니다. 그런데 1990년대 후반부터 디지털 영상 편집 환경이 대중화되었고, 비선형 편집(Non-linear Edit, NLE) 기술 덕분에 수정이나 보완 작업이 쉬워졌습니다. 편집의 수정이나 보완이 쉬워진 탓에 편집 담당자의 작업량도 크게 늘었습니다.

편집 비전문가의 영역에서도 변화가 커졌습니다. 스마트폰이 보급된 지 십 년도 채 안 되어서 모바일 영화제가 유행했고, 유튜브와 같은 영상 공유 서비스가 폭발적으로 성장했습니다. 2020년부터는 스마트폰으로 8K 고해상도 영상까지 촬영할 수 있는 환경으로 바뀌면서 어렵기만 하던 영상 편집의 문턱도 사라져버렸습니다.

디지털 영상 시스템으로 전환된 후 영국 BBC 방송국의 라이브 영상 편집실은 다양한 카메라 소스를 표시하고 편집하는 모니터와 콘솔, 스위처, 플레이어와 레코더 등의 장비들로 가득 차 있습니다.
(출처 : www.akadesign.com/aka-custom/control-room-galleries)

스마트폰으로 촬영한 영상을 간편하게 편집할 수 있는 앱들이 출시되면서 누구나 손바닥 안에서 고해상도 영상 편집을 진행할 수 있게 되었습니다.
(출처 : www.mojo-manual.org/editing-video-multitrack-editing)

지금 영상 분야에서는 '전문가'의 영역과 정의가 바뀌는 중입니다. 원래 남들이 못하는 일을 잘하는 의미에서 전문가는 '스페셜리스트(Specialist)'로 불렸고, 전문적인 직업으로 생계를 유지한다는 측면에서 '프로페셔널(Professional)'이라고 했습니다. 전문가란 자기 분야에서 남보다 월등하게 일하며 생계를 영위하는 사람입니다. 그런데 편집 분야에 입문한 초보자들이 넘쳐나고, 어디서 배웠는지 모를 고급 기술을 구사하는 사람들이 늘어난다면, 어떻게 전문가임을 주장할 수 있을까요?

방송국이나 프로덕션 스튜디오 같은 직장이나 활동 이력으로 전문가를 증명하던 시대도 지나버렸습니다. 이렇게 변화하는 상황에서는 영상 편집 전문가의 정의와 역할도 달라져야 합니다. 전문가란 남다른 능력을 갖춘 사람으로 전문가로 인정받기 위해서는 자기 영역의 상황과 역사를 꿰뚫고, 높은 안목을 통해 새로운 비전을 제시할 수 있어야 됩니다.

영상 편집의 단계별 작업

순서	과정	작업
1	결합(Combine)	촬영한 영상들을 순서에 맞게 연결
2	압축(Condense)	NG 컷과 불필요한 부분을 잘라내고 필요한 부분만 연결
3	수정(Correct)	화질, 음질, 색감의 차이 등 잘못된 컷을 더 나은 컷으로 교체
4	구성(Build)	배열 재구성 및 내레이션, 자막, 효과 등 편집 작업 완성

영상 편집 환경의 변화

영상 편집이란 촬영되거나 준비된 영상 클립들을 이야기 구조에 맞춰 자르고 이어붙이는 일입니다.

선형 편집

과거 영화 필름 편집 방식 촬영한 네거티브 필름을 포지티브 필름으로 현상한 후 샷(Shot)과 장면(Scene)에 따라 물리적으로 잘라 붙이는 방식으로, 아날로그 비디오 영상은 촬영 원본 테이프를 데크에 넣고 돌려가며 원하는 장면을 찾아서 대상 테이프에 순서대로 녹화하는 방식으로 편집했습니다. 이 두 가지 편집 유형은 이야기 순서에 따라 앞에서부터 차근차근 붙여나가야 했기 때문에 '선형 편집(Linear Edit)'이라고 말합니다.

편집 순서가 틀려져서 억지로 붙여 넣거나 비디오의 타임코드가 손실되면 중간에 노이즈가 나타나는 경우도 있었고, 비디오 테이프의 규격도 Betacam, U-matic, Hi-8mm, HDV, DV 등 제각각이어서 편집 스튜디오는 다양한 포맷의 장비를 모두 갖추어야만 원활한 작업이 가능했습니다. 게다가 국가별로 방송규격도 달라서 유럽의 영상 테이프를 소스로 사용하려면 PAL 방식의 플레이어를 수소문해야 하는 경우도 있었습니다.

지금의 시각에서는 불편해 보일 수도 있습니다만, 현재의 컴퓨터 기반 디지털 영상 편집에도 앞 시대의 필름 편집과 아날로그 비디오 편집의 전통이 유산처럼 남아있습니다. 편집 창 왼쪽에 소스 프리뷰 화면과 오른쪽에 편집 결과 화면이 배열되는 인터페이스 구조나 플레이어 도구 중에서 조그셔틀 같은 요소도 아날로그 비디오 편집기에서 사용하던 방식과 유사합니다. 소스 테이프의 특정 장면에 인(IN) 포인트와 아웃(OUT) 포인트를 지정해서 녹화 측 테이프에 옮기는 방식도 디지털로 바뀌었을 뿐 예전 그대로 남아 기존의 편집 전문가들이 쉽게 적응하도록 배려한 장치들입니다.

비선형 편집

아날로그 미디어와는 달리 컴퓨터 기반의 디지털 영상 편집은 순서에 상관없이 자유롭게 편집할 수 있습니다. 순서에 구애받지 않고 자유롭게 편집할 수 있기 때문에 '비선형 편집(Non-linear Edit)'이라고 부릅니다. 비선형 편집은 더 편리하고 수정 보완도 자유롭지만, 그만큼 결과를 예측하기 어렵고 다양한 버전을 만들어내야 하는 경우도 생깁니다.

아울러 디지털 촬영 방식은 필름이나 테이프처럼 시간에 따른 비용이 크게 발생하지 않기 때문에,

이전 시대에 비해서 훨씬 더 많은 양을 촬영한 후, 편집 과정에서 쓸만한 장면을 골라내는 환경으로 정착되었습니다.

이에 따라 편집 담당자에게는 더 많은 소스를 검토하고 선택해서 편집해야 하는 어려움이 따르게 되었습니다. 특히, 편집 조수는 촬영 현장에서 매일 전송되는 수많은 자료를 탐색하고 정리해두어야 합니다. 헐리우드에서는 이런 과정을 '로깅(Logging)'이라고 하며, 실제 완성될 분량의 최소 열 배가 넘는 영상 소스들을 분류 없이 그대로 두면 나중에는 더 큰 혼돈으로 빠져들게 됩니다. 따라서 최근에는 영상 편집 프로그램도 미디어 분류 기능이 보강되는 추세입니다.

아날로그 비디오 편집을 위해서는 다양한 테이프 및 녹화 규격에 따른 플레이어와 레코더를 구비하고 조그셔틀과 버튼이 달린 편집기와 2개의 모니터를 연결하는 방식으로 시스템을 구성했습니다.
(출처 : www.adapttvhistory.org.uk/post-production/post-production-u-matic-and-betacam)

환경에 따른 영상 편집 과정의 이해

디지털 시대에도 영상 편집 환경은 편집자마다 직장마다 다릅니다. 고성능 대용량의 컴퓨터를 기반으로 시스템을 구축하는 것은 공통점이겠지만, 편집 프로그램과 플러그인 활용, 모니터와 스피커 등의 스펙, 편집용 인터페이스 구비 등은 서로 다를 것입니다.

회사나 기관의 규모에 따라 실무자의 편집 업무도 세부적으로 구분되어 작은 범위의 일만 반복하는 경우도 많습니다. 영상 편집과 포스트 프로덕션의 일부 공정만 전문적으로 담당하는 회사에 소속되어 미시적으로 디테일 작업만 담당하는 일도 많을 것입니다.

영상 편집은 개인 유튜버처럼 혼자서 모든 과정을 다 감당할 수도 있지만, 경우에 따라 소스 검토, 러프 편집, 본 편집, 특수효과 적용, 3D 작업, 모션 그래픽, 색 보정, 오디오 편집과 믹싱, 데이터 변환 등을 전문 영역으로 나누어 서로 다른 실무자가 팀으로 작업하는 상황도 많기 때문에, 영상 관련 종사자라면 영상 편집의 모든 과정을 이해할 필요가 있습니다.

영상 편집 담당자의 현실

영상 편집은 영상으로 이야기를 구성하는 일입니다. 디지털 미디어 기술이 발전할수록 영상의 종류와 용도도 증가하고 있습니다. 얼마 전까지만 해도 대부분의 인터넷 홈페이지들은 이미지와 텍스트로 구성되었는데, 지금은 화면 가득 영상으로 채우는 사이트가 늘어나고 있습니다. 정보의 습득과 교육 방법도 과거 텍스트 위주에서 영상 콘텐츠의 활용으로 이동하고, 새로운 정보의 검색 빈도도 유튜브가 텍스트 위주의 검색 사이트를 능가하게 되었습니다.

영상 편집의 시대적 변화

스마트폰을 손에 들고 열중하는 사람들의 대부분은 동영상을 시청하는 경우일 것입니다. 번화한 도심의 거리에서 보면 건물마다 옥상 또는 전면에 대형 LED 스크린이 빼곡하게 들어섰습니다. 어디서나 누구나 영상을 보고, 참여하고, 만드는 시대로 접어들었습니다. 이런 시대적 변화는 예전처럼 글을 잘 쓰는 사람보다 영상을 잘 만드는 사람, 영상 편집에 능통한 사람을 필요로 합니다. 그것이 광고와 방송물, 영화 같은 상업 영상이든, 개인적인 생활을 조곤조곤 들려주는 브이로그든, 상상력과 그 이상의 노력을 요구하는 애니메이션이든 이야기의 표현 능력이 중요합니다. 이야기는 정보의 편집으로 표현되어 모든 영상에 담긴 이야기는 영상 편집의 결과가 됩니다.

주어진 영상 클립을 잘라 붙이는 일은 영상 편집에서 가장 단순한 부분입니다. 일상에 비유하자면 마치 숟가락질과 같습니다. 어린아이라면 숟가락질을 배우기 위해 노력하겠지만, 익숙해지면 그 방법 자체를 잊어버리게 됩니다. 중요한 것은 숟가락에 담긴 음식이고, 무슨 맛이냐이기 때문입니다. 마찬가지로 영상 편집에서는 영상 소스를 활용해서 독특한 이야기나 감성을 만들어 내는 것이 중요합니다.

편집자의 위상

영화 한 편을 보고 나서 대부분 감독과 배우를 이야기하며, 편집자를 언급하는 경우는 거의 없습니다. 만약 편집 기법이 먼저 보이고 배우보다 세트가 잘 보인다면 제대로 만든 영상이라고 할 수 없을 것입니다. 튀어 보이는 편집과 어색한 장면은 시청자와 관객을 불편하게 만들고, 영상 작품의 완성도를 떨어뜨리기 때문입니다. 그래서 편집자(Editor)는 항상 뒤에 숨어 있어야 합니다. 물론 예외적으로 영화제나 영상 페스티벌에서 편집상을 수상할 때에는 무대에 오를 수 있습니다만, 대체로는 어두운 편집실에 스스로 갇혀서 일하고 있습니다. 이것이 편집자의 숙명입니다.

편집자 한 명을 위한 일반적인 영상 편집실은 편집용 컴퓨터와 여러 대의 모니터, 스피커, 편집용 콘솔이나 인터페이스 등으로 구성합니다. (출처 : 424post.com/editing-bays)

영상 편집은 상당히 고독한 일입니다. 빠르고 직관적인 판단력과 함께 고도의 집중력을 요구하는 일이기도 합니다. 대부분의 영상 편집 과정은 외부와 단절된 상황에서 진행되곤 합니다. 촬영된 소스와 함께 스크립트 또는 시나리오 등을 전달받고 편집 방향에 대해서 의논도 하지만, 촬영장의 시끌벅적한 분위기나 상영회의 축제 같은 느낌과는 전혀 거리가 먼, 고립된 장소에서 차분히 편집하게 됩니다. 물론 영상 촬영 현장에서의 가편집(Rough Cut) 작업도 있고, 후반 작업 과정에서 발주처 또는 감독과 함께 주요 장면을 상의하며 편집하는 경우도 있기는 합니다. 그렇지만 대부분의 영상 편집 담당자들은 외부와 단절된 공간에서 두어 개의 모니터를 마주하고, 키보드와 편집용 인터페이스를 두드리며 영상 속 이야기의 흐름을 따라가느라 혼잣말을 중얼거리는 것이 일상입니다.

빠듯한 일정 속에서 수많은 영상 소스를 비교해 가며 신속하게 판단하여 편집하는 일은 간단하지 않습니다. 디지털 비선형 편집 환경에서 영상 편집은 무수한 경우의 수를 모두 보여 주어야 하는 상황에 처하기 쉽습니다. 영상의 시대로 바뀌면서 수요자의 안목도 높아지고 다양성의 폭도 넓어져서 편집 실무가 점점 어려워지는 것이 현실입니다.

전체 영상 제작 과정에서 원만한 협업과 우수한 결과의 산출을 위해서는 먼저 영상 편집의 개념과 원리부터 확실히 이해하고 있어야 합니다. 영상 편집에 관해서 정확한 개념부터 응용될 만한 경우의 수까지 확실히 간파하고 있다면, 어떠한 요구와 상황에 맞닥뜨려도 자신의 입장을 세울 수 있을 것입니다.

영상 구성의 요소 파악하기

영상을 이루는 구성은 요소는 가장 작은 단위인 '샷'부터 장면을 구성하는 '신', 이야기의 덩어리를 만드는 '시퀀스'로 규모가 커집니다.
촬영 현장에서 다양한 '샷'과 '테이크'를 전달받아서 편집하려면 영상의 각 구성 요소와 용어를 정확하게 이해해야 합니다.

구성의 기본 요소

영상은 촬영한 것이든 그래픽 이미지로 생성한 것이든 편집 과정에서 구성 요소로 쓰이게 됩니다.
영상의 가장 작은 단위 요소는 한 장의 정지 이미지인 '프레임'이고, 연속된 프레임이 모여서 하나
의 동작이나 부분을 보여 주는 '샷'을 구성합니다. 하나 또는 여러 개의 샷은 독자적인 '장면', 즉 '신'
을 만듭니다. 하나의 신 또는 여러 개의 신은 연속된 이야기의 흐름을 표현하는 '시퀀스'를 구성하게
됩니다. 하나의 영상 작품은 여러 개의 시퀀스로 구성되는데, 인스타그램의 쇼츠(Shorts)처럼 짧은
SNS 영상은 하나의 샷으로도 만들 수도 있습니다.

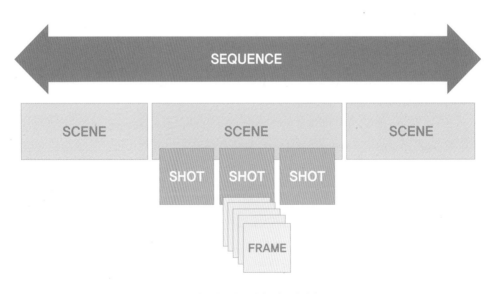

프레임 – 샷 – 신 – 시퀀스의 구성 관계

프레임

연속된 이미지의 흐름 중에서 하나의 순간적인 이미지가 담긴 것을 '프레임(Frame)' 또는 '화면(畫面)'이라고 합니다. 영상은 연속된 프레임으로 구성되며, 하나의 프레임은 한 장의 그림 또는 사진과 같습니다. 보통 NTSC 규격 영상은 1초에 29.97프레임의 연속으로 영상을 표현합니다. 영화나 애니메이션은 초당 24프레임이고, 고속 촬영 영상은 초당 120프레임 이상으로 촬영하는 경우도 있습니다. 필름 영화에서는 프레임마다 정확한 사진 이미지의 형상이 담긴 경우가 많지만, 빠른 동작 또는 카메라 움직임일 때는 흐릿하거나 번진 이미지처럼 보이기도 합니다.

하나의 프레임에는 장면의 구성 요소가 들어갑니다. 멀리 흐릿하게 보이는 원경-중경-근경의 배경 가운데에 주인공 또는 주요 피사체가 위치하고 필요에 따라 세트 요소와 소품이 등장하기도 합니다. 이처럼 하나의 프레임 안에 들어가는 구성 요소를 만드는 작업은 전통적으로 '미장센(Mise-en-scène)'이라는 영역에 속합니다. 영상 촬영에서 프레임은 카메라의 위치, 움직임, 렌즈와 피사체의 관계 등을 담기 때문에 영상의 한 프레임만 떼어내도 그 안에서 수많은 정보와 관계를 유추해낼 수 있지만, 프레임은 영상 구성의 요소이지만 정지된 상태라서 그 자체를 움직이는 영상으로 인식하기는 어렵습니다.

샷

'샷(Shot)'은 영상을 촬영할 때 카메라의 녹화 버튼을 눌렀다가 정지하기까지 화면의 움직임이 기록된 영상 단위입니다. 그래서 하나의 샷 안에는 편집 점이 존재하지 않습니다. 샷은 영상 편집의 가장 기본 단위이자 서로 구분되는 구성 요소로 편집을 위해서 하나의 샷을 트리밍하거나 일부를 잘라내면 '컷(Cut)'이 됩니다. 샷에는 정지된 것처럼 보이는 배경부터 카메라와 피사체 사이의 관계, 장면 안에서의 움직임, 동작의 연속 등이 담깁니다.

같은 상황의 샷을 여러 번 다시 촬영할 때가 많은데, 이때 각 촬영분은 '테이크(Take)'라고 부릅니다. 영화, 방송, 광고, 뮤직비디오와 같은 상업 영상의 경우, 하나의 만족스러운 샷을 얻기 위해 수많은 테이크를 촬영합니다. 만약 촬영 현장에서 NG(불만족스러운 테이크), Keep(판단을 보류하며 보관하는 테이크), OK(만족스러운 테이크)를 분명하게 결정하지 못하면, 편집 과정에서 원하는 테이크를 골라내기도 합니다. 컷 편집은 다양한 샷 중에서 사용할 것만 골라내고, 각 샷에서 필요한 부분만 트리밍하여 하나의 장면으로 기능할 수 있도록 서로 이어붙이는 작업입니다. 샷을 '숏' 또는 '쇼트'로 부르는 경우도 있습니다.

신

샷들이 모여서 구성하는 이야기의 단위를 '신(Scene)' 또는 '장면(場面)'이라고 합니다. 하나의 장면에 단 하나의 샷이 쓰인 경우도 있지만, 내개는 여러 개의 샷을 이어 붙여서 하나의 장면을 들고 짧은 이야기의 부분 또는 동작의 연속을 담고 있습니다.

장면이라는 말에는 장소의 의미도 들어있어, 장면이 바뀐다는 말은 장소가 바뀐다는 의미를 포함합니다. 예를 들어 카페 신, 옥상 신, 베드 신 등은 장소로 장면을 지칭하는 말입니다. 그러나 하나의 장소에서도 여러 장면을 나누어 촬영할 수도 있습니다. 이때는 동작이나 이벤트에 따라 장면을 구분합니다. 예를 들어, 대화 신, 격투 신, 정사 신 등은 동일한 장소 내에서 동작이나 행위를 구분하여 장면을 지칭하는 말입니다. SNS 게시 용도의 짧은 영상물이라면 하나의 영상 작품을 하나의 장면만으로도 완성할 수도 있지만, 대부분의 영상물은 여러 개의 신으로 구성됩니다.

영화에서 '롱 테이크(Long Take)'라고 부르는 촬영 기법은 하나의 긴 샷으로 한 장면을 구성하는 것을 말하는데, 동작과 장면의 디테일을 천천히 드러내는 기법입니다. 그러나 대개의 경우에는 한 장면을 다양한 각도에서 촬영하여 서로 자연스럽게 이어지도록 연결합니다.

시퀀스

'시퀀스(Sequence)'는 연속된 장면들로 이야기를 구성하는 큰 요소입니다. 이야기의 덩어리, 작은 에피소드, 영상의 마디라고 비유합니다. 하나의 시퀀스를 하나의 장면(Scene)으로 표현할 수도 있지만, 보통은 여러 개의 장면으로 한 시퀀스를 만듭니다. 시퀀스는 독립된 이야기 단위로도 쓰이며, 짧은 영상 작품은 단 하나의 시퀀스로 완성될 수도 있습니다.

어도비 프리미어 프로와 같은 영상 편집 프로그램의 타임라인 패널에서 편집하는 기본 바탕도 '시퀀스'입니다. Project 패널에 불러온 샷 상태의 영상 클립을 트리밍(Trimming)한 다음 타임라인으로 드래그하면 자동으로 새 시퀀스가 만들어지면서 편집을 시작하게 됩니다. 하나의 프로젝트에서 여러 개의 시퀀스를 편집하고, 나중에 네스트(Nest) 기능으로 모아서 최종 편집을 진행할 수 있습니다.

샷과 컷의 차이

간혹 '샷(Shot)'과 '컷(Cut)'을 혼용해서 표현하는 경우가 있는데, 이 둘은 개념적으로 다릅니다. 컷은 샷에서 필요한 부분을 트리밍한 결과를 지칭하며, 편집의 기본 단위입니다. 트리밍하지 않았더라도 샷과 샷을 이어붙인 부분은 컷으로 인식됩니다.

영상 촬영에서 샷이 녹화를 시작하고 중지하기까지의 기록 단위라면, 컷은 샷의 지속 여부를 결정한 것입니다. 영화 촬영 현장에서 감독이 "컷"을 외치면 녹화를 중지하라는 뜻이고, 촬영기사가 버튼을 누르면 촬영되던 샷은 그 순간에 단절됩니다.

감독이 현장에서 결정한 'OK 컷'이라는 것도 촬영한 테이크 중에서 목표한 샷을 완성했을 때, 편집에서 버려질 NG 테이크들과 구분하여 지칭하는 표현입니다. 그러나 편집 과정에서 극적인 연결의 이유로 OK 컷을 버리고 다른 테이크를 채택하는 경우도 간혹 있습니다. 이 같은 경우를 대비하여 준비된 테이크들은 최종 편집까지 모두 유지하는 여유도 필요합니다.

때로는 하나의 긴 샷에서 서로 다른 부분을 여러 컷으로 추출해서 하나 또는 여러 장면을 구성하는 경우도 있습니다. 감정이 고조되는 불연속 편집 효과나 기억을 더듬는 회상 장면에서 자주 쓰이는 기법입니다. 영상 편집에서 컷은 샷의 어느 지점 또는 프레임에서 자르고, 다음 컷으로 연결할지 결정한 결과입니다. 어떤 샷은 그대로 타임라인에 올라갈 수도 있고, 또 다른 샷은 수많은 컷으로 분리되어 쓰이기에 편집이 잘 된 영화나 영상 파일을 타임라인에 배치하고 어느 지점에서 '컷'했는지 찾아보는 것도 영상 편집 공부에 큰 도움이 됩니다.

어도비 프리미어 프로의 기본 컷 편집 단위는 시퀀스입니다. 영상 클립을 트리밍하여 타임라인으로 끌어오면 자동으로 시퀀스가 생성되며, 비디오와 오디오 트랙이 나타납니다.

샷의 종류

우리가 편집하는 대부분의 영상은 촬영의 결과입니다. 물론 모션 그래픽, 애니메이션, 이미지 등과 같은 형식도 편집에 쓰이지만, 대체로는 파일로 기록된 촬영의 결과를 편집하게 됩니다.

빨간 녹화 버튼을 눌러 기록하다가 정지한 녹화 단위가 '샷(Shot)'입니다. 영어 단어인 샷은 원래 총을 쏘거나 무엇인가를 시도하는 행위를 뜻하는데, '샷(Shot)' 대신 '슛(Shoot)'으로 쓰기도 합니다. 골대 안으로 공을 넣는 행위도 '슛'인 것처럼, 피사체를 카메라 안에 영상으로 담는 행위도 '슈팅(Shooting)'으로 불러왔습니다.

촬영 대상을 향해 카메라를 어떻게 조작하고 피사체를 포착하느냐에 따라서 다양한 샷이 만들어집니다. 대상을 향한 서로 다른 샷은 다양한 시선과 감정을 담고 있습니다. 영상을 촬영할 때 어떤 샷으로 포착할지는 감독이 결정합니다만, 편집자도 그 유형을 파악하고 있어야 샷과 컷을 올바르게 연결할 수 있습니다. 영상의 오랜 역사 속에서 확립된 샷의 유형은 장면의 맥락과 기준에 따라 대체로 다음과 같이 분류됩니다.

피사체와의 거리에 따른 샷의 분류

익스트림 클로즈업(ECU, Extreme Close-up) : 피사체에 매우 근접한 거리에서 인물의 눈이나 입술만 화면에 가득 채운 샷

빅 클로즈업(Big Close-up, Tight Close-up) : 얼굴의 눈, 코, 입 부분만 화면에 가득 채운 샷

익스트림 클로즈업

빅 클로즈업

클로즈업(CU, Close-up) : 화면 가득 인물의 머리와 목 부분만 보이는 샷

클로즈 샷(CS, Close Shot) : 머리부터 어깨까지 포착한 샷

클로즈업

클로즈 샷

미디엄 클로즈 샷(MCS, Medium Close Shot) : 머리부터 가슴까지 화면에 잡은 샷

미디엄 샷(MS, Medium Shot) : 머리부터 허리까지 포착한 샷

미디엄 클로즈 샷

미디엄 샷

미디엄 롱 샷(MLS, Medium Long Shot, Medium Full Shot) : 머리부터 무릎까지 잡은 샷

풀 샷(FS, Full Shot) : 몸 전체가 화면에 다 들어간 샷

미디엄 롱 샷

풀 샷

롱 샷(LS, Long Shot) : 몸 전체와 배경 일부가 포착된 먼 거리의 샷

익스트림 롱 샷(ELS, Extreme Long Shot) : 넓은 배경에 인물이 작게 들어간 샷

롱 샷

익스트림 롱 샷

샷의 상호 관계에 따른 분류

마스터 샷(Master Shot) : 한 장면의 처음부터 끝까지 전체 내용을 이끌어가는 샷으로 보통 풀 샷이나 롱 샷으로 시작합니다.

커버리지(Coverage) : 마스터 샷과 다른 각도에서 촬영한 다양한 샷들이며 원활한 편집을 위해 많은 커버리지를 확보하는 것이 필요합니다.

반응 샷(Reaction Shot) : 화면 속에서 누군가 말하거나 행위를 하고 있을 때, 이를 듣거나 보는 다른 사람의 표정을 잡아 어떤 반응을 나타내는가를 제시하는 샷입니다. 영화, 드라마, 인터뷰, 토론 프로그램 등에서 카메라는 항상 말하는 사람만 화면에 잡는 것이 아니라 듣는 사람의 표정과 반응을 적절히 삽입하여 상대방의 감정을 보여줌으로써 극적인 효과를 높일 수 있습니다. 이때에는 상대방의 반응이 잘 보이도록 클로즈업(Close-up)이나 클로즈 샷(Close Shot)을 많이 사용합니다.

인서트 샷(Insert Shot) : 한 장면에서 동작 진행 중 해당 대화의 일부분, 동작의 일부, 사물의 부분, 인물의 시점 등을 보충하여 보여 주는 샷입니다. 한 장면을 하나의 샷으로 묘사하면 지루해질 수 있기 때문에 인서트 샷을 끼워 넣는 경우가 많습니다.

컷 어웨이(Cut Away) : 현재 장면에서 진행되고 있는 동작의 연속은 아니지만, 내용상으로 연결된 다른 동작이나 공간, 사물의 부분을 보여 주고 다시 돌아오는 기법입니다. 예를 들어, 수술실 안의 긴박한 모습을 보여 주는 장면에서 바깥 복도에서 기다리는 가족의 초초한 표정이라던가, 아니면 갈등하는 주인공의 머릿속 생각을 잠깐 컷 어웨이로 삽입하는 사례가 많습니다.

시점 샷(POV, Point of View) : 등장인물의 시선을 보여 주는 샷으로 주관적인 시선을 제시하여 관객의 공감을 유도하는 장치로 활용합니다. 주로 눈높이(Eye Level) 각도의 샷이 쓰이며, 공포 영화나 주관적 심리를 표현하는 장면에서 자주 사용합니다.

팔로우 샷(Follow Shot) : 카메라가 피사체인 인물의 움직임을 따라가면서 찍는 샷입니다. 팔로우 샷은 매우 동적인 화면을 구사하므로 추적 장면 등 상황에 맞게 활용하면 좋은 효과를 기대할 수 있습니다. 그러나 불필요한 팔로우 샷은 오히려 불안정한 화면으로 시청자의 시선을 어지럽게 할 수도 있으므로 꼭 필요한 상황에서만 활용해야 합니다.

설정 샷(Establishing Shot) : 하나의 장면을 시작할 때 전체 공간과 인물의 배치를 보여 주는 도입부의 샷으로 '마스터 샷'과 유사하게 이용됩니다. 설정 샷은 주로 롱 샷이나 풀 샷으로 제시하지만, 필요에 따라 카메라를 패닝(Panning)해서 전체의 공간과 등장인물의 상황을 소개할 수도 있습니다.

재설정 샷(Re-establishing Shot) : 한 장면에서 커버리지를 활용한 인서트 샷이 많아질 경우, 시공간의 맥락을 다시 상기시켜주기 위해 전체 공간과 인물의 관계를 보여 주는 샷을 추가합니다. 커버 샷(Cover Shot)이라고도 합니다.

인물 대화 장면의 샷 유형

단독 샷(Single Shot) : 두 사람 이상의 대화 장면에서 주로 말하는 사람, 또는 한 사람을 화면에 잡는 샷

리버스 샷(Reverse Shot) : 반대편 사람의 위치에서 맞은 편 사람을 보여 주는 샷

오버 숄더 샷(Over Shoulder Shot) : 반대편 사람의 어깨가 화면에 걸쳐진 상태에서 맞은 편 사람을 보여 주는 샷

투 샷(Two Shot) : 두 사람을 하나의 화면에 함께 잡은 샷

두 인물의 대화 장면에 쓰이는 샷, 오버 숄더 샷

투 샷

테이크의 종류

원/싱글 테이크(One/Single Take) : 한 장면을 하나의 샷으로 연속 촬영하여 컷 편집하는 편집 점을 만들지 않는 경우

롱 테이크(Long Take) : 편집 점 없이 싱글 테이크로 오랜 시간에 걸쳐 연속된 움직임을 길게 촬영하는 경우

멀티플 테이크(Multiple Takes) : 하나의 동작을 여러 번에 걸쳐 반복 촬영하는 경우

카메라의 앵글과 이동

카메라가 피사체를 화면에 담는 방식은 위에서 살펴본 샷의 유형으로도 표출되지만, 기술적으로는 대상을 향한 카메라의 각도(Angles) 차이, 주밍(Zooming)과 같은 렌즈의 조작, 패닝과 트랙 같은 카메라의 움직임 등도 중요한 표현 요소입니다.

인물을 향한 카메라의 각도는 현재의 상황이나 심리 상태를 암시합니다. 위대한 존재나 공포스런 인물은 아래에서 위로 우러러보듯이 올려다보는 각도로 촬영하는 경우가 많습니다. 반대로 위험에 처해 있거나 연약한 존재를 묘사할 때는 위에서 아래로 내려다보는 각도를 채택합니다.

때로는 피사체를 향해서 카메라를 돌리거나 들고 따라다니기도 합니다. 카메라가 움직이지 못할 때는 렌즈를 조작하여 줌 인/아웃(Zoom In/Out)하며 화각에 변화를 주기도 합니다. 최근에는 드론(Drone) 촬영이 대중화되어 항공 샷(Aerial Shot)이나 부감 샷(High Angle Shot)을 어렵지 않게 구현합니다.

앵글의 종류

아이 레벨(Eye Level) : 인물의 눈높이에서 촬영한 각도

로우 앵글(Low Angle) : 아래에서 올려다 본 각도

아이 레벨

로우 앵글

하이 앵글(High Angle) : 위에서 내려다 본 각도

더치 앵글(Dutch Angle) : 카메라를 한쪽으로 기울여 비스듬하게 촬영하는 각도

하이 앵글

더치 앵글

카메라의 움직임에 따른 분류

팬(Pan) : 피사체를 향해서 카메라를 가로 방향, 즉 좌우로 움직이는 동작입니다.

틸트(Tilt) : 피사체를 향해 카메라를 상하 방향, 즉 위아래로 움직이는 동작입니다.

트랙/트래킹(Track/Tracking) : 피사체를 따라 전후로 이동하며 촬영하는 다양한 방법이며, 피사체에 다가가면 트랙 인(Track In), 멀어지면 트랙 아웃(Track Out)으로 구분하여 지칭합니다. 원래 트랙은 기차의 레일처럼 카메라를 선형적으로 이동하기 위한 장치를 말합니다. 트랙을 설치하기 어려운 환경이나 추적 장면에서는 카메라를 손에 들고 쫓아가며 촬영하기도 합니다. 레일을 설치하는 경우가 아니어도 트랙에는 '추적'의 의미도 있습니다.

영화 〈The Alamo〉의 전투 장면에서 설치한 트랙을 이동하며 촬영하는 모습
(출처 : en.wikipedia.org/wiki/Tracking_shot)

달리(Dolly) : 바퀴가 달린 이동식 지지대 위에 카메라를 설치해서 피사체 주위를 선형적으로 이동하는 방법인데, 때로는 주밍과 함께 달리 줌(Dolly Zoom) 기법을 쓰기도 합니다. 간혹 트래킹과 돌리를 혼동하는 경우도 있는데, 돌리는 기본적으로 바퀴 장치를 활용합니다. 만약 트랙을 깔고 그 위에서 바퀴를 움직이며 카메라를 이동하면 달리와 트래킹은 서로 유사하게 됩니다. 반면에 저예산 촬영 현장에서 휠체어 같은 장치에 카메라를 설치해서 이동하기도 하는데, 이때는 트랙이 없으므로 그냥 '달리'라고 부릅니다.

핸드헬드(Handheld) : 카메라를 손으로 들고 촬영하는 방법으로 이동하는 상대의 추적이나 누군가를 엿보는 장면에서 자주 사용합니다. 카메라를 손에 들고 움직이며 촬영하면 손 떨림이 작용하여 화면이 파도치듯 흔들리게 되고, 그 상태를 큰 화면에 보여 주면 관객은 어지러움을 느끼게 됩니다. 따라서 핸드헬드 촬영에서는 손 떨림에 유의해야 하며, 대형 스크린에 표출될 경우도 고려해야 합니다.

스테디캠(Steadicam) : 손 떨림이나 흔들림을 완화하는 기구를 사용하여 이동하며 촬영하는 방법입니다. 무거운 시네마 카메라는 촬영기사의 전신에 연결하는 장치를 사용하지만, 가벼운 디지털카메라 촬영에는 소형 짐벌(Gimbal) 같은 기구를 활용하는 경우가 많습니다. 특히 모터가 내장된 짐벌은 블루투스로 연결하여 스마트폰의 터치나 회전으로 카메라 앵글을 편리하게 바꿀 수 있습니다.

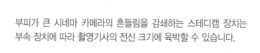

부피가 큰 시네마 카메라의 흔들림을 감쇄하는 스테디캠 장치는
부속 장치에 따라 촬영기사의 전신 크기에 육박할 수 있습니다.

렌즈의 화각에 따른 분류

광각 렌즈(Wide-Angle Lens) : 피사체와 배경을 넓게 포착하는 화각이며, 피사체와 배경의 거리가 멀어지고 공간이 넓어 보입니다. 광각으로 촬영된 샷을 와이드 앵글 샷(Wide Angle Shot)이라고 부릅니다.

어안 렌즈(Fish Eye Lens) : 광각 렌즈보다 더 넓은 화각을 보여 주는데, 대상은 둥글게 왜곡되어 현실과 다른 느낌을 줍니다.

망원 렌즈(Telephoto Lens) : 화각의 변화 없이 망원 렌즈로 촬영하면 배경과 인물이 서로 가까워 보입니다. 망원 렌즈는 멀리 떨어진 피사체를 가까이 보이도록 촬영하거나 배경을 흐리게 촬영하는 용도로 사용합니다.

어안 렌즈로 촬영하여 둥글게 왜곡된 이미지
(출처: https://en.wikipedia.org/wiki/Fisheye_lens)

줌(Zoom) : 하나의 샷에서 피사체를 향해 렌즈의 화각을 서서히 좁히거나 확대하는 방법으로 심리적으로 주목시키는 기법입니다. 피사체에 다가가는 것처럼 보이도록 확대하는 줌 인(Zoom In)과 피사체에서 멀어지게 보이는 줌 아웃(Zoom Out)으로 구분됩니다.

줌과 트랙의 동시 작동 기법

촬영 시 카메라 렌즈에서 피사체를 확대하는 주밍과 카메라 자체를 이동시키는 트래킹 기법을 동시에 비례적으로 활용하는 기법도 자주 쓰입니다. 줌과 트래킹을 같은 방향으로 확대하기보다는 반대로 조합해서 특별한 화면 효과를 생성할 수 있습니다. 줌과 트랙이 반대로 작용하면 피사체와 공간 사이의 거리가 확대되거나 줄어드는 인상을 주게 됩니다.

줌 아웃 트랙 인(Zoom Out Track In) : 대상에게서 멀어지는 줌 아웃과 카메라가 다가가는 트랙 인 기법을 동시에 구현하여 피사체의 크기 변화 없이 배경이 멀어지는 효과를 낼 수 있습니다.

줌 인 트랙 아웃(Zoom In Track Out) : 줌 아웃 트랙 인과는 반대로 피사체를 확대하는 줌 인과 멀어지는 트랙 아웃을 동시에 구현하여 피사체의 크기 변화 없이 배경이 다가오는 효과를 만들 수 있습니다.

컷의 원칙과 문법 이해하기

영상의 이야기나 분위기를 만들어 갈 때 컷과 컷을 이용하기 때문에 샷을 컷할 때는 항상 이유가 있어야 합니다. 영상 편집 진행 관계에 따른 컷의 방식도 긴 역사와 실험에서 컷의 유형이 영상의 문법처럼 정립된 것입니다. 컷의 원리와 법칙을 이해하면 영상 편집에 자연스럽게 논리가 생성됩니다.

영상의 앵글 변화에 대한 법칙

인물을 촬영하는 카메라의 앵글은 결국 관객이 바라보는 시선을 의미합니다. 두 인물이 한 화면에 등장하여 이야기가 진행될 경우 카메라 앵글의 변화는 180°의 법칙과 30°의 법칙을 준수해야 합니다.

180° 법칙

'180° 법칙(180 Degree Rule)'은 두 사람이 대화하거나 함께 등장하는 장면에서 둘 사이에 가상의 선(Imaginary Line)을 긋고 카메라의 촬영 위치를 한쪽 180° 안에서만 변화시키는 경우를 의미합니다.

보통 두 사람의 대화 장면은 서로 마주 보는 경우가 많은데, 왼쪽 사람과 오른쪽 사람의 시선 방향을 항상 같은 방향으로 유지하는 원칙입니다. 대화 장면에서는 투 샷(Two Shot)과 오버 더 숄더 샷(Over Shoulder Shot)을 기본으로 설정하고, 인서트 샷(Insert Shot)으로 클로즈업(Close-up)이나 미디엄 샷(Medium Shot) 등을 사용하는 것이 일반적입니다.

왼쪽과 오른쪽 인물의 시선 방향은 각각 일관적으로 유지되어야 합니다. 만약 왼쪽에서 오른쪽을 바라보던 인물이 오른쪽에서 왼쪽을 보는 컷으로 연결된다면 그 인물이 갑자기 뒤돌아선 것으로 오해될 수도 있습니다. 그래서 180° 법칙은 영상을 촬영할 때부터 지켜야 하고, 다양한 테이크를 사용해서 편집할 때도 가급적 180° 안쪽으로 맞춰 컷을 연결해야 합니다.

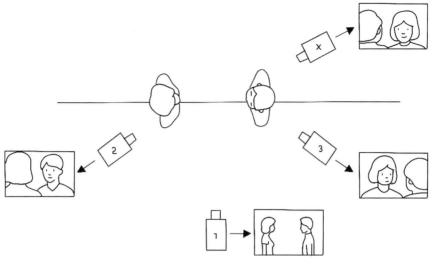

두 배우 사이 가상의 선을 중심으로 180°의 각도 내의 카메라 1, 2, 3에서 동시 촬영하는 샷의 예시

30° 법칙

앞의 컷과 연결되는 컷에서 카메라의 위치나 각도가 30° 이상 변화하지 않으면 서로 비슷하게 보이는 문제가 발생하므로 이어지는 컷에는 30° 이상의 차이를 주어야 합니다. 만약 30° 이내에서만 촬영해야 하는 조건이라면 앵글에 따른 샷의 종류를 바꾸어서 클로즈업(Close-up)과 미디엄 샷(Medium Shot)의 연결 등으로 변화를 만들어낼 수도 있습니다.

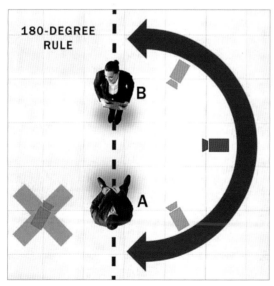

180° 법칙 : 두 인물의 출연 장면에서 카메라는 둘의 중심선 한쪽에서만 움직일 수 있다.

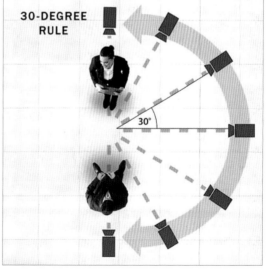

30° 법칙 : 앞의 컷에서 이어지는 컷은 최소한 30° 이상의 앵글 차이를 보여야 한다.

매치 컷의 원칙과 유형

편집자는 보통 한 장면을 이루는 두 개 이상의 샷이나 테이크를 비교하여 어느 지점에서 자르고 자연스럽게 이어붙일지 고민하고 결정합니다. 연결하는 샷과 샷이 서로 어울리지 않으면 편집의 흐름이 깨집니다. 원칙적으로 편집 점(Cutting Point)은 눈에 보이지 않아야 합니다. 영상의 내용이나 이야기의 전개가 보여야지 편집의 흔적이 보이면 몰입이 되지 않기 때문입니다. 그래서 편집자는 서로 다른 샷을 어떻게 눈에 띄지 않게 이어붙일지 고민하게 됩니다. 모든 샷이 적절한 컷 포인트를 가진 것은 아니기 때문입니다. 나름대로 어떤 원칙을 가지고 샷을 잘라 컷 편집하는 지가 편집자의 능력을 증명하는 길입니다.

컷 편집의 방법과 유형은 여러 가지가 있습니다. 그중에서 매치 컷은 가장 기본이 되는 컷 연결 방법입니다. '매치'는 서로 일치거나 어울린다는 의미입니다. 미리 어울리게 촬영된 소스가 아니더라도 형태나 색상 등의 화면 내부 요소를 서로 연결하여 이어붙인다면 '매치 컷'이라고 할 수 있습니다. 앞의 컷에서 시작된 동작이 다음 컷에서도 유사하게 이어지도록 만드는 것이 대표적인 매치 컷의 방법입니다. 서로 매칭할 수 있는 요소는 방향, 시선, 앵글, 형태, 색상, 액션, 사운드 등 다양합니다. 매치 컷에는 다음과 같은 유형이 있습니다.

방향의 일치

프레임 안에 피사체의 움직임이 있다면, 앞의 샷에서 이어지는 다음 샷도 같은 방향으로 움직임을 보여 주어야 하는 것을 '방향의 일치(Direction Match)'라고 합니다.

예를 들어, 앞에서 차량이 오른쪽 방향으로 달려나갔다면 이어지는 샷에서도 차가 왼쪽에서 등장하고 오른쪽을 향해야 된다는 뜻입니다. 여러 명이 등장하는 장면에서도 무리가 향하는 방향은 다음 컷에서도 서로 일치하는 것이 자연스럽습니다. 만약 방향이 일치하는 샷이 없거나 변화를 주어야 한다면, 중간에 인서트 샷을 추가해서 불일치를 희석하는 방법을 쓰기도 합니다.

시선의 일치

'시선의 일치(Eye-line Match)'는 화면에 등장하는 두 인물의 시선을 서로 일치시키는 것입니다. 두 사람의 대화 장면에서 마주 보는 시선의 방향이 서로를 향해야 된다는 뜻입니다. 만약 한 쪽의 시선이 다르다면 소통이 틀어지고 갈등이 시작되는 것처럼 보입니다. 긴 대화 장면에서는 시선의 방향에 약간씩 변화를 주어서 대화 과정에서의 심리 변화를 드러내기도 합니다.

앵글 매치

'앵글 매치(Angle Match)'는 비슷한 거리의 카메라 앵글끼리 연결하는 방법입니다. 미디엄 샷과 미디엄 롱 샷 또는 미디엄 클로즈 샷은 카메라와 피사체의 거리가 서로 비슷하기 때문에 매치가 잘됩니다. 만약 미디엄 샷 다음에 롱 샷을 연결하면 상황이 변하거나 서로 다른 장면처럼 보일 수 있습니다. 그렇지만 비슷한 앵글을 연속적으로 이어붙이면 지루해 보일 수 있어 적당한 앵글 변화를 이용해 자연스럽게 연결해야 합니다.

형태 매치

'형태 매치(Shape Match)'는 유사한 모양의 사물이나 형태를 매치시키는 방법으로 화면 전환(Transitions)의 유형으로도 쓰입니다.

예를 들어, 앞의 샷이 둥근 맨홀로 끝났다면 이어지는 샷에서도 둥근 접시 모양으로 시작하는 방법입니다. 때로는 화면 좌우로 이동하는 화면에 벽의 단면이 검은색으로 지나치며 다른 공간으로 연결되는 방법을 쓰기도 합니다. 특정한 형태뿐만 아니라 연기, 먼지, 안개처럼 부유하는 것을 서로 매치시켜서 연결하는 경우도 있습니다.

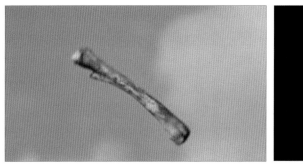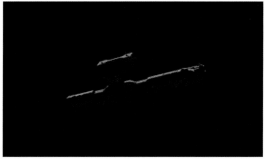

형태 매치의 사례:
스탠리 큐브릭 감독의 영화 〈스페이스 오디세이(Space Odyssey)〉(2001) 중에서 하늘로 던진 뼈다귀가 인공위성으로 연결되는 장면

컬러 매치

'컬러 매치(Color Match)'는 같은 장면의 색감을 모두 일치시키는 것입니다. 아침 장면에서 샷의 색감이 푸른 색조에서 노란 색조로 바뀐다면 시간이 지나 저녁이 되었다고 오해할 수 있어 장면의 색감을 일치해야 합니다. 조명도 마찬가지로 일치해야 합니다. 햇빛의 방향이 서로 다르거나 조명의 색감이 변한다면 역시 동일 장소가 아니라는 오해를 불러일으킬 수 있습니다. 그래서 색조와 색감을 서로 일치시키는 색 보정(Color Correction)이 중요합니다.

액션 매치

'액션 매치(Action Match)'는 현재 컷과 다음 컷의 행동이나 움직임을 매치시키는 방법입니다.
예를 들어, 현관 밖에서 손잡이를 잡는 샷과 안에서 문을 닫는 샷이 이어지면 '사람이 문을 열고 들어왔다'고 이해되는 것처럼, 행동의 연속을 보여 주는 것끼리 연결하면 자연스럽습니다.
피사체의 움직임뿐만 아니라 패닝이나 트래킹처럼 카메라의 이동을 통해 액션을 연결할 수도 있습니다. 액션 매치는 하나의 공간에서 서로 다른 액션이 매치될 수도 있지만 다른 공간이나 시간대로 변하는 장치로 활용할 수도 있습니다.

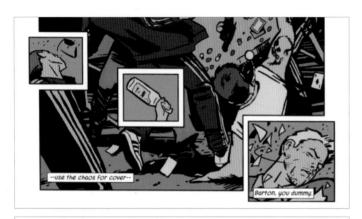

만화에서의 매치 컷 사례 : 〈호크아이(Hawkeye)〉 (2012)에서 기절한 주인공의 머리 각도를 그대로 유지하며 상황과 장소가 바뀌는 장면

사운드 매치

'사운드 매치(Sound Match)'는 이어지는 컷의 사운드를 미리 들려주거나 현재의 소리를 다음 컷까지 지속하여 연결하는 방법입니다. 장면의 전환에서도 서로 비슷한 종류의 효과음을 사용하여 연결할 수도 있습니다.
예를 들어, 불꽃놀이의 폭죽 소리가 다음 장면의 폭탄 소리로 연결된다던가 또는 증기 기관차의 스팀 소리로 연결되는 경우에 해당합니다.

불연속적인 컷의 의도적 활용

영상은 현실이 아닙니다. 현실의 재현이거나 재구성이며, 편집된 세계입니다. 현실을 고발하는 다큐멘터리 영상조차도 연출과 편집의 의도가 반영된 결과물입니다. 따라서 영상 편집은 촬영된 현실을 그대로 보여 주기 위해 샷들을 배열하는 것이 아닙니다. 앞의 매치 컷은 샷들을 자연스럽게 연결하기 위한 방법이자 편집 점이 드러나지 않는 장치로 쓰인 것입니다.

때로는 영상의 컷을 불규칙하게 이어 붙이거나 건너뛰는 경우도 있습니다. 현실에서 일어나기 힘든 상황을 표현하기 위해서 또는 극적인 효과를 강조하기 위해서 불연속적인 편집 기법을 쓰기도 합니다. 같은 시간에 여러 장소에서 일어나는 일을 하나의 화면에 보여 주기 위해서 서로 다른 샷을 교차하여 제시할 수도 있습니다. 때로는 관객이나 시청자에게 더 풍부한 정보를 제공하기 위해 불연속적인 연결을 의도하는 경우도 있습니다. 불연속 편집의 유형은 다음과 같습니다.

점프 컷

'점프 컷(Jump Cut)'은 시공간의 연속성을 뛰어넘는 편집 기법입니다. 자연스럽고 연속적인 연결을 위한 매치 컷과 앵글의 법칙을 거스르며 연결하는 경우에 해당합니다. 전통적인 연속 편집 원칙에서 벗어나 1950년대 프랑스에서 누벨바그 경향의 영화감독들이 점프 컷과 불연속적인 편집 기법을 활용하기 시작했습니다. 시간의 단축을 위한 표현에 자주 쓰이고, 영상의 극적인 요소를 강화하기 위해서 또는 꿈이나 기억 등을 표현하기 위해서 점프 컷을 활용할 수도 있습니다.

미스 매치

연속적인 편집의 원칙에서 벗어나 잘못된 컷 연결도 영상 편집 전체의 맥락에서는 눈에 거슬리지도 않고 때로는 적절해 보일 수도 있습니다. 자연스럽지 않은 컷 연결일지라도 관객이나 시청자의 시선이 화면 속 다른 대상으로 옮겨간다면 튀어 보이는 컷 연결을 인지하지 못하게 됩니다. 따라서 '미스 매치(Miss Match)'는 화면 속 일부 요소의 부조화가 발생하더라도 주시하는 시선의 자연스러운 연결을 전제로 합니다.

크로싱 더 라인

스포츠 경기나 대결 장면처럼 서로 마주 보며 대응할 때에는 180° 법칙을 반드시 지켜야 혼란이 없습니다. 그러나 때로는 180° 법칙이나 30° 법칙을 일부러 파괴하며 컷을 연결할 수도 있습니다. 꼭 필요한 경우가 아니라면 180° 법칙을 못 지키게 될 지점에 인서트 샷(Insert Shot)이나 컷 어웨이(Cut Away)를 사이에 끼워 넣어서 어색함을 누그러뜨릴 수 있습니다.

만약 다른 테이크가 없어서 인서트가 불가능하다면, 화면 속의 인물이 움직이면서 180°의 기준을 바꿀 수도 있습니다. 이도 저도 안 된다면 카메라가 움직이며 새로운 180° 기준선을 설정하는 경우도 있습니다. 전통적인 영화나 드라마가 아니라면 빠른 컷의 연결로 기준선을 넘나들어도 무방합니다. 뮤직비디오나 광고, 미디어아트 영상 등에서는 180°의 선을 넘는 경우가 많습니다.

교차 편집

영상에서 하나의 대상이나 인물이 선형적으로 움직이며 이야기를 이끌어간다면 주인공을 중심으로 시간 순서대로 자연스럽게 편집할 수 있습니다. 그런데 다양한 인물이 같은 시간에 다양한 사건으로 전개되는 부분이라면, 서로 다른 샷들을 번갈아 보여 주며 여러 상황을 제시할 수 있습니다.

'교차 편집(Cross Cut)'은 비슷한 시간에 서로 다른 장소에서 벌어지는 사건을 번갈아 보여 주는 편집 기법입니다. 사건의 두 축으로 나뉘어 전개되는 것으로 두 장면이 어떻게 하나로 만날지 관객을 궁금하게 만듭니다. 두 개의 서로 다른 장면의 샷이 교차하는 빈도나 길이에 따라 긴장감이 더 증폭될 수 있습니다. 이와 유사한 '인터커팅(Inter-Cutting)' 기법은 하나의 장면에서 서로 다른 샷을 잘게 잘라서 교차할 때, '평행 편집(Parallel Cutting)' 기법은 서로 다른 장소에서 연결성이 없는 상황을 번갈아 보여 주며 이야기를 전개할 때 사용합니다. 물론 나중에는 두 사건이 서로 연결될 수도 있지만, 교차 편집처럼 상황이 서로 충돌할 것 같은 극적인 긴장감을 유발하지는 않습니다. 두 개의 서로 다른 샷을 번갈아 보여 준다는 유사한 특성을 공유하기 때문에, 이와 같은 세 가지의 컷 기법은 서로 혼용되기도 합니다.

교차 편집의 교과서적인 사례는 영화 〈대부(The Godfather)〉(1972)에서 세례식과 청부살인의 교차 장면입니다. 이처럼 서로 다른 샷의 교차는 불연속적 편집 기법이지만, 같은 시간에 서로 다른 장소와 상황을 보여 주려는 시도로 시작되었습니다.

쉬운 예로, 전화 통화 장면에서 서로 다른 두 공간을 번갈아 보여 주게 됩니다. 하나의 화면 프레임에 선형적인 시간이 흘러가는 영상의 근본적인 특성을 극복해서 더 역동적으로 이야기를 전달하기 위한 장치입니다. 간혹 실험적인 영상에서는 하나의 프레임을 두 개 이상으로 나누고 서로 다른 시점이나 상황을 동시에 한 화면에 보여 주기도 합니다. 상황에 따라 교차 편집 기법을 자신 있게 적용하는 시도가 필요합니다.

어도비 프리미어 프로에서 교차 편집할 다른 샷을 프리뷰 모니터 탭에 표시하고 In/Out 영역을 지정하여 기존 트랙의 현재 시간 표시기 위치로 끌어오면 덮어쓰기(Overwrite) 방식으로 삽입합니다.

덮어쓰기는 기존의 트랙 V1에 배치된 클립이 뒤로 밀리지 않고, 추가 삽입되는 시간 영역만 대체되는 편집 방법입니다. 샷의 구분을 위해서 Project 패널 탭에서 소스 클립의 색상을 달리 표시하면 편리합니다.

몽타주 기법

'몽타주(Montage)'는 프랑스어로 '편집'이란 뜻입니다. 몽타주는 범죄 수사에서 용의자의 이목구비 정보를 조합하여 가상의 인물 형태를 만드는 용어로도 쓰입니다. 프랑스는 영화가 탄생한 나라였기 때문에 영상 이론에도 프랑스어 용어가 많이 남아있습니다.

20세기 초 세르게이 예이젠시테인(Sergei Eisenstein) 감독은 샷들의 조합과 충돌에서 몽타주가 새로운 의미를 파생시킬 수 있다고 제안했습니다. 그 당시 몽타주는 '편집하다', '조합하다'라는 의미에서 영상 편집 자체를 의미했지만, 현재에는 대사나 사건 없이 시간과 상황의 경과를 간략하게 보여 주는 영상 기법을 지칭합니다. 긴 시간의 경과를 짧은 샷들로 압축해서 보여 주는 장치입니다.

예를 들어, 영화 속 주인공이 사건을 피해서 지방으로 도피해서 숨어다니는 장면을 제시할 때 몽타주 기법을 사용할 수 있습니다. 거리의 사람들을 피해 다니는 롱 샷, 모자를 눌러 쓰고 주위를 살피며 움직이는 주인공의 미디엄 샷, 전광판에 나오는 뉴스 장면에서 수배당한 주인공을 짐작하게 하는 자막으로 클로즈업, 허름한 건물의 지하 계단으로 내려가는 주인공의 뒷모습 풀 샷 등으로 몽타주를 구성하여 도피하는 장면을 만들 수 있습니다.

이처럼 몽타주는 긴 시간 동안 상황이 어떻게 전개되는지를 함축적으로 제시하는 편집 기법입니다. 영화나 드라마에서는 첫 시작 부분에 몽타주 기법을 사용해서 도입부를 구성하는 사례가 많습니다. 때로는 몽타주 속에 사건의 작은 단서를 숨겨 놓거나 주인공이 겪는 난관을 표현하기도 합니다. 몽타주 기법은 영화나 드라마 장르뿐만 아니라 스토리 중심의 뮤직비디오, 다큐멘터리, 스포츠 하이라이트, 게임 영상, 여행 브이로그 영상에서도 자주 사용됩니다.

화면 전환 적절하게 활용하기

화면 전환(Transitions)은 컷을 바꾸며 서로 연결하는 장치로 이전 컷의 정보와 지식이 끝났을 때, 유익하고 효과적인 다른 각도를 보여 주려 할 때, 강조하려는 대상이 변할 때, 전혀 다른 관점을 보여 주려 할 때, 다른 요소로 관심의 대상을 바꿀 때 등 상황에 따라 달리 적용합니다. 전통적인 화면 전환 장치인 컷(Cut), 페이드(Fade), 디졸브(Dissolve), 와이프(Wipe)등을 알아보겠습니다.

컷 기법

샷을 잘라 연결하는 컷도 일종의 화면 전환입니다. 컷은 하나의 화면에서 다른 화면으로 순간적으로 바꾸는 기법으로 가장 기본적인 화면 전환 방법이지만, 의도하지 않은 '점프 컷'에 유의해야 합니다. 움직임이 있는 동일 피사체를 같은 카메라 위치, 각은 각도, 같은 화면 크기로 계속 연결하면 편집점에서 피사체가 갑자기 나타나거나 사라지는 현상이 드러나게 됩니다. 이렇게 의도하지 않은 점프 컷을 피하기 위해서 카메라 위치와 화면 크기를 계속 변화시키도록 여러 각도에서 촬영한 화면으로 연결해야 합니다. 미리 준비된 샷을 '컷'할 때 시각적 혹은 기술적인 측면에서 화면이 자연스럽게 보이도록 다음과 같은 컷의 기법을 활용합니다.

액션 컷

'액션 컷(Action Cut)'은 동작의 시작과 완료의 순간이 눈에 띄지 않도록 장면 속에서 어떤 움직임이 있을 때 주인공의 동작 중에 컷하는 기법입니다. 동작이 멈춘 후에 화면이 전환되면 컷이 보이지만, 동작에서 동작으로 계속 이어지는 전환이라면 더 자연스럽게 보입니다. 최근 화면 전환 트렌드도 액션 컷의 원리에서 응용한 방식이 많습니다.

리액션 컷

'리액션 컷(Reaction Cut)'은 자연스러운 동기, 표정, 내용 변화의 순간을 삽입하는 컷 기법입니다. 드라마나 영화 등에서 자주 쓰이는데, 인물이 바라보는 대상으로 컷해야 합니다. 대상이 충분히 인식되었다면 다시 이전 컷으로 되돌아가도 됩니다. 두 사람의 대화 장면일 때 한 사람의 대사에 대한 다른 사람의 반응이나 행동이나 행동을 제시하는 컷으로 연결합니다.

오디오 컷

'오디오 컷(Audio Cut)'은 소리나 음악이 있을 때 소리의 출처, 끝, 비트 등에 맞추는 컷입니다. 컷의 타이밍으로는 가장 쉬운 방법이며 유용합니다. 배우의 대사에 따른 컷은 앞뒤 장면을 확인하지 않으면 어색해질 수 있습니다. 소리는 앞 화면에 조금 미리 등장해서 이어질 장면과 부드럽게 연결시킬 수 있고, 다음 화면에도 남아서 기억이나 상황의 연속을 암시할 수 있습니다.

인서트 컷

'인서트 컷(Insert Cut)'은 현재에 이어서 삽입되는 다른 샷으로 컷하는 방법입니다. 예를 들어, 주인공이 어떤 갈등 상황에 놓였을 때, 그 상황에 관한 과거의 아픈 추억이 떠오르며 상황에 대한 대처를 주저하고 있는 장면이라면, 아픈 추억의 장면이 상황에 대처하기 전에 삽입될 것입니다. 다만 이 방법은 현재 상황의 진행에 관한 확실한 동기와 이유를 보여 주는 컷이 아니라면 적절하지 않습니다.

엔드 컷

'엔드 컷(End Cut)'은 현재까지의 사건이 마무리되고 새로운 장면이 전개될 때 사용하는 컷입니다. 사건이나 상황이 종료될 때에는 화면이 점차 어두워지는 페이드 아웃(Fade Out, F.O.)으로 마치는 경우가 많습니다.

컷과 화면 전환 기법의 적절한 활용을 강조하는 유튜버 Sam Kolder의 콘텐츠 사례 (출처 : www.youtube.com/watch?v=LAq_AL9TXOc)

디졸브 기법

'디졸브(Dissolve)'는 앞의 장면이 점차 사라지면서 다음 장면으로 바뀌는 기법입니다. 앞의 화면 끝에 이어질 화면이 겹치면서 서서히 바뀌는 전환입니다. 디졸브는 페이드와 함께 자주 사용되는 화면 전환 기법입니다. 주로 두 동작 사이의 부드러운 연결이 필요할 때, 장소와 시간의 변화를 제시할 때, 과거의 기억과 현재 장면이 겹칠 때, 사라지는 이미지와 새롭게 등장하는 이미지 사이의 영상적 대비가 강한 것일 때 충돌을 방지하면서 부드럽게 넘어가기 위해 사용합니다.

어도비 프리미어 프로에서 디졸브 전환을 적용한 예시

페이드 기법

'페이드(Fade)'는 하나의 이미지로부터 완전한 블랙으로, 또는 블랙에서 보여 줄 화면으로 변환되는 점진적인 전환 기법입니다. 페이드는 주인공의 행위나 대상의 제시를 차분하게 시작하게 할 수 있다는 점이 특징입니다. 검은 화면에서 이미지로의 전환을 '페이드 인(Fade In, F.I.)'이라고 하고, 이미지에서 블랙으로의 전환을 '페이드 아웃(Fade Out, F.O.)'이라고 합니다. 페이드를 사용하는 경우는 보통 프로그램의 시작 부분(F.I)과 종료 부분(F.O.), 장면의 시작 부분(F.I.)과 종료 부분(F.O.), 또는 시간의 변화를 강조할 때, 이야기의 흐름에서 상황의 전환이 클 때 등입니다. 페이드 효과를 너무 자주 적용하면 이야기나 상황의 전개에 맥이 빠져버릴 수 있습니다.

어도비 프리미어 프로에서 페이드 전환 표현을 위해 Dip to Black을 적용한 예시

와이프 기법

'와이프(Wipe)'는 자동차 앞 유리를 닦는 와이퍼(Wiper)의 동작을 연상시킵니다. 앞 화면의 일부분을 지우면서 다음 컷이 나타나거나, 다양한 도형으로 앞의 화면을 프레임 밖으로 밀어내는 동작으로 장면 전환을 연출하는 기법으로 디졸브나 페이드보다는 더 능동적인 상황의 전환 기법입니다. 필요에 따라 와이프의 진행을 중간에 멈추면 화면이 분할되고, 앞의 화면과 뒤따라 나오는 화면을 한 화면에 함께 넣을 수도 있습니다. 이 기법을 응용하면 동시에 진행되는 사건을 동시에 보여 줄 수 있고, 서로 다른 장소에서 일어나는 상황도 함께 제시할 수 있습니다. 원형으로 변하는 와이프 효과는 화면의 대상에게 포커스를 집중하는 것과 같은 인상을 주기도 하지만, 도형으로 전환되는 와이프 효과는 자칫 촌스러워 보일 수도 있으니 적용할 때는 필요성과 이유를 고려해야 합니다.

어도비 프리미어 프로에서 와이프 기법을 응용한 화면 분할 전환 예시

화면 전환 적용의 주의 사항

매치 컷과 불연속 컷도 화면이 바뀌는 부분이기 때문에 일종의 화면 전환입니다. 매치 컷의 원칙에서 강조한 것처럼 화면 전환도 의도와 무관하게 눈에 띄면 곤란합니다. 영상의 흐름에 따라 각 장면이 자연스럽게 보여야 하는데, 화면 전환 기법이 화려하게 드러난다면 이야기의 흐름이 깨지게 됩니다. 물론 특별한 이유가 있거나 미디어아트 영상이라면 화면 전환을 강조할 수도 있습니다. 컷에는 이유가 있어야 한다는 원칙처럼 화면 전환도 이유가 필요합니다. 적절하지 않은 화면 전환 효과는 몰입을 방해하며 관객이나 시청자를 놀라게 만듭니다. 따라서 하나의 영상물에 화면 전환의 유형을 지나치게 다양하게 적용하는 것도 피해야 합니다.

영상 편집의 원칙 적용하기

영상 편집에는 중요한 원칙이 있는데, 영상의 오랜 역사 속에서 다양하게 실험하며 합의된 것입니다. 가장 기본적인 원칙은 편집 점, 즉 컷을 보이지 않게 하는 것입니다. 영상 편집의 원칙을 모른 채 편집 작업을 진행한다면 결과는 어색하거나 지루해 보일 것입니다. 오랜 편집 노하우를 이해하고, 깨뜨릴 줄도 알아야 됩니다. 우선 다음 일곱 가지 영상 편집의 원칙을 눈여겨보시기 바랍니다.

컷에는 이유가 있어야 한다

앞의 컷과 뒤의 컷을 연결하는 부분을 지정하는 데에 이유가 있어야 한다는 말입니다. 준비된 영상 클립에서 어느 부분을 컷할지 고민이 필요합니다. 컷 편집은 각각의 연결점을 찾아 고민하고 판단하는 과정입니다. 카메라에서 자동으로 분할 저장된 것이 아니라면 샷 전체를 그대로 다 이어서 쓰는 경우는 거의 없습니다. 어떤 고민이 없더라도 클립의 앞뒤 일부는 트리밍해서 잘라주어야 다음 컷과 자연스럽게 연결도 하고, 화면 전환 효과도 적용할 수 있습니다. 컷의 이유는 다양합니다. 앞서 살펴본 180°의 법칙과 30°의 법칙을 준수하면서도 이어지는 컷의 앵글과 피사체 거리는 서로 달라야 합니다.

예를 들어, 서로 다른 방향에서 길을 걷던 두 남녀가 우연히 부딪히며 인연이 시작되는 장면을 설정해 보겠습니다. 장면의 정보를 제시하기 위한 마스터 샷으로 거리의 풍경을 보여 주고, 각기 길을 걷는 남녀의 모습 풀 샷과 미디엄 샷을 서로 연결할 것입니다. 다시 롱 샷으로 둘이 부딪히는 순간을 제시한 후, 손에 든 책이 떨어진다면 서로 책을 주우려 손을 가져가는 컷이 이어지고, 서로의 손이 닿아 어색하게 웃는 표정을 클로즈업으로 연결할 수 있습니다.

어느 부분에서 컷하고 다음으로 넘어가는가의 결정은 기본적으로 편집자의 스타일과 능력을 보여 주게 됩니다. 컷 연결이 매끄럽지 못하면 영상은 어색하거나 지루해 보입니다. 카메라의 앵글과 거리에 변화가 없는 샷들을 계속 연결하면 컷의 연결점이 도드라져 보이게 됩니다. 일부러 의도한 것이 아니라면 변화 없는 샷의 반복적인 연결은 피해야 합니다.

움직임 중에 컷한다

서로 다른 앵글과 거리를 가진 샷들로 연결해야 된다는 원칙 다음으로 중요한 것은 바로 '움직임 중에 컷한다(Cutting on Action)'입니다. 화면 안의 피사체든 카메라든 조명이든 변화하거나 움직이는 중에 다음 컷으로 연결해야 된다는 뜻입니다.

만약 하나의 움직임이 시작되었다가 완전히 멈출 때까지 다 보여 주고 다음 컷을 연결하게 되면, 각각의 컷에는 모든 동작이 완료된 상태로 이어지게 됩니다. 움직이다 멈추고, 변화하다 정지하는 컷의 연속이라면 그 결과는 지루해 보입니다.

사람은 눈은 본능적으로 움직이는 것을 따라갑니다. 화면 속 피사체가 움직이는 중에 컷하고, 연속해서 움직이는 다음 컷으로 연결되면 보는 사람은 컷 자체를 인식하지 않게 됩니다. 화면 속 피사체의 움직임과 동작을 계속 주시하기 때문입니다. 따라서 일련의 동작은 연속되어야 합니다. 이것은 영화나 드라마, 뮤직비디오, 광고, 여행 브이로그 등 장르를 가리지 않고 모두 적용되는 컷의 원칙입니다. 그렇다고 앞의 컷과 다음 컷의 동작을 완벽하게 이어지도록 연결할 필요는 없습니다. 때로는 몇 프레임 정도 동작이 중첩될 수 있고, 몇 초 길이라도 생략할 수도 있습니다.

예를 들어, 문을 열고 밖으로 나가는 장면이라면, 걸어서 문으로 다가가는 샷, 손으로 문고리를 돌리는 샷, 문 바깥으로 나오는 샷, 건물 밖으로 걸어 나가는 샷 등의 연결로 움직임을 연속하여 보여 줄 수 있습니다. 더 짧게 처리한다면, 문으로 다가가는 샷, 문 바깥으로 나오는 샷, 거리를 걷는 샷 등으로 압축해서 연결할 수도 있습니다.

자세히 묘사하든지 아니면 짧게 생략하든지 피사체나 카메라가 멈추었을 때보다는 움직일 때 자르고 다음 동작으로 연결하는 것이 자연스럽습니다. 이 두 가지의 원칙만 적용해도 컷 편집의 결과는 물 흐르듯 자연스러워 보일 수 있습니다.

너무 짧지 않게 자른다

만약 하나의 샷이나 테이크에서 어느 부분까지 보여 줄지 망설여진다면 꼭 필요한 부분보다 조금 더 길게 컷하면 편리합니다. 나중에 얼마든지 트리밍하여 더 짧게 줄일 수 있기 때문입니다. 편집자의 심리적인 측면에 볼 때, 이미 짧게 자른 클립의 가장자리를 잡아늘리면서 컷 포인트를 찾는다면 초조하거나 갑갑한 기분이 들기 쉽습니다.

반면에 길게 잘라놓은 클립은 타임라인에서 시간표시자를 움직이며 관찰하고 적절한 컷 포인트를 찾아 줄이기에 편리합니다. 필요한 부분을 찾아 늘리기보다는 줄이는 것이 자연스럽습니다. 그렇다고 모든 클립을 길게 잘라 연결한다면 전체적으로 느슨해지기 때문에 편집의 리듬을 잃을 수도 있습니다. 위 첫번째 원칙처럼 모든 컷에는 이유가 있어야 합니다. 하지만 이유를 찾지 못할 때는 조금 여유 있게 잘라두면 고민과 시간을 아낄 수 있습니다.

의미의 전달이 중요하다

고민을 많이 해도 컷 편집에는 늘 실수가 있기 마련입니다. 이미 촬영되거나 준비한 소스 클립에도 촬영의 실수가 들어있을 수도 있습니다. 편집 마감이 정해졌는데 준비된 영상 클립들이 마음에 들지 않는다고 다시 촬영할 수는 없습니다.

컷 편집에서 의도하는 것은 의미와 이야기의 전달입니다. 누구도 편집자의 의도나 미학을 눈여겨보지 않습니다. 메시지나 이야기가 제대로 드러나는지, 컷의 연결에 무리는 없는지를 먼저 보게 됩니다. 그래서 편집자는 작품이나 프로젝트의 기획 의도를 파악하고, 의도한 내용이 잘 전달되도록 편집해야 됩니다.

리듬과 호흡을 만들어라

위 4개의 원칙을 컷 편집에 적용해 보면 알게 모르게 영상의 리듬과 호흡이 형성됩니다. 잘된 영상 편집의 결과에는 저마다 고유한 리듬과 호흡이 살아 있습니다. 영상도 시간성을 가지기 때문에 호흡을 중요하게 생각해야 합니다. 계속 같은 시간 길이의 컷이 이어지거나 호흡의 변화가 없다면 곧 지루해질 수 있습니다.

영화나 드라마 같은 극적인 성격의 영상이라면 편집의 흐름은 감정과 이야기를 좌우하는 요소로 작용합니다. 긴박한 장면에서는 더 짧게 연결되기도 하고, 주인공의 감정이 드러나는 장면에서는 더 길고 섬세하게 편집하기도 합니다. 컷의 길이와 화면 속 움직임이 만들어 내는 리듬과 호흡은, 뮤직 비디오나 모션 그래픽 영상에서 더 직접적으로 드러나기 때문에 중요하게 적용해야 합니다. 실험적인 예술 영화나 비디오아트 영상에서는 리듬이나 호흡 자체를 작품의 주제로 삼기도 합니다. 우수한 편집으로 평가받는 영화나 광고, 실험 영상 작품을 분석해 보면서 리듬과 호흡의 표현을 찾는다면 큰 도움이 될 것입니다.

시선의 흐름을 이어가라

시선은 무엇인가를 눈으로 바라보는 선형적인 움직임을 말합니다. 관객이나 시청자는 영상의 화면을 주시합니다. 화면의 크기에 따라 약간의 차이는 있겠지만 화면 속의 피사체나 움직임을 주시하게 되지 프레임 전체를 이 잡듯이 다 훑어보지는 않습니다. 따라서 컷 편집에서는 화면 안에 주시할 만한 무엇인가를 계속 제공해야 합니다.

예를 들어, 한적한 초원의 도로를 질주하는 자동차가 나온다면 여러 각도에서 자동차의 움직임부터 운전자의 모습까지 주목할 대상이 이어지도록 컷을 연결해야 합니다. 물론 공포 영화나 액션 장면에서는 의도적으로 시선의 흐름을 끊어서 더 불안을 느끼도록 연출하는 사례도 많습니다. 다른 영상 유형에서도 인서트 샷이나 컷 어웨이처럼 정보를 보충하기 위해 다른 요소가 끼어들 수도 있지만, 이 경우도 의도한 요소가 화면에 드러나서 보는 사람의 시선을 이끌어야 합니다.

화면 속에서 무엇을 봐야 하는지 모르는 상황이 여러 번 발생한다면 관객은 곧 흥미를 잃을 것입니다. 컷 편집에서 자연스럽게 시선의 흐름을 이어갈 수 있다면 무리 없는 결과를 얻을 수 있습니다.

감성과 이야기를 전달하라

살펴본 여섯 가지의 컷 편집 원칙은 영상의 유형이나 장르를 불문하고 적용하여 습관화할 요소입니다. 경험이 많은 편집자는 자신만의 편집 노하우를 영상 작품마다 적절하게 적용할 수 있습니다. 컷의 연결은 겉으로 드러나지 않지만, 편집에서 생성된 리듬과 호흡은 영상의 내용과 결합하여 고유한 감성과 이야기를 형성하게 됩니다.

영화나 드라마를 예로 들면, 관객은 영상의 훌륭한 편집이나 표현 기법을 기억하지 못할지라도 이야기는 쉽게 이해하며 감성을 느끼게 됩니다. 여행 브이로그나 유튜브 콘텐츠에서도 설명보다는 이야기와 감성을 주로 전달하는 경우가 많습니다.

대체로 영상 편집의 최종 목적은 어떤 이야기와 감성의 전달입니다. 이야기는 권선징악의 전통적인 서사일 수도 있고, 난해하고 낯선 주장일 수도 있습니다. 어느 경우든 영상으로 이야기를 잘 전달할 수 있었다면 성공한 편집입니다. 마찬가지로 완성된 영상에서는 어떠한 감성을 느낄 수 있어야 합니다. 희노애락의 분명한 감정 표현을 넘어서며 남다른 이야기와 독특한 감성을 전달하는 영상은 사람들의 기억에 오랫동안 남게 됩니다.

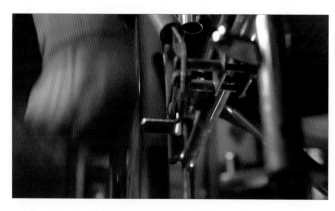

컷과 화면 전환의 유형과 적용 사례에 관한 영화 학습
콘텐츠 'Cuts & Transitions 101' 예시
(출처 : www.youtube.com/watch?v=OAH0MoAv2CI)

나만의 편집 스타일 구축하기

영상 편집은 겉으로 드러나지 않는 것이 미덕입니다. 물 흐르듯 자연스러운 전개가 우선이기 때문입니다. 앞서 살펴본 것처럼 다양한 편집의 원칙들이 확립되었고, 영상의 자연스러운 전개를 위해 모두가 노력했습니다. 그러나 영화나 TV 같은 전통 미디어에서 벗어나 하루에 10억 시간이 넘는 유튜브 영상이 시청되고 있는 지금의 현실에서는 오래된 전통을 매번 반복할 수도 없습니다. 남들보다 돋보이고 신선한 인상을 주려면 새로운 편집 기법을 실험하고 자기만의 노하우로 발전시켜야 합니다.

편집 스타일을 만드는 세 가지 방법

첫째, 전통적인 영상 편집 기법과 원칙을 충분히 이해하고 활용해야 합니다. 영상의 문법도 제대로 모르면서 영상 언어를 유창하게 구사할 수는 없습니다. 분야를 막론하고 모든 수련과 학습은 과거의 전통을 마스터하는 것으로 시작합니다. 영상 편집의 전통과 관습에서 어떤 문제점이나 미흡한 부분을 발견한다면 다음 단계로 나아갈 수 있습니다.

둘째, 잘 된 편집의 사례를 분석해야 합니다. 유명한 영화제나 시상식에서 편집상을 받은 영상 작품을 보고 왜 상을 받게 되었는지 분석하여, 남다른 특징과 장점을 파악해야 합니다. 꼼꼼한 분석이 필요하다면 영상 파일을 구해서 중요한 컷 포인트들을 찾아 확인해 봅니다. 왜 이 지점에서 컷하고 다음으로 넘어갔는지, 그 결과는 어떻게 전달되는지, 만약에 나라면 어떻게 컷할지 분석하며 검토하면 배울 점이 많이 생깁니다. 영상 페스티벌에서 상을 받던가, 아니면 조회 수가 월등하던가, 어떻게든 좋은 평가를 받는 영상에는 남다른 이유가 있습니다. 타인의 장점을 이해하고, 배워서 내 것으로 만들 수 있다면 발전의 자세는 갖춘 셈입니다.

셋째, 고민과 실험의 흔적을 되돌아보아야 합니다. 편집 과정은 수많은 고민과 수정의 누적입니다. 편집자 스스로 고민하고 결정하는 과정도 있지만, 감독이나 발주처, 또는 기획 부서의 요청에 따라 끝없이 수정하는 경우가 더 많습니다. 그때마다 수동적으로 응하기보다는 능동적으로 대응하여 편집의 여러 버전을 준비하고 비교하며 최선의 논리를 만들 수 있어야 합니다.

영상 편집의 전문가는 감독이나 콘텐츠 기획자가 아닌 '편집 담당자'입니다. 전문가는 합리적인 논리에 근거한 자기주장이 있고, 비판에 대해 대안을 제시할 줄 알아야 합니다. 그러기 위해서는 다양한 요구나 경우의 수에 따른 편집의 결과를 주도적으로 검토하고 어떤 편집의 결과가 더 나은지, 왜 그렇게 편집해야 하는지 상대를 설득할 수 있어야 합니다. 편집의 결과 영상만으로 감독이나 클라이언트를 설득할 수 있다면 가장 이상적이겠지만, 필요하다면 대안적인 결과를 함께 준비해서 비교하며 설명할 수도 있지만, 때로는 시간이 촉박하다는 불평이나 논쟁이 뒤따를 수도 있습니다. 상황이 어떻든 영상 편집은 오로지 편집자의 몫입니다.

수많은 영상 파일의 더미에서 보석을 골라내고 목걸이로 엮는 사람이 바로 편집자로 어느 유형이든 영상 편집에는 정답이 없기 때문에 누구도 사전에 편집의 결과를 예측하기 힘듭니다. 정답을 만들어 보여 주는 것이 바로 편집자의 역할입니다. 비록 감독이나 출연자처럼 무대 전면에 서지는 않지만, 투박한 원석을 다듬어 보석을 만드는 장인처럼 전문가로서 자부심을 폭넓게 축적하시기 바랍니다.

미국 영화사에 큰 업적을 남긴 편집 감독 월터 머치(Walter Murch)는 〈지옥의 묵시록〉, 〈대부〉 시리즈, 〈잉글리쉬 페이션트〉 등 영상미가 넘치는 영화 작품의 편집을 담당하며 아카데미 시상식에서 아홉 번 초청되었고 세 번이나 수상했습니다. 그는 영화 편집뿐만 아니라 사운드 믹싱도 직접 담당했으며, 후배 세대를 위해 영상 편집의 원칙과 이론을 제시했습니다.
(출처 : en.wikipedia.org/wiki/Walter_Murch)

키보드 단축키와 하드웨어 인터페이스의 활용

편집 이론의 이해를 바탕으로 자신만의 스타일 구축은 전문가로 성장하는 데에 필요한 과정입니다. 그러나 실질적인 영상 편집은 컴퓨터 화면 앞에서 키보드와 마우스를 움직이는 방식으로 작업하게 됩니다.

영상 편집 프로그램이 제공하는 단축키(Shortcuts)는 편집 작업의 속도와 효율성을 높이는 데에 큰 도움이 됩니다. 종류를 불문하고 공통적으로 활용되는 단축키도 있지만, 프로그램마다 특정한 단축키를 지원하기도 합니다. 평소 즐겨 사용하는 프로그램의 주요 단축키를 외워서 활용하고, 자신만의 단축키가 필요하다면 프로그램 설정에서 기존 단축키를 수정하거나 대체할 수 있습니다.

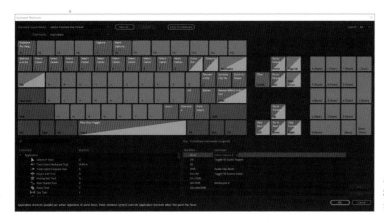

프리미어 프로의 메뉴에서 (Edit) → Keyboard Shortcuts를 실행하면 키보드 단축키를 확인하고 변경 및 추가할 수 있습니다.

단축키를 활용하여 빠르게 편집할 수 있지만, 일반적인 범용 키보드를 사용하는 영상 편집 작업에 전문 하드웨어 인터페이스 장치를 추가한다면 효율성이 증가합니다. 다양한 단축키를 각각의 버튼에 지정하고, 조그셔틀을 이용하여 타임라인을 직관적으로 오가며 작업할 수 있는 하드웨어 인터페이스도 시중에 출시되어 있으므로, 편집 작업량이 많다면 구비해서 시간과 노력을 절약할 수 있습니다.

키보드에 조그셔틀 기능을 추가할 수 있는 간단한 인터페이스 장치 (출처: amazon.com)

다수의 키패드와 다이얼을 통해 직관적이고 세밀한 조정이 가능한 편집용 인터페이스 장치 (출처: cned.com)

Part 2

실무 영상 기술
파악하기

영상을 만들고 편집하여 공개하는 데에 관련된 기술은 방대하고 다양합니다. 영상 기획, 촬영, 조명, 음향, 편집, 특수효과, 색 보정, 출력, 특수효과 등 세부 영역이 많고 복잡합니다. 다양한 구성원과 함께 협업하기 위해서는 세부 영역의 특성도 파악하고 있어야 소통에 지장이 없을 것입니다. 특히 디지털 영상 기술에 관련된 지식은 숙련된 전문가로 성장하는 데에 반드시 필요합니다.

이론

이론

영상의 규격과 표준 이해하기

영상에는 규격과 표준이 있고, 공동 작업이나 배급을 위해서는 정해진 기준을 준수해야 합니다. 우리가 만들고, 보는 영상은 모두
규격에 따라 제작된 것입니다. 영상 규격의 화면 크기부터 화질, 저장 방법까지 다양한 체계를 알아봅시다.

영상 규격의 기원

영상 규격은 뤼미에르 형제의 영화 발명부터 영상을 담는 방식으로 제안되었습니다. 미국에서 생
산된 70mm 필름을 에디슨이 반으로 잘라서 쓰기 시작했다는 이야기도 있습니다만, 영화 필름의
35mm 크기와 초당 16장의 프레임 수량은 가장 먼저 결정된 규격이었습니다. 훗날 유성 영화가 시
작되면서 초당 24프레임으로 늘어났지만, 35mm 필름 규격은 지금의 디지털카메라 스펙에서 가장
중요한 센서 크기의 기준으로 남아서 풀 프레임으로 지칭합니다. 35mm 풀 프레임이라는 말은 과거
아날로그 영화 필름의 발명에서 기원한 것으로 가로 35mm 크기의 셀룰로이드 필름입니다. 용도에
따라 8mm, 16mm, 35mm, 70mm 등 다양한 규격의 필름이 오랫동안 사용되었습니다. 크기가 작
아 저렴했던 8mm 필름은 주로 가정용이나 독립 영화에서 활용되었고, 가장 큰 70mm 필름은 할리
우드 대작 영화에서나 사용할 수 있었습니다.

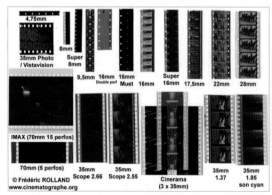

다양한 필름 규격 예시(출처 : cinematographe.org/argentique.html)

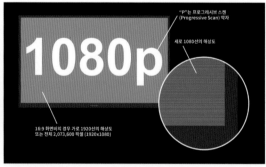

디지털 영상의 해상도 중에서 Full HD를 1080p로 간략하게 표현하는 경우
가 많습니다. 1080은 세로 해상도의 픽셀 수이고, p는 프로그레시브 스캔
방식을 뜻합니다. (출처 : ko.wikipedia.org/wiki/1080p)

필름을 보면 한쪽 또는 양쪽에 작은 사각 구멍들이 나열되어 있는데, 카메라나 영사기의 톱니 즉, 스프로켓 핀(Sprocket Pin)을 걸어서 이동시키는 기능으로 만들어진 것입니다. 따라서 필름 크기에서 이와 같은 퍼포레이션 홀(Perforation Holes) 부분과 오디오 트랙을 빼면 실제 이미지 영역은 더 작아집니다. 오늘날의 35mm 이미지 센서에는 이런 구멍이 필요 없기 때문에 그 크기를 온전히 다 사용할 수 있습니다. 다만 카메라의 이미지 센서도 35mm 풀 프레임보다 더 큰 것도 있고, 작은 규격도 많습니다.

이미지 센서가 크고 정보를 인식하는 소자 수가 많을수록 더 많은 이미지 정보를 기록할 수 있습니다. 크기가 작은 센서에 소자(素子)를 많이 집적하면 명암의 계조(Dynamic Range) 표현이나 빛의 감도(感度, Sensitivity)에 불리한 문제가 발생합니다. 따라서 정해진 센서 규격에 소자 수를 늘리면서도 감도 표현에 유리한 방향으로 카메라 제조사 간 기술의 경쟁이 치열합니다. 영상의 촬영은 대체로 디지털카메라를 이용하기 때문에 이미지 센서의 규격과 성능에서 화질이 먼저 결정됩니다.

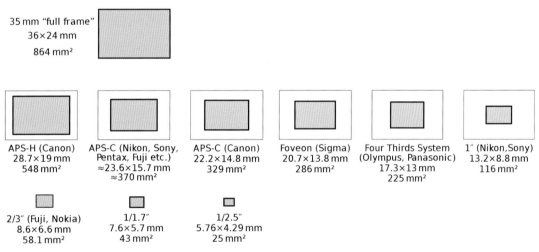

35mm 풀 프레임 센서를 기준으로 비교한 카메라 이미지 센서 규격 비교(출처 : en.wikipedia.org/wiki/Full-frame_DSLR)

디지털 영상 기술의 발전은 이미지 센서의 성능을 극대화시키는 방향으로 진행되고 있습니다. 한정된 센서 크기에 빛을 감지하는 수광부의 크기를 키워 감도를 높이거나 더 나아가 이면조사(Back-Illuminated sensor) 기술을 적용하기도 합니다. 초고해상도 센서로 영상을 촬영할 경우 화소 전체를 기록한 후 해상도에 맞게 최적화하는 오버 샘플링(Over Sampling) 기술도 활용합니다.

디지털 영상의 규격 요소

이론

디지털 영상의 규격은 화면의 해상도부터 전송률까지 적용됩니다. 대체로 다음 세 가지의 기준이 규격을 형성하는 데에 요구됩니다.

영상 프레임 크기

영상 프레임의 크기입니다. 과거에는 필름의 사이즈를 의미했지만, 지금은 디지털 픽셀의 수량에 따른 해상도를 의미합니다.

프레임 레이트

1초에 몇 장의 이미지가 지나가는지 수치를 정해 놓은 프레임 레이트(Frame Rate)가 작용합니다. 그 단위는 초당 프레임 수(Frames Per Second, fps)로 수치가 높을수록 영상의 움직임은 더 부드럽게 표현됩니다. 그러나 프레임 수를 아무렇게나 높일 수 없기 때문에 촬영부터 상영까지 규격에 따라 정해진 범위에서 결정됩니다.

비트 전송률

디지털 영상이 1초당 얼마만큼의 데이터로 흘러가는지 정해 놓은 비트 전송률(Bit Rate)로 전송률이 높을수록 고화질을 표현할 수 있습니다.

이 세 가지의 기준은 디지털 영상의 규격을 이루면서 동시에 화질도 결정합니다. 동일한 기준에서 볼 때 해상도, 프레임 레이트, 비트 전송률 수치가 모두 높을수록 고화질의 영상이 됩니다. 영상에 포함된 오디오의 규격과 압축 방식 등 영상을 좌우하는 기준과 규격은 매우 다양합니다. 협업 과정에서도 정해진 규격에 맞춰 작업하고 출력물을 제공해야 합니다. 다양한 규격을 통일하여 혼란을 줄이자는 취지에서 '표준'이라는 것이 제정되기도 했습니다만, 미디어 종류와 기술의 발전에 따라 규격과 표준도 계속 변화하고 있습니다.

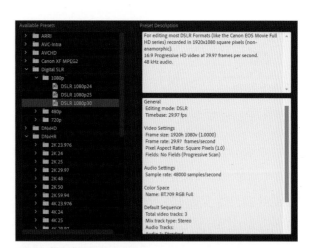

어도비 프리미어 프로에서 새 시퀀스(New Sequence)를 생성하면 뜨는 시퀀스 설정창에는 영상과 음향 규격의 세부 사항들이 사전 설정(Sequence Presets)으로 목록화되어 있습니다.

프레임 레이트와 스캔 방식

동영상의 프레임 레이트는 1초에 몇장의 이미지가 흘러가는지 정해놓은 규격입니다. 아날로그 영상을 디지털 데이터로 변환할 때 필드를 합쳐서 프레임을 구성하는 스캔 방식과 필드 순서를 결정해야 합니다.

프레임 레이트

우리나라에서 사용하는 Full-HD 영상의 기본 규격은 세로 해상도 1080p에 29.97pfs입니다. 29.97프레임의 숫자는 딱 떨어지는 수가 아니기 때문에 필요에 따라 30fps 기준을 적용하기도 합니다. 초당 30프레임 기준에서 1분 간격마다 2프레임씩 빼서 맞춰야 하기 때문에 29.97fps를 드롭 프레임(Drop frame), 30fps를 논드롭 프레임(Non-Drop Frame)이라고도 합니다. 만약 초당 60프레임 영상이라면 실제로는 59.94fps로 녹화됩니다. 타임코드를 표기할 때에도 소수점 이하로 연속되는 드롭 프레임은 세미콜론(;)으로 구분하고, 정수로 떨어지는 논드롭 프레임은 콜론(:)으로 구분합니다.

30이나 60처럼 딱 떨어지는 정수가 아닌 이유는, 과거 미국에서 아날로그 컬러 방송으로 전환하던 시기에 기존의 흑백 영상 신호에다가 컬러 신호를 추가하기 위해서 필요한 자리를 마련하려던 이유에서 비롯되었습니다. 흑백 TV와 컬러 TV의 호환성을 유지하는 목적도 있었지만, 당시 방법은 디지털 고화질 영상이 자리 잡은 현재까지 불편을 초래하고 있습니다. 미국 방송 규격인 NTSC(National Television Standards Committee) 방식을 따르는 지역에서 모두 겪는 문제이나 영상 편집 프로그램에서 일정 시간마다 자동으로 프레임을 드롭시키므로 편집자는 크게 신경 쓰지 않고 작업에 전념해도 됩니다.

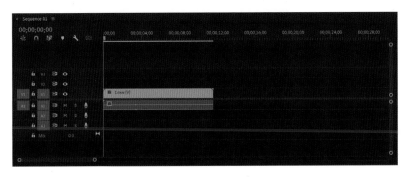

설정을 변경하지 않는다면 프리미어 프로의 편집 환경에서 NTSC 규격의 타임코드는 드롭 프레임인 29. 97fps로 지정되고, 타임라인과 모니터의 타임코드에도 세미콜론(;)으로 구분됩니다.

스캔 방식

영상 해상도를 간단히 표현할 때 1080p의 'p'는 프로그레시브 스캔(Progressive Scan) 방식을 뜻합니다. 과거 아날로그 방송 시절에 영상은 초당 60번의 필드(Fields)가 연속적으로 브라운관을 훑고 교차하는 인터레이스 스캔(Interlace Scan) 방식이 있습니다만, 디지털 방송 이후로 한 장씩의 온전한 이미지를 연속하여 보내는 프로그레시브 방식이 정착되었습니다. 그 사이 과도기에는 HDV 테이프 기반의 '1080i'와 같은 인터레이스 방식의 디지털 영상 규격도 한동안 사용되었습니다.

홀짝으로 수평선들이 교차하는 인터레이스 방식은 근본적으로 화면 프레임에 하나의 온전한 이미지를 만들지 못하지만, 인간의 시지각이 연속된 이미지로 지각하여 영상의 시청에는 문제가 없습니다. 프레임당 절반씩의 데이터만 사용하므로 저용량의 장점이 있고, 30fps의 프로그레시브 방식보다 움직임을 약간 더 부드럽게 표현한다는 이점 때문에 아직도 촬영 현장에서 사용되기도 합니다.

필드 순서

만약 예전 DV 테이프나 1080i 방식으로 녹화된 자료를 편집에 사용해야 한다면, 시퀀스 설정에서 '필드 순서(Field Order)'를 확인해야 합니다.

기본적으로는 홀수 우선(Odd-Field First, Upper Field First)으로 설정되어 있습니다. 만약 필드 순서가 잘못되면 화면이 떨리는 현상이 발생합니다. 프로그레시브 스캔 방식으로 촬영된 영상은 각 프레임이 온전한 이미지이고 필드 순서가 없으므로 문제가 되지 않습니다. 그러나 30fps 이하의 영상에서 자동차 경주 같은 빠른 패닝은 동작의 떨림 현상으로 나타나기도 합니다. 그래서 움직임이 많은 장면은 60fps 또는 59.94fps로 설정하고 촬영하던가, 편집 과정에서 모션 블러(Motion Blur) 효과를 적용하여 동작이 부드럽게 연결되도록 보완할 필요가 있습니다.

어도비 프리미어 프로에서 시퀀스를 생성한 후에도 설정을 변경할 수 있습니다.

방송 영상 규격

예전부터 우리나라의 방송 영상 규격은 미국의 아날로그 규격인 NTSC와 디지털 규격인 ATSC를 따라왔습니다. 전 세계적으로 보면 유라시아 대륙의 서쪽 끝 포르투갈부터 동쪽 끝 북한까지는 아날로그 방송 규격인 PAL과 디지털 규격인 DVB-T를 따르고 있습니다.

PAL 방식의 초당 프레임 수가 25fps인데 비해서 우리나라는 29.97fps를 사용하는 차이도 NTSC와 PAL 규격이 다르기 때문입니다. 25와 30의 차이는 원래 전기의 주파수에서 파생된 기준으로 우리나라와 미국에서 사용하는 60Hz 규격의 전기 주파수가 초당 30프레임의 영상 규격에 영향을 준 것입니다.

다음의 세계 지도는 아날로그 방송 규격의 분포를 보여 주고 있습니다. 현재 디지털 영상의 규격도 초당 프레임 수에서는 과거의 기준을 따르고 있으니 참고 바랍니다.

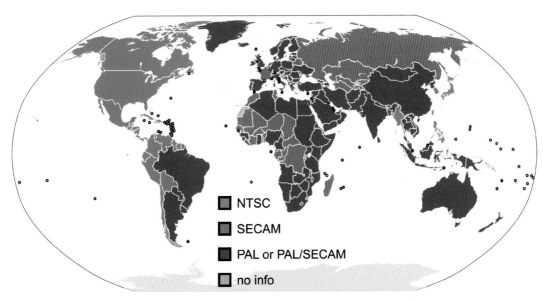

전 세계 아날로그 방송 표준 규격 분포도 (출처 : commons.wikimedia.org/wiki)

화질의 구성 요소 파악하기

**영상의 화질에는 여러 요소가 작용합니다. 단위 면적당 픽셀 수치를 따지는 해상도, 몇 비트인지를 구분하는 디지털 컬러 심도,
초당 프레임 수 등이 화질에 직접적으로 영향을 줍니다. 화질을 결정하는 요소들을 구체적으로 살펴보겠습니다.**

영상의 화질

디지털 영상 기술이 발전하며 고화질의 기준은 기하급수적으로 확대되고 있습니다. 과거 아날로그
영상 시대에는 수평 해상도 400선 해상도의 영상이 무난하게 통용되었습니다만, 지금은 4K UHD
해상도를 넘어서 8K 초고화질 영상 규격이 확산되고 있습니다.

누구나 선명하고 깨끗한 화질을 선호합니다. 고화질 영상은 많은 정보를 섬세하게 표현할 수 있지
만, 데이터 용량이 커지면서 전송 속도가 느려지는 불편을 초래합니다. 또한 압축된 영상은 변환 과
정에서 많은 에너지를 소비합니다. 영상 편집을 위해서는 압축이 덜한 영상 포맷이나 무압축(Raw)
영상을 선호하기도 합니다. 그러나 무압축 영상은 FHD 기준으로 초당 124MB 정도로 엄청난 데이
터양이 필요하기 때문에 긴 분량의 영상 편집에는 저장소(Storage) 용량의 압박이 발생합니다.

무압축 대용량 영상의 한계로 인해 압축으로 인한 손실이 최소화된 원본 화질(RAW) 영상 규격이
개발되었습니다. 가장 대표적으로는 Cinema DNG, Canon Cinema RAW, Blackmagic RAW,
Apple ProRes RAW 등의 규격이 통용되는데, 원본에 가깝다고는 하지만 기록 미디어와 용량의
절약을 위해 대체로 3:1부터 18:1까지의 압축 옵션을 제공합니다. 원본 화질(RAW) 영상은 해상력
뿐만 아니라 컬러 정보를 4:4:4 또는 4:2:2 규격으로 비교적 충실히 기록하기 때문에 추후 색 보정
(Color Correction)과 컬러 그레이딩(Color Grading) 과정에서도 유리합니다.

영상 파일로 저장할 경우에는 사용하는 코덱과 압축률도 화질 보존과 재현에 직결됩니다. 스트리밍
영상은 고화질 대용량 데이터라도 그 품질은 네트워크를 통해서 전달하는 대역폭에 좌우됩니다.

코덱의 종류와 압축 정도에 따라 디코딩 속도가 달라지고 화면에 표출하는 화질도 영향을 받습니다. 장치를 연결하는 영상 케이블의 규격과 소재의 순도(純度)도 화질에 영향을 줍니다. 이처럼 화질을 결정하는 요소는 매우 다양합니다. 가장 이상적인 방법은 압축되지 않은 원본 화질 그대로 시청자에게 전달하는 것입니다.

그러나 영상을 촬영하며 메모리카드에 파일로 기록할 때부터 압축 코덱이 적용되고, 편집 후 출력하는 과정에서 다시 한번 화질이 저하되며, 네트워크를 통해 압축 전송된 데이터를 받아 보는 과정에서도 손실과 오류가 발생하게 됩니다.

제각각인 시청자의 디스플레이 품질에 따라 재현의 정도도 달라지므로, 최종적으로 소비되는 영상의 화질은 촬영 당시와는 전혀 다르게 보이게 됩니다. 이와 같은 과정에서 화질 저하를 방지하기 위해서 제안된 돌비 비전(Dolby Vision) 같은 고화질 규격은 촬영부터 최종 시청까지 원본 화질을 유지하는 기준으로 활용됩니다.

해상도

해상도(解像度, Resolution)를 단어 그대로 풀이하면 '형상을 풀어내는 정도'입니다. 이미지나 영상의 형상이 얼마만큼 자세하게 기록하고 표시하는지를 구분하는 정도라고 이해하면 됩니다. 그래서 해상도가 높다는 말은 이미지가 선명하게 잘 보인다는 뜻이고, 영상 화면을 구현하는 최소 요소인 픽셀(Pixel)의 수가 많아서 형태의 세부까지 섬세하게 구분된다는 뜻입니다. 이미지의 해상도는 카메라 센서 사이즈와 성능에 따라 차이가 생기지만, 영상의 해상도는 앞에서 살펴본 것처럼 몇 가지 규격이 정해져 있습니다. 과거 컴퓨터 이미지 규격인 VGA 해상도를 기준으로 발전한 디지털 영상 규격은 픽셀의 밀도, 즉 집적도에 관련됩니다. 단위 면적당 픽셀의 수가 많을수록 고해상도 이미지가 되는 것입니다.

픽셀의 밀도 차이에 따라 같은 크기의 검은 점을 표현하는 해상도가 달라지는 것을 알 수 있습니다. 100개의 픽셀로 구현할 때보다 900개의 픽셀로 구현한 점이 더 둥글고 자연스럽게 보이고, 이미지의 물리적 크기가 같을 때는 픽셀 수가 많을수록 픽셀 자체의 크기도 작게 줄어듭니다.

따라서 적은 수의 픽셀로 구현한 것도 점으로는 인식되지만, 많은 수의 픽셀로 구현한 쪽이 더 섬세해 보입니다. 단순한 점 모양도 이렇게 해상도에 따라 달리 보이는데, 복잡한 이미지라면 훨씬 더 많은 수의 픽셀이 필요합니다.

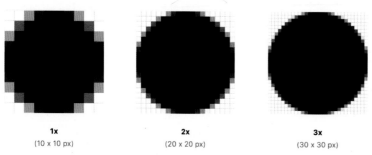

동일한 크기의 점을 표현하는 픽셀의 밀도와 해상도의 차이
(출처 : developer.apple.com/design/human-interface-guidelines/ios/icons-and-images/image-size-and-resolution)

픽셀의 크기가 똑같고 해상도가 달라진다면 고해상도 이미지는 더 넓은 면적을 차지할 것입니다. 작은 디스플레이에서 인지할 수 있는 해상도에는 한계가 있기 때문에 고해상도는 더 많은 픽셀을 포함하기 때문에 제대로 인식하려면 더 큰 디스플레이를 필요로 합니다. 다음 그림은 픽셀의 크기가 같은 경우에 표시되는 영상 해상도의 차이를 프레임 형태로 구분해 놓은 예시입니다.

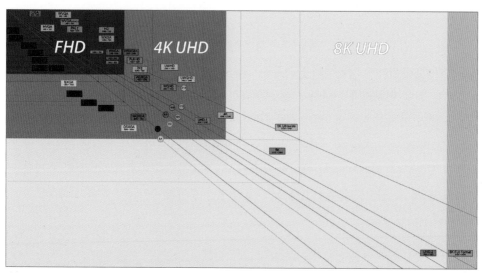

픽셀의 크기가 같은 조건에서 비교한 영상 해상도의 차이

4K UHD 해상도는 FHD 영상 해상도의 4배 면적을 차지하며, 4배 더 많은 픽셀을 가진다는 의미입니다. 같은 비율로 8K UHD 영상 해상도는 4K UHD의 4배 면적을 가집니다. 가로와 세로 길이가 2배 늘어난다는 것은 4배의 면적을 뜻하기 때문입니다. 17:9 비율의 디지털 시네마(DCI) 규격의 해상도는 16:9 비율의 UHD 해상도보다 가로로 조금 더 픽셀이 많습니다. 반면에 과거 아날로그 영상 규격은 4:3 비율로 가로 길이가 좁습니다. 최근에는 휴대폰 시청을 위해 정방형이거나 세로로 긴 영상 비율도 쓰이기 시작했습니다.

용도	규격 명칭	가로	세로	종횡비
컴퓨터 그래픽	QVGA	320	240	4:3
	VGA	640	480	4:3
	SVGA	800	600	4:3
	XGA	1024	768	4:3
	UXGA	1600	1200	4:3
방송 영상	NTSC DV	720	480	4:3(픽셀 0.9:1)
	PAL DV	768	576	4:3
	HD	1280	720	16:9
	FHD	1920	1080	16:9
	4K UHD	3840	2160	16:9
	5K UHD	5120	2880	16:9
	8K UHD	7680	4320	16:9
디지털 시네마	DCI 2K	2048	1080	17:9
	DCI 4K	4096	2160	17:9
	DCI 8K	8192	4320	17:9

주요 컴퓨터 그래픽 및 디지털 영상 해상도 규격표

종횡비	용도 및 플랫폼
16 : 9	HD 방송, 모바일 영상, 유튜브 영상, 저예산 영화 등
2.35 : 1	와이드 스크린 영화(블록버스터, 전쟁 영화 등 가로로 긴 프레임이 필요한 경우)
1 : 1	인스타그램(Instagram)
4 : 5	페이스북(Facebook)
2 : 3	핀터레스트(Pinterest)

화면 종횡비와 용도

컬러 심도

영상 이미지의 컬러 심도(Color Depth)는 해상도 못지않게 화질 구성에 중요합니다. 컬러 심도의 단위는 비트(Bit)입니다. 화면에 가시적인 이미지를 표시하려면 최소한 2비트 이상의 심도를 가져야 합니다. 가장 최소한의 심도인 1비트 이미지는 흑과 백 2단계로 딱 떨어지는 명암 표현의 단계입니다. 8비트 이미지는 28 수치로 명암의 256단계를 표시하고, 10비트 이미지는 2^{10} 수치이며 1024단계를 표시합니다.

컬러 이미지의 경우 RGB 채널별로 비트를 곱하여 계산합니다. 8비트 컬러는 256×256×256=16,777,216이며 약 1천6백만 색상 단계를 표현하고, 10비트 컬러는 1024×1024×1024=1,073,741,824로 약 10억 7천3백만 색상 단계를 구현하는 규격입니다. 따라서 일반적인 8비트 컬러 심도보다 10비트 심도는 약 100배 더 풍부한 컬러를 구현합니다.

UHD 이상의 돌비 비전(Dolby Vision) 고화질 규격은 10비트 컬러를 요구합니다. 8K 초고해상도 영상은 12비트 컬러로 기록하기도 합니다. 그렇지만 화질이 좋아 보인다고 컬러 심도를 무한대로 높일 수는 없습니다. 인간의 시각이 구분할 수 있는 색상 단계는 1억 컬러를 넘지 못합니다. 또한 심도가 깊은 만큼 더 많은 데이터양을 필요로 합니다.

그런데 색채학 분야에서 색상과 색상 단계는 다른 개념입니다. 색상(Hue)은 채도(Saturation)가 높은 원색으로 표현 가능한 영역이라면, 컬러 심도의 색상 단계는 원색뿐만 아니라 낮은 채도와 무채색을 모두 포함합니다. 8비트 컬러 심도 영상을 SDR(Standard Dynamic Range), 10비트 이상으로 컬러 심도가 높은 것을 HDR(High Dynamic Range) 영상이라고 합니다.

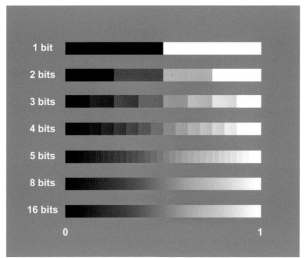

이미지의 컬러 심도(depth)에 따른 명암 단계 비교
(출처 : www.the-working-man.org)

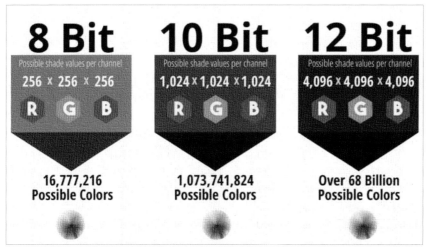

RGB 삼원색 조합의 컬러 심도 차이
(출처 : www.how2shout.com/technology/what-is-color-depth-diving-into-the-world-of-bits.html)

프레임 레이트와 비트 레이트

화질을 결정하는 또 다른 요소는 앞에서 살펴본 프레임 레이트(Frame Rate)입니다. 프레임 레이트는 초당 흘러가는 프레임의 속도이므로 수치가 높을수록 더 부드러운 동작을 표현하기 때문에 화질의 체감에 영향을 줍니다. 고해상도의 고속 영상은 편집 과정에서 동작의 섬세한 표현뿐만 아니라 타임 리매핑(Time Remapping) 등의 효과를 통해 역동적인 표현이 가능합니다.

고속 영상은 초당 60프레임을 초과하는 경우를 지칭하는데, 일반적으로 120fps부터 360fps까지 쓰입니다. 120fps로 촬영된 영상은 편집 과정에서 30fps 기준 4배 저속으로 재생 할 수 있습니다. 360 fps는 12배 저속 재생이 가능하므로 순간적인 장면의 상세한 표현에 유리합니다.

반면에 긴 시간의 변화를 요약해서 표현하는 타임랩스(Time-lapse) 영상은 간헐 촬영이라도 하는데, 한 프레임씩 촬영하는 시간 간격을 지정하여 장시간 기록한 결과입니다.

프레임의 해상도를 그대로 둘 때 프레임 레이트가 올라갈수록 데이터양은 증가합니다. 따라서 고해상도 초고속 촬영 영상은 시간 대비 데이터 용량이 무척 큰 편으로 편집용 고성능 컴퓨터조차도 4K UHD 60p 4:2:2 RAW 영상의 실시간 편집이 원활하지 않을 때가 있습니다.

현장에서 가장 많이 사용되는 시네마 카메라의 RAW 기록 방식의 경우 브랜드별로 최소 125MB/s부터 최대 740MB/s까지 데이터 전송량을 사용하기 때문에 UHS-Ⅱ, XQD 등 고속 메모리카드 또는 전용 규격의 SSD 방식 드라이브를 연결해야 원활한 녹화가 가능합니다.
(출처 : ymcinema.com/2019/03/29/digital-cinema-cameras-data-consumption-chart)

데이터 전송량(Data Transferring Rate) 또는 비트 레이트(Bit Rate)라 부르는 비트 전송률은 시간당 데이터 전송 용량을 의미하며, 단위는 초당 비트량(bit per second) 즉 bps입니다.

영상 데이터는 촬영 과정부터 최종 시청 단계까지 데이터 전송량이 작용합니다. 예를 들어, 영상 촬영 녹화의 실시간 데이터 전송량과 메모리 카드의 기록 속도가 서로 맞아야 합니다. 소비자용 카메라에서 4K 60p 4:2:2 규격의 고화질 영상을 실시간으로 저장하려면 최소 500Mbps 이상의 전송량이 필요합니다.

보통 유튜브에 게시하는 FHD 30p 규격의 영상은 약 10Mbps 정도의 전송량을 기준으로 출력합니다. 50배의 전송량 차이는 결국 50배의 데이터 용량의 차이를 나타내며, 8K 초고화질 RAW 영상의 촬영 녹화에는 2500Mbps 이상의 비트 전송률을 요구하기도 합니다. 물론 고화질 위주의 편집이나 다른 포스트 프로덕션 단계로 제공하는 영상은 출력 과정에서도 고화질, 고용량을 전제로 하겠지만, 1인 창작물의 경우 최종 플랫폼에서 제시하는 화질 규격만 준수하면 됩니다.

유튜브나 OTT 영상 콘텐츠의 전송과 시청 과정에서 화질에 영향을 줄 수 있는 '데이터 대역폭(Data Bandwidth)'은 물리적인 데이터 전송량과 유사한 개념인데, 주로 네트워크의 데이터 전송량을 결정하는 기준으로 쓰입니다. 유튜브에 비해 넷플릭스(Netflix)는 더 적은 데이터 전송량으로 고화질을 재현합니다.

해상도 규격	동영상 비트 전송률, 표준 프레임 속도(24, 25, 30fps)	동영상 비트 전송률, 높은 프레임 속도(48, 50, 60fps)
2160p(4K)	35~45Mbps	53~68Mbps
1440p(2K)	16Mbps	24Mbps
1080p	8Mbps	12Mbps
720p	5Mbps	7.5Mbps
480p	2.5Mbps	4Mbps
360p	1Mbps	1.5Mbps

유튜브 게시용 SDR 영상 해상도와 비트 전송률 기준표

포맷과 코덱 살펴보기

디지털 영상은 용량이 크기 때문에 효율적인 기록이나 전송을 위해 데이터의 압축 방법을 사용합니다. 압축되지 않은 원본 영상의 화질은 완벽하겠지만, 기록과 전송을 위해서는 엄청난 데이터 대역폭을 필요로 합니다. 데이터의 압축(Compression)과 복원(Decompression)의 과정은 영상의 화질에 직접적으로 영향을 미치기 때문에 명확하게 이해할 필요가 있습니다.

영상 압축의 원리와 방식

수천만 원을 호가하는 시네마 카메라에서 촬영된 원본(RAW) 화질의 영상도 대체로 3:1부터 16:1까지 압축된 데이터입니다. 4K 해상도의 무압축 4:4:4 컬러 프로파일 영상의 데이터 용량은 초당 500MB를 넘기 때문에 메모리 용량과 전송 속도의 압박이 큽니다. 8K DCI 규격의 초고화질 영상은 더 높은 비트 레이트를 요구합니다. 따라서 각 카메라 제조사는 원본 수준의 화질을 유지하는 선에서 독자적인 압축 방식을 지원하고 있습니다. 저장 장치에 기록하는 데이터 전송량도 카메라 기종과 압축 방식에 따라 달라지는데, 시네마 카메라는 영상 편집을 전제로 녹화하기 때문에 화질의 저하를 최소화하는 방식으로 데이터 압축 기술이 개발되고 있습니다. 저용량의 복잡한 압축 방식은 편집 과정에서 원본을 다시 복원하는 데에 에너지와 컴퓨터 연산을 많이 소비합니다. 고화질 영상 데이터의 비트 레이트와 컴퓨터 성능의 편차가 심하면 실시간 편집이 불가능하기 때문에 프록시(proxy) 편집과 같은 방식을 활용하게 됩니다. 프록시 편집은 고용량 원본 파일은 그대로 두고 작은 크기의 프록시 파일을 만들어 빠르게 편집하다가 출력 과정에서는 고화질 원본으로 편집한 결과를 내보내는 방식입니다.

영상 프레임을 분석하여 반복적이거나 동일한 정보는 생략하고 변화하는 것만 기록하는 것이 영상 압축의 기본 원리입니다. 예를 들어 공원 배경에서 대화하는 사람들을 기록하는 영상이라면, 큰 변화 없는 공원의 배경에서 데이터를 절약하고 사람의 움직임만 순차적으로 기록하면 됩니다. 즉, 연속되는 프레임마다 중복되는 것을 압축하는 방법입니다. 이것은 과거 셀 애니메이션에서 구현하던 움직임의 반복 원리와도 유사합니다. 디지털 영상 압축의 원리는 공간 압축, 시간 압축, 대역 압축, 통계 압축 등 다음 네 가지로 분류할 수 있습니다.

공간 중복성 압축

'공간 중복성(Spatial Redundancy)'은 가장 전통적인 영상 압축 방식으로, 화면 공간 내의 중복 요소를 제거하는 인트라 프레임(Intra-Frame) 압축 방법입니다. 개별 프레임마다 픽셀 정보를 묶어서 고주파 부분과 동일한 데이터를 줄이기 때문에 각 프레임의 시각 정보가 비교적 온전히 남아 있어 영상 편집과 컬러 보정에 유리한 압축 방식입니다. 이 방식은 JPEG와 같은 사진 데이터의 압축 방식으로 시작해서 아날로그-디지털 전환기의 M-JPEG를 거쳐 디지털 영상 시대에 편집용 고화질 All Intra(All-I) 동영상 압축 방식으로 확장되었습니다. 대체로 원본 화질(RAW) 영상은 All-I 방식으로 기록합니다.

시간 중복성 압축

'시간 중복성(Temporal Redundancy)'은 동영상의 각 프레임 간 이미지를 분석하여 시간에 따라 변화가 적은 영역을 압축하는 고효율 방식입니다. 움직임의 변화가 발생한 부분을 주로 기록하고 변화가 없는 부분은 앞뒤 프레임의 정보로 대체하는 방법을 사용합니다.

모든 프레임 정보가 고루 저장되는 인트라 프레임과 비교하여, 이것은 프레임 상호 관계를 예측하기 때문에 인터 프레임(Inter-Frame) 방식의 압축이라도 합니다. 프레임 간의 변화를 비교하기 위해서 키프레임(Key Frames)처럼 정기적으로 변화의 기준이 되는 I 프레임(Intra Frame)을 온전한 이미지로 먼저 기록하고, 다음번 인트라 프레임까지 동작의 변화를 예측하는 P 프레임(Predictive Frame, P Frame)을 생성하여 일정 간격으로 배치합니다.

나머지 빈 부분은 앞뒤를 비교하여 변화를 채워 넣는 양방향 예측 프레임(Bi-Directional Frame, B Frame)을 배치합니다. 따라서 시간 압축 방식의 동영상 프레임은 IBBPBBPI...처럼 적은 수의 인터 프레임과 다수의 예측 프레임의 배열로 구성됩니다.

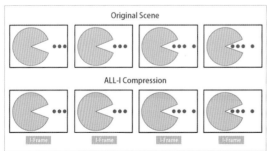 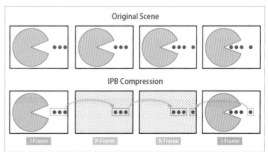

All-I 방식(좌)과 IPB 압축 방식의 비교(우)
(출처: www.canon.com.hk/cpx/en/technical/va_EOS_Movie_Compression_Options_All_I_and_IPB.html)

이러한 배열을 이미지 그룹(Group of Pictures, GOP)이라고 지칭하며, 각 GOP는 I 프레임을 기준으로 구분합니다. 각 GOP 구조 즉, I 프레임 사이에 예측 프레임이 많으면 'Long GOP'라고 부르며 용량이 줄어들지만, 화질이 저하될 수 있습니다.

예를 들어 MPEG4 압축 방식은 기본적으로 초당 2개의 GOP 배열을 사용하는데, 1초 분량의 영상을 2장의 I 프레임으로 기록하고 나머지는 예측 프레임으로 채운다는 뜻입니다. 물론 영상 편집 프로그램에서는 세부 설정에 따라 키 프레임, 즉 I 프레임 간격을 지정할 수도 있습니다.

개념과 구성이 복잡해 보이지만 이 방식은 데이터 용량을 줄이는 데에 아주 효과적입니다. 그러나 개별 프레임의 정확한 이미지를 복원하기는 어렵기 때문에 컷 포인트를 찾는 영상 편집에는 적합하지 않습니다.

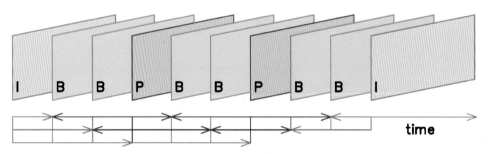

시간 중복성 압축 방식의 GOP 구조는 하나의 I 프레임을 기준으로 다수의 예측 프레임들(P, B)이 배열되어 IPB 방식이라고도 합니다.
(출처: es.wikipedia.org/wiki/Group_of_pictures)

대역 중복성 압축

'대역 중복성(Spectral Redundancy)' 압축은 영상 신호의 대역 중에서 인간의 시지각 원리에 따라 명암 정보를 중심으로 컬러 정보를 줄이는 방식입니다. 따라서 모든 RGB 컬러 정보를 다 기록하는 대신에 명암 정보 위주로 기록하면 영상의 데이터를 많이 줄일 수 있습니다. 각 프레임에 기록될 RGB 컬러 정보를 분석하여 색차 신호인 YUV 또는 YCbCr 방식으로 변환해서 기록하면 RGB 방식보다 데이터를 2/3 이하로 줄일 수 있습니다.

각각의 RGB 정보 대신 밝기 신호인 Y(Y, 흑백 명암) 값을 기준으로 파랑에서 밝기를 뺀 U(Cb, 파랑과 녹색의 조합), 빨강에서 밝기를 뺀 신호 V(Cr, 빨강과 녹색의 조합)로 변환하면서 유사한 컬러 값을 생략합니다. 이런 과정을 '크로마 서브 샘플링(Chroma Sub Sampling)'이라고 하는데, 한 프레임의 4개 픽셀당 YUV의 값을 샘플링하는 수치로 압축 단계를 구분합니다.

4:4:4의 샘플링은 4개 픽셀에 4개의 YUV 값을 모두 기록하고, 4:2:2는 4개 픽셀 중 4개의 Y에다가 가로 2개의 UV 값을 기록합니다. 4:4:4 샘플링에 비해서 4:2:2의 색차 신호는 절반인 셈입니다. 이보다 더 낮은 4:2:0 샘플링은 원래 PAL 규격의 방송에서 활용하던 방식인데, U/V 신호를 한 번씩 생략하면서 라인이 바뀔 때마다 번갈아 기록합니다. 서브 샘플링 수치가 낮아질수록 컬러 신호는 약해지며 컬러 그레이딩이나 색상 보정에 불리합니다.

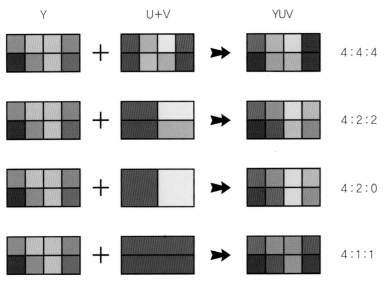

크로마 서브 샘플링 방식의 비교 (출처: en.wikipedia.org/wiki/Chroma_subsampling)

(출처: ko.wikipedia.org/wiki/YUV)

TIP

컬러 서브 샘플링의 원리는 RGB 원본에서 흑백 신호 Y를 분리하고 U, V 채널로 컬러를 나누어 기록하는 것입니다. 이때 흑백 채널당 몇 개의 컬러 신호가 기록되는가에 따라 컬러 정보의 수준이 달라지고 데이터 용량의 차이가 발생합니다.

통계적 중복성 압축

'통계적 중복성(Statistical Redundancy)' 압축은 영상 각 프레임의 픽셀 정보를 분석하면서 인접한 픽셀과 비교하여 유사한 픽셀들의 빈도를 수치로 압축하는 방식입니다. 다만 프레임 내부 형태의 윤곽 부분이나 밝기 변화가 큰 영역은 압축에서 제외합니다. 빈도가 높은 픽셀에는 적은 비트를 할당하고 빈도가 적은 픽셀에 높은 비트를 할당하며 전체적인 데이터 용량을 줄이는 방법으로 빈도 수에 따라 비트 할당을 차등하는 방식은 압축 효율이 높아 고해상도 이미지나 영상 압축에 활용되고 있습니다. 고해상도 영상으로의 이행에 따라 이와 같은 압축 방식은 서로 혼용되어 새로운 압축 기술로 개발되고 있습니다.

영상 카메라 제조사 및 편집 프로그램 개발 업체 등 관련 업계와 기술자로 구성된 전문가 집단은 기존의 압축 방식을 개선하는 노력을 기울이고 있습니다. 특히 영상 전문가 그룹(Moving Picture Experts Group, MPEG)은 국제표준화기구(ISO) 소속이며 영상 압축 방식의 표준을 제정하고 새로운 기술을 추가하는 논의를 공식적으로 수행하는 집단으로 공식 명칭은 ISO/IEC JTC1/SC29/WG11 입니다. 모바일 고해상도 영상 압축 방식으로 자리 잡은 MP4 압축도 MPEG에서 제정한 규격 중 하나입니다.

코덱의 분류

영상과 음향 데이터를 압축하는 과정에서 '코덱(Codec)'이 사용됩니다. 코덱은 압축(Compressor)과 해제(Decompressor)의 합성어입니다. 압축은 데이터를 부호화한다는 의미에서 인코딩(Encoding)이라고 하고, 압축 해제는 디코딩(Decoding)이라도 합니다.

영상 또는 음향 등의 데이터를 압축할 때 사용하는 특정한 기술을 코덱이라고 지칭합니다. 특정 방식으로 압축된 영상 데이터는 해당 디코더가 준비되어야 재생하거나 편집할 수 있습니다. 영상 편집의 과정에서 전달된 영상 파일이 낯선 코덱으로 압축되어 불러오기 자체가 불가능한 상황도 종종 발생합니다. 정확한 코덱을 파악하여 편집 시스템에 설치하거나 일반적인 편집용 코덱으로 변환하는 과정이 필요해 영상 관련 장비 제조사, 애플리케이션 개발사, MPEG 등의 전문가 집단은 더 나은 화질과 효율을 위해 끊임없이 압축 기술을 개선하고 있습니다. 영상 코덱은 용도에 따라 다음과 같이 분류합니다.

촬영용 코덱

영상 촬영용 카메라에서 데이터를 기록하기 위한 코덱입니다. 카메라 고유의 화질을 유지하면서 애플리케이션 프로세서를 통해 메모리 카드에 실시간 기록할 수 있는 빠른 속도를 제공해야 합니다. 따라서 원본의 손실이 적고 압축 과정이 빠른 코덱을 사용합니다.

촬영용 코덱은 대체로 카메라 제조사들이 개발하여 제품에 탑재합니다. 디지털 HD 영상의 시작 시기에 활용하던 소니의 AVCHD, XDCAM, 파나소닉의 DVCproHD부터 원본 화질(RAW)을 기록하는 Cinema DNG, ARRI의 ARRIRAW, 블랙매직 디자인의 BRAW 등 매우 다양합니다.

각 코덱의 해상도 및 프레임 레이트별 비트 레이트는 해당 기종의 상세 사양(Specification)을 확인해야 합니다. 고화질 RAW 코덱은 대체로 높은 비트 레이트와 컬러 10비트, HDR, 4:2:2 이상의 서브 샘플링 수준을 지원합니다. 높은 비트 레이트 수준을 실시간으로 녹화하기 위해 UHS-II, XQD, SxS, CFexpress, CFast 2.0 등 초고속 메모리카드를 필요로 합니다. 카메라 제조사에서 공인한 메모리 카드와 파일 시스템만 사용 가능한 경우도 있고, BRAW와 같이 DaVinci Resolve 편집 프로그램을 거쳐야 코덱 변환이 가능한 경우도 있습니다.

편집용 코덱

편집 프로그램 개발사 및 시스템 제조사도 실시간 편집에 적합한 코덱을 개발하여 보급하고 있습니다. 편집에 유리하도록 각 프레임의 시각 정보는 유지하면서 용량을 줄이는 인트라 방식으로 압축을 단순화합니다.

최근에는 카메라 제조사들도 편집용 코덱을 채택하는 경우가 많습니다. 애플(Apple) 사의 ProRes 코덱과 어비드(Avid) 사의 DNxHD 코덱이 대표적입니다. 특히 애플은 ProRes RAW 코덱을 개발하여 보급하고 있고, 원본 화질에 육박하는 품질을 제공하기 때문에 활용 사례가 늘고 있습니다. 유명한 편집용 코덱은 각 영상 편집 프로그램에서 기본적으로 지원하지만, 새로 개발된 코덱이나 사용 빈도가 낮은 코덱은 별도로 설치해야 불러오기(Import)와 편집이 가능합니다.

배포용 코덱

영상의 최종 소비자가 시청하는 데 사용하는 배포용 코덱은 고화질 저용량의 압축 데이터를 빠르게 해석하여 원활하게 재생하는 용도입니다. 따라서 압축 효율이 높고 재생이 쉬워야 한다는 목적으로 개발됩니다. 촬영용이나 편집용 코덱과는 다르게 영상의 재생에만 초점이 맞춰져 있으므로 시공간 중복성은 물론 통계적 중복성까지 활용합니다.

일상에서 흔하게 접하는 MPEG-4/AVC H.264 및 H.265(HEVC) 코덱이 대표적이며, HD 해상도뿐만 아니라 8K 이상 고해상도 영상의 효율적인 활용을 위해 다양한 레벨(Level)과 프로파일(Profile)을 제공합니다. 4K 해상도는 AVC(Advanced Video Coding) 레벨 5.1부터, 8K 영상은 레벨 6부터 지원합니다. 인터넷을 통한 고화질 영상의 전송을 위해 개발된 AV1(AO Media Video 1) 계열 코덱은 H.264보다 더 월등한 압축률을 선보이고 있습니다. 4K 이상 H.265/HEVC에 대응하는 AV1 계열 코덱은 AV9으로 최신 그래픽 칩셋은 두 코덱의 인코딩을 하드웨어 차원에서 지원합니다.

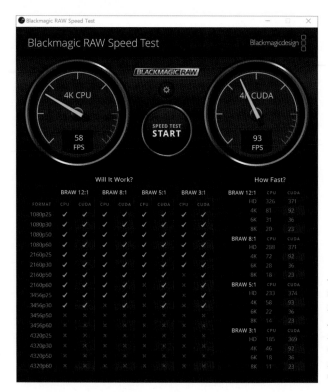

블랙매직 디자인(Blackmagic Design)의 영상 편집 프로그램 다빈치 리졸브(DaVinci Resolve)를 설치하면 함께 포함된 스피드 테스트 프로그램을 통해 원본 화질(RAW) 영상 편집에 필요한 시스템 속도를 판단할 수 있습니다. 4K 60p RAW 이상의 영상 편집을 위해서는 고성능 CPU와 GPU, 초고속 SSD 등이 필요합니다. 8K 영상 편집을 위해서는 최소한 8코어 이상의 CPU, NVidia RTX 계열 GPU, 32GB 이상의 램, RAID 시스템의 SSD 등을 갖추어야 합니다.

트랜스코딩의 변환 과정

트랜스코딩은 기존 영상 자료를 다른 형식으로 인코딩하며 변환하는 과정입니다. 발주처의 서비스 제공 유형에 따라 SD, HD, 4K 등 해상도 단계로 인코딩하고, 최종 미디어의 최적화 코덱으로 변환하는 과정이 필요할 수도 있습니다.

영상 업계에서는 원본 화질의 영상을 네트워크를 통해 서비스하기 위해 어도비(Adobe) 사에서 개발한 '리얼 타임 메시징 프로토콜(Real-Time Messaging Protocol, RTMP)'을 활용하여 SD, HD, FHD 등의 여러 버전으로 인코딩합니다. RTMP 인코딩이 완료된 영상은 아이폰과 안드로이드 등 디지털 저작권 관리(DRM) 방식으로 암호화된 영상 서비스를 제공하기 위해 다시 트랜스코딩 과정을 거치게 됩니다.

포맷과 콘테이너

영상 코덱이 영상 정보를 압축하는 방식을 결정하는 알고리듬이라면, 형식을 뜻하는 포맷(Format)과 담는 용기를 뜻하는 콘테이너(Container)는 파일 형식을 지칭합니다.

일상에서는 파일 확장자라고 부르는 경우가 많습니다. 파일 확장자는 컴퓨터 파일 시스템에서 포맷을 구분하기 위한 알파벳 3-4 자리의 체계입니다. MPEG-4 계열의 코덱을 담는 '*.mp4' 확장자가 흔한데, 실제로 MPEG-4 코덱은 MP4 파일뿐만 아니라 애플 사의 MOV, 마이크로소프트 사의 AVI 파일 형태로도 활용되고 있습니다. 이처럼 영상 파일의 포맷이나 콘테이너는 시스템 운영체제에서 개발하고 지원하는 경우가 많습니다. 영상 시스템에는 컴퓨터 운영체제뿐만 아니라 카메라 제조사도 관련됩니다.

예를 들어, ARRI 카메라는 원본 화질의 ARRIRAW 포맷을 지원하는데 확장자는 '*.ari'입니다. 블랙매직 디자인의 카메라는 Blackmagic RAW 포맷을 지원하고, 확장자는 '*.braw'입니다. 영상 편집의 소스에 따라, 최종 목적에 따라 코덱과 포맷은 달라집니다. 편집 담당자는 각 코덱의 특성과 용도, 해상도별 비트 레이트 등을 파악하고 있어야 합니다.

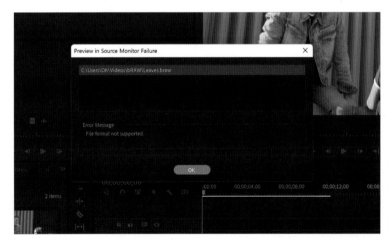

시네마 카메라 제조사의 코덱과 파일 포맷 중에는 어도비 프리미어 프로 같은 영상 편집 프로그램에서 기본으로 지원하지 않는 경우도 있습니다. 해당 코덱이 호환되는 별도 프로그램을 통해서 편집용 코덱으로 변환한 후 편집을 진행하면 됩니다.

비트 레이트 인코딩의 방식

영상 편집의 결과를 출력하면 지정한 코덱과 파일 포맷으로 인코딩이 시작됩니다. 이때 비트 레이트와 인코딩 방식을 설정할 수 있습니다. 비트 레이트는 최종 목적의 기준에 부합하도록 결정하면 됩니다. 비트 레이트 인코딩은 지정한 비트 레이트로 인코딩할 때 어떤 방식을 사용할지 결정하는 것입니다.

기본적으로 고정 비트 레이트(Constant Bitrate, CBR) 인코딩은 영상 각 프레임을 고정된 기준으로 똑같이 압축하여 파일로 생성합니다. 만약 움직임의 변화가 심한 영상이라면 CBR 인코딩의 화질이 기대보다 저하될 수 있습니다. 반면에 가변 비트 레이트(Variable Bitrate, VBR) 인코딩은 영상 프레임의 복잡도와 흐름에 따라 데이터양을 달리 기록합니다.

이때 'VBR, 2 pass'를 지정하면 영상의 구조를 먼저 파악하는 과정을 거친 후에 인코딩을 처리하기 때문에 더 효율적인 압축이 가능합니다. 두 번의 처리 과정을 거치기 때문에 인코딩 시간이 더 소요될 수 있지만, 움직임의 변화가 큰 영상이라면 VBR, 2 pass 인코딩 방식이 적절합니다.

영상 편집 프로그램에서 편집 결과를 출력할 때 파일 포맷과 코덱을 세부적으로 설정할 수 있습니다. 어도비 미디어 인코더의 출력 설정(Export Settings)에서 기본 프리셋(Preset) 설정값 중 타깃 비트 레이트(Target Bitrate)를 기본값에서 약간 증가시키면 화질 저하가 덜합니다.

조명 설치하고 활용하기

조명(Lighting)은 영상 제작 과정의 필수적인 요소 중 하나입니다. 카메라 촬영 현장뿐만 아니라 모션 그래픽, 3D 그래픽 등 가상 공간 내의 작업에도 조명의 설치와 활용이 중요합니다. 조명은 영상의 분위기를 만들고, 빛과 그림자의 음영을 이용하여 상황을 표현하는 도구로도 쓰입니다. 영상 프로덕션의 조명은 기본적인 조도와 노출을 제공하는 '기술적 조명'과 연출자의 의도에 따라 감각적인 분위기를 만들어 내는 '연출적 조명'으로 구분할 수 있습니다. 조명기의 종류와 설정, 연출 기법 유형과 특징에 대해 알아보겠습니다.

조명기의 종류

영상 프로덕션의 규모나 성격에 따라 조명의 종류와 활용이 달라집니다. 메이크업 유튜버라면 얼굴에 명암이 적게 나타나는 LED 링 조명을 사용하고, 인터뷰 영상에는 출연자의 단점을 가리기 위해 부드러운 빛의 조명을 사용합니다. 조명기의 종류는 다음과 같습니다.

텅스텐 조명

비교적 저렴하면서도 색온도의 표현에 유리한 조명 장치이지만 전구 수명이 짧고 발열 위험이 큽니다.

HMI 필름 조명

야외의 넓은 지역을 커버하는 조명기이며 빛이 매우 강하지만 전력 소모가 크고 임대료가 비쌉니다.

형광 조명

저렴한 형광등이 배열된 조명으로 은은한 분위기를 낼 수 있지만 깜박임(Flicker) 현상에 유의해야 합니다.

LED 조명

저렴하면서도 전력 소비가 적고 색온도나 밝기 제어에도 편리하여 최근 사용이 늘고 있습니다.

3점 조명 설정

영상 촬영이나 그래픽 환경에서 가장 기본적인 조명의 설정은 '3점 조명'입니다. 피사체 주위의 세 방향에서 비추는 조명은 주인공을 입체적으로 강조하며 배경과 구분되는 효과를 형성합니다. 조명 장비가 전면, 측면, 후면의 세 방향에 설치되어 피사체를 향하는데 각각 '키 라이트(Key Light)', '필 라이트(Fill Light)', '백 라이트(Back Light)'라고 부릅니다.

키 라이트

'키 라이트(Key Light)'는 주광원으로 피사체를 선명하고 입체적으로 만들어주는 기본 광원입니다. 이것은 다른 조명 위치의 기준이 되며, 조명 각도는 상단 15°부터 70°까지 다양한데 45° 각도가 보편적으로 사용됩니다. 스팟 라이트(Spot Light) 조명기를 주로 사용하며, 피사체와 배경 사이에 충분한 거리를 두어 그림자를 억제합니다.

필 라이트

'필 라이트(Fill Light)'는 키 라이트에 의해 생성된 그림자를 부드럽게 흐리고, 지나친 대비나 그림자의 강도를 줄이기 위해 피사체의 키 라이트 반대편에 배치하는 보조광 조명입니다. 필 라이트를 배치하는 각도는 키 라이트와 완전한 대칭일 필요는 없으며, 조사 각도는 수직 약 30~40°, 좌우 약 30° 각도가 적절합니다. 필 라이트는 은은한 플랫 라이트(Flat Light)나 소프트 라이트(Soft Light) 종류를 사용하며, 강도는 일반적으로 키 라이트 강도의 절반 이하로 약하게 제한합니다.

백 라이트

'백 라이트(Back Light)'는 피사체 뒤에 배치하여 피사체를 배경과 분리하면서 뚜렷한 인상을 만드는 데 사용하는 역광 광원입니다. 백 라이트는 키 라이트와 같은 편에 배치한 후 피사체 뒤에서 필 라이트를 향하도록 조사합니다.

배경 조명과 베이스 조명

'배경 조명(Background Light)'과 '베이스 조명(Base Light)'은 3점 조명으로 충분하지 않은 상황에서 배경에 조명을 보충하거나, 세트 전체에 조도를 확보하기 위해 사용하는 조명입니다. 배경과 피사체의 대비에 유의하고, 의도하지 않은 그림자를 억제하는 요령이 필요합니다.

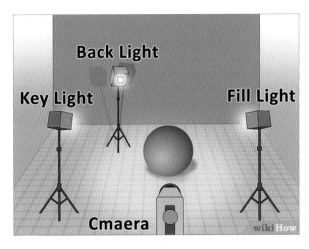

구 형태의 피사체 주위에 설치한 3점 조명 예시
(출처 : ko.wukihow.com/wiki/Create-Cinematic-Lighting)

조명 연출 기법의 유형과 특징

영상 장면과 이야기의 상황에 따라 적합한 조명을 설치하고 연출해야 합니다. 조명을 활용하는 주요 연출 기법을 살펴보겠습니다.

하이 키 조명

'하이 키 조명(High Key Lighting)'은 키 라이트의 강도를 높이고 필 라이트를 다수 사용하여 만드는 쨍한 효과입니다. 프레임에서 조명을 밝고 균형 있게 유지하며 그림자를 거의 생성하지 않습니다.

확산 오버헤드 조명

'확산 오버헤드 조명'은 젤 소재나 종이 상자의 등불과 같은 확산 재료를 사용하여 광원을 부드럽게 만들어 그림자를 줄이는 기법입니다.

하드 필름 조명

'하드 필름 조명'은 밝은 햇빛이나 작은 광원은 피사체의 그림자를 선명하게 강조합니다.

로우 키 조명

'로우 키 조명(Low Key Lighting)'은 키 라이트를 낮은 곳에 설치하고 필 라이트를 최소화하거나 제거하여 의도적으로 그림자를 만들면 극적이거나 공포 효과를 일으킬 수 있습니다.

세트 조명

'세트 조명'은 촬영 세트에 등 기구를 설치하여 자연스러운 조명으로 활용합니다.

렘브란트 조명

'렘브란트 조명(Rembrandt Lighting)'은 바로크 시대 화가 렘브란트의 그림처럼 인물의 이목구비가 선명하게 보이도록 키 라이트 하나만 피사체의 반 측면 상단에 설치하여 명암의 차이를 극대화하는 조명 연출 기법입니다. 주로 프레임 안에 한 인물의 포트레이트로 채우는 촬영에 사용합니다.

실루엣 조명

'실루엣 조명(Silhouette Lighting)'은 배경에서 조명을 비추고 인물 전면에는 조명하지 않는 기법입니다. 극단적인 명암대비 조명방식이면서 윤곽을 강조하는 평면조명 방식입니다. 예를 들어, 춤동작을 강조하거나 로맨틱한 분위기를 연출하고 싶을 때 실루엣 조명을 사용하면 효과적입니다.

촬영 세트에 등기구를 설치한 조명 연출 사례

전통적인 렘브란트 조명 기법은 인물의 광대뼈 부위를 역삼각형으로 드러내며 입체감을 강조합니다. (출처 : improvephotography.com)

오디오로 사운드 효과 이용하기

영상의 오디오는 시청자의 청각에 호소하는 수단으로 메시지와 대사를 전달하는 정보 제공 기능과 함께 영상의 분위기나 감정을 고조시키는 중요한 기능을 담당합니다. 과거 무성영화 시대에는 구성이 단순하여 영상 이미지만으로도 의미를 전달했으나 유성영화 확산 이후 영상에는 대사, 내레이션, 효과음, 배경 음악 등 오디오 요소의 비중이 매우 증가했습니다. 오디오 요소는 크게 대사, 음악, 효과음 등으로 구분되는데, 영화의 오디오 편집에서는 프레임 내부의 소리인 다이제틱 사운드(Diegetic Sound)와 별도로 추가하는 논다이제틱 사운드(Non-Diegetic Sound)로도 구분합니다. 오디오 사운드 종류와 유형, 기술 요소에 관해 알아봅시다.

다이제틱 사운드의 종류

'다이제틱 사운드(Diegetic Sound)'는 영상의 화면 프레임 안에서 보이는 사건이나 풍경 등에서 발생하는 소리이며, 대사, 음향, 공간음 등이 있습니다. 고대 그리스어에서 파생된 단어 '디제시스(Diegesis)'에서 파생된 개념으로 이야기 안에 들어간 소리를 가리킵니다.

대사

'대사(Dialog)'는 영상의 진행 중에 배우가 입 밖으로 내는 말입니다. 영화나 드라마에서는 대사들이 연속되는 대화를 통해 주제의 전달과 상황, 갈등, 인물의 성격을 전달합니다. 대사는 영상 속의 사건이나 상황이 어떻게 전개되는지 드러내는 중요한 기능을 담당합니다. 대사의 유형에는 두 사람 이상의 대화(Dialog), 혼자 말하는 독백(Monologue), 등장인물이 말하는데 관객은 들을 수 있고 영상의 다른 인물은 들을 수 없는 방백(Aside), 영상 밖에서 줄거리나 상황을 설명 해주는 해설 또는 내레이션(Narration)이 있습니다.

공간음

'공간음(Ambient Sound)'은 영상의 배경이나 공간에 깔려 있거나 숨어 있는 소리로 '앰비언스(Ambience)'라고 부르기도 합니다. 영상에 공간음을 추가하면 사실적인 공간감을 전달할 수 있으며, 배경 공간의 규모나 구조의 실재감을 부여할 수 있습니다. 때로는 시간의 변화나 캐릭터의 심리 또는 사건을 발생 등을 암시적으로 표현하는 장치로도 사용됩니다.

효과음

'효과음(Sound Effect)'은 목소리와 음악을 제외한 모든 소리 요소입니다. 일반적으로 빗소리, 바람 소리, 환호 소리, 비행기 소리, 도시 소음 등과 같이 대사와 함께 녹음하기에 부적합한 환경 소리를 현장에서 동시 녹음해야 할 경우에는 대사와 음향을 따로 녹음한 후 믹싱(Mixing) 과정에서 합성합니다. 실제 대상의 소리를 녹음한 효과음 외에도 폴리(Foley) 작업에서는 발소리, 파도 소리, 발걸음 소리 등을 여러 도구로 만들어서 녹음합니

오디오 편집 프로그램 화면과 인터페이스 예시

다. 모든 효과음을 다 녹음할 수 없을 때는 디지털 음원으로 판매되는 효과음 라이브러리를 구매해 사용하기도 합니다.

논다이제틱 사운드의 종류

'논다이제틱 사운드(Non-Diegetic Sound)'는 영상 프레임 외부에서 추가되는 소리를 의미합니다. 촬영 이후에 추가로 녹음하거나 포스트 프로덕션 과정에서 음악 등을 만들어 넣는 작업을 통칭합니다.

보이스 오버

'보이스 오버(Voice Over)'는 화면에 말하는 사람이 보이지 않은 상태에서 대사나 해설 등이 목소리로 나타나는 유형입니다.

내레이션

'내레이션(Narration)'은 주제의 진행에 따라 설명이나 줄거리를 해설하는 유형입니다.

음악

'음악(Music)'은 영화나 드라마 음악은 주제가, 삽입곡, 배경 음악(BGM) 등을 포함합니다.

녹음의 유형

녹음(Audio Recording)은 영상에 필요한 소리를 데이터로 기록하는 작업입니다. 촬영 현장에서 소리를 직접 녹음하는 동시녹음과 촬영 후 추가로 녹음하는 후시녹음으로 구분합니다.

동시 녹음

'동시 녹음(Synchronous Recording)'은 영상의 촬영과 동시에 오디오를 녹음하는 방식입니다. 카메라에 내장된 마이크를 사용하면 영상과 오디오가 동시에 기록되어 싱크가 어긋나는 일이 없고, 외장 레코더를 사용하면 정교하고 미세하게 제어할 수 있는 다양한 기능과 함께 고음질로 녹음할 수 있습니다. 다만, 영상의 비디오 트랙과 오디오 트랙의 싱크를 별도로 맞춰야 합니다.

영상 촬영 현장의 동시녹음 장면

후시 녹음

'후시 녹음(Post Synchronization)'은 영상 촬영과 동시 녹음을 완료한 후 대사 부분을 보완 또는 대체하기 위해 별도 녹음하거나 내레이션, 효과음 등을 추가 녹음하는 작업입니다. 영상 편집 중에 간단하게 내레이션을 추가하기 위해서는 편집용 컴퓨터에 마이크를 연결한 다음 어도비 프리미어 프로의 보이스 오버 기능을 이용해 실시간 녹음하면 됩니다.

오디오의 기술적 요소

오디오는 라틴어로 '듣다'는 뜻의 오디레(Audire)에서 유래된 용어입니다. 사람과 동물이 듣는 소리는 공기가 연속적으로 진동하면서 음파로 전달되는 것으로 공기의 파동이 귀의 고막을 진동시키며 청각 기관이 소리를 감지합니다. 사람의 귀에 들리는 소리는 통상 20Hz에서 20,000Hz의 주파수 범위를 가집니다. 대체로 저음은 100Hz 이하로 진동처럼 인지되고, 14KHz 이상의 고음은 나이와 환경에 따라 들리지 않는 영역이 늘어납니다.

가청주파수 범위를 넘어서는 20KHz 이상의 고주파 소리는 '초음파'인데 일부 동물이 들을 수 있고, 더 높은 주파수는 방송 전파 등에 활용됩니다. 소리의 기술적 구성 요소로는 음높이(Pitch), 크기(Loudness), 음색(Sound Quality) 등이 있습니다.

음높이

'음높이(Pitch)'는 소리의 높낮이로 주파수의 고저를 의미합니다. 소리의 높이는 음파(Sound Wave)의 반복으로 형성되는데 1초 동안에 파장이 몇 번 반복되는지 측정합니다. 파장의 반복 횟수가 늘어날수록 소리는 높아지고 줄어들면 소리는 낮아집니다.

한 쌍의 파장 굴곡을 '사이클(Cycle)'이라 하는데, 이것이 1초 동안 반복되는 횟수를 주파수라고 정의합니다. 주파수의 단위는 초당 진동수를 측정하는 헤르츠(Hz)입니다. 음악에서 기준 음의 음높이는 '라'에 해당하는 440Hz입니다. 이보다 한 옥타브 높은음은 2배수인 880Hz이고 한 옥타브 낮은음은 220Hz가 됩니다. 녹음된 소리의 주파수별 음높이를 조절할 때는 이퀄라이저(Equalizer)를 이용합니다.

음량

'음량(Loudness)'은 소리의 물리적인 압력 강도에 대해 사람의 귀가 인지하는 양을 수치화한 크기입니다. 소리의 크기는 음파의 파장 높이와 관련되며, 파장의 높이가 클수록 소리의 크기도 커집니다.

소리의 크기는 데시벨(Decibel, dB) 단위로 측정하는데, 인간이 들을 수 있는 가장 작은 소리부터 큰 소리까지의 에너지양을 상대적인 로그함수로 계산한 것입니다. 이론적으로 3dB의 소리 크기를 증가시키기 위해서는 2배의 에너지가 필요합니다.

프리미어 프로에서 오디오 레벨의 크기는 −∞dB로부터 0dB까지로 음량의 스케일을 정합니다. 이 기준으로 영상이나 음향 클립의 오디오 레벨을 표시하는 오디오 미터(Audio Meter) 영역이 타임라인 옆에 제공되며, 0dB에 가까워질수록 노란색부터 빨간색까지 색상으로 경고합니다. 이 기준을 넘으면 소리가 거칠게 깨지며 왜곡될 수 있습니다

대화 장면을 기준으로 오디오 레벨을 −12dB ~ −6dB 수준으로 조정하면 영상의 소리가 편안하게 전달될 수 있습니다. 영상 시청자는 각자의 스피커 상태에 따라 서로 다른 소리의 크기를 경험하게 됩니다. 갑자기 소리가 커지면 불쾌감을 느끼게 되므로 영상에 들어간 오디오의 평균 레벨을 −20bB ~ −10dB 범위에서 평준화(Normalize)하고, −6dB 이상으로 올라가는 부분을 조정하는 요령이 필요합니다.

음색

'음색(Tone)'은 소리의 색깔을 뜻하는 말로 동일한 주파수의 소리라도 상황과 악기에 따라 달리 들리는 것을 의미합니다. 기술적으로 음색은 소리의 '배음(Harmonics)'에 따라 달라집니다. 배음은 음원이 만드는 기본 주파수와 함께 섞인 다른 주파수들을 의미합니다.

정현파라고 부르는 '순정음(Sine Wave)'을 제외한 일상의 모든 소리에는 반드시 서로 다른 배음이 섞여 있습니다. 예를 들어 피아노의 A4 현은 440Hz로 진동할 때 그 2배수인 880Hz나 3배수인 1,320Hz, 4배수인 1,760Hz 등 많은 진동이 동시에 발생합니다.

이와 같은 배음의 구성을 그래프로 그린 것을 '스펙트럼(Spectrum)'이라고 합니다. 풍부하고 큰 소리는 많은 배음을 가지고 있는 반면에 사이렌처럼 단순하고 날카로운 소리는 배음이 거의 없습니다. 음량의 순간적인 변화를 의미하는 '엔벨로프(Envelope)'도 음색에 영향을 미치는 요소입니다.

반향과 잔향

소리는 공기의 떨림이 생성될 수 있는 공간에서 전달됩니다. 생성된 소리가 주변 공간의 벽이나 천장에 부딪혀서 다시 돌아오는 경우 흔히 에코라 부르는 반향(Echo)과 잔향(Reverb)이 감지됩니다. 이 효과는 직접 음보다 반사음이 50ms 이상 지연되면 감지되는데, 소리의 속도로 계산하면 약 17m 정도입니다. 따라서 음원의 위치와 반사면의 거리가 8.5m 정도 떨어져 있으면 에코가 들릴 가능성이 있습니다. 광장, 욕실, 성당의 잔향은 서로 다르게 들려야 합니다. 이와 같은 반향과 잔향은 영상 속 공간의 소리에 실재감과 임장감(Ambience)을 강조하는 장치로도 활용됩니다.

오디오 편집의 원칙

대형 프로덕션의 오디오 편집은 음향 담당자가 전문적으로 작업하거나 외주 업체에 의뢰하는 사례가 많습니다. 반면 소규모 스튜디오나 개인 창작자의 경우 영상 편집과 오디오 편집을 함께 담당해야 하는 경우도 많습니다. 단순 컷 편집이 아니라면 대사와 내레이션, 배경 음악, 효과음 등을 동시에 다루어야 하므로 오디오 편집에 관한 몇 가지 원칙을 이해하면 완성도를 높이는 데에 도움이 될 것입니다.

피사체와 배경 분리의 원칙

'피사체와 배경 분리의 원칙(Figure-Ground Separation)'은 화면 속 중요한 대상이나 사건은 주요 피사체가 되고 다른 것은 배경으로 인지하게 됩니다. 오디오 편집에서도 주 피사체 음향을 주변 음향이나 배경 음향보다 더 크고 분명하게 드러나도록 조정합니다.

원근감의 원칙

영상 이미지가 아닌 소리의 원근감(Perspective) 표현은 클로즈업 장면에서 근접한 음향으로, 롱 숏에서는 멀리 떨어져 듣는 것 같은 소리로 연결하는 원칙입니다. 근접한 소리는 멀리 떨어진 것보다 더 분명하게 들리고 강한 임장감을 드러냅니다. 만약 롱 숏으로 촬영한 대화 장면이라면 목소리와 함께 어느 정도 주변 소음을 함께 포함해야 합니다.

연속성

소리의 연속성(Continuity)은 편집 과정에서 가장 중요합니다. 많은 영상 콘텐츠가 야외 촬영분과 스튜디오 촬영분을 모아서 편집하게 됩니다. 이때 야외 녹음 부분과 스튜디오 녹음 부분의 소리 차이가 클 수 있는데, 이러한 차이를 유사하게 조정하는 것이 연속성의 원칙입니다. 다양한 촬영 장면에서 같은 기종의 마이크를 사용하고, 주변 소리를 함께 녹음해 두어서 자연스러운 장면 전환에 활용하는 요령이 필요합니다.

에너지

영상의 에너지와 소리의 에너지는 적절하게 조화를 이루어야 한다는 원칙입니다. 강한 에너지를 가진 장면에서 큰 소리가 나오고, 잔잔한 영상에는 조용한 소리가 나오는 것이 자연스럽습니다. 영상의 전체적인 흐름을 분석하여 오디오 볼륨(Volume)을 적절히 조절해야 완성도 높은 결과를 만들 수 있습니다.

컬러로 생동감 부여하기

영상의 화질을 결정하는 요소에는 해상도와 함께 색상의 구현도 중요하게 작용합니다. 높은 해상도가 영상을 사실적으로 보이게 구현하는 구조라면, 폭넓은 색상은 살아 있는 듯한 생동감을 부여합니다. 인간의 시지각은 태양에서 지구로 쏟아져 들어오는 전자기파의 극히 일부분만 인식하며, 가시광선이라고 부르는 범위 안에 모든 색상이 존재합니다. 디지털 영상에서는 컬러의 생성과 조작이 더 간편하지만, 색상의 구조와 속성을 제대로 파악하지 못하면 색 보정(Color Correction)은 손대지 못하거나 제한적인 보완만 가능할 것입니다. 컬러의 규격과 특성을 제대로 알면 작업이 수월하면서도 차별성을 드러내는 결과로 나올 것입니다.

색상의 범위와 색 영역

고해상도 영상을 위한 규격에는 UHD와 같은 해상도뿐만 아니라 색 영역(Color Gamut)이라 부르는 색상 기준도 포함됩니다. 포괄적인 범위를 뜻하는 'Gamut'이라는 용어는 원래 음악에서 사람의 목소리나 악기로 낼 수 있는 음역이나 음계의 범위를 일컫는 말이었습니다.

'색 영역'이라는 말은 영상 장비나 디스플레이 장치가 낼 수 있는 범위의 색 영역을 지칭하는데, 줄여서 '색역'이라고 합니다. 컬러에 관한 일종의 성능 범위입니다. 소리의 음역이 인간의 가청주파수 범위에 근거하는 것처럼, 색 영역도 인간의 시각에 근거를 두고 발전했습니다.

인간이 구분할 수 있는 색상의 전체 범위를 표현한 색 공간 그래프 또는 색도 그래프는 CIE 1931을 기본적인 기준으로 삼습니다. 이것은 국제조명위원회(CIE)가 1931년에 제정한 색공간 규격으로 거의 백 년 전의 기준입니다.

1920년대 인간의 시각 체계에서 색상에 감응하는 3원색(RGB)의 원추세포 구조 연구에 맞추어 3차원 색 공간의 XYZ의 각 방향으로 색채 함수를 수학 공식을 이용하여 평면에 구현하기 위해 밝기와 색상의 2차원으로 변환한 것이 CIE 1931 색 공간 그래프입니다.

색 공간 그래프의 둘레에는 가시광선 중 단색광의 파장이 나노미터(nm) 단위로 380nm부터 700nm까지 표시되어 있습니다. 380nm 이하는 자외선, 700nm 이상은 적외선 영역으로 인간의 눈에 보이는 가시광선 범위를 벗어납니다. 그래서 색 공간 그래프는 가시광선 범위를 삼각형에 가까운 부채꼴 모양으로 형성되도록 그립니다. 때로는 이것을 색상 분포도라고 부르기도 합니다.

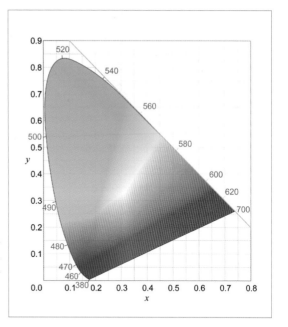

국제조명위원회가 1931년에 제정한 CIE 1931 색 공간 그래프를 보면 XY 평면에 부채꼴 모양으로 원색광의 파장이 나노미터 단위로 표시되어 있습니다. 700nm 장파장의 빨간색부터 380nm 단파장의 보라색까지 가시광선을 인지하는 인간의 시각 체계에 따라 수학적으로 모델링된 색 영역입니다. 이것은 인간이 인지할 수 있는 색상의 전체 범위를 포괄하는 기준이며 색상 장비의 구현 기술을 측정하는 기준판으로 쓰이고 있습니다. (출처 : ko.wikipedia.org/wiki/CIE_1931_%EC%83%89_%EA%B3%B5%EA%B0%84)

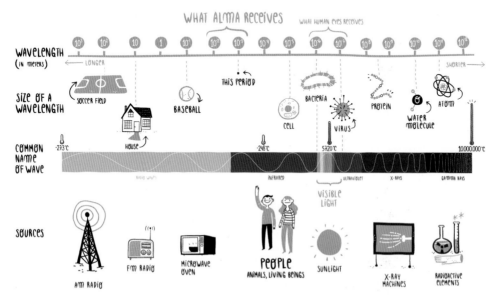

전자기파의 파장을 10Km 단위부터 원자 단위까지 구분해 보면 인간의 시지각을 통해 색상으로 인지하는 가시광선의 폭은 아주 좁은 부분이라는 사실을 알 수 있습니다. (출처: kids.alma.cl/the-electromagnetic-spectrum)

영상에 관련된 카메라, 컨버터, 모니터, 조명 등의 품질을 판단할 때는 반드시 색 공간 그래프 안에 삼각형으로 표시되는 색 영역을 기준으로 정합니다. 컬러 TV도 없던 과거에 제정한 규격이지만, 현존하는 어떠한 영상 장치도 색 영역 전체를 구현하지 못하므로 CIE 1931 색 영역은 인간의 시지각을 포괄하면서 가장 이상적인 컬러 장치의 기준으로 활용하는 바탕 영역이라고 이해하면 됩니다.

1954년 미국에서 처음 컬러 방송이 시작될 때 NTSC 색 영역의 기준을 컬러 영화에서 빌려왔는데, 전자기 테이프와 브라운관 TV의 기술적인 한계 때문에 기준 전체를 충족하지 못했습니다. 고화질 디지털 방송을 준비하면서 1990년대에 제정된 HDTV 컬러 규격 Rec. 709는 과거 NTSC 색 영역 기준보다 현실적으로 줄어든 sRGB 수준의 범위였습니다. sRGB는 저가형 모니터도 충족시킬 수 있는 비교적 좁은 색 영역인데, NTSC 색 영역보다 녹색역의 분포가 약 20% 정도 줄어든 범위입니다. 과거의 이상적 기준보다는 실제로 구현 가능한 범위로 정한 것입니다.

2012년에 제정된 초고화질 UHD TV의 색 영역 기준(ITU-R Rec. BT.2020)은 이전 HDTV 기준의 약 두 배가 넘는 색상 범위를 포괄하게 됩니다. 이와 함께 색 범위의 확장뿐만 아니라 색상 계조를 구현하는 심도를 10bit와 12bit까지 확장했습니다. HDTV 기준 8bit 심도에서 RGB 삼원색으로 구현 가능한 색상은 약 1680만 컬러였던데 비해, 고화질 UHD 기준 12비트 컬러는 이론적으로 약 687억 컬러를 구현합니다.

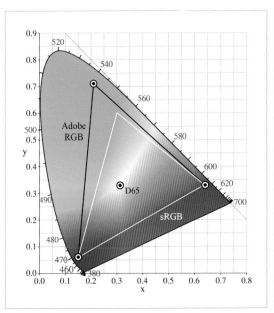

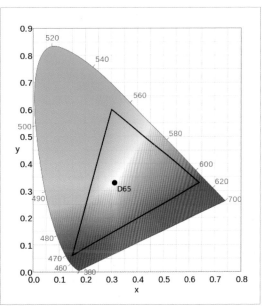

CIE 1931 색 공간 그래프에 표시한 sRGB와 Adobe RGB의 비교
(출처 : commons.wikimedia.org/wiki/File:CIExy1931_AdobeRGB_vs_sRGB.png)

CIE 1931 색 공간 그래프에 표시한 Rec.709 색역은 HDTV를 위해 제안된 규격으로 sRGB 색역과 유사합니다.
(출처 : en.wikipedia.org/wiki/Rec._709)

인간의 눈으로 구분할 수 있는 컬러의 수보다 더 넓은 규격입니다. 이렇게 10bit 이상으로 확장된 색 범위를 '광색역(Wide Color Gamut, WCG)'이라고 부릅니다. 광색역은 높은 수준의 동적명암비(HDR)와 함께 영상과 이미지 분야에서 컬러를 풍부하게 구현하는 기준이 됩니다.

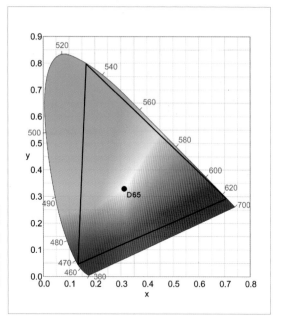

돌비 비전(Dolby Vision)의 광색역 기준으로 쓰이는 Rec.2020은 기존의 Adobe RGB 색역이나 DCI-P3 기준에 비해 훨씬 넓은 색상 영역을 포괄합니다. 명암 계조를 넓힌 HDR을 제대로 구현하기 위해서 Rec.2020 범위와 영역은 같지만, 전달함수를 달리 적용한 Rec.2100 색 공간을 기준으로 활용하기도 합니다. 카메라 촬영부터 편집과 포스트 프로덕션, 디스플레이 출력까지 Rec.2020 색 영역과 10비트 HDR 기준을 충족해야만 돌비 비전의 색 영역을 유지하며 작업하고 확인할 수 있습니다.
(출처 : en.wikipedia.org/wiki/Rec._2020)

색 보정과 컬러 그레이딩

색 보정은 이미 촬영된 영상의 컬러를 적절하게 보정하는 것입니다. 소리와 마찬가지로 컬러도 사람의 심리에 호소하기 때문에 개인별 취향이나 편차가 발생합니다. 그러나 영상의 원칙과 문법처럼 오랜 세월 컬러에 대한 원칙과 관습도 형성되었습니다.

이것은 앞에서 살펴본 것처럼 인간의 시지각과 파장에 관한 과학적인 근거에 따른 결과이지만, 때로는 영상의 메시지나 특정 상황을 전달하는 도구로도 쓰입니다. 예를 들어, 새벽에 촬영한 영상은 푸른색 톤이 섞여 있고, 늦은 오후의 풍경에는 노란색이 강한 경우가 많은데, 이것은 과학적인 결과입니다. 암울한 메시지를 전달할 때는 어둡고 탁한 분위기를 만들고, 꿈꾸듯 즐거울 때는 밝은 파스텔 색조를 활용하는데, 이것은 심리적인 컬러 활용의 관습입니다.

색 보정은 영상의 맥락에 적합하도록 색조를 조정하거나 기술적으로 틀어진 밸런스와 노출을 바로

잡는 과정입니다. 예를 들어, 새벽 장면이 계속 이어질 때는 전체 컷들을 푸르스름하게 일치시키는 것도 필요한 색상 보정 작업으로, 최근에는 시네마틱 룩이나 감성 룩과 같이 영상의 색조를 독특하게 구현하는 것이 유행입니다. 반면 컬러 그레이딩은 카메라 촬영 단계에서 로그(Log) 프로파일이 적용되었거나 원본(Raw) 파일로 기록된 경우에 필요한 과정으로, 마치 네거티브 필름에서 컬러를 현상하듯이 흐릿한 색조의 원본에서 컬러를 생성하는 과정입니다.

전문가용 카메라 업체마다 촬영 영상에 각각의 로그 프로파일을 적용할 수 있도록 장치에 옵션으로 제공하고 있습니다. 이것을 원본 그대로 보면 색상과 명암이 흐릿하게 기록된 것처럼 오해를 불러일으킬 수 있는데, 영상 편집 프로그램에서 룩업 테이블(Look-Up Table, LUT) 프리셋을 적용하면 원래의 컬러가 생생하게 되살아납니다. 이렇게 흐릿한 원본으로 촬영하는 이유는 명암과 색상의 계조를 더 풍부하고 넓게 기록하기 위함입니다.

일반적인 카메라 설정에서는 역광이나 강한 햇빛, 야간의 약한 조명 등의 상황에서 피사체의 색상과 명암을 정확하게 담기 어렵습니다. 밝은 부분은 하얗게 날아가 버리고 어두운 부분은 검게 뭉쳐버리기 일쑤입니다. 따라서 전문적인 촬영 과정에서는 명암과 컬러의 재현에 유리한 환경을 만들고, 가급적 피사체의 컬러를 온전히 담을 수 있도록 노력하게 됩니다. 영화나 방송 드라마 같은 대규모 프로젝트에서는 컬러 그레이딩 작업을 DI 전문 업체에 의뢰합니다.

반면에 개인이나 소규모 프로젝트의 영상 편집 담당자는 편집 과정에서 스스로 색상 보정과 컬러 그레이딩 작업을 직접 진행하게 됩니다. 따라서 영상 편집 프로그램이 제공하는 컬러 관련 기능을 숙지하고, 원하는 색감을 일관적으로 적용할 수 있는 LUT도 만들어 저장할 수 있다면 더 편리하게 원하는 결과를 만들어낼 수 있습니다.

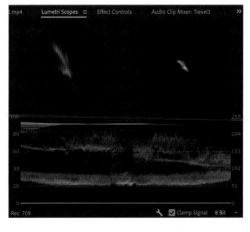

어도비 프리미어 프로의 [Color] 탭의 Vectorscope, Histogram 등의 색 보정 (Color Correction) 도구를 이용하여 컬러의 치우침이나 왜곡을 바로잡을 수 있습니다.

컬러 구현 및 조정 요소

컬러를 구현하거나 조정하는 요소로 색상, 채도, 명도가 있습니다. 어떤 특징을 가지고 있는지 각 요소를 살펴보겠습니다.

색상

'색상(色相, Hue)'은 색깔로 인간의 시각에 인지되는 요소이며, 빨주노초파남보 순서로 배열된 색상환(Hue Circle)의 가장자리를 형성하는 컬러입니다. 검은색과 흰색 등의 무채색은 색상 값이 없기 때문에 색상환에 등장하지 않습니다.

색상환의 인접 위치는 유사색, 반대편은 보색이고, 그 옆자리는 반대색이라 부릅니다. 보색이나 반대색은 서로 배척하는 색상대비 효과를 냅니다. 색상은 순수한 원색의 컬러를 뜻하며, 20세기 초 색채학자 먼셀(A. H. Munsell)은 5원색을 기준으로 10 색상을 제안했는데, 실제 인간이 구분할 수 있는 순수 색상은 약 180개 정도에 불과합니다. 색상환이나 막대 형태의 색상표는 항상 시작과 끝이 붉은색으로 통일되어 있습니다. 색상 보정 과정에서 색상(Hue)을 조절한다는 것은 결국 색상환의 각도를 회전시킨다는 의미가 됩니다.

채도

'채도(彩度, Saturation)'는 색의 선명한 정도를 나타냅니다. 채도가 높다는 것은 컬러가 선명하여 색상의 원색에 가깝다는 의미이고, 채도가 낮다는 것은 색이 탁하고 흑백에 가깝게 보인다는 의미입니다. 따라서 채도의 조절은 색의 강도를 조절하는 것처럼 보입니다.

영상의 채도는 일상의 사물과 달리 주변 밝기가 변해도 물체의 색상 강도가 일정하게 보입니다. 일상에서 채도가 더 높은 쪽은 광택이 있고, 약간 반사되는 표면 질감인 경우가 많습니다. 3D 오브젝트의 재질(Materials)에서 컬러를 지정할 때 채도가 높아 보이려면 이런 특성을 적용하면 됩니다.

영상의 채도는 전체적인 분위기를 형성하는 요소로도 쓰입니다. 낮은 채도의 영상은 시각적 자극이 덜하고 안정감을 주지만 지루해 보일 수 있고, 높은 채도의 영상은 경쾌하고 감각적인 느낌을 줄 수 있지만, 자칫 경박해 보일 수 있습니다. 이와 같은 색채의 심리에 관한 연구 자료를 참고하면 컬러 스타일 구축에 도움이 될 것입니다.

명도

'밝기(Brightness)'는 물체의 밝은 정도, '광도(光度, Lightness)'는 빛이 발하는 정도, '명도(明度, Value)'는 영상에 들어간 컬러의 밝은 정도를 뜻합니다. 인간은 컬러를 인지하는 원추체 세포보다 명암을 감지하는 간상체 세포가 안구에 훨씬 더 많기 때문에 인간의 시지각은 색채보다 명암의 판별에 더 민감합니다.

오랜 세월 명도 대비에 따른 표현이 자연스럽게 예술적 방식으로 쓰이게 되었습니다. 흑백의 사진, 명암이 강한 그림, 밤에도 보이는 간판과 쇼윈도 등에도 명암의 효과가 적용되어 있습니다.

영상의 명도는 촬영 당시부터 조리개를 통한 노출과 셔터 개각도의 조절로 결정됩니다. 기준보다 밝게 촬영되면 영상의 밝은 부분은 하얗게 날아가 버려서 세부가 묘사되지 않습니다. 야간뿐만 아니라 역광의 상황에서도 명도를 제대로 맞추기 힘듭니다. 부족한 명도를 보완하기 위해 셔터 스피드를 낮추면 빠른 동작이 뭉개지듯 기록되고, ISO와 같은 게인(Gain) 수치를 높이면 노이즈가 발생합니다. 따라서 명도의 보정은 매우 까다롭고 섬세한 작업이므로, 프레임 내의 여러 부분을 눈여겨보며 명도 차이를 조절해야 합니다.

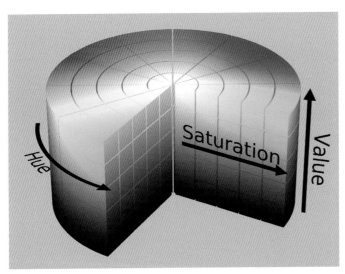

색상환의 입체적인 속성에는 색상을 기준으로 채도와 명도가 적용됩니다. 밝기의 정도는 Brightness, Lightness, Value로 약간씩 다르게 쓰이는데, 각각 HSB, HSL, HSV 컬러 입체를 형성합니다.
(출처 : reilley4color.blogspot.com/2016/05/munsell-hue-circle.html)

디지털 영상 합성 기법 사용하기

합성(Composition)은 다양한 촬영본, 그래픽 소스, CG 이미지 등을 하나로 합쳐서 최종 영상으로 결합하는 작업입니다. 최종 단계의 출력을 내보내는 과정이기 때문에 합성 기술자의 전문성에 따라 최종 품질이 좌우됩니다. 실사 영상과 그래픽 요소의 합성에는 어색한 부분이 눈에 띄이지 않도록 자연스럽게 합성하는 노하우가 필요합니다.

2D 합성

컴퓨터 기반의 영상 합성에는 어도비 애프터 이펙트(After Effects)를 비롯하여 Nuke 같은 프로그램을 사용합니다. 영상의 합성에는 단순하게 배경 화면(Background Footage)와 전경(Foregraound Footage)만 합쳐서 작업하는 경우도 있지만, 녹색이나 파란색 배경 앞에서 촬영한 소스의 크로마키(Chroma Key) 합성, 3D 요소(3D Elements)나 파티클(Particles) 등 그래픽 소스를 합성하는 등 방법이 다양합니다.

크로마키 합성

녹색 배경(Green Matte)에서 촬영한 배우를 다른 배경이나 전경의 장면과 합성하려면 그린 매트를 제거하여 배우를 분리해 내고 분리한 배경 자리에 대체할 이펙트 소스를 배치하고 조명과 윤곽선이 자연스럽게 보이도록 합성합니다. 그린 매트나 블루 매트로 촬영한 소스는 합성 프로그램의 키(Key) 작업을 통해 배경색을 제거하면서 합성하는데, 이처럼 색상을 제거하는 방법을 '크로마키(Chroma Key)'라고 합니다.

크로마키 합성을 위해서 어도비 애프터 이펙트의 키 라이트(Key Light)나 프리미어 프로에서는 '울트라 키(Ultra Key)' 효과를 주로 활용합니다. 이와 달리 흑백의 루마 매트(Luma Matte)를 지워서 합성하는 것은 '루마 키(Luma Key)' 기능입니다. 크로마는 컬러, 루마는 루미넌스(Luminance) 즉 밝기나 휘도를 뜻합니다. 어느 경우든 배경의 매트 색상과 명암을 균일하게 준비해야 하는데, 지저분한 배경의 경우 'Screen Matte'나 'Spill Supressor' 기능의 수치를 조절해서 미리 정돈할 필요가 있습니다.

영화 〈사요나라 이츠카〉 중 그린 매트 키 합성 장면 예시

로토스코핑

실사 촬영 영상에서 필요 없는 요소를 제거하거나 인물과 같은 주요 대상을 배경에서 분리하기 위하여 외곽선을 따내는 작업을 지칭하며, '로토'라고 줄여서 부르기도 합니다. 로토스코핑(Rotoscoping)은 원래 애니메이션 분야에서 사용되기 시작했습니다. 캐릭터의 동작을 더 사실적으로 묘사하기 위해 실제 배우의 동작을 촬영한 후 애니메이터가 필름 프레임의 동작을 베껴 그리는 기법을 사용하는 방식으로 로토스코핑이 시작되었습니다.

실제로 월트 디즈니(Walt Disney)는 〈피노키오(Pinocchio)〉에서 실제 배우의 동작을 촬영한 푸티지를 애니메이션 제작의 자료로 사용하기 위해 로토스코핑 기법을 사용했다고 합니다. 크로마키 기법만으로는 정확히 배우와 배경 매트를 분리해 내기 힘든 경우도 많고, 사전에 매트 촬영을 못했지만 합성해야 하는 경우도 발생하기 때문에 완벽한 합성 작업을 위해서는 이 로토스코핑 작업이 필요할 수 있습니다. 로토스코핑 작업은 프레임마다 배경을 분리하는 작업을 대량으로 반복하는 경우가 많아서 손이 많이 가는 작업이므로 로토스코핑만 담당하는 업체도 있습니다. 국내보다 임금이 저렴한 인도나 베트남 등지에 로토스코핑 외주작업을 의뢰하는 사례가 많습니다.

로토스코핑 작업 소스(좌)와 결과(우) 예시

로토스코핑 작업의 소스(좌)와 결과(우) 예시

디지털 매트 페인팅

'디지털 매트 페인팅(Digital Matte Painting)'은 앞서 설명한 전통적인 방식의 매트 페인팅과 유사하지만 컴퓨터를 활용하여 더욱 정교한 합성이 가능합니다. 디지털 매트 페인팅은 카메라 워크에 따라서 2D, 2.5D, 3D 매트 페인팅으로 구분합니다. 화면의 좌우로 단순 이동하거나 아주 먼 원경 등은 2D 매트 페인팅을 사용하고, 입체감이 느껴지는 카메라 워크의 경우에는 2.5D 매트 페인팅인 '프로젝션 기법'을 사용합니다. 시야각의 변화가 느껴질 만큼 크고 복잡한 경우라면 3D 매트 페인팅으로 원근감과 입체적인 배경을 만들어 사용합니다.

고화질 영상의 경우 해상도가 높은 배경이 요구되므로 4K 이상 8K, 12K 이상의 광활한 매트를 제작하는 사례도 있습니다. 2D 매트 페인팅 작업에는 어도비 포토샵(Adobe Photoshop)이나 애프터 이펙트의 로토 브러시(Roto Brush) 기능을 많이 사용하고, 2.5D 이상의 경우 누크(Nuke)나 오토데스크의 마야(Maya) 같은 프로그램을 이용합니다.

드라마 〈아이리스〉의 디지털 매트 페인팅 합성 이전(좌)과 결과(우) 예시

3D 합성

3D 합성 작업은 2D 합성에 비해서 장시간 다양한 작업공정이 필요합니다. 3D 이미지 요소를 생성하는 모델링(Modeling), 생성한 모델에 피부나 질감을 입히는 텍스처(Texture), 조명을 설치하는 라이팅(Lighting), 모델이나 배경을 움직이는 애니메이션, 실사 영상과 어울리도록 화면 속에서 3D 모델을 이동하는 매치 무브(Match Move), 더 사실적인 자연 현상을 묘사하는 시뮬레이션(Simulation), 폭발이나 연기 같은 요소를 추가하는 효과(FX), 마지막으로 모든 요소를 하나로 합성하여 출력하는 렌더링(Rendering) 과정 등이 서로 연결되어 있습니다. 따라서 실사 촬영부터 3D 엔지니어까지 여러 팀의 작업자가 협업하여 최종 결과를 만들어냅니다.

3D 모델링

영상에 필요한 가상의 요소를 입체적으로 구현하기 위해 3D 프로그램을 이용해서 모델을 만들어내는 과정입니다. 인물, 동물, 건물 등 실제 존재하는 대상을 정교하게 모델링(Modeling) 하는 경우도 있고, 상상 속의 괴물(Monster)이나 생명체(Creature) 종류를 만들어 내는 경우도 있습니다. 3D 모델링은 전체 3D 작업공정의 가장 첫 작업 단계입니다. 모델링 작업에는 오토데스크 마야(Maya)나 3D Max 프로그램을 주로 사용합니다. CG 프로덕션 파이프라인에서 모델링은 다음 네 가지 타입으로 분류됩니다.

- 캐릭터를 디자인하여 제작하는 캐릭터 모델링(Character Modeling)
- 건물이나 풍경을 생성하는 환경 모델링(Environmental Modeling)
- 작은 소품 요소를 모델링하는 프랍 모델링(Prop Modeling)
- 비행기나 자동차 같은 물체를 만드는 하드 서피스 모델링(Hard Surface Modeling)

인물 캐릭터 모델링의 예시

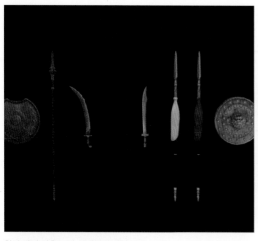 

창과 방패 같은 프랍 모델링의 예시

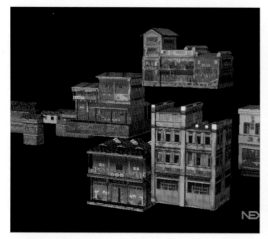 

건물 중심의 환경 모델링 예시

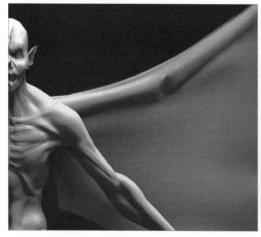 

상상의 생명체 캐릭터 모델링 예시

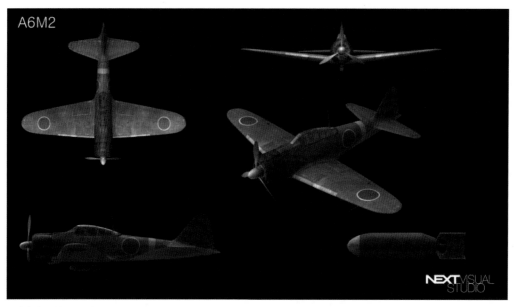

비행기 하드 서피스 모델링의 예시

3D 텍스처

모델링이 완료되면 생성한 모델 표면에 질감과 색감을 입히는 과정이 필요합니다. 사진이나 페인팅의 매핑 소스를 가공하여 모델의 표면에 실제와 같은 재질(Material)의 텍스처(Texture)를 입힙니다. 텍스처 과정 이전에 캐릭터 모델의 피부에 핏줄이나 근육을 강조하는 스컬프팅(Sculpting) 작업이 Zbrush나 Mudbox 프로그램에서 추가되는 경우도 있습니다. 사실적인 텍스처 또는 재질 소스 제작을 위해선 주로 어도비 포토샵을 사용합니다.

캐릭터 모델에 피부와 의상을 입히는 텍스처 작업 화면

라이팅

'라이팅(Lighting)'은 3D 프로그램에서 생성한 모델에 적절한 조명 효과를 설정하여 실제와 같은 분위기를 생성하는 과정입니다. 3D 모델 주변의 가상 공간에 실제와 유사한 조명들을 설치하고 속성을 조절하여 적합한 빛 상태를 만듭니다. 3D 공간의 조명의 상태를 만들 때 다양한 셰이더(Shader)를 설정하고 렌더러(Renderer)의 세부 설정을 통해 더 사실적인 상황을 표현합니다. 조명의 상태에 따라 전혀 다른 결과가 나올 수 있으므로 숙련된 작업이 필요합니다.

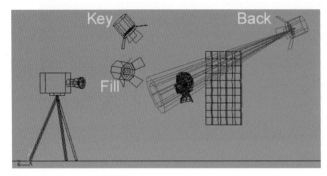

캐릭터 주변의 3점 조명 예시 (출처 : www.3drender.com/light/3point.html)

3D 애니메이션

'3D 애니메이션(3D Animation)'은 3D 모델의 움직임을 만드는 과정입니다. 캐릭터 모델에 움직임을 추가하려면 먼저 캐릭터에 뼈를 심는 리깅(Rigging) 과정이 필요합니다. 실제 사람이나 동물이 움직이는 것처럼 보이도록 실제와 가까운 뼈와 근육을 붙이고 리깅에 필요한 관절을 추가합니다. 3D 애니메이터는 리깅 작업을 완료한 캐릭터 모델에 동작과 움직임을 생성하면서 시간상의 키프레임을 추가합니다.

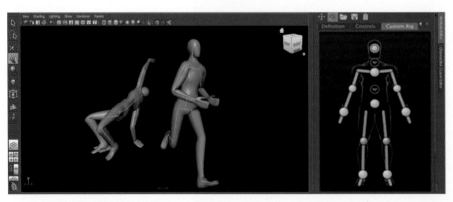

3D 애니메이션을 위한 캐릭터 리깅 과정 예시

트래킹과 매치무브

'트래킹(Tracking)'은 촬영된 대상의 화면 속 위치나 앵글의 변화를 추적해서 데이터화하는 작업입니다. 실사 촬영 영상에 3D 요소를 추가하려면 촬영된 카메라 앵글과 똑같이 3D 요소가 움직여야만 실제처럼 보이기 때문입니다. 트래킹 작업을 위해서 촬영 현장에서는 변화를 추적하기 쉽게 트래커(Tracker)라는 인식 포인트를 부착하여 촬영하는 경우가 많습니다. 최근에는 컴퓨터 비전(Computer Vision) 알고리듬이 발전해서 별도의 트래커 없이 배경이 있는 사물도 3차원으로 추적하여 움직임 데이터를 추출할 수 있습니다.

'매치 무브(Match Move)'는 트래킹과 관련되어 2D 영상으로 촬영된 원본의 움직임 데이터를 추적한 후, 3D 요소의 위치와 원본 영상의 위치를 서로 일치시키는 작업입니다. 핸드헬드 기법으로 촬영되거나 빨리 움직이는 경우에는 촬영된 영상에는 흐릿한 모션 블러(Motion Blur)가 많아서 매치 무브 작업의 난이도가 증가합니다. 트래킹과 매치 무브 작업을 위한 프로그램에는 PFtrack이나 Boujou, 3D Equalizer 등이 있습니다.

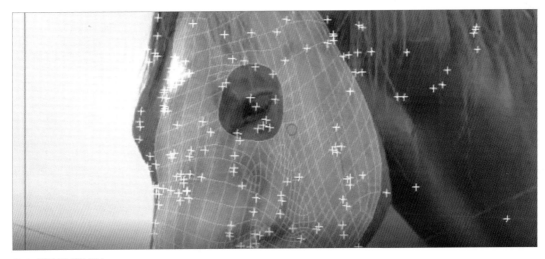

3D 트래킹 작업 화면 예시

다이내믹스와 시뮬레이션

기본적인 애니메이션 작업이 완료되면 물리적 효과를 만드는 3D 시뮬레이션(Simulation) 과정으로 넘어갑니다. 컴퓨터로 만든 캐릭터 모델이 더 사실적으로 보이도록 살 떨림, 머리카락 흔들림 등의 효과 등을 추가합니다.

많은 사람들이 살아 움직이는 '군중 시뮬레이션'이나 옷감이 자연스럽게 움직이는 효과의 '클로스 시뮬레이션(Cloth Simulation)' 뿐만 아니라 파도가 넘실대거나 지진으로 땅이 흔들리는 현상 등의 다양한 나이내믹스(Dynamics) 효과를 통해 더 실감 나는 장면을 연출할 수 있습니다.

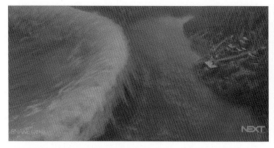
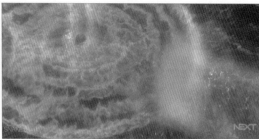

물이 폭발하는 다이내믹스 시뮬레이션 예시

땅이 갈라지는 다이내믹스 시뮬레이션 예시

군중 시뮬레이션(Crowd Simulation) : 대규모 군중 장면을 만들기 위해서 사람 한 명, 한 명을 애니메이션으로 제작하면 전체 데이터가 증가하고 작업량이 막대하기 때문에 이를 손쉽게 구현하는 군중 시뮬레이션을 활용합니다. 군중 시뮬레이션 기능으로 각 디지털 캐릭터를 통일된 명령으로 제어할 수 있습니다.

군중 시뮬레이션 적용 전 원본 영상(좌)과 적용 결과(우) 예시

옷감 시뮬레이션(Cloth Simulation) : 디지털 의상 또는 의류의 사실적인 움직임을 표현하기 위한 시뮬레이션 기법입니다. 디지털 캐릭터가 입은 옷이나 실내 커튼과 같은 천의 움직임을 3D 공간에서 실제의 움직임처럼 구현합니다.

클로스 시뮬레이션 적용 전 원본 영상(좌)과 적용 결과(우) 예시

헤어 시뮬레이션(Hair Simulation) : 디지털 캐릭터의 머리카락 구조와 움직임을 자연스럽고 사실적으로 표현하는 기능입니다.

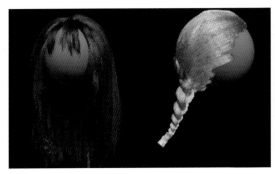

캐릭터의 머리카락 모델링과 헤어 시뮬레이션 적용 예시

털 및 깃털 시뮬레이션(Digital Fur & Feathers) : 동물과 새 캐릭터에 털과 깃털을 디지털로 생성하는 기능입니다.

동물 캐릭터 모델 생성 모습(좌)과 퍼(Fur) 적용 결과(우) 예시

FX

가상의 불, 물, 폭발, 연기, 안개, 비, 눈 같은 자연환경 요소와 먼지나 파편 등 파티클(Particles) 요소, 충돌이나 붕괴 같은 물리적인 요소들은 간단하게 모델링 하거나 애니메이션을 구현하기 어렵습니다. 이런 물리적인 효과는 복잡한 연산을 거쳐야만 사실적으로 구현할 수 있는데, 이것을 'FX'로 지칭하며 Houdini, RealFlow 같은 FX 프로그램이나 3DS Max의 'Fume FX'나 Maya의 'Fluid' 같은 플러그인을 사용합니다. 작업의 난이도가 시각 효과 전체 공정에서 가장 어렵고, 시뮬레이션 결과를 미리 예측할 수 없기 때문에 깊은 연구가 필요한 작업입니다.

파티클 효과 적용 전 원본 영상(좌)과 적용 결과(우) 예시

렌더링

'렌더링(Rendering)'은 모든 3D 작업 공정을 거친 결과물을 종합하여 최종 이미지 시퀀스로 출력하는 과정입니다. 3D 데이터의 양이 방대하므로 렌더링 과정에 소요되는 시간은 늘 예상을 초과합니다. 대규모 3D 프로젝트는 다수의 렌더링 전용 컴퓨터를 네트워크로 연결해 결과를 출력하는데, 이런 설비를 렌더 팜(Render Farm)이라고 합니다. 렌더링을 완료한 결과는 다시 점검과 보완의 과정을 거쳐 최종 영상으로 출력됩니다.

3D 합성 영상과 실사 영상을 함께 편집할 때는 매치 무브의 정합성에 유의하고, 양쪽 화면의 색감이 일치하는지 확인해야 합니다. 최종 영상 편집 담당자는 포스트 프로덕션의 제반 분야에서 산출한 결과를 다루게 되므로 시각 효과의 제작 공정과 작업 특성을 이해해야 원활한 협업이 가능합니다.

렌더팜 설비(좌)와 작업용 화면(우) 예시

CG 팀과의 협업 과정 유의사항

CG 편집 의뢰 시에는 앞뒤에 여유를 붙여서 보내자

2D, 3D 그래픽 팀과 협업이 많은 프로젝트에서는 가편집을 끝낸 후, 그래픽 작업이 필요한 분량을 2D 또는 3D 그래픽 팀으로 보내게 됩니다. 이때 앞뒤에 여유 즉, 핸들을 주어서 약 2~3 프레임 정도를 더 붙여서 보내야 합니다. 그래픽 작업에서 여러 공정을 렌더링하다 보면 앞뒤에서 한 프레임씩 잘리는 경우가 발생하기 때문에 정해진 편집 길이만큼만 넘겨줄 경우 전체 프레임 수가 줄어드는 낭패를 겪을 수도 있습니다. 전체 영상 길이에 맞춰서 오디오와 색 보정까지 끝낸 상황에서 그래픽 때문에 다시 한 프레임씩 줄어들게 되면 번거롭게 후반 작업 공정을 다시 한번 더 거쳐야 합니다. 이를 해결하기 위해 CG 팀 측에 몇 프레임 더 길게 작업해달라고 요구하기에는 시간이 부족한 상황이 생기기도 합니다. 따라서 그래픽 팀과 협업할 때 영상의 앞뒤에 몇 프레임 더 여유를 주어서 보내는 것이 안전합니다.

서로 합의된 규칙을 준수하자

CG 팀, DI 팀, 애니메이션 팀, 모션 그래픽 팀과 협업할 때, 팀별로 사용하는 프로그램이나 작업 방식이 다르고 서로 요구하는 파일 포맷이 상이하여 편집의 결과를 출력하기 전에 각 팀에서 원하는 파일 포맷과 방식을 여러 번 확인한 후에 렌더링해서 보내야 합니다. 다양한 팀과 협업하는 경우에는 파일 이름도 직관적이고 명확히 알아볼 수 있게 일정한 규칙에 따라 저장하는 것이 좋습니다. 파일 제목이 너무 길어서 알파벳 약자로 이름을 정했다면 프로젝트 종료까지 일관되게 유지하는 것이 좋고, 협업 팀에서 작업 파일을 시퀀스 파일 형식으로 요구하는 경우라면, 이미지 이름의 숫자를 4자리 이상(예: 'TK_sky_0000.png')으로 여유 있게 설정해야 됩니다.

프로젝트 폴더와 파일의 저장 규칙을 정하자

편집 과정의 시작 때는 작업 폴더가 몇 개 안 되어서 쉽게 알 수 있겠지만, 수정과 보완이 여러 번 반복되다 보면 파일을 혼동하여 최종본이 아닌 이전 버전을 최종 결과로 내보내는 실수가 생길 수 있습니다. 따라서 편집 프로젝트의 저장 규칙을 정해서 스스로 혼란을 피하는 것이 우선입니다. 외부 CG 팀과 같은 협력 관계에서 오가는 파일과 작업 폴더들을 일목요연하게 정리해서 작업 동료가 쉽게 찾을 수 있도록 배려하는 습관도 필요합니다.

Part 3

영상 기획 과정에 참여하기

일반적으로 영상 프로젝트의 제작과정은 프리 프로덕션(Pre-Production) → 프로덕션(Production) → 포스트 프로덕션(Post-Production)의 세 파트로 구성됩니다. 프리 프로덕션은 영상 제작을 준비하는 과정으로 다양한 업무가 요구됩니다. 작품의 기획부터 타깃 설정, 콘셉트 구성 등을 의논하고 기획안을 작성하며 제작 과정을 설계합니다. 시나리오나 대본, 프로그램 구성안 등을 바탕으로 스토리보드나 콘티를 그려서 완성될 모습을 미리 확인합니다. 영상 편집 담당자도 프리 프로덕션 과정에 참여해서 영상 프로젝트의 기획 방향을 사전에 이해한다면, 편집 과정에서 발생할 수도 있는 시행착오를 방지할 수 있습니다.

Premiere Pro ———————————————————————— *After Effects* ——————————

이론

프리 프로덕션 기획 과정 이해하기

프리 프로덕션은 영상물의 제작을 준비하는 단계로 목적에 따라 형식과 스토리의 진행을 결정하고 촬영 방법과 후반 작업의 방식을 구성해서 최종 결과에 대한 성격, 목적, 방향, 전략을 기획하는 단계입니다. 먼저 영상 기획안을 작성하고, 전반적인 스토리를 구성한 후 기획 내용을 토대로 콘티 작성과 구체적인 실행 방법을 모색합니다. 그 후 제작 스태프의 구성 및 출연자들의 캐스팅, 장소 섭외, 일정표 작성 등 프로덕션에 들어가기 전에 사전 준비해야 하는 모든 과정이 프리 프로덕션 단계에서 이루어집니다. 제대로 준비된 프리 프로덕션은 이후 프로덕션 과정의 능력과 제작 효율을 극대화할 수 있는 중요한 열쇠가 됩니다.

영상 프로젝트 기획

영상 기획의 단계에서는 먼저 기획의 배경을 설정하고, 필요한 목적에 맞게 아이템을 선정하며, 영상의 포맷과 유형을 결정한 후, 세부 콘셉트를 도출해야 합니다. 영상 기획에 필요한 설정 요소는 다음 다섯 가지로 구성합니다.

영상 기획의 배경과 목적 설정

'영상 기획의 배경과 목적(Objectives)'은 영상 작품을 구상하고 준비하는 가장 첫 과정입니다. 다음과 같은 4가지 질문에 대해 정확하게 답변할 수 있어야 바람직한 영상 기획이 가능합니다.

영상 기획의 배경과 목적 점검 사항

- 영상을 제작하려는 이유와 배경은 무엇인가?
- 누구에게, 왜 필요한가?
- 시청자에게 어필할 점은 무엇인가?
- 제작자의 입장에서 영상 제작의 목적은 무엇인가?

대상 설정

영상의 기획 단계에서 최종 대상(Target)의 설정은 매우 중요한 요소입니다. 영상 기획의 목적은 준비한 기획안이 채택되어 영상을 제작한 후 시청자를 더 많이 확보하는 것이기 때문입니다. 영상을 기획할 때 누구를 대상으로 어떤 성격의 영상을 제작할지 먼저 설정한 후에 기획을 진행해야 합니다.

대상 설정이 모호할 경우 시청자의 흥미를 잃을 수 있는 만큼 원하는 목표를 달성하기 힘듭니다. 따라서 시청 대상의 분석이 정확히 진행되어야 목적하는 결과를 얻을 수 있습니다. 대상은 불특정 다수로부터 특정 직업, 연령대, 성별, 성향 등을 토대로 설정합니다. 필요하다면 트렌드 분석과 함께 해당 콘셉트의 인기 콘텐츠를 조사한 후에 차별화 방안을 설정하며 기획을 시작해도 좋습니다.

주제 및 콘셉트 설정

영상 제작의 배경과 목적, 대상이 정해졌으면, 이제부터는 목적에 부합하는 주제와 콘셉트(Concept)를 구체적으로 설정해야 합니다. 해당 주제를 어떤 스토리로 어떻게 전달할 것인가에 대한 고민이 필요합니다.

주제와 콘셉트의 기획은 아이디어 발상, 유사 자료 조사, 브레인스토밍(Brainstorming) 과정을 통해 도출해 낼 수 있습니다. 브레인스토밍이란 먼저 영상의 주제를 정한 후, 구성원들이 자유롭게 아이디어를 주고받으며 더 좋은 아이디어를 찾는 과정입니다. 브레인스토밍 과정에서는 자유롭게 제시된 아이디어에 대해 서로 비판하지 않으면서도 기록과 메모를 남겨서 적합한 아이디어를 더 발전시키는 방법으로 활용하는 과정이 중요합니다.

차별화와 포지셔닝

기획하는 영상과 유사한 콘셉트의 기존 사례들을 분석하여, 해당 영상과의 차별점은 무엇이 있는지 도출하는 과정이 필요합니다. 기존 영상과 비교하며 기획하는 영상의 장단점을 정확히 파악해야 합니다.

영상 시장은 폭발적으로 성장하고 있지만, 개인 제작자들도 증가하면서 이미 포화 상태입니다. 기존 시장(Market)의 어디에 포지셔닝(Positioning)해서 시청자에게 어필할지 기획 단계에서 설정해야 합니다.

예산 계획

기획안이 멋지게 나와도 정해진 예산(Budget) 범위를 초과하면 헛수고가 될 수 있습니다. 어떤 프로젝트든, 발주처든 최소한의 예산에서 최대한의 성과를 얻고자 합니다. 따라서 효율적인 예산안의 산출과 확보는 프로젝트의 성공을 위해 필수적인 요소입니다.

예산 설정의 경우는 편차가 크지만, 보통 세 가지 방식으로 진행됩니다. 첫째, 예산이 확정된 후 기획하는 방법이 있습니다. 둘째, 기획안이 확정된 후 예산을 설정하고 투자나 펀딩을 진행하는 방법이 있습니다. 셋째, 유사한 프로젝트의 시장 가격을 조사하며 비교 견적을 받아본 후 예산을 세우기도 합니다.

세 가지 방법 모두 프로덕션에 필요한 예산으로 설정해야 하며, 해당 예산이 너무 낮거나 높게 설정되는 경우, 실질적인 예산 설정의 의미를 잃어버릴 수 있습니다. 따라서 예산 설정에서 가장 중요한 점은 실행 가능한 선의 결정입니다. 대체로 영상 프로젝트의 최종 소요 비용은 최초 예산안을 넘어서기 일쑤입니다. 그래서 최초의 예산안을 낮추어 설정하려는 시도가 많습니다.

영상 프로젝트 기획안 작성

영상 기획서는 제작할 영상의 전체적인 내용이 일목요연하게 정리된 소개서라고 말할 수 있습니다. 기획서는 영상 형식에 따라, 분야에 따라 서로 다르지만, 공통적으로 포함될만한 주요 항목과 서술 내용을 정리해 보면 다음과 같습니다.

영상 기획서에 포함되는 주요 항목

프로젝트 제목 : 제목은 기획서의 첫인상을 담당합니다. 영상 제작이 결정되면 최초 프로젝트 명칭으로 프로그램을 부르게 되므로 제목은 명확하고 신중하게 정해야 합니다.

영상 형식 : 극영화, 방송 드라마, 웹 오리지널, 유튜브 프로그램, 광고, 예능프로그램, 숏폼 등 형식을 구분합니다.

장르 용도 : 영상의 장르는 미스터리, 로맨스, 코미디, 누아르, 다큐멘터리, 액션 등 다양하고 분류 체계도 형식에 따라 다릅니다. 두 가지 장르 특성을 혼합하여 제작하는 때도 있습니다. 다른 분야에 필요한 용도로 영상을 제작할 경우 어디에 쓰일지 정확히 설정할 필요가 있습니다.

분량 : 상영 시간 또는 러닝타임을 표기합니다. 영상의 분량은 방송 시간이나 광고 시간 등을 포함하는 전체 영상의 길이에 대한 정보가 될 수도 있습니다.

배급 및 방영 채널 : 제작하는 영상의 형식에 따라 배급사 정보, 또는 방송사 정보, 유튜브와 SNS 정보 혹은 공개되는 채널 등의 정보를 기재합니다.

방영 및 공개 시기 : 완성된 영상의 첫 공개 날짜와 시간을 기입합니다.

작가 및 감독명 : 프로젝트에 참여하는 감독이나 작가를 언급해서 관심도를 높일 수 있습니다만, 그렇지 않은 경우 생략해도 됩니다.

제작사 소개 : 제작 업체명을 기재하고 프로젝트 경력을 간략히 언급합니다.

기타 사항 : 제작비, 캐스팅, 상영등급 등 목적에 따라 항목을 추가합니다.

프로젝트 개요 소개
프로젝트의 전반적인 내용을 간략하게 소개하는 프로젝트 개요 페이지로 주요 정보를 소개하며 제작비나 캐스팅 등을 추가로 포함하는 경우도 있습니다. 보통 기획서의 표지 다음 첫 페이지에 프로젝트 개요를 넣습니다.

기획 의도 설명
영상을 기획한 의도와 배경, 목적, 제작 이유, 시청자 또는 수요자가 보아야 하는 이유 등을 도출하여 간략하고 명료하게 제시합니다.

콘셉트 및 제작 방향 제시
영상의 기획 의도에 맞춰 콘셉트를 정한 뒤, 어떻게 표현할 것인지 간략한 내용을 쉽게 이해할 수 있도록 인상적인 문구로 기술합니다.

영상 내용 요약
기획하는 영상 프로젝트가 영화나 드라마일 경우 시놉시스를 작성하고, 예능이나 방송, 광고라면 스토리텔링과 함께 구성안을 요약하여 작성합니다. 요약의 내용이 지나치게 길면 프로젝트의 내용을 파악하기 어려우니 꼭 넣어야 할 내용만 간략하게 정리합니다.

출연진 소개

영상에 등장하는 출연자에 관한 정보를 기재합니다. 만약 출연자나 배역이 미정일 경우 '60대 노인', '10대 학생 4명' 등 주요 배역의 인상이나 가상 캐스팅을 기재합니다.

드라마 · 영화 : 주연배우나 조연배우의 캐릭터 및 배우 프로필

예능프로그램 : MC와 게스트 명단

광고 : 주 출연자

프로그램 세부 내용 및 제작 방향 설명

영상 프로젝트의 내용을 더 상세하게 설명하는 항목으로 영상 형식에 따라 서술이 다르게 구분됩니다.

영화 : 등장인물의 관계도, 이야기의 기승전결이 드러나는 내용 전개

드라마 : 등장인물의 관계도, 드라마 회차별 진행되는 간략한 줄거리

광고 · 유튜브 : 주제 및 내용 설명, 에피소드별 광고 제안

예능프로그램 : 주제 및 내용 설명, 참여 게스트 관련 정보, 회차별 소재 내용 등

그 외에도 기획 의도에 따라 색다른 세트를 제안한다거나 컴퓨터 그래픽을 제안하는 등 프로젝트의 세부 내용을 강조하는 내용을 추가합니다. 의도에 따른 항목 추가로 기획서의 페이지가 증가할 수 있지만, 해당 기획안의 주안점과 특성이 될만한 내용을 중심으로 명확하고 간략하게 한두 페이지로 요약해서 작성하는 것이 좋습니다.

제작진 및 제작사 소개

해당 프로젝트의 작가, 감독, 제작사를 소개하는 항목입니다. 작가나 감독이 대중적으로 유명한 경우에는 기획서의 앞쪽에 배치하여 강조합니다. 해당 영상 프로젝트를 담당하는 제작진이 어떤 장점과 프로필을 가졌으며, 어떤 방식으로 성취할 수 있을지 투자자 또는 클라이언트가 파악할 수 있도록 관련 프로필을 제시합니다.

예상 제작비 설정

프로젝트의 전체 예산 총액과 세부 예산 항목을 기재합니다. 필요에 따라 제작비 외에 마케팅 비용

도 포함할 수 있으며, 프로젝트에 들어가는 세부 예산을 표로 정리하여 한 페이지에 소개합니다. 제작 투자자에게 예산안을 보낼 때는 투자 대비 수익 시뮬레이션 페이지를 추가하는 경우도 있습니다.

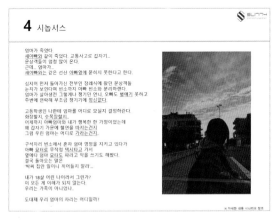

8 제작 예산

대구분	중구분	내용	금액
DEVELOPMENT			100,000,000
	기획비		50,000,000
	시나리오	작법, 각색, 윤색	50,000,000
PRE-PRODUCTION			1,210,000,000
	제작비용	PD 포함 월비용	150,000,000
	연출비용	감독 포함 연출부	150,000,000
	주연배우		1,000,000,000
	판권비		10,000,000
PRODUCTION			1,200,000,000
	연기자료	조, 단역, 보조출연	200,000,000
	촬영비용	카메라, 인건비	200,000,000
	조명비용		150,000,000
	동시녹음		50,000,000
	미술비용	세트 포함	300,000,000
	특수효과		20,000,000
	촬영진행		150,000,000
	운송		50,000,000
	렌탈		
	프리프로진행비		80,000,000
POST-PRODUCTION			200,000,000
	편집		40,000,000
	SFX	CG, DI	100,000,000
	음악		100,000,000
	녹음		30,000,000
	현상		
	포스트프로덕션 진행비		10,000,000
OTHERS			1,000,000,000
	광고비		500,000,000
	예비비		500,000,000
합계			2,590,000,000

영화 기획서 예시 〈엄마의 자리〉 프로젝트

기획서 양식은 영상의 형식과 용도에 따라 서로 다를 수 있습니다. 기존 기획안 형식을 참고하여 자신만의 스타일로 작성한 기획서가 눈길을 끌 수 있습니다. 기획서 작성의 가장 큰 목적은 무엇을 어떻게 만드느냐를 간단 명료하게 전달하는 것입니다. 영상의 장르, 투자자, 클라이언트에 따라서 필요한 항목을 추가하거나 생략할 수도 있으므로 기획서를 다양한 버전으로 작성해 두는 요령도 필요합니다.

영상 프로젝트 준비 과정 확인하기

영상 프로젝트는 기획과 준비 단계부터 치열한 과정들을 동반합니다. 편집 담당자는 주로 포스트 프로덕션 과정에 참여하지만, 영상 프로젝트의 기획 과정을 파악하고 주제와 제작 의도를 정확히 파악할 필요가 있습니다. 영상 작품의 최종적인 완성은 편집자의 손에서 마무리되기 때문입니다.

프로젝트 피칭과 펀딩

'프로젝트 피칭(Pitching)'은 기획안을 실현하기 위해 함께 일할 파트너와 투자자를 확보하는 소개 과정입니다. 그 과정에서 기획서를 잘 만들고 해당 영상 프로젝트의 내용을 간략하게 설명할 수 있어야 합니다. 보통 3줄 분량으로 영상 프로젝트를 표현할 수 있어야 한다는 불문율이 있고, 영상 프로젝트의 피칭 행사에서는 15분 이내에 모든 정보를 제공해야 합니다. 그만큼 프로젝트의 핵심적 내용을 잘 정리해서 해당 프로젝트를 실행할 능력이 있다는 것을 투자자에게 전달해야 합니다. 투자자나 광고주에게 영상 기획안을 어필해서 지속적인 관계를 형성하려면 제작자나 기획자는 영상물의 기획뿐만 아니라 피칭에도 노력해야 합니다.

프로젝트 기획안과 예산을 확정하면 제작에 필요한 예산을 펀딩해야 합니다. 예산이 먼저 확정된 후 영상을 기획할 수도 있고, 때로는 기획 후에 펀딩할 수도 있습니다. 상황에 따라서 투자자 앞에서 프로젝트 피칭을 진행하는 경우가 있는데, 영상 기획서로 피칭을 진행할 수도 있지만 피칭용 발표 자료를 트레일러 영상과 함께 별도로 작성하는 때가 많습니다. 피칭의 대상은 영상 배급사, 방송사, 광고주, 펀드 회사, 정부 기관 등 프로젝트에 따라 다양합니다.

피칭 대상과 프로젝트의 형식에 따라 추가 자료가 필요하고, 글로벌 피칭의 경우에는 영문 자료까지 미리 작성해야 합니다. 영화나 애니메이션 프로젝트의 경우 국제 공동 제작이나 글로벌 펀딩을 수행하는 경우가 많습니다. 영상 관련 해외 페스티벌이나 공모전에 참가할 때는 한 페이지 분량의 브로셔 형식으로 '원 페이지 프로포절(One Page Proposal)'을 제출하기도 합니다. 한 페이지 안에 해당 프로젝트를 가장 잘 표현할 수 있는 내용을 간단명료하고 인상적으로 작성해야 합니다.

대본 및 프로그램 구성안 작성

실제 제작 과정, 즉 프로덕션에 들어가기 위해서는 영상의 처음부터 끝까지의 세부 내용이 담긴 문서가 필요합니다. 예를 들어, 영화나 드라마의 경우 '시나리오' 또는 '대본'이 필요하고, 예능이나 다큐멘터리는 '구성안'을, 광고나 전시 영상은 구성안과 유사한 '기획안'을 작성해야 합니다. 대본이나 구성안은 영상의 형식에 따라 매우 다양하지만, 다음 두 가지 유형으로 준비할 수 있습니다.

대본 및 시나리오 유형

영화나 드라마 제작을 위한 시놉시스, 트리트먼트, 시나리오, 회차별 대본 등은 영상의 주제에 따라 장소, 상황, 출연진, 대사를 활용해 기승전결을 가진 스토리텔링으로 만들어 내는 극화 형식의 글을 준비합니다. 영화나 드라마, 웹드라마, 숏폼 등 매체의 분량에 적합한 시나리오를 작성하는데, 보통 영화는 100분 내외, 드라마는 16부작 또는 20부작, 웹드라마는 30분 내외 4편 이상 등으로 포맷을 준비합니다. 최근에는 영상 플랫폼이 다양해지면서 편당 분량과 편수도 다양화되고 있습니다.

일반적으로 지문과 대사로 이루어진 형식의 시나리오 또는 대본을 작성합니다. 시나리오 분량이 길다면 더 간단한 소개 글 형식을 쓰기도 합니다. 시나리오는 지문과 대사로 이루어진 신(Scene)들이 연속되어 이야기로 구성됩니다. 시나리오는 영화 제작의 가장 기본적인 설계도라고 할 수 있고, 모든 제작 스태프가 시나리오를 분석하고 함께 작업하기 때문에 모든 스태프와 배우들이 이해하기 쉽게 작성해야 합니다. 영상 편집 담당자는 촬영된 영상 자료와 함께 대본 또는 시나리오를 받아서 편집의 순서와 이야기 전개를 파악하게 됩니다.

시놉시스 : 짧은 분량으로 간략화한 줄거리 혹은 요약본

트리트먼트 : 시놉시스보다 길게 서술형으로 요약한 줄거리 내용

시나리오 : 각 장면의 구분에 따라 출연진의 대사와 지문 등을 작성한 글

> 1. 어느 건물 안 / 해 질 녘
>
> 층높이가 매우 높고, 천장이 유리돔 형태로 이루어진 공간.
> 나무로 된 바닥에 교복을 입은 여학생(유나, 18세)과
> 남학생(공찬, 18세)이 누워 있다.
> 말없이 천장으로 쏟아져 들어오는 노을빛을 보고 있는 두 사람.

유나	귀신 믿어?
공찬	응, 믿어.
유나	왜 믿어?
공찬	...얼음은 녹아서 물이 되고, 물은 증발해서 수증기가 되잖아?
	형체가 달라져 보이진 않지만…. 분명히 존재해.
	우리 눈에 보이지 않을 뿐이지.

공찬이 고개를 돌려 유나를 본다.

공찬	안 그러면…. 안 돼?
유나	(공찬을 보며) 귀신이 돼도 네 앞엔 안 나타날게.
공찬	걱정할 거야. 상처받을지도 몰라…. 너희 가족들.
유나	...나 가족 같은 거 없어, 이제.

다시 천장을 보는 유나.

유나	다…. 엿 먹었으면 좋겠어.

결연한 유나의 얼굴 위로….
요란하게 지하철 도착 알림음이 울린다.

영화 시나리오 예시

프로그램 구성안 유형

예능 프로그램, 다큐멘터리, 유튜브 방송, 광고 등에서는 출연자들의 모든 대사를 사전에 예측하거나 구성안 그대로 진행되지 않는 경우가 많습니다. 따라서 영화나 드라마처럼 확정된 대사가 있는 시나리오 형태로 준비하지 않고, 개별적인 '구성안'을 만들어서 제작에 들어갑니다. 구성안은 해당 프로그램의 시간대별로 들어갈 콘셉트와 함께 각 파트 별로 필요한 내용을 작성하는 프로그램 계획서 성격을 갖습니다. 프로그램 기획 단계에서는 '기획 구성안'을 만들고, 촬영 때에는 시간대별 구성 내용을 기재한 '큐시트'를 제작합니다. 큐시트에는 프로그램의 시작부터 종료까지 무엇을, 언제, 어떻게 촬영, 방송, 녹음할 것인지를 시간 순서의 도표에 따라 기재하는 일종의 진행 순서표입니다.

시간	내용	비고
5분	타이틀 개봉박두 예고(하이라이트 편집) 시사회 시작 : 전남 영광 동네 예식장(영화관) : 김보성 진행 – 동네 사람 친지 다 모이고 레드카펫 밟고 드레스 입고 등장하는 장도연 엄마 – 조연배우로 등장하는 장도연과 친구들, 엄마와 함께 인사 소감 "봉준호 칸영화제 7분 기립박수보다 더 박수받을 자신 있다." 등등	엄마 고향 동네 진행 : 김보성 장도연, 엄마
1부. 〈우리 엄마 캐릭터는?〉 : 엄마 혼자 관찰 카메라		
7분	1. 인터뷰 중 거짓말하게 만들기 2. 마술 배우기 위한 이상한 주문 / 노래, 랩 따라 하기 (나니누네노) 3. 동네방네 딸 자랑(옥상에서) 4. 딸의 누드모델 허락받으러 온 직원. 노출 범위 부탁 반응 　딸의 에로영화 출연 허락받으러 온 직원. 대본 리딩 부탁 반응 5. 딸이 사무적으로 전화해서 엄마 이름 부르며 보이스 피싱으로 　은행 돈, 물건 팔기 등의 상황 속 엄마 반응	엄마 고향 동네 진행 : 이상준 연기자 : 회사직원
2부. 오늘의 엄마 극장 〈위험한 상견례〉 : 장도연과 엄마 관찰 카메라		
20분	〈 예비 사위가 엄마 허락받고 오라고 해서 엄마 고향 내려옴〉 1. 조폭 잡는 암행 검사 사위 (중간에 조폭 습격으로 한판 싸우고 다침) 2. 백수 사위(아버지가 돈이 많음) 3. 자상한 50대 사위 4. 사위 1, 2.3 진행 보던 이상준도 막판에 사위 후보로 참가	엄마 고향 집 진행 : 이상준 연기자 검사 조폭(액션 맨) 30대 백수 50대 남자
10분	〈다음날 사위 후보들 엄마 안사돈들과 상견례〉 1. 암행 검사 엄마, 백수 엄마, 50대 엄마, 상준 엄마 4명과 상견례 2. 그중 한 명은 50대로 분장한 장도연 3. 분장한 50대 장도연이 엄마의 딸 장도연을 흉보는 등 싹수없이 행동하는데 　'엄마의 반응과 언제 알아챌까?' 4. 엄마가 알아챈 후 분장을 지우지 않고 엄마 친구로 하루살이(반말로) – 가장 기억나는 것, 가장 가슴 아픈 것, 가장 미울 때. 소원 등 – 딸이 묻고 싶은 것, 알고 싶은 것(그때 왜 그랬어? 서운, 고마움)	장도연, 엄마 연기자 아주머니 3명
3분	시사회장 〈엄마 극장〉 상영 후 수상자 발표(여우주연상, 여우조연상, 코미디 대상, 드라마 대상, 황금 장려상)	진행 : 김보성
3분	〈에필로그 : 편지 고백〉 밤에 딸을 보내며 엄마가 미리 쓴 편지를 딸 뒤에서 읽기. 엄마 : "앞에 걸어가. 돌아보면 안 돼. 돌아보면 돌이 돼. 언제나 널 응원할게…" 앞서가던 장도연 눈물 흘리며 듣다가 결국 등 돌리고 엄마 안고 우는 장면 마무리	엄마 고향집(밤) 장도연, 엄마

예능 프로그램 〈엄마 극장〉 구성안 예시

콘티, 스토리보드, 스타일 프레임 작성

기획서와 대본을 작성한 다음 단계에서는 더 상세한 제작 계획을 위해 '스토리보드'를 작성합니다. 스토리보드와 비슷한 개념으로 사용되고 있는 '콘티(Conti, Continuity)'는 시나리오를 바탕으로 각 장면의 컷 분할, 구도, 출연진의 대사, 카메라 워크 등을 시각적으로 표현한 시트입니다. 텍스트로 작성한 시나리오를 연속적이고 역동적인 이미지로 시뮬레이션해 보는 사전 시각화 방식이며, 영상의 연출자, 스태프, 출연진과의 시각적 의사소통의 근거가 되기도 합니다. 콘티에는 숏 구성, 배우의 대사와 동작, 카메라 앵글과 움직임, 상황 연출과 소품 등을 지시하는 연출용 대본입니다. 콘티에 들어갈 정보는 다음과 같습니다.

- 장면 번호, 장면의 길이, 컷 분할, 컷 번호, 피사체의 행동 방향
- 화면의 크기, 카메라 위치와 앵글 등 카메라 워크, 조명에 관한 내용
- 특수효과에 관한 내용
- 배우의 대사와 지문
- 자막이나 내레이션 내용 등

콘티는 표현 방식에 따라 다음과 같이 4개 유형으로 분류할 수 있습니다.

글 콘티 : 장면마다 구간을 나누고 부연 설명을 넣는 형식으로 문자로만 표현하는 방식

그림 콘티 : 가장 많이 쓰이는 방식의 콘티이며, 출연진의 행동, 카메라의 위치나 장면의 이동, 카메라 워크 등을 글과 그림으로 함께 표현하는 방식

사진 콘티 : 그림 대신 가상 피사체나 가상 소품을 사진으로 촬영해 장면별로 표현한 방식

영상 콘티 : 각 장면의 컷 분할이나 구도, 출연진, 카메라 워크 등을 동영상으로 미리 만들어보는 방식으로 애니메이션 방식과 실사 방식으로 나뉩니다. 동영상으로 사전에 표현되기 때문에 최종 결과와 가장 비슷해 보일 수 있으나 비용과 시간의 문제가 발생합니다.

영화와 광고 콘티는 서로 유사해 보이지만 다른 특성이 있습니다. 광고 콘티는 짧은 시간에 효과적인 이미지를 전달하기 위해 시각적 표현을 컬러로 진행하는 경우가 많으며, 영화보다 더 자세히 묘사하고 최종 결과를 상상할 수 있는 이미지들을 첨가하기도 합니다. 콘티만으로도 결과를 예측할 수 있도록 광고주와 프로듀서, 작업자 사이에 시각적 커뮤니케이션을 준비하는 작업입니다.

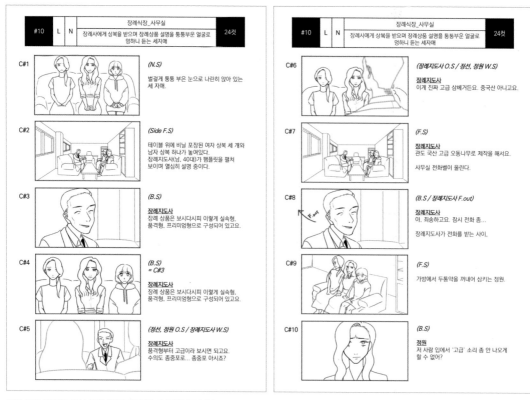

그림 콘티 유형의 예시 영화 〈엄마의 자리〉 스토리보드 부분

스타일 프레임(Style Frame)은 광고, 모션 그래픽, 웹 분야에서 자주 사용하는 유형으로, 동영상의 주요 장면을 이미지로 표현한다는 점에서 스토리보드와 비슷합니다. 스타일 프레임은 일반적인 스토리보드에 비해서 최종 결과 이미지를 상상할 수 있는 수준으로 세밀하게 표현하는 시안 작업입니다. 영상 편집 담당자와 포스트 프로덕션의 시각효과 담당자는 스타일 프레임의 주요 구성 요소를 파악하고, 연출 또는 기획 의도에 적합한 표현 방법을 제시해야 합니다.

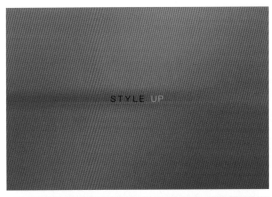
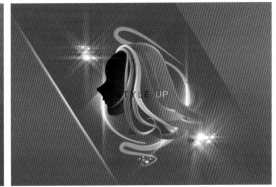

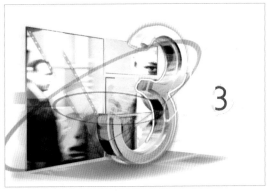
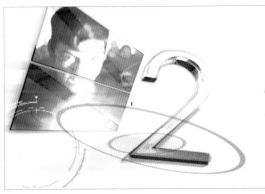

광고 영상의 스타일 프레임 작성 예시

프로덕션 준비 과정 알아두기

영상 프로젝트 기획안이 실제 제작으로 확정되면 출연자 캐스팅부터 스태프의 섭외 등 실무적인 진행을 시작합니다. 편집 담당자도 포스트 프로덕션 스태프의 일원으로 참여하는데, 촬영 현장에서부터 테이크를 분류하고 가편집을 담당하는 보조 편집자도 필요합니다.

출연자 캐스팅

본격적인 촬영 준비를 위해 먼저 출연진의 캐스팅을 진행해야 합니다. 캐스팅은 최종 소비자 또는 수요자에게 가장 크게 다가갈 수 있는 마케팅 요소이므로 기획 의도에 부합할 수 있도록 신중하게 진행합니다. 영화나 드라마에서는 각 캐릭터의 연기에 적합한 배우를 캐스팅하고, 예능 프로그램에서는 성격에 부합하는 출연자를 섭외합니다. 캐스팅은 영상의 최종 흥행에 미치는 영향이 큽니다. 유명 스타 연예인 캐스팅을 원하지만, 예산과 스케줄 등의 상황을 고려할 때 모든 영상 제작자에게 가능한 방법이 아닙니다. 일반적인 캐스팅 방식은 다음 4단계로 진행됩니다.

출연진 분류 리스트 작성

시나리오 분석 후 주연, 조연, 특별 출연, 단역, 보조 출연(엑스트라) 등으로 분류하고 전체 출연 인원을 파악합니다. 시나리오를 토대로 배우별로 촬영 기간과 대략적인 출연 시기를 설정합니다.

캐스팅 후보 리스트 작성

시나리오나 대본, 기획안을 토대로 배역에 적합한 캐스팅 후보 리스트를 작성합니다. 영화에서는 대체로 조감독이나 연출팀이 감독과 상의 후 작성하게 됩니다. 캐스팅 후보 리스트를 작성할 때는 예산을 고려하여 희망 캐스팅 리스트를 작성하고 해당 배우들을 우선으로 연락합니다. 캐스팅 후보 리스트를 작성할 때 스케줄을 먼저 확인하는 과정이 필요합니다. 다른 프로젝트와 군 복무 등으로 스케줄 조정이 불가능한 캐스팅은 원하는 촬영 일정이 불가하므로 우선 제외합니다. 따라서 출연 가능성이 높은 배우 중 캐릭터마다 여러 명의 후보를 배정하고 문의를 시작합니다.

공개 오디션 진행

주연이나 조연, 단역 중 공개 오디션을 통해 선발할 배역을 지정해서 캐릭터별로 오디션 장면과 대사를 설정합니다. 오디션의 목적은 신인을 발굴하기 위한 경우도 있고, 경력 배우들이 시나리오 속 캐릭터를 연기하는 모습을 확인하기 위한 경우도 있습니다.

먼저 영화나 드라마 제작진 또는 배우 커뮤니티와 매니지먼트 사에 공개 오디션 장소와 오디션 대본을 공유합니다. 오디션을 진행할 때 감독, 촬영감독, 조감독, 캐스팅 디렉터 등 관계자 3~4명이 동시에 참석하여 의논 후 캐스팅을 결정합니다. 오디션에 참석하는 연기자에게는 사전에 연기 장면을 촬영한다고 공지하고, 전면에 카메라를 설치해서 촬영합니다. 촬영 자료는 오디션에 참석하지 않은 스태프들과 공유하거나 신중하게 분석하기 위한 용도로 쓰입니다.

캐스팅 진행

보통은 연기자 매니지먼트 사와 캐스팅 디렉터 등을 통해 배우에게 시나리오를 전달 후 1~2주 동안 탐색과 검토 기간을 가진 다음 배우의 승낙 의사를 받게 됩니다. 배우가 시나리오 검토 후 바로 결정해서 먼저 연락하는 경우가 있고, 친분이 있는 경우에는 매니지먼트 사를 통하지 않고 개인적으로 결정한 뒤 추후 매니지먼트 팀과 협의를 주선하는 때도 있습니다.

캐스팅할 때 몇 명의 캐릭터는 신인을 염두에 두고 어울리는 배우를 캐스팅하는 것이 좋습니다. 신인 배우는 관객에게 신선하게 다가갈 수 있는 장점이 있으므로 연출자가 전략적으로 캐스팅해야 합니다. 신인 출연자나 아마추어 출연자의 경우 사전에 연기와 대사 연습을 통해 자연스럽게 촬영에 임하도록 유도할 필요가 있습니다.

프로덕션 스태프 구성

프로덕션 스태프 구성 과정에서는 사전에 촬영 스케줄과 제작비 등 프로덕션의 전반적인 내용을 미리 공유하고 의논할 수 있습니다. 따라서 스태프가 참여를 준비할 수 있는 여유를 주고, 스케줄 문제로 참여하지 못하는 상황을 방지할 수 있습니다.

제작 스태프의 구성은 제작자나 연출자가 주도하는데, 팀 구성 시 연출자의 의도를 잘 파악하고 함께 작업한 경험이 있는 스태프로 구성하는 것이 일반적입니다. 프로덕션 스태프 구성에는 기본적인 수행 인력이 필요하고, 영상물의 성격상 무술 감독이나 특수 분장 등 특별한 스태프도 필요한 경우가 있습니다. 프리 프로덕션 준비 단계부터 필요한 스태프도 있으므로 스태프의 구성 시기와 방법은 사전에 고민하고 결정해야 합니다. 영상 편집 담당자도 스태프 구성 단계에서 미리 선정하는 경우가 많습니다만, 촬영 과정에서 현장 편집 담당자를 긴급하게 구하는 경우도 있습니다.

자료 조사와 장소 헌팅

촬영을 진행할 장소의 섭외는 매우 중요하며 세트의 설치나 전기 인입이 가능해야 합니다. 현장에서 필요한 소품과 의상 등도 고증을 거쳐 사전에 준비해야 합니다.

자료 조사

시나리오나 영상 구성안을 분석한 후, 각 파트 별로 필요한 물품의 리스트를 작성합니다. 영상에 부합하는 장소, 소품, 의상 등 제작에 필요한 모든 요소를 조사해서 연출자와 의논하여 선정하게 됩니다. 제작 준비에 필요한 제반 요소를 장소 리스트, 의상 리스트, 미술 세트 및 소품 리스트 등 구체적인 목록으로 구분하여 작성합니다.

<3.5교시> 전체 소품리스트 _ 0916			
공간별 소품			
공간	종류	공수	체크
2-3반 교실 기본 세팅	(학생 30인 기준) 문제집 / 시험지 / 볼펜 / 책가방 등		
특별반 교실 기본 세팅	(학생 15인 기준) 문제집 / 시험지 / 볼펜 / 책가방 등		신한대학교 내 사용 가능한 소품 체크
아진의 아지트 세팅	(잡동사니 / 화분들)		
교무실 기본 세팅	선주 자리 세팅 / 학생들 증명사진 있는 출석부		
강당 세팅	괘종시계 (손상용 *1 , 비손상용 *1) / 괘종시계 열쇠		
급식실 기본 세팅	식기, 식판 세팅 / 반찬		신한대학교 내 사용 가능한 소품 체크
아진의 방 기본 세팅	침구류 / 책상 / 노트북 / 문제집 등		
방송실	마이크 세팅 장비		신한대학교 내 사용 가능한 소품 체크
CCTV실	CCTV 화면		신한대학교 내 사용 가능한 소품 체크
기타	외제차 차량 세팅		

영화 <3.5교시> 제작 과정에서 작성한 소품 리스트

인물 소품				
인물	종류	수량	공수 경로	기타
아진	자전거			
	에어팟 / 핸드폰			
	책가방			
	(책가방 내) 개인 소지품 / 책 / 문제집 등			
	다육이 화분			
	아진, 아진엄마 사진			**(게스트 사진전달)- 사진 제작
	쪽지 _ <안녕 전학생> <초록이한테 가봐>			
	체육복이 도서관에서 나뒹구는 사진			**촬영시 체크/준비 제작 요망
	금이 간 러버워치 *1			
	노트북			
다원	러버워치 *1			
한익	보스턴백			
소라	러버워치 *1			
선주	핸드폰 (+메신저창 준비)			
	괘종시계 열쇠			
	교사시간표			
	수업자료 (책, 출석부 등)			
	다원의 사진 있는 생활기록부 복사본			**(게스트 사진전달)- 사진 제작
	가방			
	러버워치 *1			
	기말시험지 뭉치			
	특별파일			
	USB			
재문	상처약			
	돈봉투			
기타	강다원 SNS 화면 연출용 사진들			**(게스트 사진전달)- 사진 제작
	(지훈 / 엔딩 특별반 학생용 포함) 러버워치 여분 *10			
	상처약			
	(액션씬 특수제작용) 각목 / 걸레		제작	

장소 섭외

프리 프로덕션 과정에서 시나리오에 맞는 캐스팅과 함께 촬영 장소의 선정은 매우 중요합니다. 촬영할 장소가 선정되어야 자세한 이동 동선과 촬영 스케줄도 작성할 수 있고 콘티도 정교하게 보완할 수 있습니다. 또한 촬영 세트 제작이 필요한 경우도 있고, 별장이나 식당 등 기존 오픈세트를 이용할 수도 있습니다. 따라서 프리 프로덕션 초반에 장소 후보를 선정해서 주요 스태프들과 장소 헌팅을 진행해야 합니다. 장소 헌팅 과정에서는 각 팀의 스태프들이 촬영 시 필요한 점들을 확인합니다.

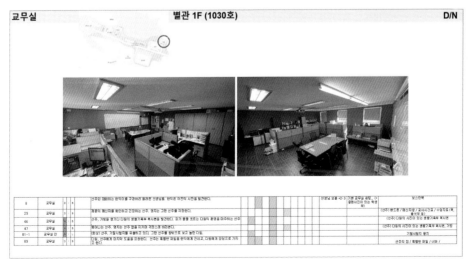

영화 〈3.5 교시〉 프리 프로덕션 과정에서 작성한 장소 리스트 예시

프로덕션 스케줄표 작성 및 공유

실제 프로덕션에 들어갈 촬영 스케줄표를 상세하게 작성하는 과정입니다. 스케줄표 작성 시 고려해야 할 점은 촬영 장소의 이용 스케줄, 출연진 스케줄, 스태프 스케줄, 촬영 예정일과 예상 날씨, 노동법 준수 촬영 시간 등입니다.

먼저 임시 스케줄을 설정하고, 전체 참여 인력과 일정 조율 후 확정된 스케줄을 하나의 표로 작성하여 모든 스태프에게 배포합니다. 이후 스케줄 계획에 따라 촬영과 제작을 진행합니다. 영상 편집 담당자는 촬영 위주의 프로덕션 과정에는 참여하지 않습니다. 헐리우드 영화 편집 감독조차도 객관성을 잃지 않기 위해 촬영 현장을 방문하지 않는 불문율이 있습니다.

다만 촬영 현장에서 녹화 상태의 확인을 위한 러프 컷(Rough Cut) 편집자로 참여하는 경우가 있습니다. 현장 편집자는 연출팀에 소속되어 연출자와 촬영 감독의 판단을 보조하는 가편집 결과를 신속하게 제시하는 역할을 수행합니다.

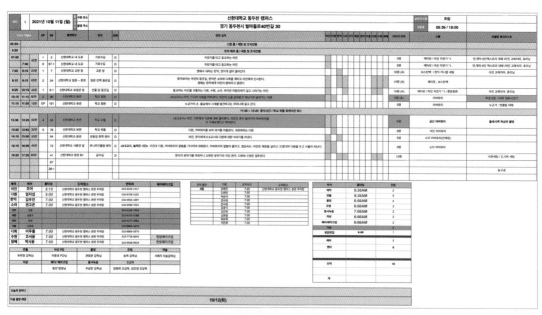

영화 〈3.5교시〉 스케줄표 예시

시나리오 여러 번 확인하기

영상 시나리오가 편집자에게 전달되면 적어도 세 번 이상 읽어보고 내용과 흐름을 파악해야 합니다. 첫째, 시나리오의 내용을 훑어보며 전체적인 분위기, 장소, 사건을 파악하며 읽어 봅니다. 둘째, 작가와 연출자의 의도가 어떤 것인지 가늠해 보고, 클라이맥스와 결말을 시공간적으로 이해하며 읽습니다. 셋째, 캐릭터 중심으로 연기자의 대사를 직접 소리 내 보며, 배우의 관점에서 몰입해서 읽어 봅니다. 이렇게 여러 번 읽어보면 대사의 길이를 짧게 자를지, 단순한 줄임표(…)가 긴 침묵을 의미하는지 차이를 파악할 수 있습니다.

세 번 이상 읽은 후에는 장면마다 초 단위의 시간을 배정해 봅니다. 여러 번 읽은 후라 머릿속에 장면들이 그려지고, 캐릭터 대사도 속으로 읊조려 보았기에 적절한 시간을 책정할 수 있습니다. 이러한 과정은 본 편집을 진행할 때 각 장면에 맞는 시간을 배분하는 능력을 길러 줍니다. 물론 영화나 드라마의 긴 시나리오는 일반인이 읽기에 쉽지 않습니다. 편집 전문가로 성장하기 위해서 이 방법으로 다양한 시나리오를 여러 차례 분석해 보면 글자를 넘어서 편집의 결과가 쉽게 머릿속에 그려질 것입니다.

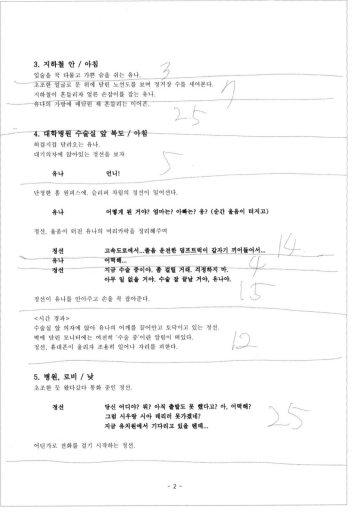

시나리오를 여러 번 읽으면서 장면, 대사, 동작에 초 단위의 시간을 부여하고 메모해 보면 전체 영상 편집의 흐름과 길이를 파악할 수 있습니다.

Part 4

실전 영상 편집 프로젝트로 현장감 익히기

탄탄한 실무 이론을 바탕으로 13개의 실습 프로젝트를 연습하며 실력을 쌓아가겠습니다. 영상 편집 프로그램 어도비 프리미어 프로와 애프터 이펙트 프로그램 사용법의 이해를 전제로 초보 수준을 넘어서 고급 기능을 향해가는 여정이 될 것입니다. 창의적인 자막과 화면 전환의 구현부터 개성적인 색 보정과 스피드 조절은 영상의 수준을 한 차원 업그레이드해 줄 것입니다. 사운드 기반의 영상 편집 기법과 모션 그래픽의 노하우는 다양한 프로젝트에 활용할 수 있습니다. 이와 함께 영상의 합성 기법과 효과의 적용, 트래킹 기능, 모양 레이어의 활용은 편집자의 능력을 프로페셔널 차원으로 향상시키는 무기가 될 것입니다. 아울러 3D 기능의 구현과 공간감의 창출은 풍부한 포트폴리오 구축에도 도움이 될만한 주제입니다. 다채로운 프로젝트 실습을 통해 남다른 실력자로 성장하시기 바랍니다.

Premiere Pro ————————————————— *After Effects* ——————————

프로젝트

자막 활용하여 소통하기

영상은 전달력이 중요합니다. 영상에 담긴 의미를 제대로 전달할 수 있도록 자막을 활용한다면 전체 영상의 이해도가 높아집니다. 자막은 여러 가지로 해석될 수 있는 장면의 의미를 명확하게 제시할 수 있고, 서브타이틀은 내레이션을 보완하는 기능으로 쓰이기도 합니다. 최근 브이로그, 예능 프로그램에서 자막은 메시지뿐만 아니라 감정을 표출하는 구성 요소로 활용되면서 시청자의 눈길을 끌고 있습니다.

작업 특징 윤곽선(Stroke)과 그러데이션(Gradation) 기능으로 자막(Titles)을 디자인하고 텍스트 길이에 따라 조정되는 자막 바(Subtitle Bar)를 제작합니다. 키프레임(Key Frames)이나 효과(Effects)를 활용하여 텍스트에 모션(Motion)을 적용합니다.

예제 파일 프로젝트\Source\01\graphic1~grapghic2.png, OldFilm.mp4, vlog1~vlog10.mp4, 말풍선.png, 원고지.png

완성 파일 프로젝트\Source\01\Project1_완성.prproj, Project1_완성.mp4

윤곽선과 그러데이션을 적용하여 인상적인 자막 표현하기

영상의 인트로 부분에 윤곽선(Outline)의 스트로크(Stroke)를 길게 늘어뜨려서 자막을 그림자처럼 적용하면 제목과 함께 두드러지는 인상을 줄 수 있습니다. 기본 자막 스타일에 크기, 색상, 테두리 등의 요소를 강조하면서 입체감도 부여합니다. 그러데이션 자막은 글자 테두리 안에 색상의 변화를 단계적으로 적용하여 재미있는 느낌을 더해 주면서 개성적인 표현 기법으로 활용됩니다. 그러데이션의 색상 연결, 각도와 방향, 단계적 표현 등 다양한 요소를 통해 차별화된 디자인을 만들어낼 수 있습니다.

———

텍스트 길이에 따라 조정되는 서브타이틀 자막 바 제작하기

서브타이틀은 장면의 설명이나 내레이션 표시의 용도로 많이 쓰이고 있습니다. 화면 하단에 자막 바(Subtitle Bar)를 만들어 서브타이틀을 올리는 경우가 많은데, 배경의 색감으로 인해 혼란스러워질 수 있는 텍스트의 가독성을 보완하는 방법이기도 합니다. 텍스트의 길이에 맞춰서 자막 바의 크기도 변해야 하는데, 한번 만든 자막 바를 저장했다가 다음에 다시 활용하는 요령도 필요합니다. 아울러 밋밋해 보일 수 있는 자막 바에 그래픽 이미지도 추가해 보겠습니다.

움직이는 텍스트로 메시지 강조하기

자막 텍스트의 형태, 색깔, 크기만큼 움직임(Motion)도 중요한 표현 요소입니다. 글자의 움직임에 따라 전달되는 메시지와 인상이 강조될 수 있으므로 영상의 주제에 맞는 타이틀 모션을 활용합니다. 텍스트에 키프레임 모션을 설정하거나 움직이는 동작의 영상 효과(Video Effects)를 적용하여 애니메이션 요소를 추가할 수 있습니다.

마커를 이용한 영상 편집하기

편집의 기본은 영상의 특정 부분을 자르고 의도한 프레임에 붙여 넣는 것입니다. 마커는 타임라인 상 특정 프레임에 추가하여 작업 설명 추가하여 편집을 편리하게 하거나 공동 작업을 할 때 소통의 채널이 되기도 합니다. 이와 같은 마커를 프리미어 프로에서 편집 점으로서 사전에 설정하고 이에 따라 영상 클립을 자동으로 배치할 수 있습니다. 이는 사운드에 맞춰서 마커를 추가해 편집을 진행하거나 많은 영상이나 이미지를 편집 점에 한 번에 배치할 때 활용하면 편리합니다.

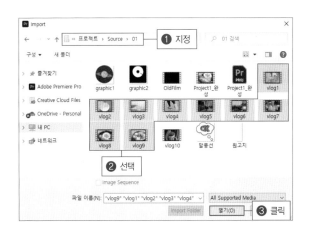

1 프리미어 프로에서 새 프로젝트를 만들고 메뉴에서 (File) → Import((Ctrl)+(I))를 실행합니다. Import 대화상자가 표시되면 프로젝트 → Source → 01 폴더에서 'vlog1. mp4~vlog10.mp4' 파일을 선택한 다음 〈열기〉 버튼을 클릭합니다.

2 Project 패널에서 마우스 오른쪽 버튼을 클릭한 다음 New Item → Sequence를 실행합니다.

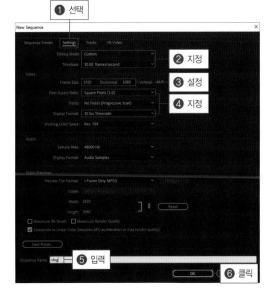

3 New Sequence 대화상자가 표시되면 (Settings) 탭을 선택한 다음 Editing Mode를 'Custom', Timebase를 '30.00 frame/second'로 지정하고 Frame Size를 '1920, 1080'로 설정합니다. Pixel Aspect Ratio를 'Square Pixels(1.0)', Display Format를 '30 fps Timecode'로 지정하고 Sequence Name에 'vlog'를 입력한 다음 〈OK〉 버튼을 클릭합니다.

4 Timeline 패널에서 Marker를 추가하겠습니다. 현재 시간 표시기를 '00:00:00:00'으로 이동합니다. 현재 시간 표시기에서 마우스 오른쪽 버튼을 클릭한 다음 **Add Marker**를 실행해 마커를 추가합니다.

TIP
Timeline 패널의 'Add Maker' 아이콘(▣)을 클릭하거나 M을 눌러 추가할 수도 있습니다.

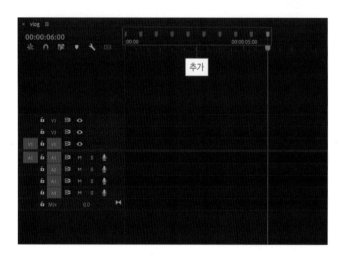

5 같은 방법으로 타임라인에서 마커를 약 '20프레임' 간격으로 8개 추가하고 영상 클립이 조금 더 길게 배치될 수 있도록 약 '1초' 간격으로 마커를 하나 더 추가합니다.

TIP
예제에서는 9개의 마커를 '00:00:00:20', '00:00:01:10', '00:00:02:00', '00:00:02:20', '00:00:03:10', '00:00:04:00', '00:00:04:20', '00:00:05:10', '00:00:06:10'에 배치했습니다.

6 현재 시간 표시기를 '00:00:00:00'으로 이동합니다. Project 패널에서 'vlog1~vlog9.mp4' 아이템을 번호 순서대로 선택한 다음 'Automate to Sequence' 아이콘(▥)을 클릭합니다.

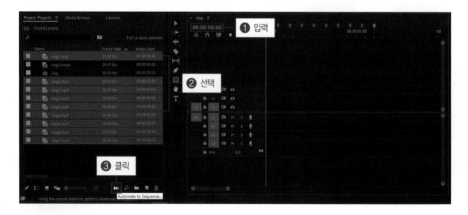

7 Automate To Sequence 대화상자가 표시되면 Ordering을 'Selection Order', Placement를 'At Unnum bered Markers', Method를 'Overwrite Edit'으로 지정 한 다음 〈OK〉 버튼을 클릭합니다.

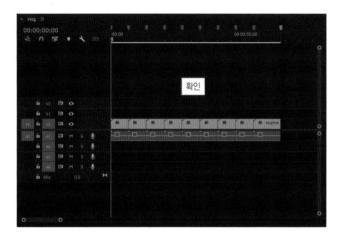

8 Timeline 패널에서 영상 클립을 선택한 순서대로 설정한 마커 위치에 배치된 것을 확인합니다. 영상 클립 길이 등 수정할 부분이 있다면 수정합니다.

TIP

각 영상의 첫 번째 프레임부터 재생되도록 편집됩니다. 원하는 부분부터 편집하려면 각 영상을 더블클릭하여 Source 패널을 표시하고 'Mark In' 아이콘(▮)을 클릭하면 설정한 부분부터 재생되도록 편집됩니다.

9 Project 패널에서 'Vlog10.mp4' 아이템을 Timeline 패널의 '00:00:06:20'으로 드래그하여 배치합니다.

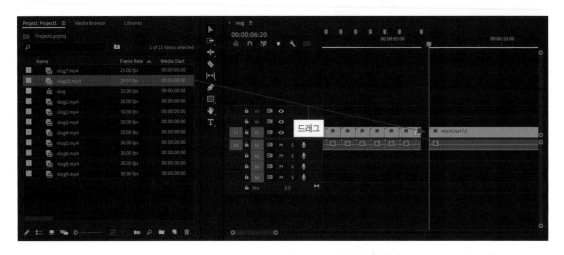

10 Effects 패널에서 'Dip to Black' 이펙트를 검색하고 Timeline 패널의 'Vlog9.mp4' 클립 끝 점에 드래그하여 적용합니다. 적용된 'Dip to Black' 이펙트를 더블클릭합니다.

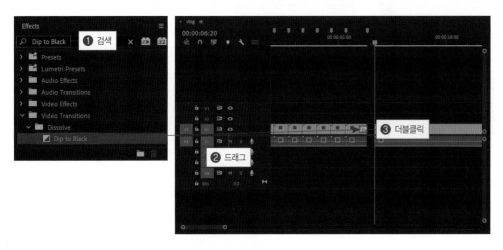

11 Set Transition Duration 대화상자가 표시되면 Duration을 '00:00:00:10'으로 설정하고 〈OK〉 버튼을 클릭합니다. 'Vlog9.mp4' 영상이 자연스럽게 검은 화면으로 전환되었다가 'Vlog10.mp4' 클립이 시작되는 것을 확인할 수 있습니다.

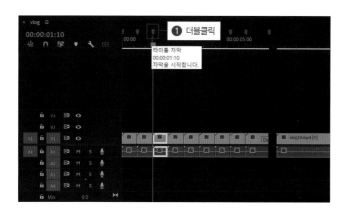

12 Marker에 설명을 추가해 보도록 하겠습니다. Timeline 패널에서 세 번째 마커를 더블클릭합니다.

TIP
Maker 위에 마우스를 가져가면 해당 내용이 표시됩니다.

13 Marker 설정 대화상자가 표시되면 Name에 '타이틀 자막', Comments에 '자막을 시작합니다.'를 입력하고 Marker Color를 '빨간색'으로 선택한 다음 〈OK〉 버튼을 클릭합니다. Timeline 패널에서 설명이 적용된 마커의 색상이 변경된 것을 확인할 수 있습니다.

14 인트로 영상 부분에 효과를 추가하여 다른 부분과는 구별되는 느낌을 주도록 하겠습니다. Project 패널에서 빈 공간을 더블클릭합니다.

15 Import 대화상자가 표시되면 프로
젝트 → Source → 01 폴더의 'OldFilm.
mp4' 파일을 선택 다음 〈열기〉 버튼을
클릭하여 불러옵니다.

16 'OldFilm.mp4' 아이템을 Timeline 패널의 '00:00:00:00~00:00:06:10' 사이의 V2 트랙에 드래
그하여 배치합니다.

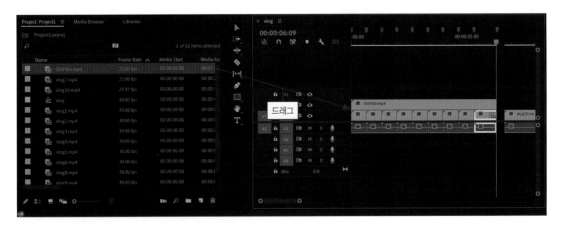

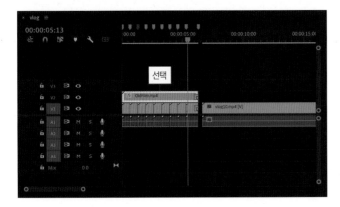

17 V2 트랙의 'OldFilm.mp4' 클립
을 선택합니다.

18 Effect Controls 패널에서 Opacity를 '70%'으로 설정하고 Blend Mode를 'Screen'으로 지정하여 그림과 같이 자연스럽게 합성되도록 합니다.

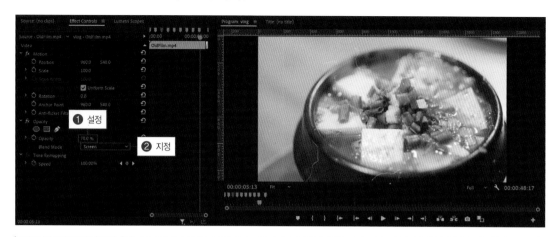

디자이너's 노하우

편집 영상에 효과 영상을 합성할 때 Blend Mode를 적용합니다. 오래된 필름 효과 같은 영상을 합성할 때 Screen Mode를 적용하면 효과적입니다. 합성할 영상 색감에 따라 모드를 선택하면 됩니다.

19 Effects 패널에서 'Dip to Black' 이펙트를 검색하고 Timeline 패널 'OldFilm.mp4' 클립 끝 점에 드래그하여 적용합니다. 적용된 'Dip to Black' 이펙트를 더블클릭합니다.

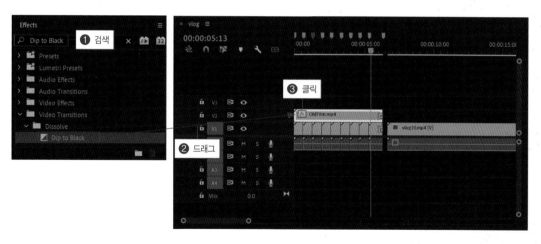

20 Set Transition Duration 대화상자가 표시되면 Duration을 '00:00:00:10'으로 설정하고 〈OK〉 버튼을 클릭합니다. 자연스럽게 어두워지는 모습을 확인합니다.

Long Stroke 텍스트 자막 만들기

인트로 등에 외곽선이 그림자와 같이 긴 **스트로크** 텍스트 자막을 활용하여 새로운 느낌을 줄 수 있습니다. 기본 자막에 비해 크기, 색상, 테두리 등 과장되어 지고 활용 방법에 따라서 입체감을 부여하기도 합니다. 프리미어 2022 버전 기준으로 Lagacy Title 기능을 활용해서 텍스트를 만드는 경우에만 적용할 수 있습니다.

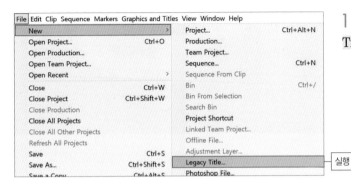

1 메뉴에서 (File) → New → Legacy Title을 실행합니다.

2 New Title 대화상자가 표시되면 Name에 '브이로그씨'를 입력하고 〈OK〉 버튼을 클릭합니다.

3 Lagacy Title 창이 표시되면 Legacy Title Tools 패널에서 문자 도구(T)를 선택하고 Legacy Title Design 패널을 클릭하여 '브이로그씨'를 입력합니다.

4 Legacy Title Properties 패널의 Properies 항목에서 Font Family, Font Style, Font Size 등을 원하는 스타일로 설정하고 Fill 항목의 Color 를 '흰색(#FFFFFF)'으로 지정합니다.

5 Stroke → Outer Stroke의 Add 를 클릭하여 Outer Stroke 기능을 추가합니다. Outer Strokes의 Type을 'Edge', Fill Type를 'Solid'로 지정하고 Size를 '30'으로 설정한 다음 Color를 '검은색(#000000)'으로 지정합니다.

6 Stroke → Outer Stroke의 Add를 클릭하여 Outer Stroke 기능을 하나 더 추가합니다. Outer Strokes의 Type을 'Depth'로 지정하고 Size를 '150', Angle을 '45°'로 설정합니다.

7 Fill Type을 'Linear Gradient'로 지정하고 Color를 '연두색(#8FF7AA)', '파란색(#245BF4)'으로 지정하여 그러데이션을 만듭니다. 설정이 완료되면 '닫기' 아이콘(⊠)을 클릭하여 Lagacy Title 창을 종료합니다.

8 Project 패널에서 '브이로그씨' 아이템을 Timeline 패널 V3 트랙의 '00:00:01:10~00:00:06:00' 사이로 드래그하여 배치합니다.

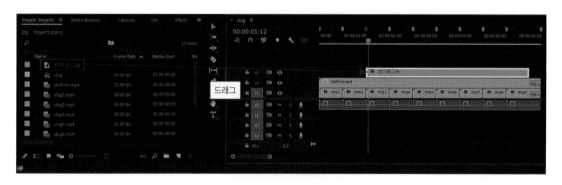

9 Program Monitor 패널 화면에서 적용된 것을 확인합니다.

그러데이션을 활용한 자막 만들기

그러데이션 자막은 글자나 테두리 안에 색으로 꾸밈 요소를 추가하여 재미있는 느낌을 더합니다. 주목성을 높이고 개성적인 표현을 가능하게 하며, 그러데이션은 색 조합, 각도, 단계표현 등 다양한 조합으로 자막 디자인에 활용할 수 있습니다.

1 상단의 [Captions and Graphics] 탭을 선택하여 텍스트나 그래픽 작업을 하기 좋은 상태로 만듭니다.

2 Tools 패널에서 문자 도구(T)를 선택하고 Program Monitor 패널을 클릭하여 '슬기로운하루'를 입력합니다. Effect Controls 패널의 Text 항목에서 원하는 글꼴 스타일을 지정하고 글꼴 크기를 설정합니다.

TIP

Essential Graphics 패널에서도 텍스트의 속성을 변경할 수 있습니다.

3 Program Monitor 패널에서 '슬기로하루' 자막의 '하루'만 드래그하여 선택하고 Essential Graphics 패널에서 Size를 크게 설정합니다.

4 Timeline 패널에서 '슬기로운하루' 클립이 '00:00:01:20∼00:00:06:00' 사이에 위치하도록 드래그하여 이동합니다.

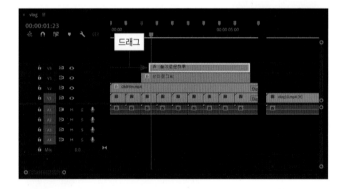

5 Essential Graphics 패널의 Appearance 항목에서 Fill의 색상 상자를 클릭합니다.

디자이너's 노하우

영상에 어울리는 폰트를 찾아야 할 때 무료 폰트 사이트에서 검색하고, 사용하기 전에 반드시 저작권 허용 범위를 확인해야 합니다.

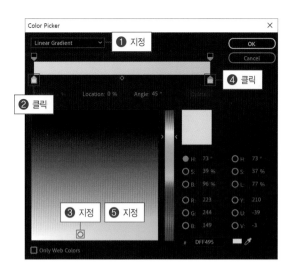

6 Color Picker 대화상자가 표시되면 'Linear Gradient'로 지정합니다. 왼쪽 'Color Stop' 아이콘(▢)을 클릭한 다음 '노란색(#DFF495)'으로 지정하고 오른쪽 'Color Stop' 아이콘(▢)을 클릭한 다음 '연두색(#8FF7AA)'으로 지정하여 그러데이션을 만듭니다.

7 두 개의 'Color Stop' 아이콘(▢)을 그림과 같이 가운데로 이동하여 그러데이션을 경계를 날카롭게 만든 다음 〈OK〉 버튼을 클릭합니다.

8 Appearance 항목의 'Stroke'를 체크 표시하고 색상을 '검은색(#000000)'으로 지정한 다음 크기를 '10'으로 설정합니다.

9 Stroke의 'Add a stroke to this layer' 아이콘(➕)을 클릭하여 Stroke를 추가하고 '20'으로 설정
합니다.

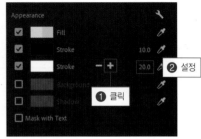

10 Tools 패널에서 문자 도구(T)를
선택하고 Program Monitor 패널의
화면을 클릭하여 'Day1'을 입력합니다.

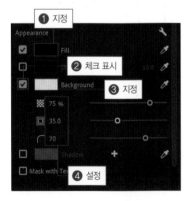

11 Essential Graphics 패널의 Appearance 항목에서 Fill을 '검
은색(#000000)'으로 지정한 다음 'Background'를 체크 표시하
여 '흰색(#FFFFFF)'으로 지정하고 Opacity를 '75%', Size를 '35',
Corner Radius를 '70'으로 설정합니다.

12 Timeline 패널에서 'Day1' 클립이 '00:00:03:00~00:00:06:00' 사이에 나타나도록 이동합니다.

13 만들어진 자막에 움직임을 추가하도록 하겠습니다. Effects 패널의 Video Transition에서 'Croos Zoom' 이펙트를 Timeline 패널의 '브이로그씨' 클립으로, 'Slide' 이펙트를 '슬기로운 하루' 클립으로, 'Whip' 이펙트를 'Day1' 클립으로 드래그하여 적용합니다. '브이로그씨' 클립을 선택합니다.

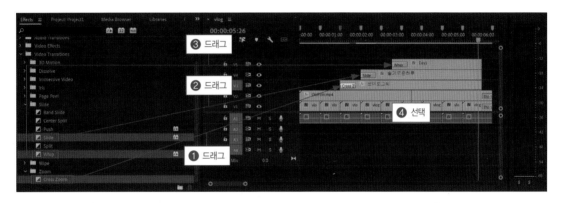

14 Effect Controls 패널에서 Duration을 '00:00:00:15'로 설정하고 Spacebar를 눌러 재생해 움직임을 확인하면서 영상 클립의 시간차를 조정합니다.

텍스트 길이에 따라 반응하는 자막 바 만들기

영상에서 서브 타이틀은 설명이나 내레이션의 용도로 많이 활용됩니다. 서브타이틀은 자막 바를 활용하기도 하는데, 배경 영상의 색감으로 인해 낮아질 수 있는 텍스트의 가독성을 보완하는 용도로 사용되기도 합니다. 자막 바는 텍스트의 길이에 적합하도록 변해야 하고 자신이 만든 자막 바를 저장하여 나중에 활용할 수 있는 기능도 필요합니다. 꾸밈 요소로 활용될 수도 있는 자막 바에 그래픽 이미지도 추가해 보겠습니다.

1 Tools 패널에서 사각형 도구(▣)를 선택하고 Program Monitor 패널에서 자막 바로 활용할 사각형을 드래그하여 만듭니다. Essential Graphics 패널에서 'Horizontal Center' 아이콘(▣)을 클릭하고 Corner Radius(◪)를 '70'으로 설정한 다음 Fill을 '흰색(#FFFFFF)', Stroke를 '검은색(#000000)'으로 지정하고 크기를 '5'로 설정합니다.

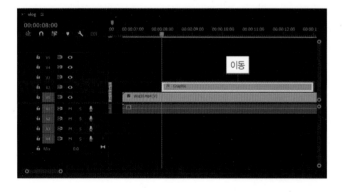

2 Timeline 패널에서 'Graphic' 클립을 '00:00:08:00~00:00:09:20' 사이에 나타나도록 이동합니다.

3 　Tools 패널에서 문자 도구(■)를 선택하고 Program Monitor 패널의 화면을 클릭하여 '저의 아침
식사는 토스트에..'를 입력합니다. Essential Graphics 패널에서 Text 항목의 속성을 원하는 스타일
로 설정합니다. Align and Transform 항목의 기능을 설정하여 텍스트를 그림과 같이 자막 바와 중심
에 위치하도록 합니다.

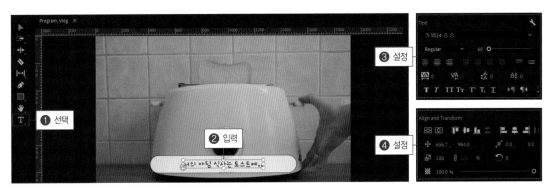

4 　Essential Graphics 패널에서 'Shape 01' 레이어를 선택합니다. Responsive Design – Position 항
목에서 Pin To를 '저의 아침 식사는 토스트에..'로 지정하고 'pining' 아이콘(■)의 가운데 사각형을 클
릭하여 고정합니다. 텍스트를 추가 입력하면 자막 바가 텍스트 길이만큼 변화하는 것을 알 수 있습니다.

5 　자막 바에 그래픽을 추가해 보겠습니다. Essential Graphics
패널에서 'New Layer' 아이콘(■)을 클릭하고 **From File**을 실행
합니다.

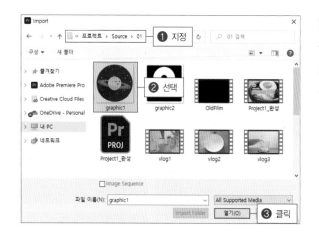

6 Import 대화상자가 표시되면 프로젝트 → Source → 01 폴더에서 'graphic1.png' 파일을 선택하고 〈열기〉 버튼을 클릭하여 불러옵니다.

7 'graphic1.png' 레이어가 화면에 표시되면 크기와 위치를 설정합니다. 'graphic1.png' 레이어는 텍스트를 중심으로 왼쪽에 고정되어야 합니다. Essential Graphics 패널에서 'graphic1.png' 레이어를 선택한 다음 Responsive Design – Position 항목에서 Pin To를 '저의 아침 식사는 토스트에..'로 지정하고 'pining' 아이콘(▦)의 왼쪽을 클릭하여 텍스트 왼쪽에 고정합니다.

8 설정한 자막 바의 스타일을 저장하겠습니다. Timeline 패널의 '저의 아침 식사는 토스트에..' 클립에서 마우스 오른쪽 버튼을 클릭한 다음 Export As Motion Graphics Template을 실행합니다.

9 Export As Motion Graphics Template 대화상자가 표시되면 Name에 '자막 바'를 입력하고 Destination를 'Local Templates Folder'로 지정한 다음 〈OK〉 버튼을 클릭합니다.

10 Essential Graphics 패널의 〔Browse〕 탭에서 등록된 '자막 바'를 Timeline 패널의 텍스트 클립으로 드래그하여 템플릿을 추가합니다.

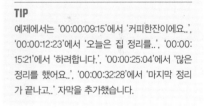

TIP
예제에서는 '00:00:09:15'에서 '커피한잔이에요..', '00:00:12:23'에서 '오늘은 집 정리를..', '00:00:15:21'에서 '하려합니다.', '00:00:25:04'에서 '많은 정리를 했어요..', '00:00:32:28'에서 '마지막 정리가 끝나고..' 자막을 추가했습니다.

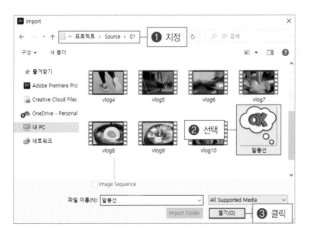

11 Project 패널의 빈 공간을 더블클릭합니다. Import 대화상자가 표시되면 프로젝트 → Source → 01 폴더에서 '말풍선.png' 파일을 선택하고 〈열기〉 버튼을 클릭하여 불러옵니다.

12 '말풍선.png' 아이템을 Timeline 패널의 V3 트랙 '00:00:17:00~00:00:18:22' 사이로 드래그하여 배치하고 말풍선의 크기와 위치를 조정합니다.

13 Effects 패널에서 'Whip' 이펙트를 검색하고 Timeline 패널의 '말풍선.png' 클립 시작 점에 적용하고 적용된 'Whip' 이펙트를 더블클릭합니다.

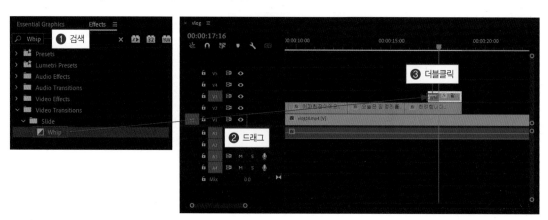

14 Set Transition Duration 대화상자가 표시되면 Duration을 '00:00:00:15'로 설정하고 〈OK〉 버튼을 클릭합니다.

디자이너's 노하우

화면 전환(Transitions)의 길이(Duration)이 너무 짧게 설정되면 잘 보이지 않을 수 있습니다. 적용할 영상 클립의 길이를 고려하여 적절하게 설정합니다.

면이 채워지는 스트로크 자막 만들기

스트로크로 이루어진 텍스트의 면을 한자씩 채워가는 움직임을 만들어보겠습니다. 한 자씩 읽히도록 하거나 특정 글자를 강조할 때도 활용하면 좋습니다. 텍스트는 사용자 의도대로 다양한 키프레임 모션을 적용하여 재미있는 자막으로 표현할 수 있습니다.

1 Tools 패널에서 문자 도구(T)를 선택한 다음 Program Monitor 패널의 화면을 클릭하여 '시-작'을 입력합니다.

2 Essential Graphics 패널에서 Font, Size 등의 속성을 설정합니다.

3 'Fill'을 체크 표시 해제합니다. 'Stroke'를 체크 표시하고 색상을 '흰색(#FFFFFF)'으로 지정한 다음 Size를 '5'로 설정하여 라인 형태의 텍스트를 만듭니다.

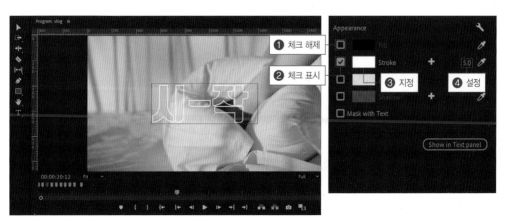

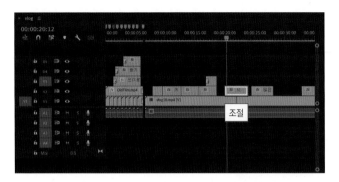

4 Timeline 패널에서 '시-작' 클립을 '00:00:20:00~00:00:24:00'에 위치 하도록 클립 길이를 조절합니다.

5 현재 시간 표시기를 '00:00:20:00' 로 이동합니다. V2 트랙의 '시-작' 클 립을 Alt를 누른 상태로 위로 드래그 하여 V3 트랙에 복제합니다.

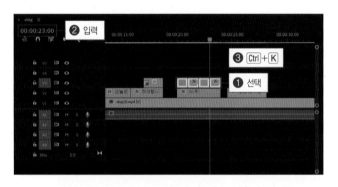

6 V3 트랙의 '시-작' 클립을 선택 합니다. 현재 시간 표시기를 '00:00: 21:00', '00:00:22:00', '00:00:23:00' 으로 이동하고 Ctrl+K를 눌러 클립을 자릅니다.

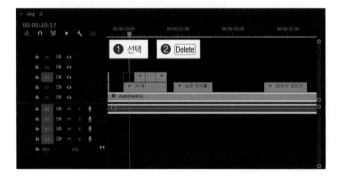

7 분할된 4개의 클립 중 첫 번째 클립 을 선택하고 Delete를 눌러 삭제합니다.

TIP
클립을 삭제하면 텍스트의 Stroke만 보이는 것을 확인할 수 있습니다.

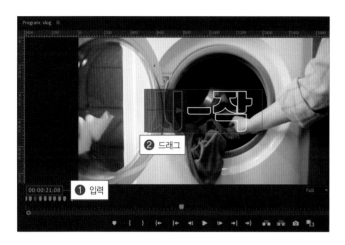

8 현재 시간 표시기를 '00:00:21:08' 로 이동하고 Program Monitor 패널의 화면에서 '시-작' 자막의 '시'만 드래그하여 선택합니다.

9 Essential Graphic 패널에서 'Stroke'를 체크 표시 해제하고 'Fill'을 체크 표시한 다음 색상을 '보라색(#AA39E3)'으로 지정합니다.

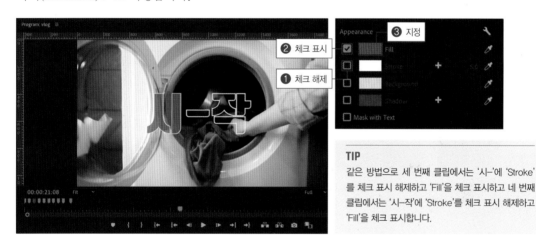

TIP
같은 방법으로 세 번째 클립에서는 '시-'에 'Stroke'를 체크 표시 해제하고 'Fill'을 체크 표시하고 네 번째 클립에서는 '시-작'에 'Stroke'를 체크 표시 해제하고 'Fill'을 체크 표시합니다.

10 '00:00:22:00~00:00:24:00' 사이를 재생해 면이 채워지는 스트로크 자막을 확인합니다.

⟨00:00:22:00~00:00:23:00⟩　　　　　⟨00:00:23:00~00:00:24:00⟩

그래픽을 활용한 마스크 텍스트 자막 만들기

도형, 그래픽을 텍스트의 모양으로 잘라내는 기능을 익혀 보겠습니다. 텍스트 마스크 기능으로 텍스트 모양의 영상이 보이기도 하고 텍스트를 특정 이미지 질감으로 만들 수도 있습니다.

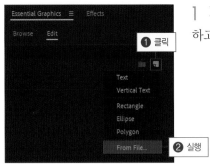

1 Essential Graphic 패널에서 'New Layer' 아이콘(📑)을 클릭하고 **From File**을 실행합니다.

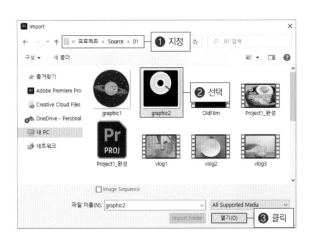

2 Import 대화상자가 표시되면 프로젝트 → Source → 01 폴더에서 'graphic2.png' 파일을 선택하고 〈열기〉 버튼을 클릭하여 불러옵니다.

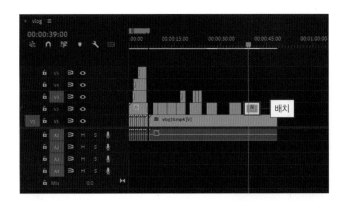

3 Timeline 패널에서 '00:00:37:04 ~00:00:40:26'에 위치하도록 배치합니다.

4 Tools 패널에서 문자 도구(T)를 선택하고 Program Monitor 패널의 화면을 클릭한 다음 '휴식시간'을 입력합니다.

5 Effect Controls 패널에서 Motion 항목의 Position을 설정하여 'graphic2.png' 위에 적절하게 배치합니다.

6 Essential Graphics 패널에서 '휴식시간' 레이어를 선택하고 Appearance 항목에서 'Mask with Text'를 체크 표시한 다음 'Invert'를 체크 표시합니다. Program Monitor 패널에서 'graphic2.png'이 '휴식시간' 텍스트 모양으로 변경된 것을 확인할 수 있습니다.

7 'Graphic2' 레이어에 효과를 적용하여 색 반전을 하도록 하겠습니다. Effects 패널에서 'Invert' 이펙트를 검색하고 Timeline 패널의 '휴식시간' 클립으로 드래그하여 적용합니다.

8 Essential Graphics 패널에서 'Invert' 레이어를 드래그하여 'Graphic2' 레이어 위로 이동하고 Transform 항목의 Opacity()를 '90%'로 설정합니다.

9 Effect Controls 패널에서 Position과 Scale을 설정하여 그림과 같이 화면에 적절하게 배치합니다.

텍스트 자막 애니메이션 만들기

텍스트의 움직임은 형태, 색깔, 크기만큼이나 표현 요소로서 중요합니다. 움직임에 따라 전달 느낌이 다를 수 있으므로 영상 특성에 따라 잘 활용하는 것이 좋습니다. 텍스트에 애니메이션의 요소를 추가하는 방법은 키프레임을 이용하거나 Effects를 적용하여 활용할 수 있습니다.

1 Tools 패널에서 문자 도구(T)를 선택하고 Program Monitor 패널 화면을 클릭하여 '열심~열심~'을 입력합니다. 각 글자의 색상을 다르게 지정합니다.

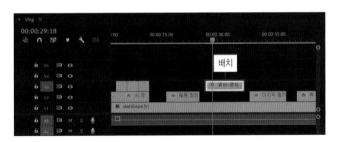

2 Timeline 패널에서 '열심~열심~' 클립이 '00:00:29:00~00:00:31:10'에 위치하도록 배치합니다.

3 텍스트 색상 변경 애니메이션을 진행하겠습니다. Effects 패널에서 'HLS'를 검색하고 'Color Balance(HLS)' 이펙트를 Timeline 패널의 '열심~열심~' 클립에 드래그하여 적용합니다.

4 Effect Controls 패널에서 Color Balance(HLS) → Hue 왼쪽의 'Toggle animation' 아이콘(🕙)을 클릭하여 키프레임을 만듭니다.

5 '00:00:29:00'에서 Hue를 '0°', '00:00:30:23'에서 Hue를 '360°'로 설정하고 Spacebar 를 눌러 애니메이션을 확인합니다.

6 예능 자막처럼 움직이는 애니메이션을 적용하겠습니다. Effects 패널에서 'Wave Warp' 이펙트를 검색하고 Timeline 패널의 '열심~열심~' 클립에 드래그하여 적용합니다.

7 Effect Controls 패널에서 Wave Warp 항목 Wave Width, Wave Speed 왼쪽의 'Toggle animation' 아이콘(🌀)을 클릭하여 키프레임을 만듭니다.

8 '00:00:29:03'에서 Wave Width를 '50', Wave Speed를 '1'로 설정하고 '00:00:30:23'에서 Wave Width를 '24', Wave Speed를 '5'로 설정하여 키프레임을 추가합니다.

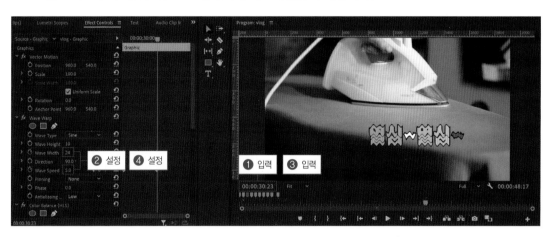

9 원고지에 텍스트가 나타나는 움직임을 진행하겠습니다. 현재 시간 표시기를 '00:00:41:03'으로 이동합니다.

10 Essential Graphics 패널에서 'New Layer' 아이콘(■)을 클릭하고 **From File**을 실행합니다.

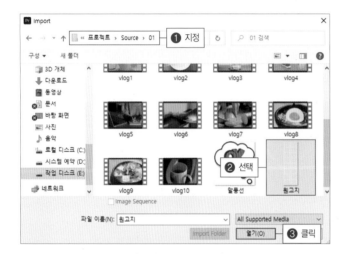

11 Import 대화상자가 표시되면 프로젝트 → Source → 01 폴더에서 '원고지.png' 파일을 선택하고 〈열기〉 버튼을 클릭하여 불러옵니다.

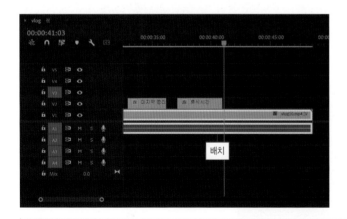

12 Timeline 패널에서 'Graphic' 클립이 '00:00:41:03~00:00:47:15'에 위치하도록 배치합니다.

디자이너's 노하우

손글씨 스타일로 원고지에 이야기를 쓰는 것처럼 연출하기 위해서 오래된 원고지 형태의 그래픽 이미지를 배경으로 활용하면 아날로그 감성을 나타낼 수 있습니다. 일과를 정리하듯 차분한 느낌을 주고 싶은 경우에는 화이트나 블랙 같은 무채색을 적용해도 큰 무리는 없습니다.

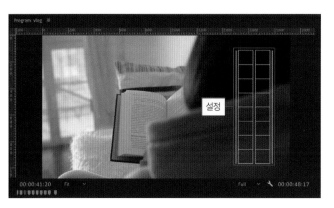

13 Program Monitor 패널의 화면에서 '원고지.png'의 크기와 위치를 적절하게 설정합니다.

디자이너's 노하우

자막이 들어갈 화면에서 영상의 주제와 디테일이 글자에 가려지지 않도록 자막의 위치를 조정합니다.

14 Effects 패널에서 'Cross Dissolve' 이펙트를 검색하고 Timeline 패널의 'Graphic' 클립에 드래그하여 적용해 점차 나타나게 합니다.

15 Tools 패널에서 문자 도구(T)를 길게 클릭하여 표시되는 세로 문자 도구(IT)를 선택하고 Program Monitor 패널 화면을 클릭한 다음 '오늘도 행복합니다.'를 입력합니다. Essential Graphics 패널에서 Position(✛)을 설정하여 'graphic2.png' 위에 적절하게 배치합니다.

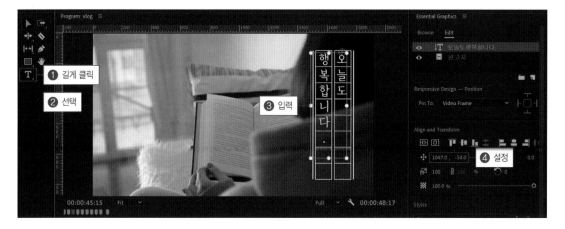

16 Effect Controls 패널에서 Text 항목의 〉를 클릭하여 Source Text 속성을 표시합니다. Source Text 왼쪽의 'Toggle animation' 아이콘(⊙)을 클릭하여 키프레임을 만들고 'Add Keyframe' 아이콘(◉)을 클릭하여 키프레임을 추가합니다.

TIP

예제에서는 '00:00:42:00', '00:00:42:15', '00:00:43:00', '00:00:43:15', '00:00:44:00', '00:00:44:15', '00:00:45:00', '00:00:45:15', '00:00:46:00', '00:00:46:15'에 키프레임을 추가했습니다.

17 추가한 각 프레임의 텍스트를 변경하도록 하겠습니다. 'Go to Next Keyframe' 아이콘(▶)을 클릭하여 설정된 키프레임을 이동합니다.

디자이너's 노하우

아날로그 감성을 가진 손글씨 성격의 폰트를 지정하고, 한 글자씩 등장하는 키프레임 모션을 적용하면 텍스트의 등장 속도에 따른 영상의 리듬을 표현할 수 있습니다.

18 다음과 같이 텍스트가 나타나도록 '00:00:42:15'에서 '오', '00:00:43:00'에서 '오늘', '00:00: 43:15'에서 '오늘도', '00:00:44:00'에서 '오늘도 행', '00:00:44:15'에서 '오늘도 행복', '00:00:45:00' 에서 '오늘도 행복합', '00:00:45:15'에서 '오늘도 행복합니', '00:00:46:00'에서 '오늘도 행복합니다', '00:00:46:15'에서 '오늘도 행복합니다.'로 설정합니다.

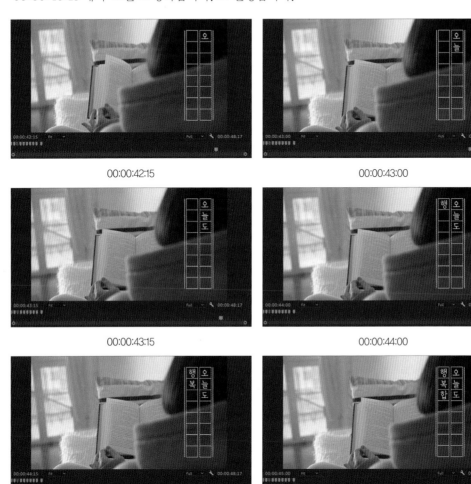

00:00:42:15 00:00:43:00

00:00:43:15 00:00:44:00

00:00:44:15 00:00:45:00

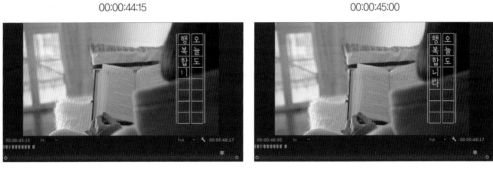

00:00:45:15 00:00:46:00

트랜지션을 이용하여 장면 이동하기

영상의 장면 전환(Transitions)은 샷과 샷 사이에 적용하여 장면을 부드럽게 연결하는 장치입니다. 이어지는 샷은 단순히 컷으로 연결해도 되지만, 컷의 충돌이 부담스럽거나 어색해 보일 때 화면 전환 효과를 적용하면 편집 점이 드러나지 않으면서 보기에도 편해집니다. 영상 편집 프로그램에서 기본적으로 제공하는 장면 전환 효과를 적용하여 자연스러운 시공간 전환 효과를 연출하는 것이 중요합니다. 더불어 영상의 트렌드에 따라 창의적인 장면 전환 기법을 잘 활용하면 시청자의 흥미를 높일 수 있습니다. 여러 화면 전환 기법을 효과적으로 적용하여 편집 점이 잘 보이지 않도록 완성된 영상은 더욱 자연스러워 보입니다. 촬영 단계부터 화면 전환을 염두에 두고 카메라의 움직임을 계획하여 촬영한다면, 편집 과정에서 차별화된 장면 전환을 연출할 수 있습니다.

작업 특징 장면의 유사성을 활용한 디졸브(Dissolve) 트랜지션을 구현하고,
영상의 복제 및 반사를 활용하여 Zoom—In, Zoom—Out 트랜지션을 제작합니다.

예제 파일 프로젝트\Source\02\Project2.prproj, Travel1~Travel20.mp4, 감성텍스트.aep
완성 파일 프로젝트\Source\02\Project2_완성.prproj, Project2_완성.mp4

장면의 유사성을 활용하는 디졸브 전환

앞뒤로 연결할 두 장면의 유사성을 이용하면 더 자연스럽게 장면을 전환할 수 있습니다. 장면 전환에 쓰일만한 유사성 요소는 컬러, 형태, 명암, 방향, 속도, 동작 등 다양합니다. 유사성을 이용하는 장면 연결에 프리미어 프로에서 기본적으로 제공하는 트랜지션을 함께 적용하면 더욱 효과적입니다. 연결하는 컷 부분에 두 영상 클립이 서서히 투명하게 교차하는 디졸브(Dissolve) 전환 효과를 적용해 보겠습니다.

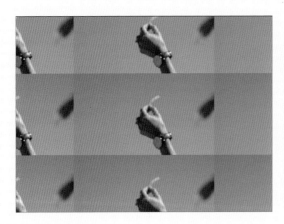

Zoom-In, Zoom-Out 전환을 위한 복제와 반사

화면이 확대되거나 축소되는 주밍(Zooming) 기법의 트랜지션을 만들기 위해서는 영상의 이미지 요소를 화면에 반복적으로 복제해야 합니다. 프리미어 프로에서 복제(Replicate)와 반사(Mirror) 효과를 반복해서 적용하면 완성도 높은 주밍 장면 전환을 준비할 수 있습니다.

Zoom-In, Zoom-Out 트랜지션 완성

복제(Replicate)와 반사(Mirror) 효과를 반복하여 적용한 후, 모션(Motion)의 크기(Scale) 값을 변화시키는 키프레임을 적용하여 Zoom-In, Zoom-Out 트랜지션을 완성합니다. 변형(Transform) 항목에서 Use Composition's Shutter Angle에 있는 체크 표시를 해제하고, Shutter Angle 값을 높여서 모션 블러(Motion blur) 효과를 강조하면 더욱 역동적으로 보이게 됩니다.

인트로와 아웃트로 만들기

영상의 화면 비율에 따라 특정 장르의 영상이 연상되기도 하는데, 특히 영화는 일반 영상에 비해 가로로 긴 비율입니다. 영화관에서 상영되었던 영화 영상을 TV 매체 영상의 화면 비율로 변경하여 시청하는 경우 변경된 화면 비율을 보정하기 위해 영상의 상, 하단에 검은색 바(Bar)로 보완하게 됩니다. 이러한 이유에서 비롯되어 영화와 같은 시네마틱 화면을 연출할 때 영상의 상, 하단의 검은색 바(Bar)를 활용하기도 하며 여행 영상이나 감성 브이로그 영상에서 많이 활용되기도 합니다.

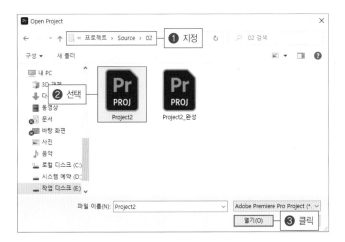

1 프리미어 프로에서 새 프로젝트를 만들고 메뉴에서 (File) → Open Project((Ctrl)+(O))를 실행합니다.
Open Project 대화상자가 표시되면 프로젝트 → Source → 02 폴더에서 'Project2.prproj' 파일을 선택한 다음 〈열기〉 버튼을 클릭합니다.

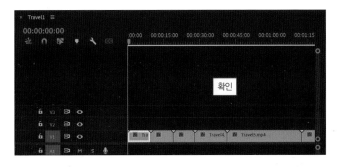

2 Timeline 패널에서 'Travel1~20. mp4' 클립이 이름 순서대로 정렬되었는지 확인합니다.

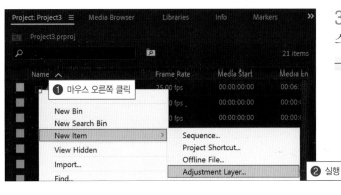

3 Project 패널의 빈 공간에서 마우스 오른쪽 버튼을 클릭하고 New Item → Adjustment Layer를 실행합니다.

4 Adjustment Layer 대화상자가 표시되면 〈OK〉 버튼을 클릭하여 Adjustment Layer를 만듭니다.

5 Project 패널에 만들어진 'Adjustment Layer' 아이템을 Timeline 패널의 V4 트랙으로 드래그합니다.

6 Effects 패널에서 'Crop' 이펙트를 검색한 다음 Timeline 패널의 'Adjustment Layer' 클립에 드래그하여 적용합니다. 'Adjustment Layer' 레이어를 선택하고 Effect Controls 패널에서 'Crop' 이펙트가 적용된 것을 확인합니다.

7 현재 시간 표시기를 '00:00:00:00'으로 이동합니다. Effect Controls 패널에서 Crop 항목의 Top 과 Bottom을 '50%'로 설정한 다음 'Toggle animation' 아이콘(⊙)을 클릭해 키프레임을 만듭니다.

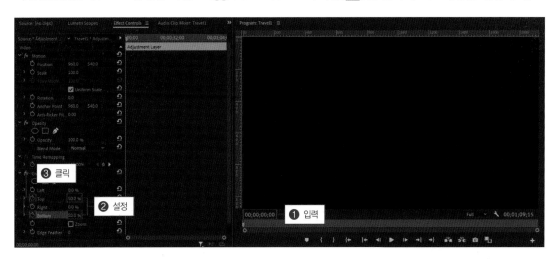

8 현재 시간 표시기를 '00:00:04:00'으로 이동합니다. Effect Controls 패널에서 Crop 항목의 Top 과 Bottom을 '10%'로 설정합니다. 인트로 부분에 자연스럽게 만들어지는 시네마틱 바를 확인합니다.

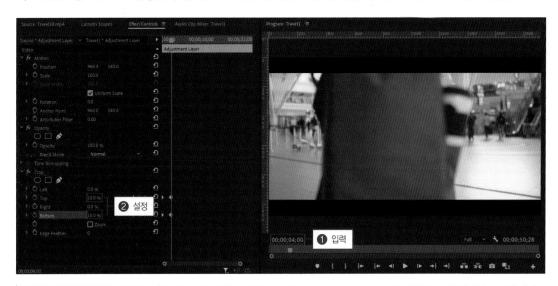

디자이너's 노하우

원본의 16:9 화면 비율을 영화와 같은 와이드 비율로 만들기 위해서는 상단과 하단을 잘라내거나 레터박스 그래픽으로 덮어야 합니다. 예제에서는 자르기(Crop) 기능을 사용하여 잘라내는 방법이 레터박스의 움직임을 설정하기 쉬워 활용했습니다.

9 현재 시간 표시기를 '00:01:04:24'로 이동합니다. Effect Controls 패널에서 Crop 항목의 Top과 Bottom의 'Add Keyframe' 아이콘()을 클릭해 키프레임을 만든 다음 '10%'로 설정합니다.

10 현재 시간 표시기를 클립의 끝 점 '00:01:08:24'로 이동합니다. Effect Controls 패널에서 Crop 항목의 Top과 Bottom을 '0%'로 설정합니다. Spacebar를 눌러 재생해 아웃트로 부분에 자연스럽게 사라지는 시네마틱 바를 확인합니다.

디자이너's 노하우

조정 레이어(Adjustment Layer)는 스스로 화면에 나타나지 않지만, 영상에 다양한 효과를 적용할 수 있는 특별한 장치입니다. 조정 레이어에 적용된 효과는 하위 레이어 모두에 적용되기 때문에 원본 레이어를 변형시키지 않고 효과를 적용할 때 편리합니다.

장면별 유사성을 활용한 트랜지션 만들기

앞 장면과 뒷 장면의 유사성을 이용하면 자연스럽게 전환되는 장면 전환을 할 수 있습니다. 이는 촬영부터 고려해야 하는데, 유사성은 색, 형태, 명암, 방향, 속도, 동작 등으로 표현할 수 있습니다. 유사성을 표현하는 요소들과 프리미어 프로에서 기본적으로 제공하는 트랜지션들과 함께 사용하면 좋습니다. 투명도로 두 개의 영상 클립이 서서히 교차하는 디졸브(Dissove) 효과를 적용해 보겠습니다.

1 Timeline 패널에서 현재 시간 표시기를 'Travel3.mp4' 클립과 'Travel4.mp4' 클립 사이로 이동합니다. 'Travel3.mp4' 클립의 'FX' 아이콘(🟥)에서 마우스 오른쪽 버튼을 클릭하고 **Time Remapping → Speed**를 실행합니다.

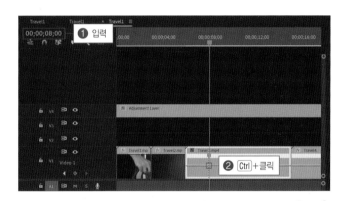

2 현재 시간 표시기를 '00:00:08:00'으로 이동합니다. Ctrl을 누른 상태로 'Travel3.mp4' 클립의 Connector Line을 클릭해 키프레임을 활성화합니다.

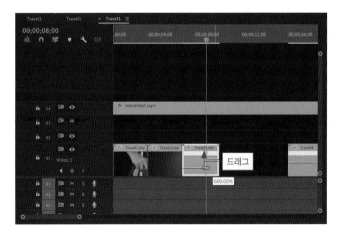

3 추가된 Connector Line을 위로 드래그하여 '600%'로 설정합니다.

4 키프레임의 양쪽 포인터를 이동해 그래프를 완만하게 만들어 자연스럽게 속도가 증가 되도록 조절합니다. 'Travel3.mp4' 클립의 끝 점을 '00:00:09:09'로 이동합니다. 빈 공간을 삭제하기 위해 'Travel4.mp4' 클립을 드래그하여 'Travel3.mp4' 클립의 뒤로 붙입니다.

5 형태의 유사성을 이용하여 장면 전환을 적용해 보겠습니다. Effects 패널에서 'Dissolve'를 검색한 다음 'Film Dissolve' 이펙트를 Timeline 패널의 'Travel9.mp4' 클립과 'Travel10.mp4' 클립 사이에 드래그하여 효과를 적용합니다.

6 같은 방법으로 Effects 패널에서 'Cross Dissolve' 이펙트를 Timeline 패널의 'Travel16.mp4' 클립과 'Travel17.mp4' 클립 사이에 드래그하여 적용합니다. 같은 형태의 피사체 뒤로 배경이 변하여 시간의 흐름이 표현되는 것을 확인합니다.

7 'Travel12.mp4', 'Travel13.mp4', 'Travel14.mp4', 'Travel15.mp4' 클립은 피사체가 걷는 동일한 동작으로 진행됩니다. 화면의 오른쪽으로 걷는 동작이 자연스럽게 이어질 수 있도록 'Travel13.mp4', 'Travel14.mp4', 'Travel15.mp4' 클립을 자르고 불필요한 부분을 삭제합니다.

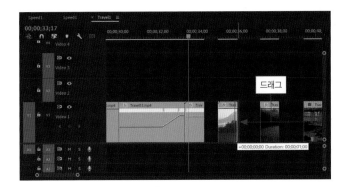

8 타임라인에 배치된 각 클립 앞 또는 뒤를 클릭 드래그하여 Duration을 세부적으로 조정합니다. 'Travel12.mp4', 'Travel13.mp4', 'Travel14.mp4', 'Travel15.mp4' 클립의 Duration을 각각 '20', '100', '29', '100'으로 설정합니다.

9 클립 사이의 빈 공간을 삭제하기 위해 모든 클립을 붙입니다. 영상을 재생해 자연스럽게 전환되는 화면을 확인합니다.

디자이너's 노하우
'점프 컷(Jump Cut)'은 시공간의 연속성을 뛰어넘는 편집 기법입니다. 시간의 단축 표현에 자주 쓰이고, 장소의 급격한 전환을 의도할 때도 효과적입니다. 화면구도가 비슷하고 피사체의 크기와 움직임 방향, 동작이 동일해야 효과적입니다.

Zoom-In과 Zoom-Out 트랜지션 만들기

Zoom-IN/Out 트랜지션은 화면이 확대/축소되었다가 다음 화면으로 전환되는 효과이며 영상에 색다른 재미와 생동감을 줄 수 있습니다. 이는 프리미어 프로나 애프터 이펙트의 기본 트랜지션으로 활용하기는 어렵고 직접 효과를 제작해야 합니다. 확대/축소 트랜지션을 사용하기 위해서는 원래의 영상 소스를 화면에 반복적으로 복제해야 합니다. 애프터 이펙트에서는 Motion Tile 이펙트를 활용할 수 있고 프리미어에서는 Replicate와 Mirror 이펙트를 반복 적용해 표현할 수 있습니다.

1 현재 시간 표시기를 '00:00:22:29'로 이동합니다. 현재 시간 표시기 위치에 맞춰 Project 패널에서 'Adjustment Layer' 아이템을 Timeline 패널의 V2 트랙에 드래그합니다. Timeline 패널에서 'Adjustment Layer' 클립을 드래그하여 Duration을 '00:00:00:05'로 설정합니다.

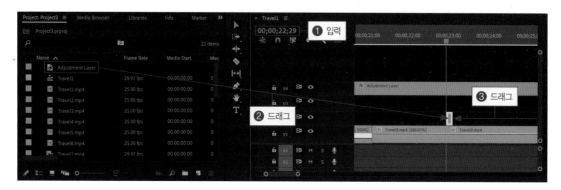

2 Effects 패널에서 'Replicate' 이펙트를 검색한 다음 Timeline 패널 V2 트랙의 'Adjustment Layer' 클립에 드래그하여 적용합니다.

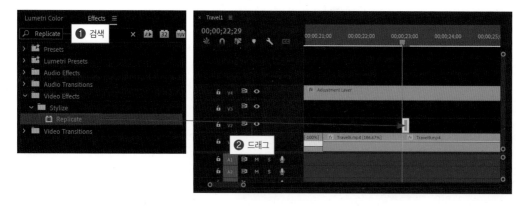

3 Effect Controls 패널에서 Replicate 항목의 Count를 '3'으로 설정하면 Composition 패널의 화면이 9분할로 나타납니다.

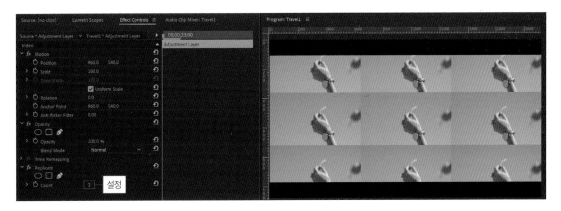

4 총 네 번의 'Mirror' 이펙트를 적용해 이미지를 자연스럽게 이어지게 만들어 봅니다. Effects 패널에서 'Mirror' 이펙트를 검색하고 Timeline 패널 V2의 'Adjustment Layer' 클립에 드래그하여 적용합니다.

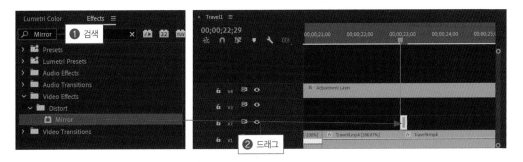

5 Effect Controls 패널에서 Mirror 항목의 Reflection Center를 '1279/540', Reflection Angle을 '0'으로 설정합니다.

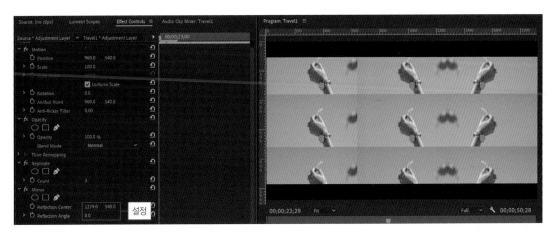

6 　Effects 패널에서 'Mirror' 이펙트를 Timeline 패널 V2 트랙의 'Adjustment Layer' 클립에 드래 그하여 다시 한 번 효과를 적용합니다.

7 　Effect Controls 패널에서 두 번째로 적용된 Mirror 항목의 'Reflection Center'를 '1920/717', Reflection Angle을 '90°'로 설정합니다.

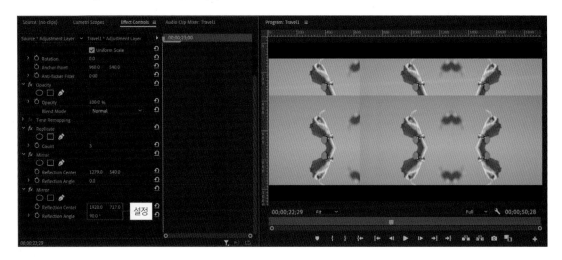

8 　Effects 패널에서 'Mirror' 이펙트를 Timeline 패널 V2 트랙의 'Adjustment Layer' 클립에 드래 그하여 다시 한 번 효과를 적용합니다.

9 Effect Controls 패널에서 세 번째로 적용된 Mirror 항목의 Reflection Center를 '640/540',
Reflection Angle을 '180°'로 설정합니다.

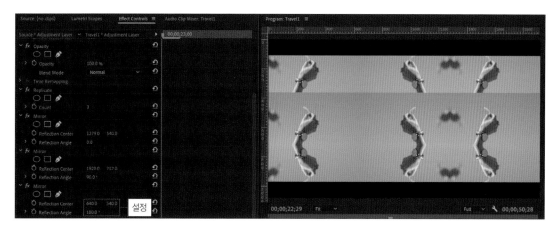

10 Effects 패널에서 'Mirror' 이펙트를 Timeline 패널 V2 트랙의 'Adjustment Layer' 클립에 드래
그하여 다시 한 번 효과를 적용합니다.

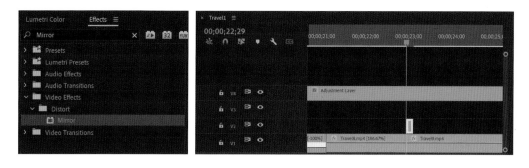

11 Effect Controls 패널에서 네 번째로 적용된 Mirror 항목의 Reflection Center를 '1920/359',
Reflection Angle을 '270°'로 설정합니다. 이미지들의 경계가 자연스러워진 것을 확인합니다.

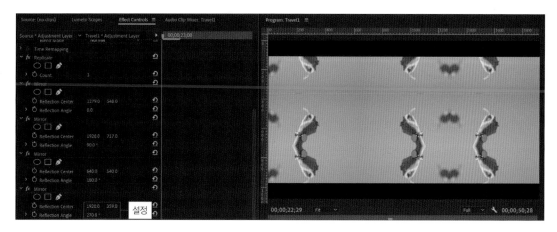

12 Project 패널에서 'Adjustment Layer' 아이템을 Timeline 패널 V3 트랙에 드래그합니다. V3 트랙의 'Adjustment Layer' 클립의 끝 점을 드래그하여 V2 트랙의 'Adjustment Layer' 클립의 끝 점과 위치를 같게 만든 다음 V3 트랙의 'Adjustment Layer' 클립의 시작 점을 드래그하여 Duration을 '00:00:00:10'으로 설정합니다.

13 Effects 패널에서 'Transform' 이펙트를 검색한 다음 Timeline 패널 V3 트랙의 'Adjustment Layer' 클립에 드래그하여 적용합니다.

14 현재 시간 표시기를 V3 트랙의 'Adjustment Layer' 클립의 시작 점인 '00:00:22:23'으로 이동하고 Effect Controls 패널의 Transform → Scale에서 'Toggle animation' 아이콘(⏱)을 클릭해 키프레임을 만듭니다. 현재 시간 표시기를 V3 트랙의 'Adjustment Layer' 클립의 끝 점인 '00:00:23:03'으로 이동하고 Scale을 '300'으로 설정하여 키프레임을 만듭니다.

15 모션 블러 효과를 주어 Zoom-In 트랜지션을 조금 더 역동적으로 만들겠습니다. Effect Controls 패널에서 Transform 항목의 'Use Composition's Shutter Angle'을 체크 표시 해제하고 Shutter Angle을 '300'으로 설정합니다.

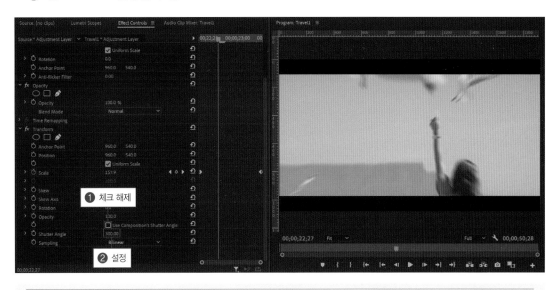

TIP
Shutter Angle을 크게 설정할수록 효과가 크게 적용됩니다.

16 Zoom-In 움직임에 조금 더 생동감을 주기 위해 그래프를 조정합니다. Scale의 〉를 클릭해 그래프를 표시합니다. 첫 번째 키프레임에서 마우스 오른쪽 버튼을 클릭해 **Ease Out**을 실행하고 두 번째 키프레임에서 마우스 오른쪽 버튼을 클릭해 **Ease In**을 실행합니다. 그래프가 부드럽게 변화하면 방향선으로 그래프 모양을 수정하여 움직임을 리듬감 있게 표현합니다.

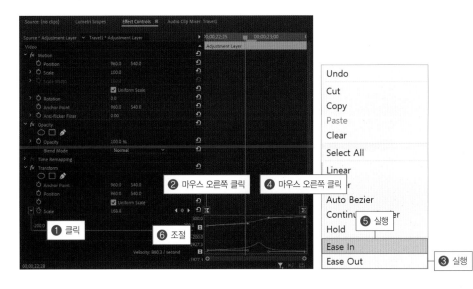

17 같은 방법으로 'Travel7.mp4' 클립과 'Travel8.mp4' 클립 사이에 Zoom-Out 트랜지션을 적용해 봅니다. V2, V3 트랙의 'Adjustment Layer' 클립을 선택하고 Ctrl+C를 눌러 복사한 다음 'Travel7.mp4' 클립과 'Travel8.mp4' 클립 사이의 V2, V3 트랙에 Ctrl+V를 눌러 붙여 넣습니다. V2 트랙의 'Adjustment Layer' 클립의 끝 점을 'Travel7.mp4' 클립의 끝 점의 위치와 같게 배치합니다.

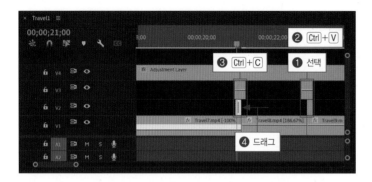

18 V3 트랙의 첫 번째 'Adjustment Layer' 클립을 선택합니다.

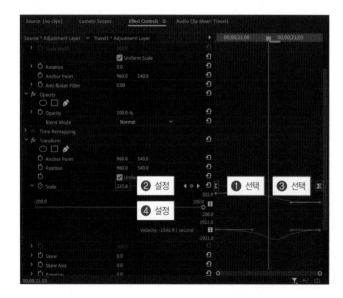

19 Effect Controls 패널에서 Transition의 Scale을 Zoom-In 트랜지션과 반대로 첫 번째 키프레임을 '300', 두 번째 키프레임을 '100'으로 설정합니다.

만든 효과의 프리셋 저장하기

직접 만든 효과를 Effects 패널의 Preset에 저장하면 원하는 부분에 언제든 효과를 쉽게 활용할 수 있습니다. 앞서 만들었던 Zoom-In 트랜지션을 Preset에 저장하는 방법을 살펴보겠습니다.

1 Zoom-In 트랜지션에 활용한 V2 트랙의 'Adjustment Layer' 클립을 선택합니다. Effect Controls 패널에서 Ctrl을 누른 상태로 사용된 효과 항목을 모두 선택하고 마우스 오른쪽 버튼을 클릭하여 **Save Preset**을 실행합니다.

2 Save Preset 대화상자가 표시되면 Name에 'Zoom IN Base'를 입력하고 Type를 'Scale'로 선택합니다. Description에 효과에 대한 설명을 입력한 다음 〈OK〉 버튼을 클릭합니다.

3 V3 트랙의 'Adjustment Layer' 클립을 선택합니다. Effect Controls 패널의 Transform 항목에서 마우스 오른쪽 버튼을 클릭하여 **Save Preset**을 실행합니다.

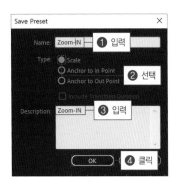

4 Save Preset 대화상자가 표시되면 Name에 'Zoom IN'을 입력하고 Type을 'Scale' 선택합니다. Description에 효과에 대한 설명을 입력한 다음 〈OK〉 버튼을 클릭합니다.

5 Project 패널에서 'Adjustment Layer' 아이템을 Timeline 패널의 'Travel11.mp4' 클립과 'Travel12.mp4' 클립 사이의 V2, V3 트랙으로 드래그하여 그림과 같이 배치합니다.

6 Effets 패널의 Presets 항목에서 'Zoom IN Base' 이펙트를 V2 트랙의 'Adjustment Layer' 클립으로, 'Zoom-IN' 이펙트를 V3 트랙의 'Adjustment Layer' 클립으로 드래그하여 효과를 적용합니다.

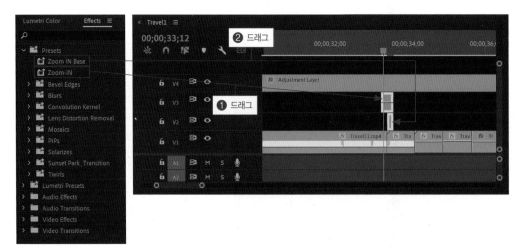

글자가 써지는 텍스트 움직임 만들기

영상에서 텍스트는 의미 전달적 측면과 디자인적인 기능을 합니다. 텍스트의 움직임은 영상의 분위기 연출에 영향을 주기도 하는데, 글자가 써지는 것과 같은 아날로그적인 움직임의 텍스트를 추가하여 감성적인 분위기를 더하겠습니다.

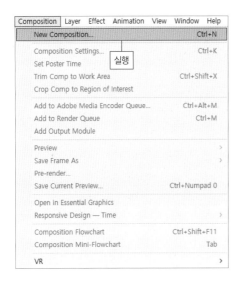

1 애프터 이펙트를 실행합니다. 새 프로젝트를 만들고 컴포지션을 만들기 위해 메뉴에서 (Composition) → New Composition(Ctrl + N)을 실행합니다.

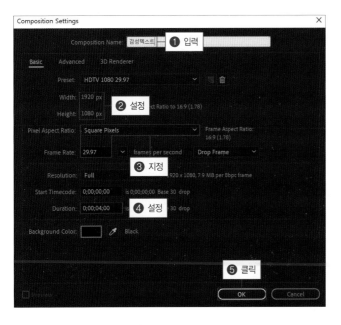

2 Composition Settings 대화상자가 표시되면 Composition Name에 감성텍스트를 입력하고 Width를 '1920px', Height를 '1080px'으로 설정한 다음 Pixel Aspect Ratio를 'Square Pixels', Frame Rate를 '29.97'로 지정합니다. Duration을 '0:00:04:00'으로 설정하고 〈OK〉 버튼을 클릭합니다.

3 Tools 패널에서 문자 도구(**T**)를 선택하고 Composition 패널의 화면을 클릭하여 'COLOR IN TRAVEL'을 입력합니다. Character 패널에서 글꼴 스타일과 색상을 지정하고, 글꼴 크기를 설정합니다.

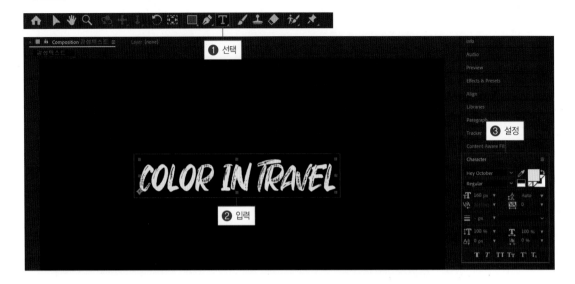

4 Composition 패널 화면의 텍스트 레이어를 선택한 다음 Align 패널에서 'Align Horizontally' 아이콘(▐), 'Align Vertically' 아이콘(▐)을 클릭하여 텍스트 레이어를 화면의 중앙에 배치합니다.

디자이너's 노하우

프리미어 프로에서도 원하는 만큼 키프레임 애니메이션을 구현할 수 있지만, 더 정교한 애니메이션 효과는 애프터 이펙트에서 작업하는 것이 좋습니다. 애프터 이펙트는 Stroke 애니메이션이나 Mask를 이용하는 기능 등 애니메이션 활용에 장점이 많습니다.

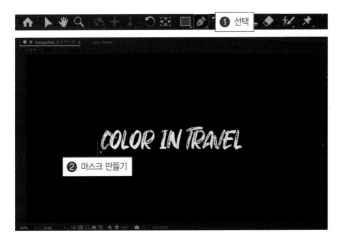

5 텍스트를 마스크로 변환하는 작업을 하겠습니다. Timeline 패널에서 텍스트 레이어가 선택된 상태로 Tools 패널의 펜 도구(🖊)를 선택한 다음 Program Monitor 패널에서 텍스트의 모양을 따라 그립니다. Timeline 패널에서 마스크가 만들어진 것을 확인합니다.

6 모든 텍스트에 펜 도구(🖊)로 패스를 만드는 작업을 진행합니다. 하나의 텍스트에 패스가 완료되면 레이어를 선택을 해제하여 패스를 끊어주고 다시 화면을 클릭해 마스크 만드는 작업을 반복합니다.

TIP
모든 글자의 패스를 이어서 작업하는 것보다 글자별로 끊어서 작업하는 것이 작업하기 편리합니다.

7 모든 글자의 마스크 작업이 완료되었으면 Effects & Presets 패널에서 'Stroke' 이펙트를 검색하고 Timeline 패널의 텍스트 레이어에 드래그하여 효과를 적용합니다.

8 Effect Controls 패널에서 Color를 지정하고 Brush Size를 설정해 기존의 텍스트가 덮일 수 있도록 작업합니다.

9 Effect Controls 패널의 Stroke 항목에서 'All Mask'를 체크 표시하여 모든 글자의 마스크를 표시합니다. Tools 패널에서 선택 도구(▶)를 선택해 만들어진 마스크 패스의 모양을 수정합니다.

10 Effect Controls 패널의 Stroke 항목에서 Paint Style을 'Reveal Original Image'로 지정하면 마스크 선이 비활성화되어 기존 텍스트가 나타납니다.

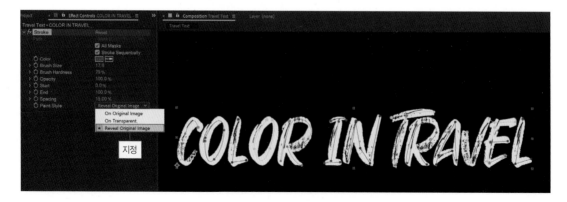

11　Stroke 항목의 End를 설정하여 움직임을 표현하도록 하겠습니다. End 왼쪽의 'Stop Watch' 아이콘(🕐)을 클릭한 다음 '0초'에서 '0%', '2초'에서 '100%'으로 설정합니다. 패스를 따라 서서히 나타나는 움직임이 완성되었습니다.

12　Spacebar 를 눌러서 영상을 재생합니다. 어색한 부분은 패스를 수정하여 자연스럽게 만든 다음 Ctrl+S 를 눌러 저장합니다.

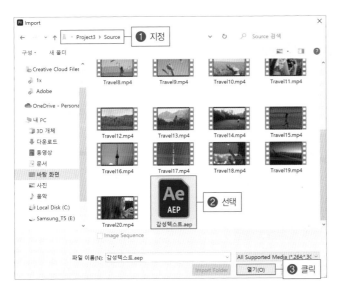

13　다시 프리미어 프로로 돌아옵니다. 메뉴에서 (File) → Import(Ctrl+I)를 실행하여 프로젝트 → Source → 02 폴더에서 '감성텍스트.aep' 파일을 선택하고 〈열기〉 버튼을 클릭합니다.

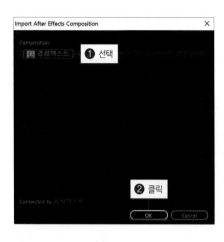

14 Import After Effects Composition 대화상자가 표시되면 '감성텍스트' 컴포지션을 선택하고 〈OK〉 버튼을 클릭합니다.

15 Project 패널에서 '감성텍스트/감성텍스트.aep' 아이템을 Timeline 패널의 V5 트랙의 '00;00;01;17'로 드래그하여 배치합니다.

TIP

애프터 이펙트에서 '감성텍스트.aep' 파일을 열어 수정하고 저장하면 현재 프리미어 파일에 적용됩니다.

16 Effects 패널에서 'Cross Dissolve' 이펙트를 검색하고 '감성텍스트/감성텍스트.aep' 클립의 끝 점에 드래그하여 효과를 적용합니다. Spacebar를 눌러 재생해 텍스트가 자연스럽게 사라지는 것을 확인합니다.

색 보정 방법을 이해하고
감성 룩 연출하기

영상은 색감에 따라 감정이나 분위기를 표현할 수 있습니다. 색상 보정은 편집 작업 이후에 진행되는 포스트 프로덕션 작업 중 하나입니다. 영상을 어떤 색상으로 연출하느냐에 따라 영상의 전체 스토리와 편집에 힘을 불어 넣어줄 수 있습니다. 색상 조정은 색상 교정(Color Correction)과 색상 보정(Color Grading)이 있습니다. 색상 교정(Color Correction)은 색을 중립적이고 자연스럽게, 사람의 눈으로 현실에서 보듯이 화면의 색상이 깨끗하고 실제처럼 보이도록 하는 것 입니다. 촬영 시 발생한 적절하지 않은 노출이나 화이트 밸런스 등 영상의 문제점을 바로잡는 것을 의미합니다. 색상 보정(Color Grading)은 스타일을 입히는 과정으로, 영상에 색감을 더하여 의도한 분위기와 감정을 이끌며 작업자의 의도에 따라 창의성이 필요한 작업입니다. 색상 보정은 개인적인 취향 차이가 있을 수 있으며 이에 따라 자신만의 색상 보정 방법을 익히는 것도 필요합니다.

작업 특징 Lumetri Color에서 Basic Correction과 Creative 기능으로 색을 조정하고, Color Wheels & Match, Curves, HLS Secondary 요소로 색감을 조절합니다. LUT(Look-Up Table)를 제작하고 영상 클립에 적용하여 전체 영상의 색감을 통일성 있게 표현합니다.

예제 파일 프로젝트\Source\03\Project3.prproj, TCCT.cube, Travel1~Travel20.mp4, 감성텍스트.aep

완성 파일 프로젝트\Source\03\Project3_완성.prproj, Project3_완성.mp4

Lumetri Color에서 Basic Correction과 Creative로 색 보정하기

Basic Correction에서는 화이트 밸런스(White Balance)와 색감(Tone)을 보정할 수 있습니다. 부족한 색감을 보정한 후에는 Creative 항목에서 빛바랜 필름 효과(Faded Film), 생동감(Vibrance), 채도(Saturation) 등을 조절하여 감성적인 느낌으로 변화시킬 수 있습니다.

Color Wheels & Match, Curves, HLS Secondary 항목에서 색감 조절하기

영상의 밝은 톤, 중간 톤, 어두운 톤의 컬러 휠(Color Wheels)을 각각 조절하여 원하는 색감으로 완성할 수 있습니다. 화면의 특정 부분을 선택하고 Hue Saturation Curves의 세부 항목을 조절하면 섬세하게 색조를 바꿀 수 있습니다. 이러한 컬러 요소의 조절을 통해 평범한 톤의 컬러가 감성룩으로 바뀝니다.

LUT 생성하고 적용하기

룩업 테이블(Look-Up Table, LUT)는 원본 영상의 RGB 값에 색상(Hue), 채도(Saturation), 명도(Brightness)가 변화된 계산식을 적용하여 색조를 변환시키는 컬러 그레이딩(Color Grading) 도구입니다. 편집자의 의도에 따라 LUT를 생성하고 여러 영상 클립에 적용하면 전체 색감을 통일성 있게 변환할 수 있습니다. 그러나 원본 영상의 로그 프로파일(Log Profile) 등 컬러 기준에 따라 LUT의 적용 결과가 달라질 수 있으므로 주의가 필요합니다.

Basic Correction 설정하기

실무

Basic Correction에서는 화이트 밸런스(White Balance)와 톤 설정(Tone)을 할 수 있습니다. 조정할 때 Vectorscope, Parade, Waveform 등의 기능을 활용하는 것도 좋습니다.

1 프리미어 프로에서 새 프로젝트를 만들고 (File) → Open Project(Ctrl +D)를 실행합니다. Open Project 대화상자가 표시되면 프로젝트 → Source → 03 폴더에서 'Project3. prproj' 파일을 선택한 다음 〈열기〉 버튼을 클릭합니다.

2 색상 보정을 위한 트랙을 추가하도록 하겠습니다. V1 트랙의 빈 공간에서 마우스 오른쪽 버튼을 클릭한 다음 **Add Track**을 실행합니다. V1 위로 트랙이 추가됩니다.

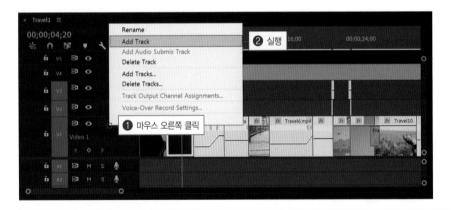

디자이너's 노하우

색감 표현 이전에 원본 영상의 잘못된 컬러와 노출을 바로잡는 일이 우선입니다. 화이트 밸런스 조정은 영상 속의 흰색이 실제 흰색으로 나타나도록 밸런스를 맞추는 작업입니다. 서로 다른 조명과 날씨의 변화, 카메라 설정의 차이 등으로 영상의 색감은 촬영 때부터 서로 달라지기 때문입니다.

3 Project 패널에서 'Adjustment Layer' 아이템을 V1 트랙의 'Travel3.mp4' 클립 위로 드래그하여 배치하고 끝 점을 드래그하여 'Travel3.mp4' 클립의 길이와 같게 만듭니다.

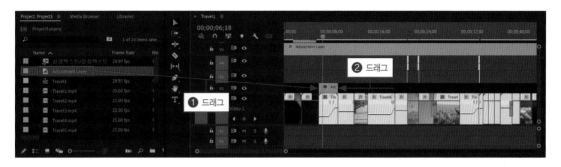

TIP

색상 보정할 때는 Adjustment Layer(조정 레이어)를 활용하는 것이 원본 클립을 손상하지 않고 좋습니다. Adjustment Layer(조정 레이어)는 주로 하위 트랙에 색을 맞추거나 공통적인 효과를 적용하기 위해 사용합니다.

---

4 메뉴에서 (Window) → Lumetri Color와 Lumetri Scopes를 실행합니다. Lumetri Scopes 패널에서 마우스 오른쪽 버튼을 클릭한 다음 Vectorscope YUV, Parade (RGB), Waveform (RGB)를 실행하여 표시합니다.

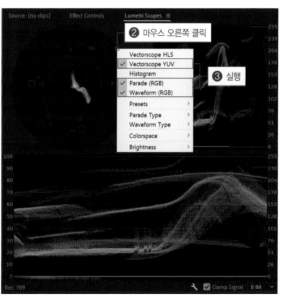

5 White Balance를 조정하도록 하겠습니다. Lumetri Color 패널에서 White Balance → WB Selector의 '스포이트' 아이콘()을 클릭한 다음 Program Monitor 패널 화면의 검은색 부분을 클릭합니다. Lumetri Color 패널의 White Balance에서 Temperature를 '32.6' Tint를 '−25.5'로 설정합니다.

TIP
WB Selector는 자동으로 White Balance를 조정해 주는 기능입니다. 자동으로 White Balance를 설정하였더라도 미세한 조정이 필요합니다.

6 Lumetri Color 패널에서 Tone을 설정하여 영상의 전체적인 밝기와 빛이 과다하게 들어간 부분이 없는지 확인합니다.

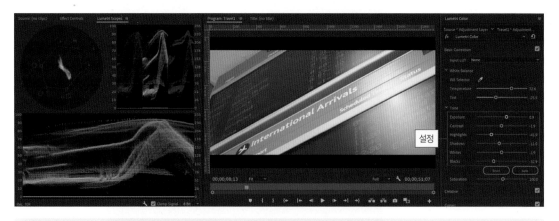

TIP
Exposure를 설정하면 Lumetri Scopes 패널의 Waveform (RGB) 그래프의 모양이 변경되며, 전체적으로 100 아래로 설정합니다. Contrast 를 설정하면 영상의 대비가 설정되고 Waveform (RGB) 그래프의 범위가 위아래로 넓혀집니다. Highlights와 Whites는 영상에서의 밝은 부분 을 조절하며 설정 시 그래프가 위쪽으로 움직입니다. Shadows와 Blacks는 영상의 어두운 부분을 조절하며 설정 시 그래프가 아래쪽으로 움 직이며 그래프가 0 아래로 내려가지 않도록 설정합니다.

Creative 설정하기

Faded Film(빛바랜 필름 효과), Vibrance(생동감), Saturation(채도) 등을 설정하여 영상에 감성적인 느낌을 줄 수 있습니다.

1 Project 패널에서 'Adjustment Layer' 아이템을 Timeline 패널 V1 트랙의 'Travel12.mp4' 클립 위로 드래그하여 배치하고 끝 점을 드래그하여 'Travel3.mp4' 클립의 길이와 같게 만듭니다.

2 메뉴에서 (Window) → Lumetri Color와 Lumetri Scopes를 실행합니다. Lumetri Scopes 패널에서 마우스 오른쪽 버튼을 클릭한 다음 Vectorscope YUV, Parade (RGB), Waveform (RGB)를 실행하여 표시합니다.

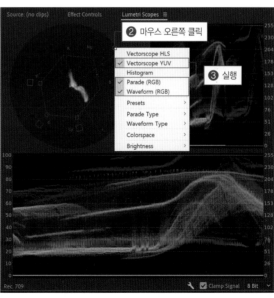

3 White Balance를 설정하겠습니다. Lumetri Color 패널에서 White Balance → WB Selector의 '스포이트' 아이콘(🖊)을 클릭한 다음 Program Monitor 패널의 화면에서 검은색 부분을 클릭합니다. Lumetri Color 패널의 White Balance에서 Temperature를 '25.6' Tint를 '−3.7'로 설정합니다.

4 Lumetri Color 패널에서 Tone을 설정하여 영상의 전체적인 밝기와 빛이 과다하게 들어간 부분이 없는지 확인합니다.

5 Creative 항목을 클릭하여 표시하고 Faded Film을 '40', Vibrance를 '35', Saturation을 '130'으로 설정하여 대비가 약하고 채도가 높은 감성적인 분위기를 만듭니다.

Color Wheels & Match 조절하기

Highlights, Midtones, Shadow의 색을 설정하여 서로 다른 색을 통일하거나 원하는 색감으로 영상을 조절합니다.

1 Project 패널에서 'Adjustment Layer' 아이템을 Timeline 패널 V1 트랙의 'Travel7.mp4' 클립 위로 드래그하여 배치하고 끝 점을 드래그하여 'Travel7.mp4' 클립의 길이와 같게 만듭니다.

2 White Balance를 설정하도록 하겠습니다. Program Monitor 패널의 화면에서 색감을 확인하고 Lumetri Color 패널의 White Balance에서 Temperature를 '−31.6', Tint를 '−18.7'으로 설정하여 나뭇잎의 녹색 색감이 잘 표현되게 만듭니다.

3 Lumetri Scopes 패널에서 Waveform (RGB)의 그래프를 확인하면 그래프가 위쪽으로 치우쳐 있는 것을 확인할 수 있습니다. Lumetri Color 패널의 Tone에서 Exposure를 '-0.5', Contrast를 '7', Highlights를 '8', Shadows를 '15', Whites를 '5', Blacks를 '20'으로 설정합니다.

TIP

Exposure와 Contrast의 값에 따라 Lumetri Scopes 패널의 그래프의 범위가 달라지며, Highlights와 White를 높게 설정하면 밝은 부분을 밝게, Shadows와 Blacks의 수치를 낮게 설정하면 어두운 부분을 어둡게 만들 수 있습니다.

4 Creative 항목에서 Vibrance를 '10'으로 설정하여 색조를 조금 더 올립니다.

5 Color Wheels & Match 항목에서 Shadows를 낮게 Midtones를 높게 조절하여 색감을 세밀하게 만듭니다.

TIP
어두운 부분의 단계와 밝은 부분의 단계가 잘 표현될 수 있도록 수정하여 전체적으로 어색한 부분이 없게 조절합니다.

6 Project 패널에서 'Adjustment Layer' 아이템을 Timeline 패널 V1 트랙의 'Travel8.mp4' 클립 위로 드래그하여 배치하고 끝 점을 드래그하여 'Travel8.mp4' 클립의 길이를 같게 만듭니다.

7 Lumetri Color 패널 Basic Correction 항목에서 Temperature를 '22.6'으로 설정하여 따뜻한 느낌으로 만들고 Tint를 '−5.8'로 설정하여 녹색 계열로 만듭니다. Tone의 Exposure를 '0.8', Contrast를 '4.5', Highlights를 '−14.8', Shadows를 '4.5'로 설정하여 그림과 같이 만듭니다.

8 Creative 항목에서 Faded Film을 '50'으로 설정하여 영화와 같은 감성적인 느낌을 만들고 Vibrance를 '40', Saturation을 '160'으로 설정하여 채도를 높게 만듭니다.

9 Lumetri Color 패널의 Color Wheels & Match 항목에서 Shadows를 낮게 Midtones를 높게 조절하여 어두운 부분의 단계와 밝은 부분의 단계가 잘 표현될 수 있도록 수정하고 그림과 같이 Midtones과 Shadow를 살짝 푸른색 계열로 지정합니다.

실무

TIP
Lumetri Color 패널에서 Color Wheels & Match 항목의 〈Comparison View〉 버튼을 이용하여 원하는 영상의 색감을 비슷하게 적용할 수 있어 필요에 따라 유용할 수 있습니다.

10 Timeline 패널에서 색감을 참고하고 싶은 영상은 트랙의 가장 앞에 위치하고 적용하고 싶은 영상을 그 뒤로 배치합니다.

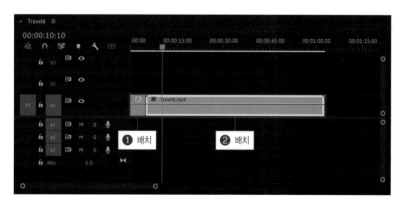

디자이너's 노하우

Color Wheels & Match는 참고 영상의 컬러 요소 수치에 따라 작업 영상을 조정하여 엇비슷하게 보이도록 만드는 기능입니다. 이것은 자동 기능이므로 같은 대상을 참조하더라도 적용할 영상 클립마다 서로 다른 결과가 나올 수도 있습니다. 원하는 색감을 정확하게 구현하기 위해서는 추가로 색 보정을 진행해야 합니다.

11 Color Wheels & Match 항목에서 Color Match의 〈Comparison View〉 버튼을 클릭합니다.
Program Monitor 패널 왼쪽은 참고 영상, 오른쪽은 적용하려는 영상으로 두 개의 영상이 표시되는
것을 확인합니다.

12 Timeline 패널에서 'Travel6.mp4' 클립이 선택된 상태로 〈Apply Match〉 버튼을 클릭합니다.
Program Monitor 패널에서 왼쪽 화면의 영상 색감과 비슷하게 오른쪽 화면의 색감이 조절되는 것을
확인할 수 있습니다.

Curves/Hue Saturation Curves 설정하기

색상 그래프에 점을 추가하고 그래프를 활용하여 색상을 조정할 수 있습니다.

1 Project 패널에서 'Adjustment Layer' 아이템을 Timeline 패널 V1 트랙의 'Travel19.mp4' 클립 위로 드래그하여 배치하고 끝 점을 드래그하여 'Travel19.mp4' 클립의 길이와 같게 만듭니다.

2 V2 트랙의 'Adjustment Layer' 클립을 선택합니다.

3 Lumetri Color 패널의 Curves 항목에서 RGB Curves의 'Luma' 아이콘(◐)을 클릭하고 그래프를 드래그하여 그림과 같이 만듭니다.

4 그래프의 중간을 클릭하여 점을 추가하고 아래로 드래그하여 영상의 중간톤을 낮춥니다. 중앙 점을 중심으로 위아래를 클릭하여 점을 추가하고 그림과 같이 S자 형태의 곡선을 만들어 색상을 보정합니다.

5 Hue Saturation Curves를 이용하여 특정 부분의 색감을 강조하겠습니다. Lumetri Color 패널의 Curves → Hue Saturation Curves에서 '스포이트' 아이콘(🖊)을 클릭한 다음 Program Monitor 패널에서 노을이 지는 부분을 클릭합니다. Lumetri Color 패널에서 Hue Saturation Curves의 그래프에 '스포이트' 아이콘(🖊)으로 클릭한 색상과 유사한 색상 주변으로 점 3개가 만들어진 것을 확인할 수 있습니다.

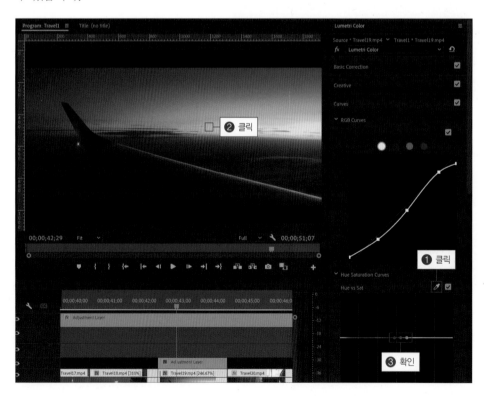

6 Hue Saturation Curves에서 중앙 점을 위로 드래그하여 색감을 조정합니다.

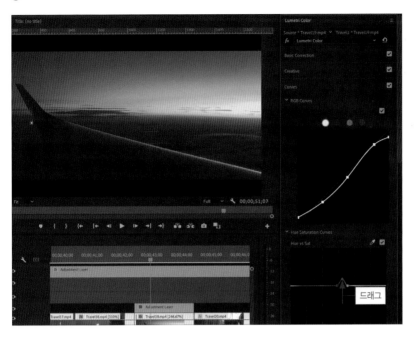

7 같은 방법으로 '스포이트' 아이콘(🖊)을 클릭하고 Program Monitor 패널에서 하늘의 푸른 부분을 클릭합니다. Lumetri Color 패널에서 Hue Saturation Curves의 그래프에 '스포이트' 아이콘(🖊)으로 클릭한 부분의 색상과 유사한 색상 주변으로 점 3개가 만들어지면 중앙 점을 아래로 드래그하여 하늘 부분의 색감을 조절합니다.

8 Hue & Hue에서는 앞서 선택한 영역에서의 색감을 변화시킬 수 있고 Hue vs Luma는 밝기를 조정할 수 있습니다.

9 다시 Creative 항목의 Adjustments의 Faded Film, Sharpen, Virance, Saturation을 설정하여 감성적인 느낌을 더합니다.

HLS Secondary 설정하기

영상 클립에서 원하는 색상을 부분 선택하여 선택한 색상 영역의 색조나 채도, 밝기 등을 조절할 수 있습니다.

1 Project 패널에서 'Adjustment Layer' 아이템을 Timeline 패널 V2 트랙의 'Travel11.mp4' 클립 위로 드래그하여 배치하고 끝 점을 드래그하여 'Travel11.mp4' 클립의 길이와 같게 만듭니다.

2 White Balance를 조정하도록 하겠습니다. Lumetri Color 패널에서 White Balance → WB Selector의 '스포이트' 아이콘( )을 클릭한 다음 Program Monitor 패널에서 흰색 부분을 클릭합니다.

TIP

WB Selector는 자동으로 White Balance를 설정해 주는 기능입니다. 자동으로 White Balance를 설정해도 추가적으로 미세한 조정이 필요합니다.

3 Lumetri Color 패널의 White Balance에서 Temperature를 '35.5', Tint를 '-16.1'로 설정하고 Tone의 Exposure를 '0.8', Contrast를 '9.7', Highlights를 '-8.4' Shadows를 '3.2'로 설정하여 색상을 세부 보정합니다.

4 Lumetri Color 패널의 HSL Secondary → Set Color의 '스포이트' 아이콘(🖉)을 클릭한 다음 Program Monitor 패널의 노란색 꽃을 클릭합니다. H는 색조 S는 채도 L은 명도 값을 의미하며 그에 해당되는 범위가 자동으로 만들어 집니다. 슬라이더를 조절하여 선택 영역을 확장하고 '추가 스포이트' 아이콘(🖉)을 클릭하여 선택 영역을 확장합니다.

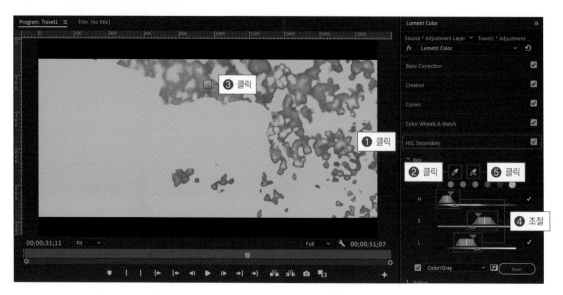

5 Correction 항목의 속성을 표시하고 색상환의 십자 표시를 클릭 또는 드래그하여 선택한 부분의 색 상을 지정합니다.

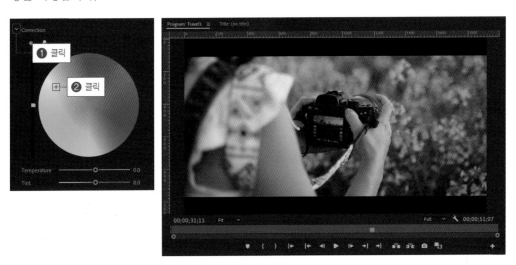

6 Creative 항목을 표시하고 Adjustments의 Faded Film을 '70', Vibrance를 '30', Saturation을 '120' 으로 설정하여 대비가 약하고 채도가 높은 감성적인 분위기를 만듭니다.

LUT 만들기와 적용하기

Look-Up Table(LUT)는 색상(Hue), 채도(Saturation), 조도(Brightness)를 조정하여 촬영된 원본 이미지의 RGB 값을 새로운 RGB 값으로 만들어 주는 방법으로 비디오에 적용하여 룩을 변경할 수 있는 고정된 숫자 값입니다. 자신이 좋아하는 룩인 LUT를 직접 제작하여 필요할 때마다 활용할 수도 있고, 다양한 무료, 유료 LUT를 다운로드하여 사용할 수도 있습니다. 같은 LUT라도 원본 소스 영상의 환경에 따라 결과물이 달라질 수 있으니 영상에 따라 적합하게 잘 적용하는 것도 중요합니다.

1 Project 패널에서 'Adjustment Layer' 아이템을 Timeline 패널의 V1 트랙의 'Travel2.mp4' 클립 위로 드래그하여 배치하고 끝 점을 드래그하여 'Travel11.mp4' 클립의 길이와 같게 만듭니다.

2 현재 시간 표시기를 '00:00:05:24'로 이동하고 Lumetri Color 패널의 White Balance에서 Temperature을 '-15', Tint를 '-10'으로 설정하여 푸른 색감으로 만듭니다. Tone의 Exposure를 '0.7', Contrast를 '-20', Highlights를 '-20', Shadows를 '3.2', Whites를 '-43.2', Blacks를 '-7.1'로 설정하여 그림과 같이 색상을 보정합니다.

3 Creative 항목을 클릭하여 표시하고 Adjustments의 Faded Film을 '50', Vibrance를 '13.5' Saturation을 '108.4'로 설정하여 대비가 약하고 채도가 높은 감성적인 분위기를 만들 수 있습니다.

4 Lumetri Color 패널의 Curves → RGB Curves의 'Luma' 아이콘(◯)을 클릭합니다. 그래프의 왼쪽 하단 끝 점을 위로 드래그하여 밝게 하고 오른쪽 상단 끝 점을 아래로 드래그합니다. 그래프 중앙을 클릭 하여 점을 추가하고 살짝 아래로 드래그한 다음 중앙 점을 중심으로 위아래로 점을 추가하고 그림과 같 이 S자 형태의 곡선을 만들어 색감을 보정합니다.

5 'Blue' 아이콘(■)을 클릭하고 그래프 중앙을 클릭하여 추가한 다음 살짝 위로 드래그하여 푸른색을 강하게 합니다. 중앙 점을 중심으로 위아래로 점을 추가하고 그림과 같이 아래 점은 조금 더 아래로 위의 점은 조금 더 위로 조정합니다.

6 제작한 LUT(Look Up Table)을 저장하도록 하겠습니다. Lumetri Color 패널의 '패널 메뉴' 아이콘 (■)을 클릭한 다음 Export.cube...를 실행합니다.

7 Extport Cube 대화상자가 표시되면 파일 이름에 'TEST. cube'를 입력하고 〈저장〉 버튼을 클릭합니다.

8 직접 제작한 LUT를 다른 영상 클립에 적용해 보겠습니다. Project 패널에서 'Adjustment Layer' 아이템을 Timeline 패널 V1 트랙의 'Travel6.mp4' 클립 위로 드래그하여 배치하고 끝 점을 드래그하여 'Travel6.mp4' 클립의 길이와 같게 만듭니다.

9 Lumetri Color 패널의 Creative 항목에서 Look을 'Browse...'으로 지정합니다.

10 Select a Look or LUT 대화상자가 표시되면 앞서 만들었던 'TEST.cube' 파일을 선택하고 〈열기〉 버튼을 클릭합니다.

❶ 선택

❷ 클릭

디자이너's 노하우

LUT 작업을 진행할 때는 내려 받거나 직접 만든 LUT를 특정 폴더에 저장해서 효율적으로 관리하는 것이 좋습니다.

11 LUT가 적용되면 Lumetri Color 패널의 Creative 항목에서 Intersity를 '49'로 설정하여 자연스럽게 만듭니다.

❶ 클릭

❷ 설정

TIP

Basic Correction 항목의 Input LUT에서 적용하는 것보다 Creative 항목의 Look에서 적용하는 방법이 조정할 수 있는 기능들이 더 많습니다.

디자이너's 노하우

각 장면마다 동일한 LUT를 적용해도 장면마다 색감이 달라질 수도 있습니다. 영상 전체의 통일감을 향상시키기 위해서 장면별로 LUT를 적용한 다음 Intensity 수치와 Basic Correction의 White Balance 및 Tone을 추가적으로 조정하여 자연스럽게 연결하는 것이 좋습니다.

자막 추가하여 색상 보정 영상 마무리하기

색상 보정이 끝나면 해당 영상에 어울리는 자막을 추가하여 영상을 마무리합니다. 자막에 활용할 텍스트의 글꼴, 크기, 색 등을 설정하고, 설정한 텍스트의 스타일을 저장하여 다른 자막 텍스트에 동일하게 적용할 수 있습니다.

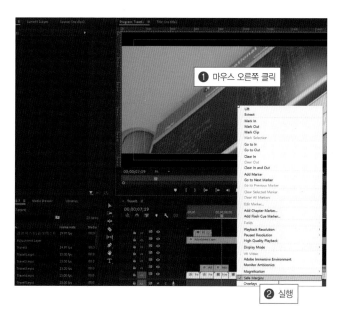

1 완성된 영상에 자막을 추가하겠습니다. Program Monitor 패널에서 마우스 오른쪽 버튼을 클릭한 다음 **Safe Margins**를 실행하여 화면에 안정 영역을 표시합니다.

TIP
Safe Margins는 자막의 배치에 도움이 될 뿐 아니라 자막을 추가할 시에 안정영역 안에 배치되어야 다양한 디바이스에서도 자막이 안전하게 나타납니다.

2 ⊤를 눌러 문자 도구(**T.**)를 선택하고 Program Monitor 패널의 화면을 클릭하여 'Episode 1'을 입력합니다. Effect Controls 패널의 Text에서 Source Text의 글꼴, 크기, 가운데 정렬 등을 설정합니다.

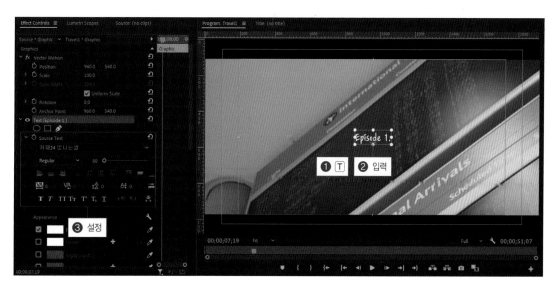

3 Appearance 항목의 'Background'를 체크 표시하고 색상 상자를 클릭하여 색상을 지정한 다음 Opacity를 '75%', Size를 '10'으로 설정합니다.

TIP
텍스트 Background를 예제와 같은 방법으로 만들면 글자가 늘어나도 적합하게 Background 크기가 설정됩니다.

4 설정한 텍스트 스타일을 저장하여 다른 텍스트에도 활용하도록 하겠습니다. 텍스트 레이어에서 마우스 오른쪽 버튼을 클릭한 다음 Export As Motion Graphics Template...를 실행합니다.

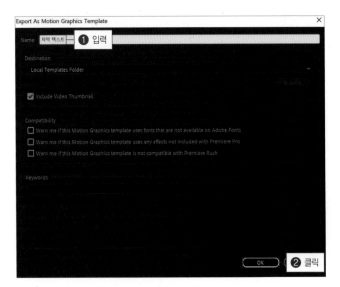

5 Export As Motion Graphics Template 대화상자가 표시되면 Name에 '자막 텍스트'를 입력하고 〈OK〉 버튼을 클릭합니다.

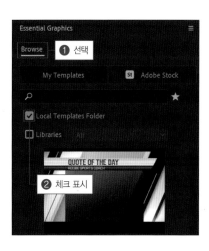

6 Essential Graphics 패널에서 〔Browse〕 탭을 선택하고 'Local Templates Folder'를 체크 표시합니다.

TIP
〔Browse〕 탭의 가장 하단에 저장했던 '자막 텍스트' 템플릿이 표시됩니다.

7 '자막 텍스트' 템플릿을 Timeline 패널의 V7 트랙으로 드래그하여 가져온 다음 Tools 패널에서 문자 도구(T)를 선택합니다.

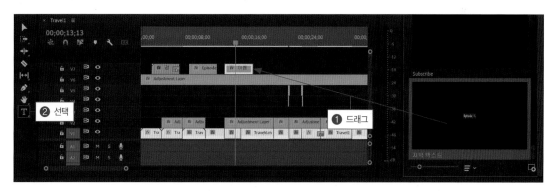

8 Program Monitor 패널에서 가져온 템플릿을 더블클릭하여 전체 자막을 선택한 다음 '아름다운 자연의 색으로.. 떠나다..'를 입력합니다.

실무

감각적인 분할 화면 활용하기

영상에서 같은 시간대에 일어나는 사건이나 일련의 과정을 하나의 화면에서 보여 줄 때 분할 화면을 사용하는 경우가 많습니다. 이때 나누는 화면의 개수에 따라 영상 클립의 크기 변형이나 자르기 등 다양한 도구가 이용됩니다. 화면 분할 기법은 하나의 화면 안에서 다양한 정보를 동시에 보여 주기 때문에 의도된 정보를 시청자가 제대로 인지하면서 시선의 흐름을 이어가기에 곤란한 측면도 있습니다. 따라서 분할 화면에서 특정한 정보를 인지시키기 위해서는 움직임, 컬러, 크기 등의 표현 요소를 조절하여 주목할 대상을 강조해야 합니다.

작업 특징 분할하는 화면의 크기에 맞춰 준비된 영상을 자르고 조정(Crop)합니다. 분할된 화면에 모션을 적용하여 텍스트가 나타나도록 표현합니다. 화면 분할 방식의 트랜지션을 제작하여 영상의 변화에 흥미를 더해 줍니다.

예제 파일 프로젝트\Source\04\Latte1~Latte9.mp4, LatteArt_Transition.aep, Latte Art1~4.jpg, LatteArtText1~2.aep

완성 파일 프로젝트\Source\04\Project4_완성.prproj, Project4_완성.mp4

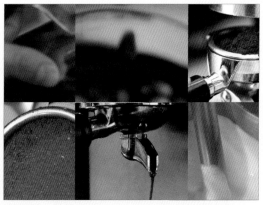

영상을 분할된 화면 크기에 맞춰 자르고 조정하기

화면의 분할을 위해서는 준비된 영상에 자르기(Crop) 효과를 적용하고 위치(Position)를 조정하는 작업이 필요합니다. 화면의 4, 9, 16 분할처럼 균등 분할은 간단하게 크기와 위치의 조절만으로 가능하지만, 그 외의 분할 화면은 자르기(Crop) 효과를 활용해야 합니다. 화면에서 분할된 영상이 나타날 부분을 미리 계획하고 가이드를 이용하여 분할 작업을 진행합니다.

화면 분할 트랜지션 만들기

화면 분할 트랜지션은 분할된 화면으로 장면을 전환하는 기법으로 비슷한 구도의 이미지들을 연속적으로 보여 줄 때 효과적입니다. 사각형을 이용하여 순차적으로 나타나는 애니메이션을 만들고, 트랙 매트(Track Matte)를 사용하여 화면 전환 효과를 완성합니다.

분할된 영상에 움직임을 추가하고 텍스트 삽입하기

시차에 따라 분할된 화면에 각각의 영상이 나타났다가 사라지게 만들면서 키프레임을 적용하면 더 인상적으로 표현할 수 있습니다. 키프레임 애니메이션의 속도를 조절하면서 리듬감 있는 모션을 표현하고, 동작에 따라 등장하는 텍스트를 삽입하여 영상을 완성합니다.

영상을 분할된 화면 크기에 맞춰 자르고 조정하기

화면 분할을 하기 위해서는 소스 영상을 자르거나 크기를 조정하는 작업이 필요합니다. 4, 9, 16분할 등 크기와 위치만으로도 영상을 분할 할 수 있지만, 그 이외의 분할 화면은 Crop 이펙트 등의 기능을 활용하여 영상 소스를 잘라서 분할 화면을 만들어야 합니다. 소스 영상의 보여 줄 부분을 미리 계획하여 작업을 진행합니다.

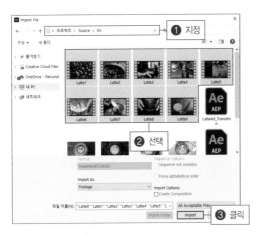

1 프리미어 프로에서 새 프로젝트를 만들고 메뉴에서 (File) → Import(Ctrl + I)를 실행합니다. Import 대화상자가 표시되면 프로젝트 → Source → 04 폴더에서 'Latte1~9.mp4' 파일들을 모두 선택한 다음 〈열기〉 버튼을 클릭합니다.

2 Project 패널에서 'New Bin' 아이콘(▣) 클릭하여 Bin을 만들고 Bin 이름을 'Latte Art'로 입력합니다. 불러들인 아이템들을 선택하고 Bin 폴더로 드래그하여 이동합니다.

3 'Latte Art' Bin을 'New Item' 아이콘(▣)으로 드래그하여 소스 파일과 같은 시퀀스를 만듭니다.

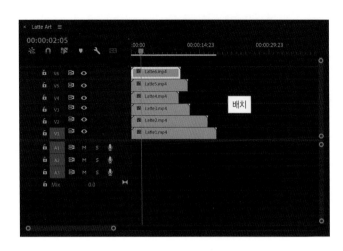

4 Timeline 패널에서 V1~V6 트랙에 'Latte1~6.mp4' 영상을 순서대로 드래그하여 배치합니다.

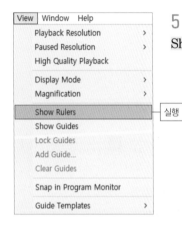

5 화면 분할을 하기 위한 가이드를 설정합니다. 메뉴에서 (View) → Show Rulers를 실행합니다.

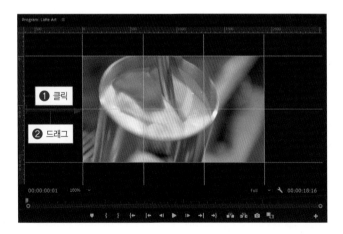

6 Program Monitor 패널의 화면에 눈금자가 표시됩니다. 전체를 6등분하기 위해 눈금자를 클릭, 드래그하여 그림과 같이 가이드 선을 설정합니다.

디자이너's 노하우

분할화면은 영상의 종류를 가리지 않고 자주 활용되는 기법입니다. 분할하는 방식에 따라 다양한 연출이 가능합니다. 다음 항목을 고려하여 가이드 선을 설정하는 것이 좋습니다.

❶ 프레임 안에 몇 개의 분할화면을 만들 것인가?
❷ 분할된 화면의 영역은 어떤 크기로 어디에 배치할 것인가?

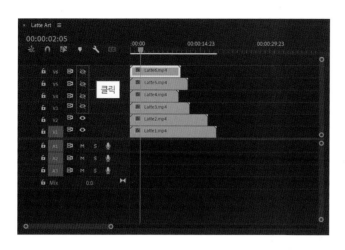

7 Timeline 패널에서 V3~V6 트랙의 '눈' 아이콘(👁)을 클릭하여 보이지 않는 상태로 만듭니다.

8 Effects 패널에서 'Crop' 이펙트를 검색하고 Timeline 패널 V2 트랙의 'Latte2.mp4' 클립에 드래 그하여 적용합니다.

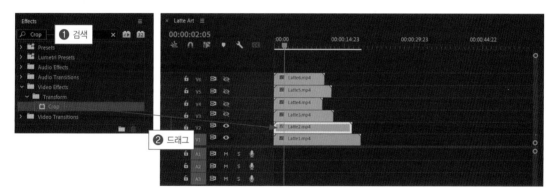

9 Effect Controls 패널의 Crop 항목에서 Left를 '33%'로 설정합니다.

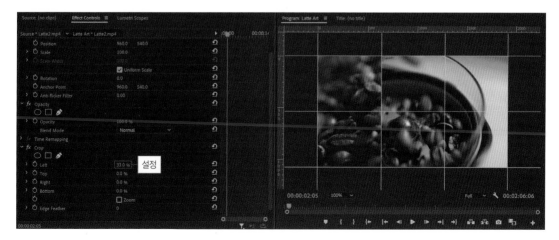

10 Timeline 패널에서 V3 트랙의 '눈' 아이콘()을 클릭하여 활성화합니다. 같은 방법으로 Effects 패널의 'Crop' 이펙트를 V3 트랙의 'Latte3.mp4' 클립에 드래그하여 적용합니다.

11 Effect Controls 패널의 Crop 항목에서 Left를 '33%', Motion 항목에서 Position의 X축을 '1604'로 설정합니다.

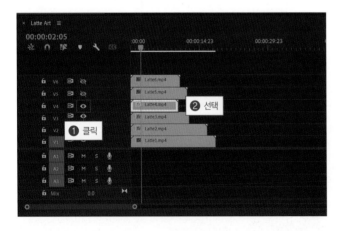

12 Timeline 패널에서 V4 트랙의 '눈' 아이콘(●)을 클릭하여 활성화하고 'Latte4.mp4' 클립을 선택합니다.

13 Effect Controls 패널의 Motion 항목에서 Position의 Y축을 '1079'로 설정합니다.

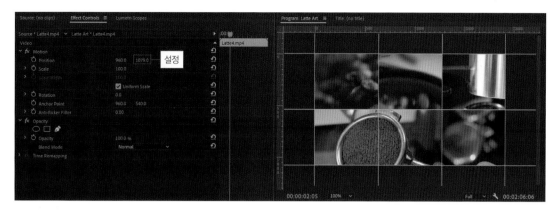

14 Timeline 패널에서 V5 트랙의 '눈' 아이콘(◉)을 클릭하여 활성화합니다. 같은 방법으로 Effects 패널의 'Crop' 이펙트를 V5 트랙의 'Latte5.mp4' 클립에 드래그하여 적용합니다.

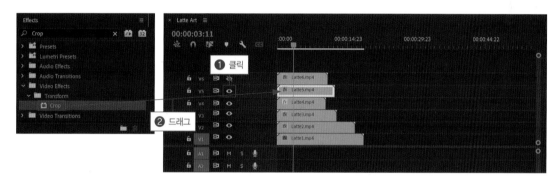

15 Effect Controls 패널의 Crop 항목에서 Left를 '33%', Top을 '9%', Motion 항목에서 Position의 Y축을 '986'으로 설정합니다.

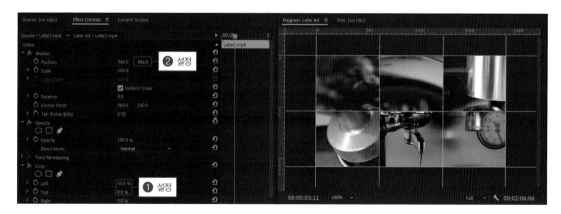

16 Timeline 패널에서 V6 트랙의 '눈' 아이콘(◉)을 클릭하여 활성화합니다. 같은 방법으로 Effects 패널의 'Crop' 이펙트를 V6 트랙의 'Latte6.mp4' 클립에 드래그하여 적용합니다.

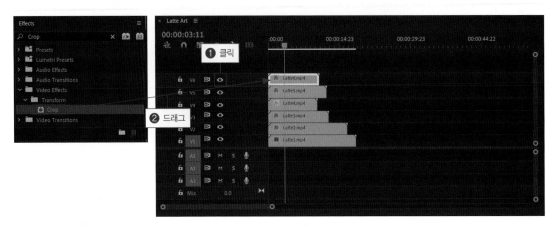

17 Effect Controls 패널의 Crop 항목에서 Left를 '33%', Motion 항목에서 Position을 '1606/1079'로 설정합니다.

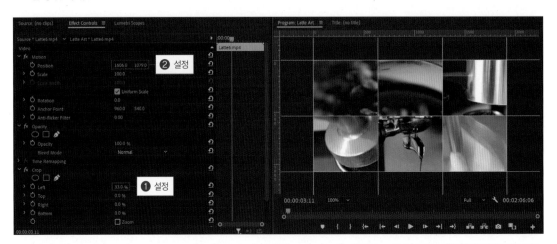

디자이너's 노하우

4, 9, 16 등 균등 분할은 크기와 위치 조정으로도 가능하지만, 특정 부분의 분할은 Crop 기능을 활용합니다. 여러 개의 클립이 모자이크 형식으로 화면에 순차적으로 등장할 때 Crop 기능을 활용해서 일부분을 감추거나 나타나도록 연출할 수 있습니다. Crop 항목에서 상하좌우 여백과 위치 값을 조정하여 분할 화면들의 움직임에 변화를 줄 수 있습니다.

분할 영상에 움직임을 추가하여 특정 영상 강조하기

분할 영상을 시간 차를 주어 나타나고 없어지게 만들고 이에 키프레임을 주어 움직이게 만들면 이전보다 재미있는 분할 화면을 만들 수 있습니다. 키프레임 애니메이션에 속도를 조절하면 리듬감 있는 움직임을 줄 수 있습니다. 분할 화면의 경우 여러 개의 영상이 한 화면에 보이기 때문에, 모든 영상이 자세히 보이지 않습니다. 움직임을 이용하여 특정 영상을 강조하여 보는 사람의 시선을 이끌 수 있습니다.

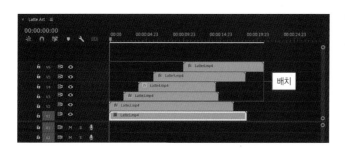

1 Timeline 패널에서 'Latte3~6.mp4' 클립을 2초 간격으로 배치합니다.

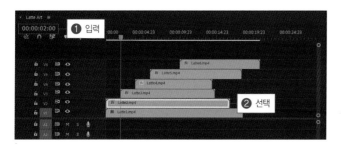

2 현재 시간 표시기를 '00:00:02:00' 으로 이동하고 V2 트랙의 'Latte2. mp4' 클립을 선택합니다

3 Effect Controls 패널의 Motion 항목에서 Position의 'Toggle animation' 아이콘(⚙)을 클릭하여 키프레임을 만듭니다. 현재 시간 표시기를 '00:00:01:00'으로 이동하고 Position의 X축을 '2244'로 설정하여 영상을 화면에서 사라지게 합니다.

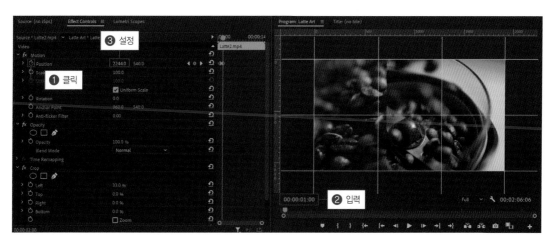

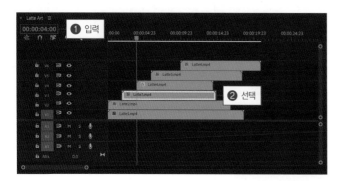

4 현재 시간 표시기를 '00:00:04:00'으로 이동하고 V3 트랙의 'Latte3. mp4' 클립을 선택합니다.

5 Effect Controls 패널 Motion 항목에서 Position의 'Toggle animation' 아이콘(⏱)을 클릭하여 키프레임을 만듭니다. 현재 시간 표시기를 '00:00:03:00'으로 이동한 다음 Effect Controls 패널의 Motion 항목에서 Position의 X축을 '2244'로 설정하여 영상을 화면에서 사라지게 합니다.

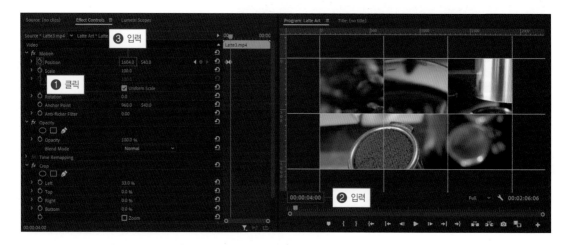

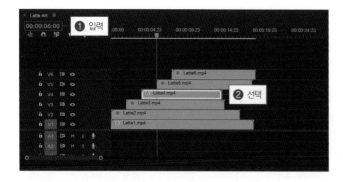

6 현재 시간 표시기를 '00:00:06:00'으로 이동하고 V4 트랙의 'Latte4. mp4' 클립을 선택합니다.

7 Effect Controls 패널 Motion 항목에서 Position의 'Toggle animation' 아이콘(⚙)을 클릭하여 키프레임을 만듭니다. 현재 시간 표시기를 '00:00:05:00'으로 이동한 다음 Position의 Y축을 '1620'으로 설정하여 영상을 화면에서 사라지게 합니다.

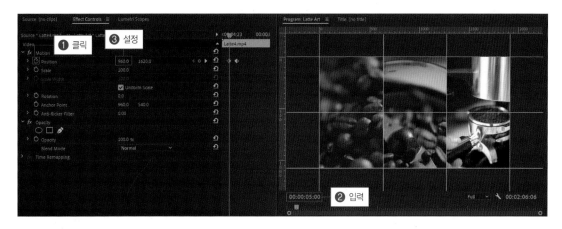

8 현재 시간 표시기를 '00:00:05:00'으로 이동하고. Timeline 패널에서 V2 트랙의 'Latte2.mp4' 클립을 선택합니다.

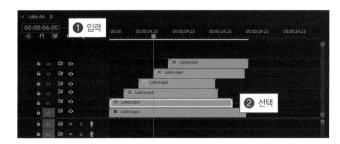

9 Effect Controls 패널 Motion 항목에서 Position의 'Add Keyframe' 아이콘(⚙)을 클릭하여 키프레임을 만듭니다. 현재 시간 표시기를 '00:00:06:00'으로 이동한 다음 Motion 항목의 Position의 Y축을 '135'로 설정하여 위로 이동하는 움직임을 만듭니다.

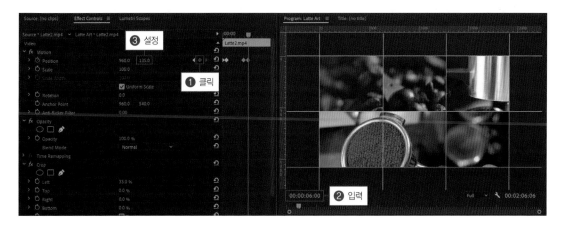

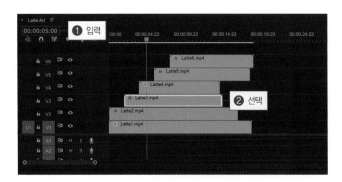

10 같은 방법으로 현재 시간 표시기를 '00:00:05:00'으로 이동하고 V3 트랙의 'Latte3.mp4' 클립을 선택합니다.

11 Effect Controls 패널 Motion 항목에서 Position의 'Add Keyframe' 아이콘(■)을 클릭하여 키프레임을 만듭니다. 현재 시간 표시기를 '00:00:06:00'으로 이동한 다음 Motion 항목에서 Position의 Y축을 '172'로 설정하여 위로 이동하는 움직임을 만듭니다.

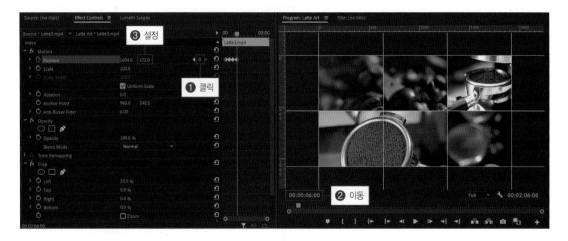

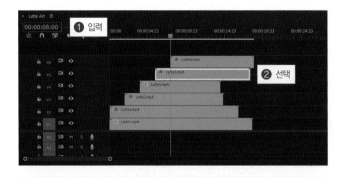

12 현재 시간 표시기를 '00:00:08:00'으로 이동하고 Timeline 패널에서 V5 트랙의 'Latte5.mp4' 클립을 선택합니다.

디자이너's 노하우

분할된 화면에 움직임을 만들 때 분할된 화면은 다른 영상과 동시에 제시될 것인지 아니면 시간 차이를 두고 순차적으로 나타날 것인지 판단하고, 시간 차이를 두며 분할 화면이 나타나는 경우 영상의 길이는 충분한지를 고려하는 것이 좋습니다.

13 Effect Controls 패널의 Motion 항목에서 Position의 'Toggle animation' 아이콘(🕑)을 클릭하여 키프레임 만듭니다. 현재 시간 표시기를 '00:00:07:00'으로 이동한 다음 Position의 X축을 '2244'로 설정하여 영상을 화면에서 사라지게 합니다.

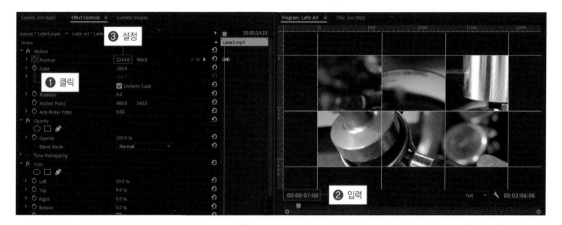

14 현재 시간 표시기를 '00:00:10:00'으로 이동하고 Timeline 패널에서 V6 트랙의 'Latte6.mp4' 클립을 선택합니다.

15 Effect Controls 패널의 Motion 항목에서 Position의 'Toggle animation' 아이콘(🕑)을 클릭하여 키프레임을 만듭니다. 현재 시간 표시기를 '00:00:09:00'으로 이동한 다음 Position의 X축을 '2244'로 설정하여 영상을 화면에서 사라지게 합니다.

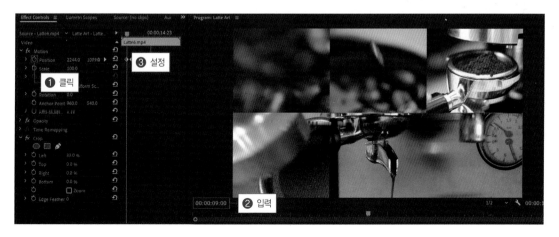

16 현재 시간 표시기를 '00:00:10:00' 로 이동합니다. Timeline 패널에서 V1 트랙의 'Latte1.mp4' 클립을 선택합니다.

17 Effect Controls 패널에서 Opacity의 'Toggle animation' 아이콘(◯)을 클릭하여 키프레임을 만듭니다. 현재 시간 표시기를 '00:00:11:00'으로 이동한 다음 Opacity를 '0%'로 설정하여 자연스럽게 사라지도록 합니다.

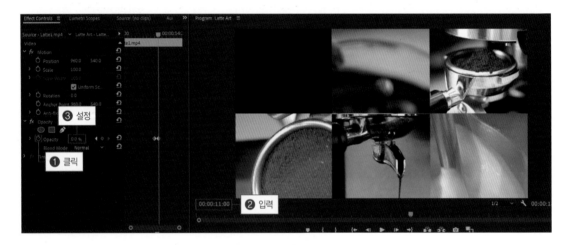

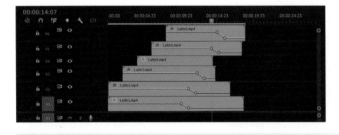

18 같은 방법으로 'Latte2~6.mp4' 클립을 1초 간격으로 Opacity를 설정 하여 순차적으로 사라지도록 키프레임 을 만듭니다.

TIP

'Latte2.mp4' 클립 : 11초, Opacity : 100% / 12초, Opacity : 0%

'Latte3.mp4' 클립 : 12초, Opacity : 100% / 13초, Opacity : 0%

'Latte4.mp4' 클립 : 13초, Opacity : 100% / 14초, Opacity : 0%

'Latte5.mp4' 클립 : 14초, Opacity : 100% / 15초, Opacity : 0%

'Latte6.mp4' 클립 : 15초, Opacity : 100% / 16초, Opacity : 0%

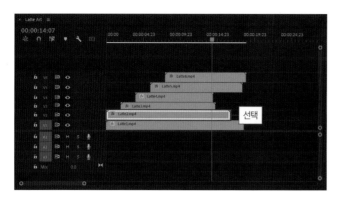

19 Timeline 패널에서 V2 트랙의 'Latte2.mp4' 클립을 선택합니다.

20 Effect Controls 패널의 Motion 항목에서 Position의 키프레임을 모두 선택하고 마우스 오른쪽 버튼을 클릭한 다음 **Temporal Interpolation → Ease In**을 실행합니다.

21 Position 왼쪽의 〉를 클릭하여 그 래프를 표시하고 방향선을 조절하여 그 래프 모양을 리듬감 있게 조정합니다. V3~V6 트랙의 'Latte_3~6.mp4' 클 립도 같은 방법으로 그래프 모양을 수 정합니다.

애프터 이펙트에서 화면 분할 트랜지션 만들기

화면 분할 트랜지션은 분할된 장면 전환으로 비슷한 구도의 다양한 이미지들을 보여 줄 때 효과적입니다. 반복적인 여러 장의 이미지가 재생되면 자칫 지루할 수 있지만 트랜지션 효과를 적용하면 지루함을 낮출 수 있습니다.

1 애프터 이펙트를 실행하고 메뉴에서 (Composition) → New Composition(Ctrl + N)을 실행합니다. Composition Settings 대화상자가 표시되면 Composition Name에 'LatteArt_Transition'를 입력하고 Width를 '1920px', Height를 '1080px'로 설정합니다. Pixel Aspect Ratio를 'Square Pixels', Frame Rate를 '30'으로 지정하고 Duration을 '0:00:10:00'으로 입력한 다음 〈OK〉 버튼을 클릭합니다.

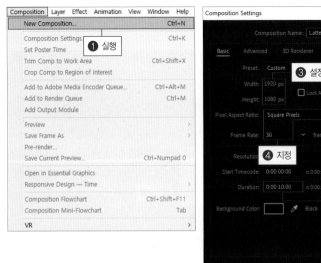
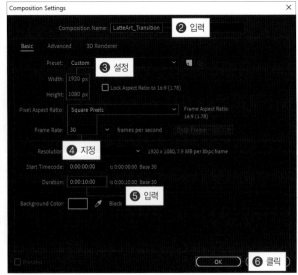

2 메뉴에서 (File) → Import(Ctrl + I)를 실행합니다. Import 대화상자가 표시되면 프로젝트 → Source → 04 폴더에서 'LatteArt1~4.jpg' 파일을 선택한 다음 〈열기〉 버튼을 클릭합니다.

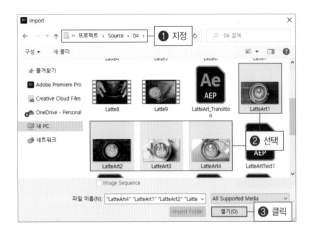

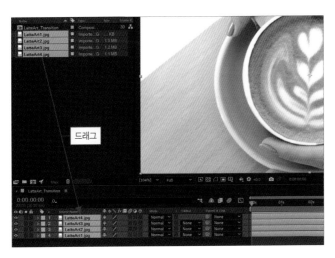

3 Project 패널에서 'LatteArt1~4. jpg' 파일을 Timeline 패널로 드래그하여 불러옵니다.

TIP
Project 패널에서 가장 먼저 선택하는 파일이 상위 레이어로 배치됩니다.

4 Timeline 패널의 'LatteArt1~4.jpg' 레이어의 시작 시간을 그림과 같이 '0초', '0초', '2초', '4초'로 이동하여 배치합니다.

5 'LatteArt1~4.jpg' 레이어를 모두 선택하고 [S]를 눌러 Scale 속성을 표시합니다.

6 'LatteArt1.jpg' 레이어를 선택하고 'Stop Watch' 아이콘(⏱)을 클릭하여 키프레임을 만듭니다. 현재 시간 표시기를 '3초'로 이동합니다. Scale을 '130%'로 설정하여 이미지가 커지는 애니메이션을 만듭니다.

7 같은 방법으로 'LatteArt2.jpg' 레이어를 선택하고 '1초'에 Scale을 '100%', '4초'에 Scale을 130%, 'LatteArt3.jpg' 레이어를 '2초'에 Scale을 '100%', '5초'에 Scale을 '130%', 'LatteArt4.jpg' 레이어를 '4초'에 Scale을 '100%', '7초'에 Scale을 '130%'로 설정합니다.

8 트랜지션에 활용될 매트 소스를 만들겠습니다. 작업의 효율성을 위하여 메뉴에서 (View) → Show Rulers(Ctrl+R)를 실행합니다. Composition 패널의 눈금자가 활성화되면 다음과 같이 화면이 4분할 되도록 클릭, 드래그합니다.

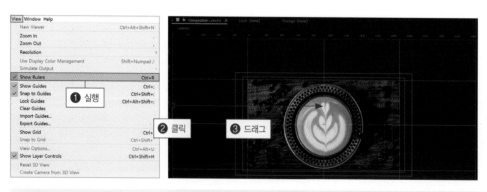

TIP

Composition 패널에서 Title/Action Safe를 활성화하면 화면의 중심부 등을 확인하며 편리하게 작업을 할 수 있습니다.

9 Tools 패널에서 사각형 도구(■)를 선택합니다. Fill의 색상 상자를 클릭해 '#FFFFFF'로 지정하고 Stroke를 'None'으로 선택한 다음 Composition 패널에서 드래그하여 화면 1/4 크기의 사각형을 만듭니다.

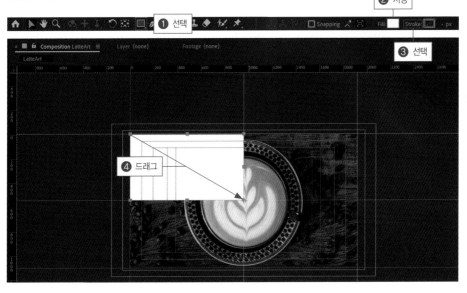

10 Timeline 패널에서 셰이프 레이어를 선택한 상태로 Enter를 눌러 'Left_Up'을 입력합니다.

11 현재 시간 표시기를 '0초'로 이동한 다음 'Left_Up' 레이어를 선택한 상태로 T를 눌러 Opacity 속성을 표시합니다. Opacity 왼쪽의 'Stop Watch' 아이콘(◯)을 클릭해 키프레임을 만들고 '0%'로 설정합니다. 현재 시간 표시기를 '11프레임'으로 이동한 다음 Opacity를 '100%'로 설정하면 자연스럽게 나타나는 애니메이션이 완성됩니다.

12 셰이프 레이어를 선택한 상태로 Ctrl+D를 세 번 눌러 레이어를 3개 복제합니다. 각각 레이어 이름을 'Right_ Up', 'Left_Down', 'Right_Down'으로 입력합니다. P를 눌러 Position을 설정하여 화면에 그림과 같이 배치합니다.

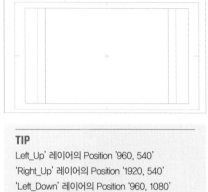

TIP
'Left_Up' 레이어의 Position '960, 540'
'Right_Up' 레이어의 Position '1920, 540'
'Left_Down' 레이어의 Position '960, 1080'
'Right_up' 레이어의 Position '1920, 1080'

13 'Left_UP', 'Right_Up', 'Left_Down', 'Right_Down' 레이어를 그림과 같이 10프레임 간격으로 배치합니다.

14 'Left_UP', 'Right_Up', 'Left_Down', 'Right_Down' 레이어를 모두 선택한 상태에서 마우스 오른쪽 버튼을 클릭하여 **Pre-compose**를 실행합니다.

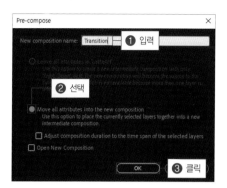

15 Pre-compose 대화상자가 표시되면 New composi-tion name에 'Transition'을 입력하고 'Move all attributes into the new composition'을 선택한 다음 〈OK〉 버튼을 클릭합니다.

16 Project 패널에서 'Transition' 컴포지션을 Timeline 패널의 'LatteArt2.jpg' 레이어 위로 드래그합니다. 이어 'Transition' 레이어의 시작 점이 '10프레임'에서 시작하도록 드래그하여 이동합니다.

17 'LatteArt2.jpg' 레이어를 선택한 다음 Timeline 패널에서 Track Matte를 'Alpha Matte "[Transition]"'으로 지정하여 트랙 매트를 적용합니다.

TIP
Track Matte 메뉴가 보이지 않는다면 Timeline 패널의 메뉴에서 마우스 오른쪽 버튼을 클릭한 다음 Colums → Mode를 실행하면 활성화됩니다.

실무

18 'Transition' 레이어를 선택한 상태로 [Ctrl]+[D]를 두 번 눌러 두 개의 컴포지션을 복제합니다. 만들어진 두 개의 Transition 컴포지션을 'LatteArt3', 'LatteArt4' 레이어 위에 시작되는 위치가 같도록 그림과 같이 배치합니다.

19 'LatteArt3', 'LatteArt4' 레이어도 Track Matte를 'Alpha Matte "[Transition]"'으로 지정하여 트랙 매트를 적용합니다.

20 메뉴에서 [File] → Save([Ctrl]+[S])를 실행하여 'LatteArt_Transition.aep' 파일로 저장합니다.

텍스트 추가하여 분할 화면 영상 마무리하기

각 분할된 화면이 시간 차에 따라 나타날 때마다 해당 텍스트가 보이도록 하겠습니다. 애프터 이펙트에서 미리 작업한 텍스트 애니메이션 파일을 편집이 완료된 프리미어 프로 파일에 불러온 다음 프리미어에서 편집된 영상과 텍스트가 싱크가 잘 맞도록 조정하여 완성합니다. 애프터 이펙트는 텍스트의 움직임 효과를 손쉽게 줄 수 있기 때문에 경우에 따라서 프리미어와 호환해서 사용하는 것이 좋습니다.

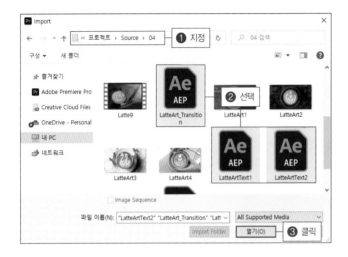

1 다시 프리미어로 돌아와 (File) → Import((Ctrl)+(I))를 실행합니다.
Import 대화상자가 표시되면 프로젝트 → Source → 04 폴더에서 'Latte ArtText1.aep', 'LatteArt Text2.aep', 'LatteArt_Transition.aep' 파일을 선택한 다음 〈열기〉 버튼을 클릭합니다.

2 Import After Effects Compositon 대화상자가 표시되면 애프터 이펙트에서 만들었던 모든 컴포지션 목록이 표시됩니다. Composition을 하나씩 차례로 선택한 다음 〈OK〉 버튼을 클릭합니다.

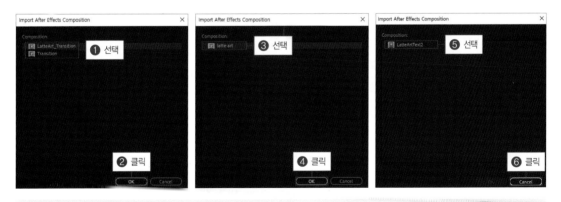

TIP
After Effects Composition 대화상자에서는 여러 개의 Composition을 선택할 수 없습니다. 파일을 하나씩 Import하여 차례대로 Composition을 가져오도록 합니다.

3 Project 패널에서 'LatteArttext2/LatteArtText2.aep' 파일을 Timeline 패널 V7 트랙으로 드래그하여 배치합니다.

4 아래 영상들과 싱크가 맞는지 확인합니다.

5 Timeline 패널에서 마우스 오른쪽 버튼을 클릭한 다음 **Add Tracks**를 실행합니다.

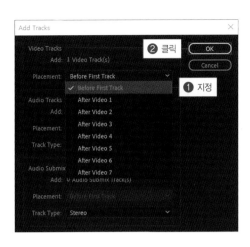

6 Add Tracks 대화상자가 표시되면 Placement를 'Before First Track'으로 지정하고 〈OK〉 버튼을 클릭합니다.

7 V1 트랙이 새로 만들어지고 기존 트랙들이 상위 트랙으로 변경되었습니다. 'Latte7.mp4' 클립의 시작 점이 '00:00:09:00'부터 시작되도록 드래그하여 배치합니다.

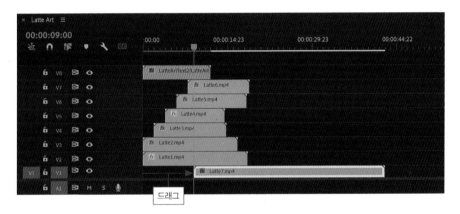

8 현재 시간 표시기를 '00:00:17:00' 으로 이동합니다.

9 Project 패널에서 'Latte art/LatteArtText1.aep' 아이템을 Timeline 패널의 현재 시간 표시기에 시작 점을 맞춰 드래그합니다.

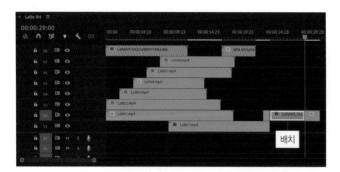

10 'Latte8.mp4' 클립의 시작 점을 '00:00:23:01', 'LatteArt/LatteArt_ Transition.aep' 클립의 시작 점을 '00:00:24:00', 'Latte9.mp4' 클립의 시작 점을 '00:00:29:01'로 이동하여 배치합니다.

11 Effects 패널에서 'Cross Dissolve' 이펙트를 검색한 다음 Timeline 패널 V2 트랙의 'Latte8. mp4', 'LatteArt/LatteArt_Transition.aep', 'Latte9.mp4' 클립의 시작 점과 끝 점에 드래그하여 적용합니다.

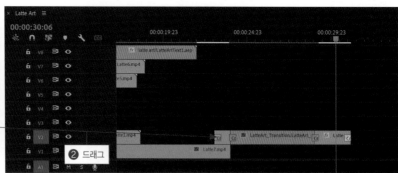

12 Effect Controls 패널에서 Cross Dissolve 항목의 Duration을 '00:00:00:10'으로 설정하여 자연스럽게 전환되는 모습을 확인합니다.

13 영상을 재생해 확인하고 시간 간격을 수정하거나 보완합니다.

디자이너's 노하우

분할 영상을 마무리 하며 다음과 같은 내용을 고려하여 완성할 영상을 점검해야 합니다.

❶ 분할된 화면이 주요 피사체를 가리지 않는가?

❷ 화면을 잘라내서(Crop) 분할한 경우 피사체가 밖으로 사라지지 않는가?

실무

스피드 램핑으로 다이내믹한
움직임 구현하기

영상의 속도와 리듬은 특별한 대상의 움직임을 표현할 때 더 중요하게 작용합니다. 하나의 장면에서 속도가 빨라지거나 느려지는 것을 스피드 램핑(Speed Ramping)이라고 합니다. 스피드 램핑은 촬영한 영상에 속도의 완급 조절을 더해서 드라마틱한 느낌을 연출하고자 할 때 사용하는 기법입니다. 스피드 램핑을 효과적으로 적용하기 위해서는 속도를 느리고 빠르게 변경할 수 있도록 영상 클립의 프레임 레이트가 높아야 하므로 촬영 단계부터 60fps 이상으로 설정하는 것이 적절합니다.

작업 특징 타임 리매핑(Time Remapping)을 이용하여 영상의 속도를 조절하고, 흐리기(Blur)와 섬광(Strobe Light) 효과로 속도감을 강조하여 다이내믹한 영상을 완성합니다.

예제 파일 프로젝트\Source\05\Dashboard.mp4, Glitch Text.aep, Light.mp4, Project5.prproj, Speed Text.aep, Speed1~Speed11.mp4

완성 파일 프로젝트\Source\05\Project5_완성.prproj, Project5_완성.mp4

타임 리매핑으로 영상의 속도를 조절하고 Blur 효과로 속도감 표현하기

영상의 속도 요소, 즉 리듬과 템포를 조절하면 역동적인 인상을 줄 수 있습니다. 프리미어 프로에서는 스피드 램핑(Speed Ramping)을 타임 리매핑(Time Remapping) 기능으로 구현할 수 있습니다. 타임 리매핑의 키프레임은 구역으로 나누어 적용할 수 있는데, 분할된 구간별로 속도 그래프의 수치를 변경하여 속도 변경이 가능하고, 그래프의 모양을 곡선화하면 점차 가속 또는 감속하도록 연출할 수 있습니다. 이때 장면 전환 영상의 카메라 움직임과 비슷한 방향으로 이동하면서 흐리기(Blur) 효과를 추가하면 속도감을 더 강조할 수 있습니다.

섬광 효과로 속도감 증폭시키기

섬광(Strobe Light)은 화면이 빠르게 번쩍이며 교차하거나 밝게 깜박이는 효과입니다. 깜박임(Flicker) 효과와 유사한데, 여러 영상이 강렬하게 교차하는 장면 전환 기법으로도 활용됩니다. 이 효과를 통해 단시간에 많은 장면이 스쳐 지나가거나 화면이 교차하면서 속도감이나 긴장감을 증폭시킬 수 있습니다.

블렌딩 모드로 보정하고 텍스트 추가하여 마무리하기
영상에 블렌딩 모드(Blending Mode)를 적용하여 색이나 빛의 효과를 추가하고,
주제에 적합한 텍스트를 삽입해서 다이내믹 스타일을 완성합니다.

스피드 램핑으로 영상의 속도 조절하기

속도를 활용하여 영상의 리듬과 박자를 조절하면 같은 영상이라도 다른 느낌을 줄 수 있습니다. 영상을 빠르고 느리게 표현할 수 있으며 빠르게–느리게–빠르게, 느리게–빠르게–느리게 등 하나의 영상 클립 안에서 속도를 복합적으로 적용하여 리듬감 있는 연출을 가능하게 합니다. 프리미어에서 스피드 램핑의 키프레임은 양쪽으로 분할할 수 있는데, 이에 따라 만들어진 분할 구간별 속도 그래프의 수치 변경을 통하여 속도 조절이 가능하고, 속도 그래프 모양을 부드럽게 만들어 점차 가감속되도록 연출할 수 있습니다.

1 프리미어 프로에서 새 프로젝트를 만들고 메뉴에서 (File) → Open Project(Ctrl+O)를 실행합니다.

Open Project 대화상자가 표시되면 프로젝트 → Source → 05 폴더에서 'Project5.prproj' 파일을 선택한 다음 〈열기〉 버튼을 클릭합니다.

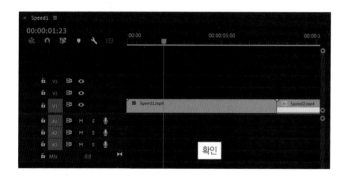

2 Timeline 패널의 확대 기능을 활용해 타임라인을 확대한 다음 V1 트랙에 있는 'Speed1~11.mp4' 클립이 이름 순서대로 배치되었는지 확인합니다.

3 Timeline 패널에서 'Speed1.mp4' 클립을 선택하고 'FX' 아이콘(🔳)에서 마우스 오른쪽 버튼을 클릭한 다음 Time Remapping → Speed를 실행합니다.

4 Timeline 패널에서 'Speed1.mp4' 클립을 상단으로 확장하여 Connector Line 표시합니다. Speed 속성은 Effect Controls 패널의 Time Remapping 항목을 확장하여 동시에 확인할 수 있습니다.

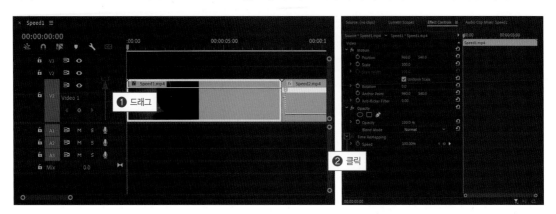

5 현재 시간 표시기를 '00:00:03:00'으로 이동합니다. Connector Line에서 Ctrl를 눌러 마우스 포인터가 +로 표시되면 현재 시간 표시기가 위치한 Connector Line을 클릭합니다. Timeline 패널의 현재 시간 표시기가 위치한 곳과 Effect Controls 패널의 Time Remapping 항목에 키프레임이 만들어진 것을 확인합니다.

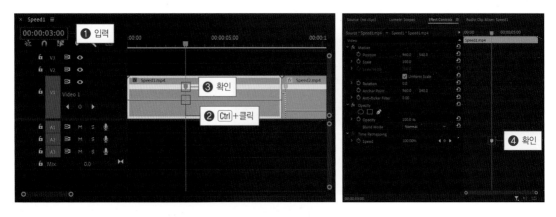

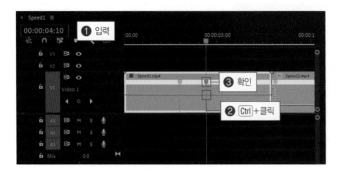

6 같은 방법으로 현재 시간 표시기를 '00:00:04:10'으로 이동합니다. Ctrl를 누른 상태로 Connector Line을 클릭합니다. '00:00:04:10'에 키프레임이 만들어진 것을 확인합니다.

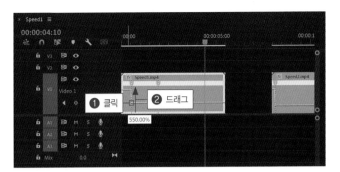

7 '00:00:00:00~00:00:03:00' 사이의 Connector Line을 클릭한 상태로 위로 드래그하여 속도를 '550%'로 설정합니다.

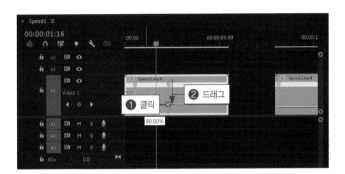

8 '00:00:03:00~00:00:04:10' 사이의 Connector Line을 클릭한 상태로 아래로 드래그하여 속도를 '80%'로 설정합니다. 이 구간에서 현재 영상 클립의 속도보다 느리게 변경합니다.

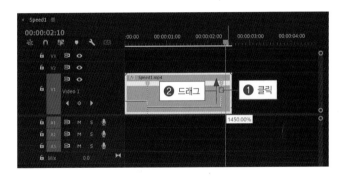

9 '00:00:04:10~00:00:05:20' 사이의 Connector Line을 클릭한 상태로 위로 드래그하여 속도를 '1450%'로 설정합니다. 이 구간에서 현재 영상 클립의 속도보다 빠르게 변경합니다.

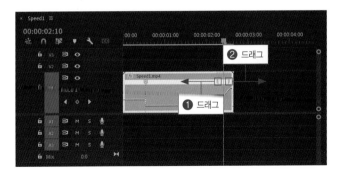

10 'Speed1.mp4' 클립의 두 번째 키 프레임의 왼쪽 포인터를 왼쪽으로 드래그하고 오른쪽 포인터를 오른쪽으로 드래그하여 그래프를 점차 가속되는 형태로 설정합니다.

디자이너's 노하우

지나친 속도 변화는 영상을 산만하게 만들 수도 있지만, 중요한 장면에서 속도를 낮추면 영상의 내용이 강하게 부각됩니다.

11 'Speed6.mp4' 클립을 선택하고 'FX' 아이콘()에서 마우스 오른쪽 버튼을 클릭한 다음 Time Remapping → Speed를 실행합니다.

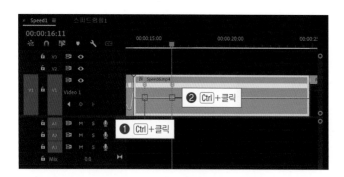

12 'Speed6.mp4' 클립의 '00:00:14: 18'과 '00:00:16:11'에서 Ctrl를 누른 상태로 Connector Line을 클릭하여 키 프레임을 만듭니다.

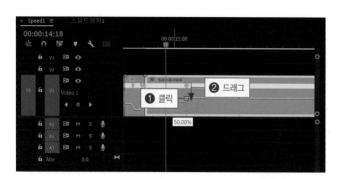

13 'Speed6.mp4' 클립에서 첫 번째 구간인 '00:00:14:02~00:00:14:18' 사이의 Connector Line을 클릭한 상태로 아래로 드래그하여 속도를 '50%'로 설정하여 이 구간에서 현재 영상 클립의 속도보다 느리게 변경합니다.

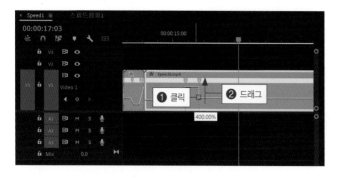

14 'Speed6.mp4' 클립에서 두 번째 구간인 '00:00:15:10~00:00:17:03' 사이의 Connector Line을 클릭한 상태로 위로 드래그하여 속도를 '400%'로 설정하여 이 구간에서 현재 영상 클립의 속도보다 빠르게 변경합니다.

15 'Speed6.mp4' 클립에서 세 번째 구간인 '00:00:15:20~00:00:23:08' 사이의 Connector Line을 클릭한 상태로 위로 드래그하여 속도를 '800%'로 설정하여 이 구간에서 현재 영상 클립의 속도보다 빠르게 변경합니다.

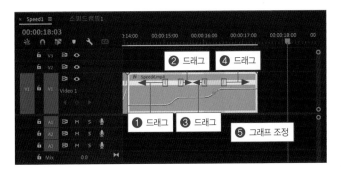

16 'Speed6.mp4' 클립의 키프레임 포인터를 오른쪽 왼쪽으로 드래그하며 점차 가속하는 그래프 모양으로 설정하고 그림과 같이 그래프의 핸들을 조정해 부드러운 모양으로 만듭니다.

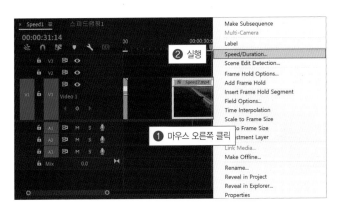

17 Timeline 패널의 'Speed7.mp4' 클립에서 마우스 오른쪽 버튼을 클릭한 다음 **Speed/Duration**을 실행합니다.

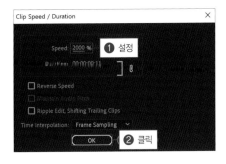

18 Clip Speed/Duration 대화상자가 표시되면 Speed를 '2000%'로 설정하고 〈OK〉 버튼을 클릭합니다. 'Speed7.mp4' 영상클립의 속도가 빨라진 것을 확인합니다.

Strobe Light 이펙트로 긴장감 증폭하기

Strobe Light 이펙트는 빠르게 화면이 교차하거나 흑백이 연속적으로 빠르게 깜박이는 효과입니다. Flicker 효과라고도 말하며, 빠르게 교차하는 트랜지션으로도 사용합니다. 이 효과는 단시간에 많은 장면이 스쳐 지나가도록 연출하거나 빠르게 화면이 교차하여 보이기 때문에 속도감이나 긴장감을 증폭시킬 수 있습니다.

1 현재 시간 표시기를 'Speed6.mp4' 클립의 끝 점인 '00:00:17:09'로 이동합니다. Project 패널에서 'Speed2.mp4' 아이템을 현재 시간 표시기 위치에 시작 점이 맞게 Timeline 패널의 V2 트랙으로 드래그합니다.

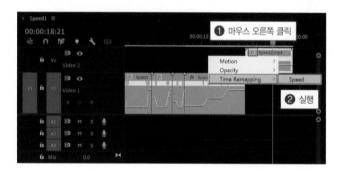

2 'Speed2.mp4' 클립의 'FX' 아이콘(fx)에서 마우스 오른쪽 버튼을 클릭하여 **Time Remapping → Speed**를 실행합니다.

3 'Speed2.mp4' 클립에 Connector Line이 표시되면 'Speed2.mp4' 클립의 중간 부분에 Ctrl를 누른 상태로 Connector Line을 클릭하여 키프레임을 하나 만듭니다. 구간마다 Speed를 '400%', '600%'로 설정하여 영상이 점차 빨라지도록 만듭니다.

4 Effects 패널에서 'Strobe Light' 이펙트를 검색한 다음 Timeline 패널 V2 트랙의 'Speed2.mp4' 클립에 드래그하여 적용합니다.

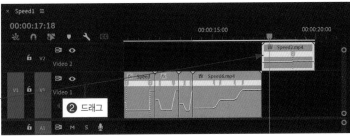

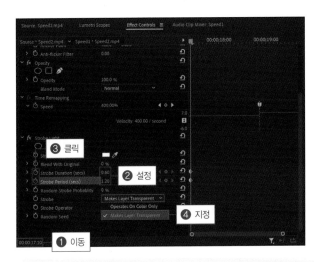

5 현재 시간 표시기를 'Speed2.mp4' 클립의 시작 점인 '00:00:17:10'으로 이동합니다. Effect Controls 패널의 Strobe Light 항목에서 Strobe Duration(secs)를 '0.6', Strobe Period(secs)를 '1.2'로 설정하고 'Toggle animation' 아이콘(⌀)을 클릭하여 키프레임을 만듭니다. Strobe를 'Make Layer Transparent'로 지정하여 하위 트랙에 클립이 위치한 경우 교차로 보이도록 설정합니다.

TIP
Strobe Period(secs)는 Strobe Duration(secs)의 두 배 정도로 설정하는 것이 좋습니다.

6 현재는 하위 트랙에 영상이 없어서 검은색으로 보입니다. 현재 시간 표시기를 'Speed2.mp4' 클립의 중간 부분인 '00:00:18:15'로 이동합니다.

7 Effect Controls 패널의 Strobe Light 항목의 Strobe Duration(secs)을 '0.3', Strobe Period(secs)를 '0.6'으로 설정합니다.

8 현재 시간 표시기를 V1 트랙에 있는 'Speed6.mp4' 클립의 중간 부분인 '00:00:13:06'으로 이동합니다. Project 패널에서 'Dashboard.mp4' 아이템을 Timeline 패널의 V2 트랙에 드래그합니다.

9 교차로 보이는 화면을 확인합니다.

디자이너's 노하우

영상의 스피드를 조절할 때 효과적인 장면은 피사체나 카메라의 움직임이 선형적으로 이어지는 것입니다. 예를 들어 카메라가 고정되어 있는데 자동차가 한 방향으로 지나가거나, 카메라가 피사체를 향해 다가가는 장면이 이에 해당합니다.

속도감에 맞추어 텍스트 추가하기

스피드 램핑을 이용하면 클립의 길이가 줄어들거나 늘어나기 때문에 기존 편집본을 수정해야 합니다. 편집을 조절하며 영상의 속도감에 맞추어 텍스트를 넣으면 메시지를 효과적으로 전달할 수 있습니다.

1 메뉴에서 (File) → Import($Ctrl$+I)를 실행합니다. Import 대화상자가 표시되면 프로젝트 → Source → 05 폴더에서 'Speed_Text.aep' 파일을 선택한 다음 〈열기〉 버튼을 클릭합니다.

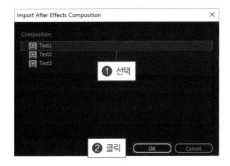

2 Import After Effects Composition 대화상자가 표시되면 'Text1' 컴포지션을 선택하고 〈OK〉 버튼을 클릭합니다. 같은 방법으로 'Speed_Text.aep' 파일을 Import한 다음 'Text2', 'Text3' 컴포지션을 선택하고 〈OK〉 버튼을 클릭합니다.

3 Project 패널에서 'Text1/Speed Text.aep', 'Text2/Speed Text.aep', 'Text3/Speed Text.aep' 아이템이 Import된 것을 확인합니다. 'Text1/Speed Text.aep' 아이템을 Timeline 패널 V1 트랙에 있는 'Speed1.mp4' 클립의 끝 점에 맞춰 V2 트랙으로 드래그하여 배치합니다.

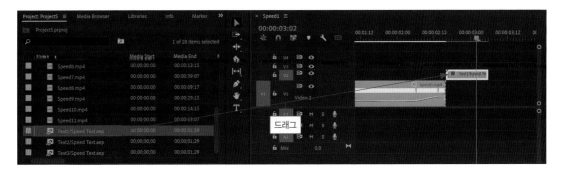

4 Timeline 패널 V2 트랙에 있는 'Text1/Speed Text.aep' 클립의 끝 점에 맞춰 V1 트랙에 있는 'Speed2.mp4' 클립을 드래그하여 배치하고 Project 패널에서 'Text2/Speed Text.aep' 아이템을 V1 트랙에 있는 'Speed2.mp4' 클립의 끝 점에 맞춰 V2 트랙으로 드래그하여 배치합니다.

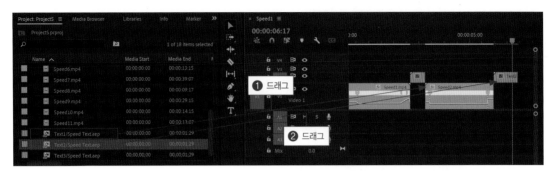

5 Timeline 패널 V2 트랙에 있는 'Text2/Speed Text.aep' 클립 끝 점에 맞춰 V1 트랙에 'Speed3. mp4' 클립을 드래그하여 배치하고 Project 패널에서 'Text3/Speed Text.aep' 아이템을 Time line 패널 V1 트랙에 있는 'Speed3.mp4' 클립의 끝 점에 맞춰 V2 트랙으로 드래그하여 배치합니다.

6 메뉴에서 (File) → Import(Ctrl+I)를 실행합니다. Import 대화상자가 표시되면 프로젝트 → Source → 05 폴더에서 'Glitch Text.aep' 파일을 선택한 다음 〈열기〉 버튼을 클릭합니다.

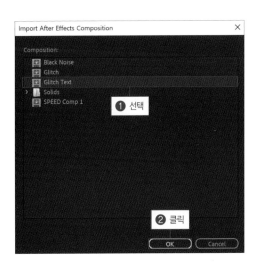

7 Import After Effects Composition 대화상자가 표시되면 'Glitch Text' 컴포지션을 선택하고 〈OK〉 버튼을 클릭합니다.

8 'Glitch Text/Glitch Text.aep' 아이템이 영상 끝에 나타나도록 합니다. Project 패널 'Glitch Text/Glitch Text.aep' 아이템을 '00:00:18:17'부터 시작할 수 있게 배치하고 끝 점을 드래그하여 V1 트랙에 있는 'Speed11.mp4' 클립의 길이와 같게 만듭니다.

9 현재 시간 표시기를 '00:00:22:11' 로 이동합니다.

10 Project 패널에서 'Light.mp4' 아이템을 Timeline 패널의 현재 시간 표시기 위치에 맞춰 V2 트랙으로 드래그하여 배치합니다. V2 트랙에 있는 'Light.mp4' 클립의 끝 점을 드래그하여 'Speed11. mp4' 클립의 길이와 같게 만듭니다.

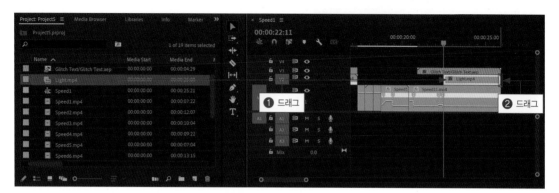

11 V2 트랙의 'Light.mp4' 클립을 선택합니다.

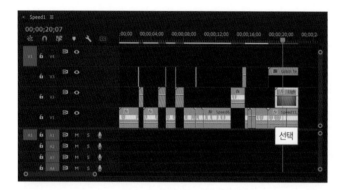

12 Effect Controls 패널의 Opacity 항목에서 Blend Mode를 'Soft Light'로 지정합니다. 영상의 마지막 부분을 빨간색 빛과 혼합하여 강조할 수 있습니다.

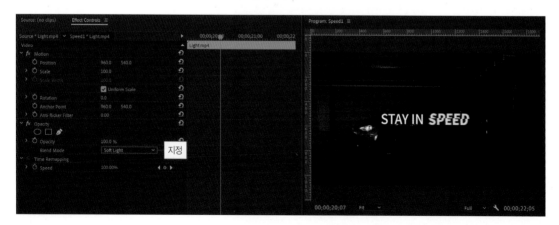

Directional Blur 이펙트로 속도감 강화하기

스피드 램핑이 효과적으로 보이기 위해서는 카메라 움직임이 적용된 영상 소스여야 하고, 장면별 시작과 끝의 유사성이 있는 경우 효과적으로 보입니다. 장면 전환 시 영상 소스 안 카메라 움직임과 비슷한 방향의 움직임을 만들어 주고 그사이에 속도감을 더할 수 있는 Blur 이펙트를 적용하면 속도감을 훨씬 더 효과적으로 표현할 수 있습니다.

1 Project 패널에서 마우스 오른쪽 버튼을 클릭한 다음 New Item → Adjustment Layer를 실행합니다.

2 Project 패널에서 'Adjustment Layer' 아이템의 끝 점을 Timeline 패널 V2 트랙에 있는 'Text1/Speed Text.aep' 클립의 시작 점에 맞춰 V3 트랙에 드래그하여 배치하고 'Adjustment Layer' 클립을 선택합니다.

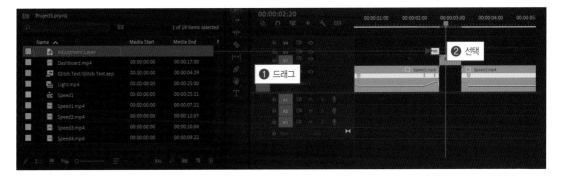

3 Ctrl+R를 눌러 Clip Speed / Duration 대화상자가 표시되면 Duration을 '00:00:00:05'로 설정합니다.

4 Project 패널에서 'Adjustment Layer' 아이템을 V2 트랙의 'Text2/Speed Text.aep' 클립 앞, V1 트랙의 'Speed4.mp4' 클립과 Speed5.mp4 클립의 사이, 'Strobe Light' 이펙트가 적용된 'Speed2. mp4' 클립에 맞춰 V3 트랙에 드래그하여 배치합니다. 네 번째 'Adjustment Layer'의 클립을 다른 'Adjustment Layer' 클립들보다 길게 설정합니다.

5 Effects 패널에서 'Directional Blur' 이펙트를 검색한 다음 Timeline 패널 V3 트랙의 'Adjustment Layer' 레이어에 모두 드래그하여 적용하고 첫 번째 'Adjustment Layer' 레이어를 선택합니다.

6 Effect Controls 패널에서 Directional Blur 항목의 Direction을 '0', Blur Length를 '100'으로 설정합니다.

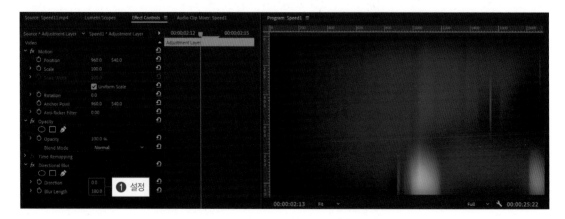

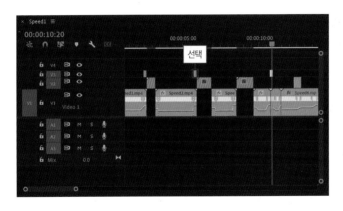

7 Timeline 패널에서 두 번째 'Adjustment Layer' 레이어를 선택합니다.

TIP
영상 소스의 카메라 이동 방향과 같은 방향으로 Direction을 설정하는 것이 효과적입니다.

8 Effect Controls 패널에서 Directional Blur 항목의 Direction을 '90°', Blur Length를 '100'으로 설정합니다.

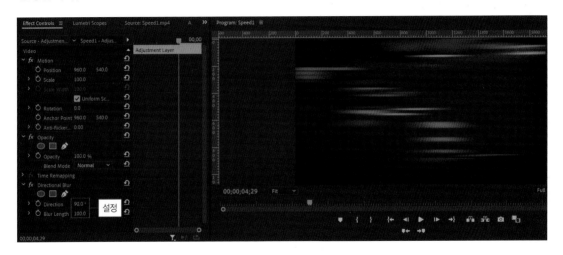

9 Timeline 패널에서 세 번째 'Adjustment Layer' 레이어를 선택합니다.

디자이너's 노하우
영상에서 흐리기 효과(Blur Effect)는 장소를 이동하거나 속도감을 나타낼 때 자주 활용합니다. 방향 흐리기(Directional Blur) 효과는 화면의 속도감을 강조하기 위해서 쓰이므로 카메라 움직임의 방향과 일치하게 적용해야 속도감이 강조될 수 있습니다.

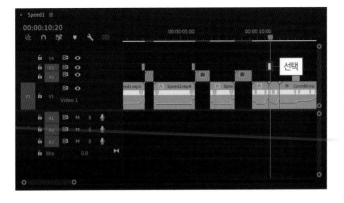

10 Effect Controls 패널에서 Directional Blur 항목의 Direction을 '90', Blur Length를 '100'으로 설정합니다.

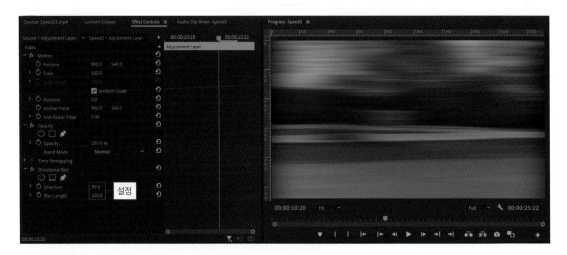

11 Timeline 패널에서 네 번째 'Adjustment Layer' 레이어를 선택합니다.

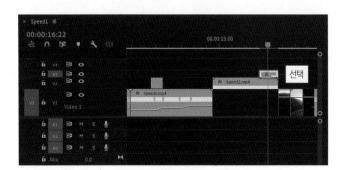

12 Effect Controls 패널에서 Directional Blur 항목의 Direction을 '0', Blur Length를 '100'으로 설정합니다. 전체 편집을 검토하고 부자연스러운 부분이나 보완할 부분을 조정합니다.

사운드 시각화하기

영상에서 사운드는 매우 중요한 요소입니다. 영상의 전체적인 분위기를 소리를 통해서 드러낼 뿐만 아니라 미묘한 느낌이나 감정의 변화를 전달하는 수단입니다. 따라서 필요한 사운드 요소를 적절히 선택하고 필요하다면 오디오를 우선하며 편집할 수 있어야 합니다. 영상에 어울리는 소리를 사용하는 것이 우선이겠지만, 사운드 변화 값을 기준으로 키프레임을 지정하여 영상의 시각적인 움직임을 바꿀 수도 있습니다. 사운드의 시각화 기법은 색다른 흥미를 줄 수 있습니다.

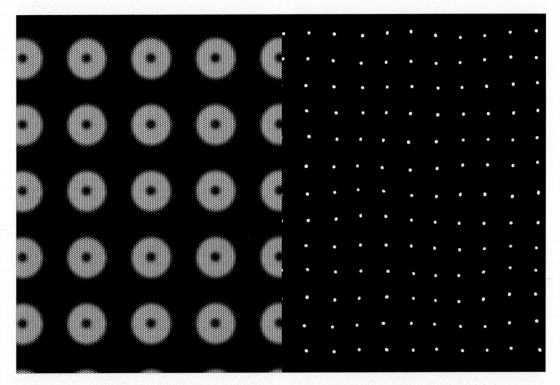

(작업 특징) 애프터 이펙트에서 사운드에 반응하는 도형 엘리먼트(Elements)와 스펙트럼(Spectrum)을 생성하고, 오디오에 연결하여 소리의 변화를 시각화합니다.

(예제 파일) 프로젝트\Source\06\block-party-hard-beat.mp3

(완성 파일) 프로젝트\Source\06\Project6_완성.aep, Audio Spectrum_완성.mp4, Dot Motion_완성.mp4, Wave Circle Motion_완성.mp4, Wave Circle_완성.mp4, Wave Dot_완성.mp4

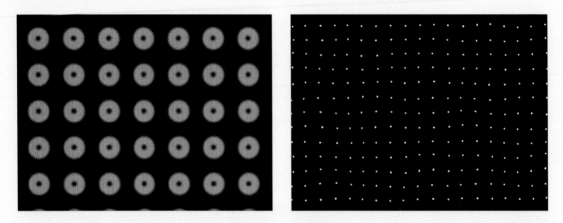

사운드 엘리먼트 제작하기

소리에 반응할 도형 요소로 웨이브 써클(Wave Circles), 도트(Dots) 등의 엘리먼트를 애프터 이펙트에서 제작합니다.

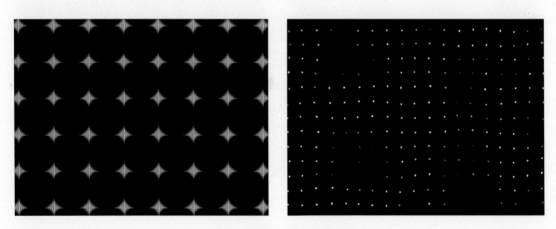

사운드에 반응하도록 연결하기

애프터 이펙트의 타임라인에 음악 파일을 가져오면 파형(Waveform)이 표시됩니다. 소리의 크기를 키프레임으로 변환하여 엘리먼트의 형태 요소에 연결하면 음악에 따라 도형의 크기와 모양이 자연스럽게 변화하는 오디오 시각화를 연출할 수 있습니다.

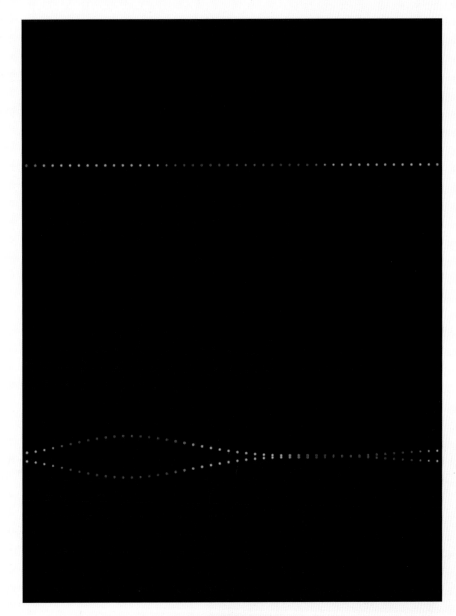

오디오 스펙트럼 생성하기

솔리드 레이어(Solid Layer)에 오디오 스펙트럼(Audio Spectrum) 효과를 적용하여 그래프를 생성하고,
사운드를 연결하면 소리에 따라 변화하는 스펙트럼의 패턴을 시각화할 수 있습니다.

사운드 엘리먼트 만들기

사운드에 반응할 도형 요소로 웨이브 써클(Wave Circles), 도트(Dots) 등의 엘리먼트를 제작합니다. 이는 기본 도형을 활용하여 대칭, 복사 등의 다양한 변형을 통해 표현합니다. 이후 소리의 크기에 따라 움직이도록 할 그래픽 요소들입니다.

1 애프터 이펙트에서 새 프로젝트를 만들고 메뉴에서 [Composition] → New Composition(Ctrl+N)을 실행하여 컴포지션을 만듭니다.

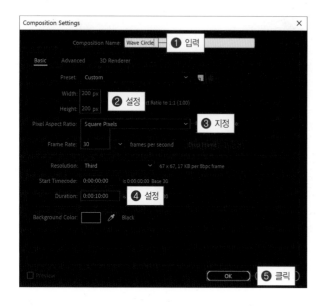

2 Composition Settings 대화상자가 표시되면 Composition Name에 'Wave Circle'을 입력하고 Width를 '200px', Height를 '200px'로 설정한 다음 Pixel Aspect Ratio를 'Square Pixels', Frame Rate를 '30'으로 지정합니다. Duration을 '0:00:10:00'으로 설정하고 〈OK〉 버튼을 클릭합니다.

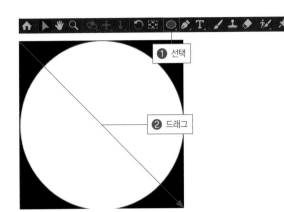

3 Tools 패널에서 원형 도구(◯)를 선택하고 Composition 패널 화면에서 [Shift]를 누른 상태로 드래그하여 200px의 정원형 셰이프 레이어를 만듭니다.

TIP

원형의 크기는 Timeline 패널 'Shape Layer 1' 레이어의 Ellipse 1 → Ellipse Path 1 → Size에서 확인 및 변경할 수 있습니다.

4 Timeline 패널에서 'Shape Layer 1' 레이어가 만들어지면 레이어를 선택한 상태로 [Enter]를 누르고 'Circle'을 입력하여 이름을 변경합니다.

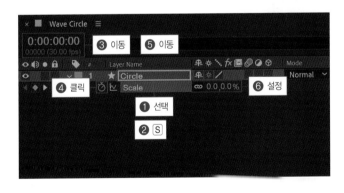

5 Timeline 패널에서 'Circle' 레이어가 선택된 상태로 [S]를 눌러 Scale 속성을 표시합니다. 현재 시간 표시기를 '1초'로 이동한 다음 Scale 왼쪽의 'Stop Watch' 아이콘(◷)을 클릭하여 키프레임을 만듭니다. 이어 현재 시간 표시기를 '0초'로 이동한 다음 Scale을 '0%로 실싱입니다.

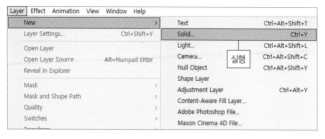

6 Timeline 패널에서 만들어진 두 개의 키프레임을 선택하고 메뉴에서 (Animation) → Keyframe Velocity ((Ctrl)+(Shift)+(K))를 실행합니다.

TIP

Keyframe Velocity를 활용하면 수치로 그래프 모양을 변경할 수 있어 Grape Editor에서 그래프 모양을 조정하는 것보다 빠르게 작업할 수도 있습니다. 'Grape Editor' 아이콘(圖)을 클릭하여 그래프 모양이 변경된 것을 확인할 수 있으며, (Spacebar)를 눌러 재생해 수치를 변경하여 원하는 움직임을 만들 수 있도록 그래프 모양을 변형해 볼 수도 있습니다.

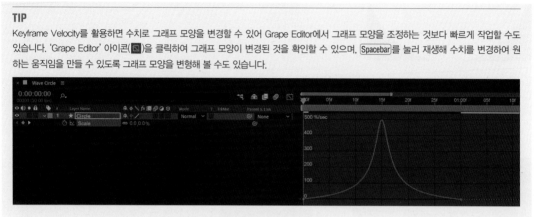

7 Keyframe Velocity 대화상자가 표시되면 Incoming Velocity의 Influence를 '80%', Outgoing Velocity의 Influence를 '80%'로 설정하고 〈OK〉 버튼을 클릭합니다.

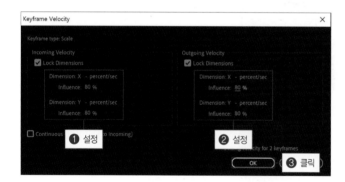

8 Timeline 패널의 'Circle' 레이어가 선택된 상태에서 (Ctrl)+(D)를 눌러 선택한 레이어를 복제합니다. 'Circle 2' 레이어의 시작 점을 '15 프레임'으로 드래그하여 배치합니다.

9 Timeline 패널에서 Modes 항목이 활성화된 상태로 'Circle' 레이어의 Track Matte를 'Alpha Inverted Matte "Circle 2"'로 지정합니다.

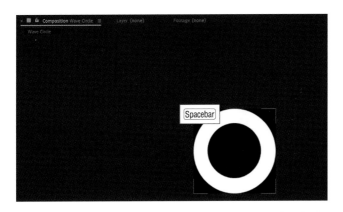

10 'Circle' 레이어와 'Circle 2' 레이어의 겹쳐지지 않은 부분이 화면에 나타납니다. Spacebar를 눌러 재생하면 파동과 같이 퍼져나가는 원의 움직임이 재생됩니다.

TIP
'Circle 2' 레이어의 시작 점을 설정하면 시간에 따라 원의 굵기가 변합니다. 이를 조정하면서 원하는 움직임을 만들 수 있습니다.

---

11 'Circle' 레이어를 선택하고 S를 눌러 Scale 속성을 표시합니다. 'Circle', 'Circle 2' 레이어에서 Alt를 누른 상태로 Scale 왼쪽의 'Stop Watch' 아이콘(🕐)을 클릭하고 타임라인에 활성화된 스크립트 영역에 'loopOut("cycle")'을 입력합니다.

TIP
동일한 원의 움직임을 지속적으로 진행하기 위해서는 반복적인 키프레임을 추가할 수도 있지만, 여기서는 익스프레션 기능을 활용했습니다

디자이너's 노하우
모션 그래픽 애니메이션 작업을 진행하다 보면 특정 부분에서 반복되는 움직임을 연속하는 경우가 있습니다. 반복적인 움직임의 표현을 루프 애니메이션(Loop Animation)이라 하고, 반복을 만드는 작업은 '루핑(Looping)'이라고 말합니다.

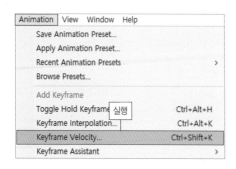

12 다시 새로운 컴포지션을 만들기 위해 메뉴에서 [Composition] → New Composition(Ctrl+N)을 실행합니다.

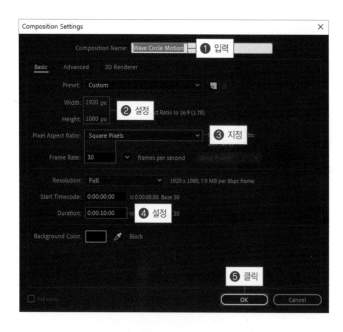

13 Composition Settings 대화상자가 표시되면 Composition Name에 'Wave Circle Motion'를 입력하고 Width를 '1920px', Height를 '1080px'로 설정한 다음 Pixel Aspect Ratio를 'Square Pixels', Frame Rate를 '30'로 지정합니다. Duration을 '0:00:10:00'으로 설정하고 〈OK〉 버튼을 클릭합니다.

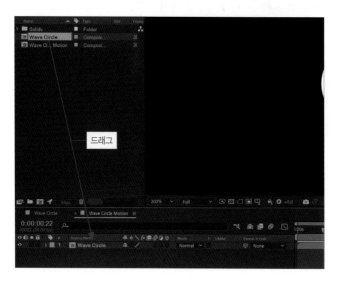

14 Project 패널에서 'Wave Circle' 컴포지션을 Timeline 패널에 드래그하여 배치합니다.

15 Effects & Presets 패널에서 'CC HexTile' 이펙트를 검색한 다음 Timeline 패널의 'Wave Circle' 레이어에 드래그하여 적용합니다. Effect Controls 패널의 CC HexTile 항목에서 Radius를 '3', Smearing을 '30'으로 설정합니다.

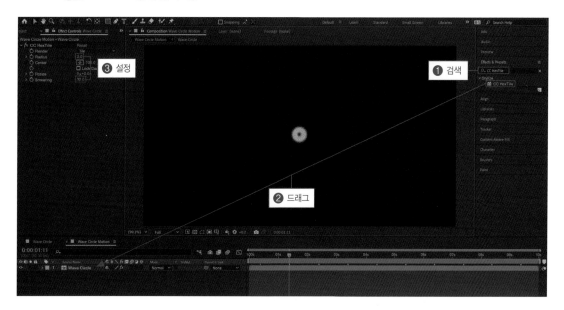

16 Effects & Presets 패널에서 'Motion Tile' 이펙트를 검색한 다음 Timeline 패널의 'Wave Circle' 레이어에 드래그하여 적용합니다. Effect Controls 패널의 Motion Tile 항목에서 Output Width를 '1000', Output Height를 '550'으로 설정합니다.

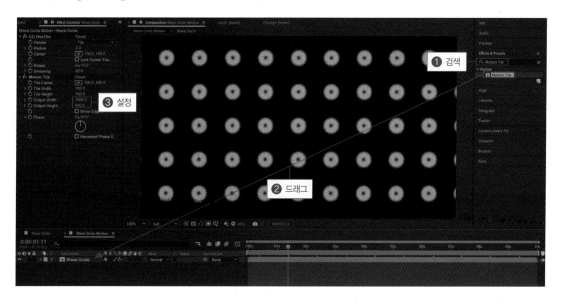

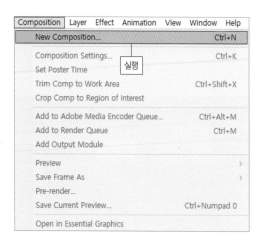

17 새로운 컴포지션을 만들기 위해 메뉴에서 (Composition) → New Composition(Ctrl + N)을 실행합니다.

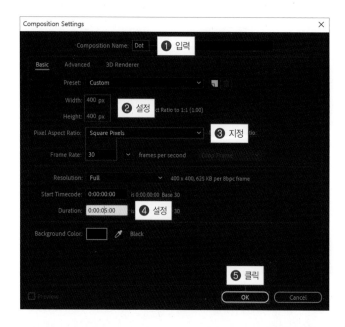

18 Composition Settings 대화상자가 표시되면 Composition Name에 'Dot'을 입력하고 Width를 '400px', Height를 '400px'로 설정한 다음 Pixel Aspect Ratio를 'Square Pixels', Frame Rate를 '30'으로 지정합니다. Duration을 '0:00:05:00'으로 설정하고 〈OK〉 버튼을 클릭합니다.

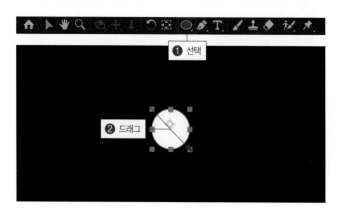

19 Tools 패널에서 원형 도구(●)를 선택하고 Composition 패널 화면에서 Shift를 누른 상태로 드래그하여 50px의 정원형 셰이프 레이어를 만듭니다.

20 셰이프 레이어를 선택한 다음 Align 패널에서 'Align Horizontally' 아이콘(█)과 'Align Vertically' 아이콘(█)을 클릭하여 화면의 정중앙에 원을 배치합니다.

21 Timeline 패널의 'Shape Layer 1' 레이어가 만들어지면 레이어를 선택한 상태로 Enter를 누르고 'Dot'을 입력하여 이름을 변경합니다.

TIP
원형의 크기는 Timeline 패널 'Shape Layer 1' 레이어의 Ellipse 1 → Ellipse Path 1 → Size에서 확인 및 변경할 수 있습니다.

Fractal Noise 이펙트로 비정형적 움직임 표현하기

애프터 이펙트에서 노이즈(Noise) 효과는 활용도가 높고 불규칙적이고 비정형적인 표현에 효과적입니다. 도트 패턴이 랜덤하게 변하는 것처럼 보이기 위해서 프랙탈 노이즈(Fractal Noise) 이펙트를 적용하겠습니다.

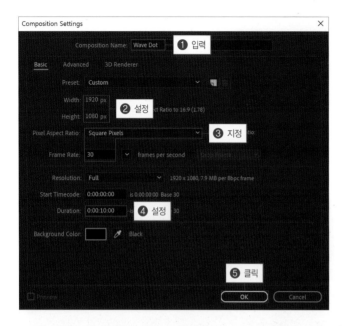

1 Ctrl+N을 눌러 새로운 컴포지션을 생성합니다.

Composition Settings 대화상자가 표시되면 Composition Name에 'Wave Dot'을 입력하고 Width를 '1920px', Height를 '1080px'로 설정한 다음 Pixel Aspect Ratio를 'Square Pixels', Frame Rate를 '30'으로 지정합니다. Duration을 '0:00:10:00'으로 설정하고 〈OK〉 버튼을 클릭합니다.

2 Project 패널에서 'Dot' 컴포지션을 Timeline 패널에 드래그하여 배치합니다.

3 Effects & Presets 패널에서 'Motion Tile' 이펙트를 검색한 다음 Timeline 패널의 'Dot' 레이어로 드래그하여 적용합니다.

4 Effect Controls 패널의 Motion Tile 항목에서 Tile Width를 '20', Tile Height를 '20', Output width를 '470', Output Height를 '700'으로 설정합니다. Composition 패널에서 원이 화면 전체에 배치된 것을 확인합니다.

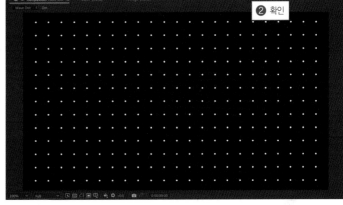

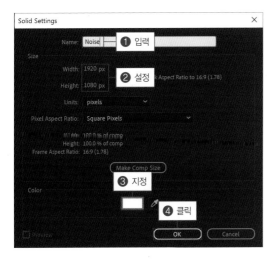

5 단색의 Solid 레이어를 만들기 위해 Ctrl+Y를 누릅니다.

Solid Settings 대화상자가 표시되면 Name에 'Noise'를 입력하고 Width를 '1920px', Height를 '1080px'로 설정한 다음 Color를 '#FFFFFF'로 지정하고 〈OK〉 버튼을 클릭합니다.

디자이너's 노하우

애프터 이펙트에서 많이 활용하는 노이즈(Noise) 효과는 프랙탈 노이즈(Fractal Noise), 노이즈 HLS(Noise HLS), 뒤틀기 노이즈(Turbulent Noise) 등이 있습니다. 일반적으로 글리치(Glitch) 효과나 연기, 잉크, 물결 등의 생동감 있는 표현에도 자주 활용됩니다.

6 Effects & Presets 패널에서 'Fractal Noise' 이펙트를 검색한 다음 Timeline 패널의 'Noise' 레이어에 드래그하여 적용합니다. Effect Controls 패널에서 'Fractal Noise' 이펙트가 적용된 것을 확인합니다.

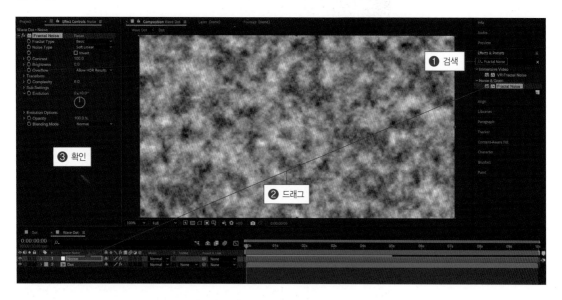

7 Effect Controls 패널의 Fractal Noise 항목에서 Contrast를 '500', Brightness를 '0', Transform의 Scale을 '500'으로 설정합니다.

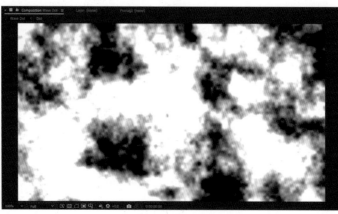

8 적용된 효과를 지속적으로 움직이기 위해 익스프레션을 적용합니다. Effect Controls 패널의
Fractal Noise 항목에서 Alt 를 누른 상태로 Evolution 왼쪽의 'Stop Watch' 아이콘(⏱)을 클릭합니다.

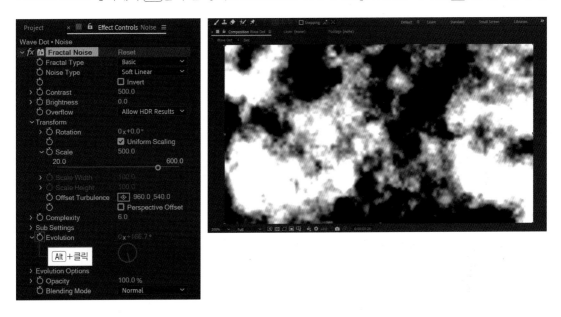

9 Timeline 패널에서 Evolution의 익스프레션 스크립트 영역이 활성화되면 'time*100'을 입력합니다.

10 Timeline 패널에서 'Noise' 레이어를 'Dot' 레이어 아래로 드래그하여 배치합니다. 'Dot' 레이어
의 Track Matte를 'Alpha Matte "Dot"'로 지정합니다.

11 새로운 효과를 추가하기 위해 메뉴에서 (Layer) → New → Adjustment Layer(Ctrl+Alt+Y)를 실행합니다. Timeline 패널에서 'Adjustment Layer' 레이어가 만들어진 것을 확인하고 가장 상단으로 드래그하여 배치합니다.

12 Effects & Presets 패널에서 'Turbulent Displace' 이펙트를 검색한 다음 Timeline 패널의 'Adjustment Layer' 레이어에 드래그하여 적용합니다. Effect Controls 패널의 Turbulent Displace 항목에서 Amount를 '20', Size를 '70'으로 설정합니다.

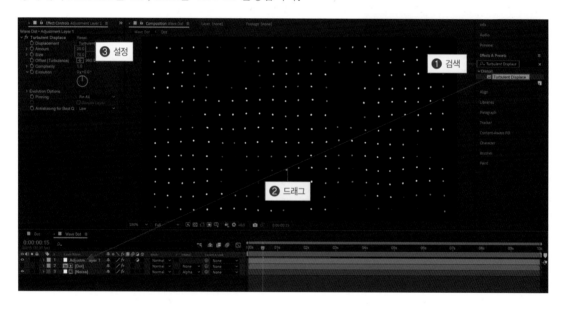

13 새로운 컴포지션을 만들기 위해 메뉴에서 (Composition) → New Composition(Ctrl+N)을 실행합니다.

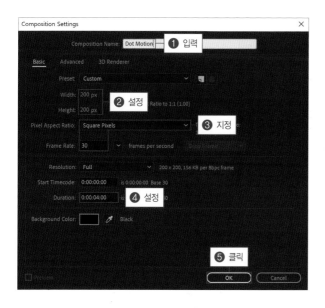

14 Composition Settings 대화상자가 표시되면 Composition Name에 'Dot Motion'를 입력하고 Width를 '200px', Height를 '200px'로 설정한 다음 Pixel Aspect Ratio를 'Square Pixels', Frame Rate를 '30'으로 지정합니다. Duration을 '0:00:04:00'으로 설정하고 〈OK〉 버튼을 클릭합니다.

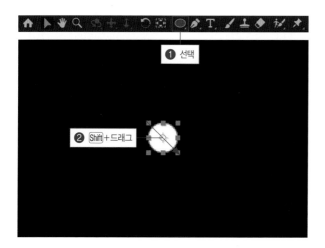

15 Tools 패널에서 원형 도구(◉)를 선택하고 Composition 패널 화면에서 Shift를 누른 상태로 드래그하여 20px의 정원형 세이프 레이어를 만듭니다.

16 'Shape Layer 1' 레이어를 선택한 상태로 P를 눌러 Position 속성을 표시합니다. Position 왼쪽의 'Stop Watch' 아이콘(◉)을 클릭해 키프레임을 만들고 '0초'에서 '100, 25', '1초'에서 '100, 174'로 설정합니다.

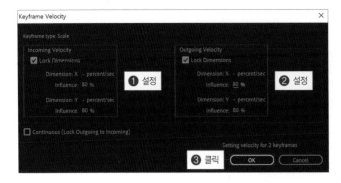

17 만들어진 키프레임을 모두 선택하고 Ctrl+Shift+K를 눌러 **Keyframe Velocity**를 실행합니다. Keyframe Velocity 대화상자가 표시되면 Incoming Velocity의 Influence를 '80%', Outgoing Velocity의 Influence를 '80%'로 설정하고 〈OK〉 버튼을 클릭합니다.

18 'Graph Editor' 아이콘(▣)을 클릭해 속도 그래프가 다음과 같이 조정된 것을 확인할 수 있습니다.

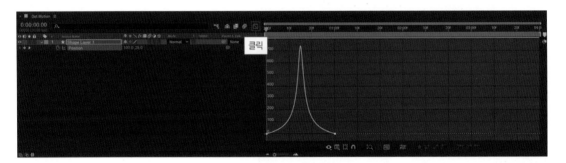

19 Effects & Presets 패널에서 'Echo' 이펙트를 검색한 다음 Timeline 패널의 'Shape Layer 1' 레이어에 드래그하여 적용합니다. Effect Controls 패널의 Echo 항목에서 Echo Time(seconds)을 '-0.02', Number of Echoes를 '4'로 설정하면 원의 움직임이 복사됩니다.

사운드 반응하게 하기

애프터 이펙트의 타임라인에 음악 파일을 가져오면 파형(Waveform)이 표시됩니다. 소리의 크기를 키프레임으로 변환하여 앞서 제작한 엘리먼트의 형태 요소에 연결하면 도형의 크기와 모양이 사운드에 반응하여 변화합니다.

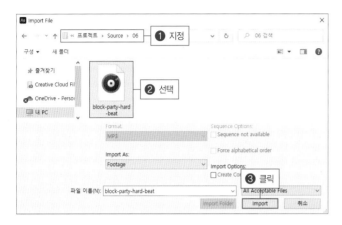

1 메뉴에서 (File) → Import → File(Ctrl)+(I))를 실행합니다. Import File 대화상자가 표시되면 프로젝트 → Source → 06 폴더에서 'block-party-hard-beat.mp3' 파일을 선택한 다음 〈Import〉 버튼을 클릭합니다.

2 Project 패널에서 'Wave Circle Motion' 컴포지션을 더블클릭하여 Timeline 패널에 불러옵니다.

디자이너's 노하우

시각화에 활용할 사운드를 선택할 때 파형(Waveform)의 높낮이 변화가 잘 보이는 것을 선택해야 애니메이션으로 적용했을 때 움직임이 더 흥미롭게 나타납니다.

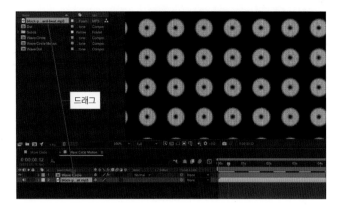

3 Project 패널에서 'block-party-hard-beat.mp3' 파일을 선택하고 Timeline 패널의 'Wave Circle' 레이어 하단으로 드래그하여 배치합니다.

4 Timeline 패널에서 'block-party-hard-beat.mp3' 레이어의 Audio → Waveform 속성을 표시하면 음악에 따라 Waveform이 나타나는 것을 알 수 있습니다. 이를 시각화하기 위해서는 값으로 변환시켜야 합니다. 'block-party-hard-beat.mp3' 레이어에서 마우스 오른쪽 버튼을 클릭한 다음 **Keyframe Assistant → Convert Audio to Keyframes**를 실행합니다.

5 'Audio Amplitude' 레이어가 만들어집니다. 'Audio Amplitude' 레이어의 Effects → Both Channels → Slider 속성을 표시합니다. 타임라인에서 수많은 키프레임이 만들어진 것을 확인합니다.

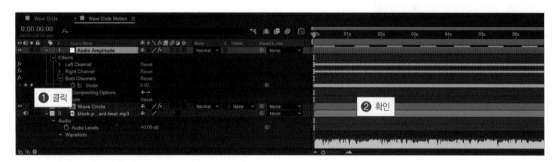

6 'Wave Circle' 레이어를 선택합니다.

7 Effect Controls 패널에서 [Alt]를 누른 상태로 CC Hex Tile → Radius 왼쪽의 'Stop Watch' 아이콘(⏱)을 클릭하여 키프레임을 만듭니다.

8 Timeline 패널의 'Wave Circle' 레이어에서 Expression:Radius의 '로프' 아이콘(◎)을 'Audio Amplitude' 레이어의 Both Channels → Slider로 드래그하여 연결합니다.

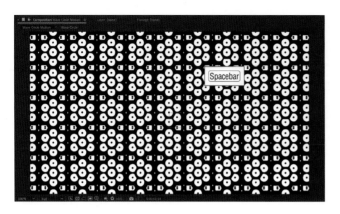

9 Spacebar를 눌러 재생하면 사운드에 따라 변하는 것을 확인할 수 있습니다.

10 Project 패널에서 'Wave Dot' 컴포지션을 더블클릭하여 컴포지션으로 불러옵니다.

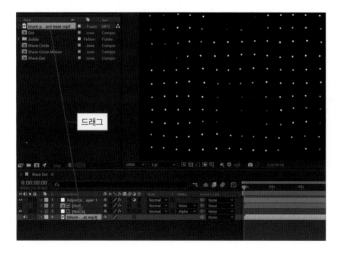

11 Project 패널에서 'block-party-hard-beat.mp3' 파일을 드래그하여 Timeline 패널의 가장 아래로 이동합니다.

12 'block-party-hard-beat.mp3'
레이어의 Audio → Waveform 속성
을 표시합니다. 'block-party-hard-
beat.mp3' 레이어에서 마우스 오른
쪽 버튼을 클릭한 다음 **Keyframe
Assistant → Convert Audio to
Keyframes**를 실행합니다.

13 Timeline 패널에 'Audio Amplitude' 레이어가 만들어집니다. 'Audio Amplitude' 레이어의
Effect → Both Channels → Slider 속성을 표시하고 타임라인에 수많은 키프레임이 만들어진 것을
확인합니다.

14 'Adjustment Layer' 레이어를 선
택합니다.

15 Effect Controls 패널에서 [Alt]를 누른 상태로 Turbulence Displace → Evolution 왼쪽의 'Stop Watch' 아이콘(⏱)을 클릭합니다.

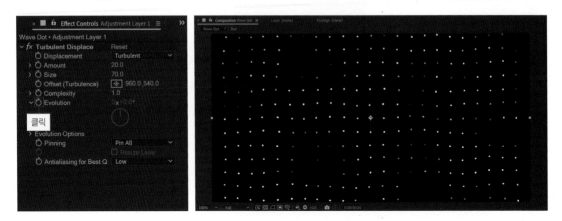

16 'Adjustment Layer' 레이어에서 Expression:Evolution 항목의 '로프' 아이콘(◎)을 'Audio Amplitude' 레이어의 Both Channels → Slider로 드래그하여 연결합니다.

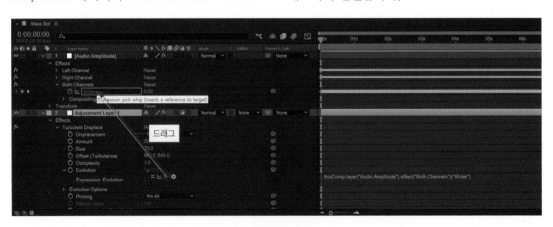

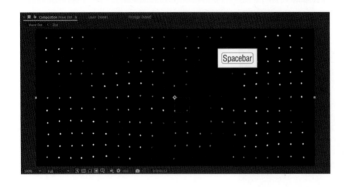

17 [Spacebar]를 눌러 재생하면 사운드에 따라 변하는 것을 확인할 수 있습니다.

오디오 스펙트럼 만들기

사운드를 활용하여 오디오 스펙트럼을 만들 수 있습니다. 만들어진 오디오 스펙트럼은 다양하게 변형할 수 있습니다.

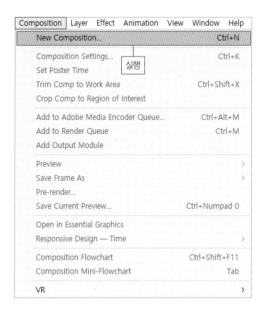

1 새로운 컴포지션을 만들기 위해 메뉴에서 (Composition) → New Composition(Ctrl+N)을 실행합니다.

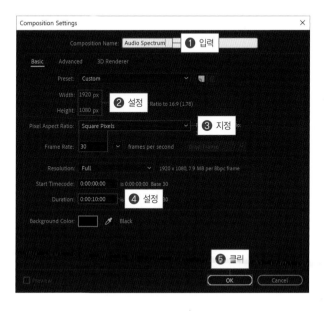

2 Composition Settings 대화상자가 표시되면 Composition Name에 'Audio Spectrum'을 입력하고 Width를 '1920px', Height를 '1080px'로 설정한 다음 Pixel Aspect Ratio를 'Square Pixels', Frame Rate를 '30'로 지정합니다. Duration을 '0:00:10:00'으로 설정하고 〈OK〉 버튼을 클릭합니다.

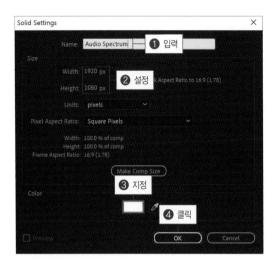

3 단색의 Soild 레이어를 만들기 위해 메뉴에서 [Layer] → New → Solid([Ctrl]+[Y])를 실행합니다. Solid Settings 대화상자가 표시되면 Name에 'Audio Spectrum'을 입력하고 Width를 '1920px', Height를 '1080px'로 설정한 다음 Color를 '#FFFFFF'으로 지정하고 〈OK〉 버튼을 클릭합니다.

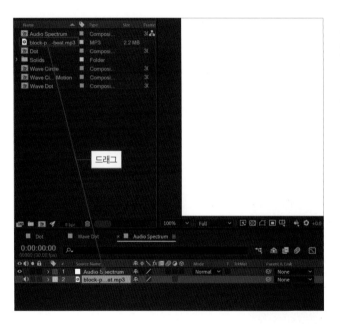

4 Project 패널에서 'block-party-hard-beat.mp3' 파일을 Timeline 패널의 'Audio Spectrum' 레이어 아래로 드래그하여 배치합니다.

5 Effects & Presets 패널에서 'Audio Spectrum' 이펙트를 검색한 다음 Timeline 패널의 'Audio Spectrum' 레이어로 드래그하여 적용합니다.

6 Effect Controls 패널에서 Audio Spectrum 항목의 Audio Layer를 '2. block-party-hard-beat.mp3'로 지정합니다.

7 Effect Controls 패널의 Audio Spectrum 항목에서 Maximum Height를 '940', Hue Interpolation을 '1x0°'로 설정하여 스펙트럼의 변화를 더 잘 보이게 조정하고 색상을 다양하게 변경합니다.

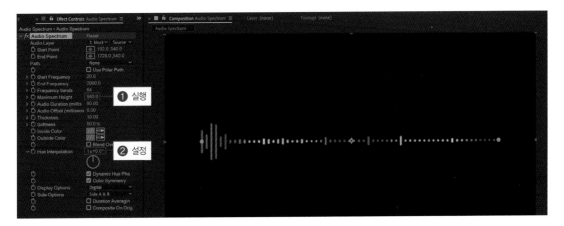

8 Side Option을 'Analog dots'로 지정하여 스펙트럼의 모양이 변하는 것을 확인합니다. Spacebar를 눌러 음악에 맞춰 재생되는 Audio Spectrum을 확인합니다.

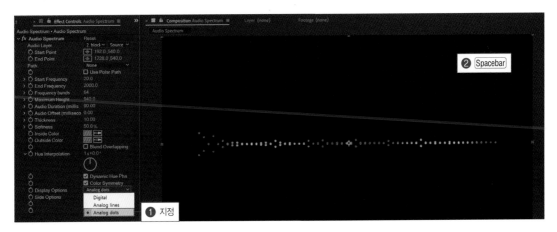

타이포그래피 움직이게 하기

영상의 타이포그래피는 텍스트 본연의 정보 전달 기능과 함께 디자인 요소로서 기능합니다. 영상은 시간성을 가지기 때문에 의도한 정보의 전달을 위해서는 한정된 시간 안에 문자 요소를 표출해야 합니다. 그래서 텍스트의 가독성, 레이아웃, 움직임 등 여러 가지 요소를 동시에 복합적으로 고려할 필요가 있습니다. 타이포그래피가 정보 전달 차원을 넘어서 디자인으로 작용할 때는 문자의 조형성과 심미성은 물론 움직임의 창의적 표현까지 구현해야만 시청자에게 시각적인 흥미를 줄 수 있습니다.

작업 특징 타이포그래피의 움직임을 표현하기 위해 텍스트 레이어(Text Layer)를 모양 레이어(Shape Layer)로 변환하기, 알파 매트(Alpha Matte) 활용하기, 텍스트 레이어의 속성을 활용하기 등의 방법을 이용합니다.

예제 파일 프로젝트\Source\07\block-party-hard-beat.mp3, Ending Text.png, MUSIC FESTIVAL1~MUSIC FESTIVAL6.mp4, Project7.aep

완성 파일 프로젝트\Source\07\Project7_완성.aep, Project7_완성.mp4

텍스트를 모양 레이어로 변경하여 움직임 표현하기

텍스트의 외양은 기본적으로 서체의 구성요소에 따라 결정됩니다. 애프터 이펙트에서 텍스트 레이어(Text Layer)를 모양 레이어(Shape Layer)로 변경하면 고정점(Point)이 생성되는데, 그 위치(Position)를 조절하여 키프레임 모션을 적용하면 재미있는 움직임을 표현할 수 있습니다.

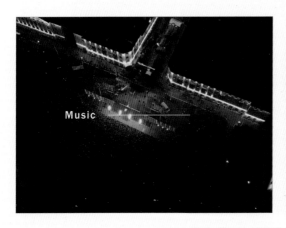

알파 매트를 이용하여 키워드 표출하기

알파 매트(Alpha Matte)를 사용하면 텍스트가 보이는 영역과 숨겨진 영역을 설정할 수 있습니다. 화면에 여러 가지 키워드들을 순차적으로 나타내는 표현에 유용하며, 다양한 텍스트 애니메이션 기법으로 응용할 수도 있습니다.

텍스트 레이어 속성을 이용하여 타이포그래피 애니메이션 제작하기

애프터 이펙트에서 텍스트 레이어의 애니메이션 속성에 기능을 추가해서 타이포그래피의 움직임을 표현할 수 있습니다.
Effects & Presets 패널의 애니메이션 프리셋(Animation Presets)에는 사전 설정으로 제공되는 다양한 애니메이션 효과가
들어있어 프리셋으로 제공되는 애니메이션의 움직임에다가 텍스트 레이어의 속성을 변경해서 자신만의 표현 기법으로 완성할 수
있습니다. 의도하는 움직임을 제대로 표현하기 위해서는 애니메이션 모션의 작동 순서에 유의해야 합니다.

Shape로 타이포그래피 움직임 만들기

텍스트의 형태는 기본적으로 서체에 따라 결정되지만, 애프터 이펙트에서 텍스트 레이어를 셰이프로 변형하면 기준점이 만들어져 포인트 위치를 변경하여 늘이거나 줄이는 등 형태를 변형하면 재미있는 움직임을 만들 수 있습니다.

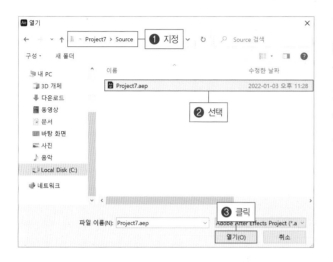

1 애프터 이펙트를 실행하고 메뉴에서 (File) → Open Project(Ctrl+O)를 실행합니다. Open Project 대화상자가 표시되면 프로젝트 → Source → 07 폴더에서 'Project7.aep' 파일을 선택한 다음 〈열기〉 버튼을 클릭합니다.

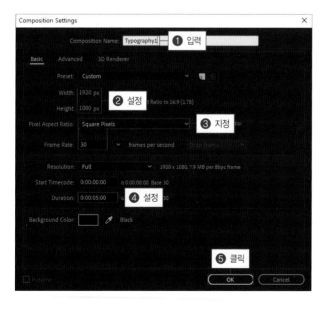

2 새로운 컴포지션을 만들기 위해 메뉴에서 (Composition) → New Composition(Ctrl+N)을 실행합니다. Composition Settings 대화상자가 표시되면 Composition Name에 'Typography1'를 입력하고 Width를 '1920px', Height를 '1080px'로 설정한 다음 Pixel Aspect Ratio를 'Square Pixels', Frame Rate를 '30'으로 지정합니다. Duration을 '0:00:05:00'으로 설정하고 〈OK〉 버튼을 클릭합니다.

3 Project 패널에서 'Dot Motion' 파일을 Timeline 패널로 드래그하여 배치합니다.

4 Effects & Presets 패널에서 'Motion Tile' 이펙트를 검색한 다음 Timeline 패널의 'Dot Motion' 레이어에 드래그하여 적용합니다.

5 Effect Controls 패널에서 Motion Tile 항목의 Output Width를 '1300', Output Height를 '1300', Phase를 '0x+70°'로 설정합니다.

6 Timeline 패널에서 'Dot Motion' 레이어를 선택하고 [R]을 눌러 Rotation 속성을 표시한 다음 Rotation을 '0x+45°'로 설정합니다.

7 Tools 패널에서 문자 도구([T])를 선택하고 Composition 패널 화면을 클릭한 다음 'MUSIC'을 입력합니다. Character 패널에서 텍스트의 속성을 설정합니다.

8 텍스트의 형태를 변형시키는 애니메이션을 만들기 위해 셰이프 레이어로 만들어보겠습니다. 'MUSIC' 레이어에서 마우스 오른쪽 버튼을 클릭한 다음 Create → Create Shapes from Text를 실행합니다.

9 Timeline 패널에 'MUSIC Outlines' 레이어가 만들어졌습니다. 각 텍스트의 Path가 만들어지고 이를 변형할 수 있는 상태가 되었습니다. 'MUSIC Outlines' 레이어를 선택한 상태로 탐색 창에 'path'를 입력해 Path 기능이 모두 표시되게 만듭니다.

TIP

많은 요소의 동일한 기능을 실행할 때 하나씩 확장하여 접근하는 것보다 탐색 창을 활용하면 원하는 기능을 손쉽게 실행할 수 있습니다.

10 'MUSIC Outlines' 레이어의 Contents 항목에서 Ctrl를 누른 상태로 M, U, S, I, C의 Path를 모두 클릭하여 선택합니다. 현재 시간 표시기를 '1초'로 이동한 다음 Path 왼쪽의 'Stop Watch' 아이콘(🕐)을 클릭하여 키프레임을 만듭니다.

11 현재 시간 표시기를 '0초'로 이동합니다. Composition 패널의 화면에서 M의 기준점 전체와 U의 기준점 절반을 선택합니다.

12 Shift를 누른 상태로 ←를 눌러 선택한 기준점들을 왼쪽으로 이동합니다.

TIP
Shift를 누르면 '5px'씩 이동됩니다.

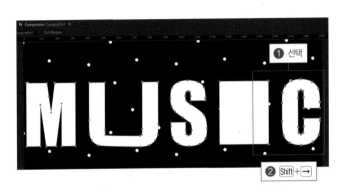

13 같은 방법으로 I의 절반과 C의 전체 기준점 선택하고 Shift를 누른 상태로 →를 눌러 선택한 기준점들을 오른쪽으로 이동합니다.

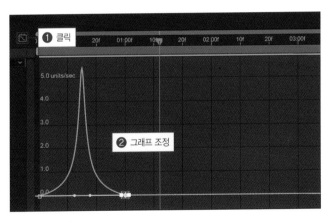

14 Timeline 패널에서 'Graph Editor' 아이콘(🔲)을 클릭하여 활성화합니다. 그래프의 모양을 조정하여 탄력적인 움직임으로 설정합니다.

디자이너's 노하우
애프터 이펙트에서 그래프 에디터는 기울기와 모양에 따라 움직임의 결과가 달라지는 기능입니다. 속도 그래프의 기울기가 급격한 부분에서는 오브젝트가 상대적으로 빠르게 움직이고, 기울기가 완만하면 느리게 움직입니다.

15 현재 시간 표시기를 '1초 10프레임'으로 이동합니다. 모든 레이어를 선택한 다음 Alt 와]를 동시에 눌러 레이어를 현재 시간 표시기가 있는 위치까지 레이어를 자릅니다.

배경과 텍스트에 움직임 추가하고 조정하기

실무

새로운 텍스트와 함께 움직임을 추가하고 그에 따른 배경의 움직임도 제작합니다. 전체적으로 자연스럽게 전환되는 타이포그래피와 배경의 움직임을 구현하도록 세부 속성을 조정합니다.

1　Project 패널에서 'Wave Circle' 컴포지션을 Timeline 패널의 가장 위로 드래그하여 배치합니다. 'Wave Circle' 레이어의 시작 점이 '1초 11프레임'에 위치하도록 드래그하여 이동합니다.

2　Effects & Presets 패널에서 'Motion Tile' 이펙트를 검색한 다음 Timeline 패널의 'Wave Circles' 레이어에 드래그하여 적용합니다.

3 Effect Controls 패널의 Motion Tile 항목에서 Tile Width를 '80', Tile Height를 '80', Output Width를 '1220', Output Height를 '800', Phase를 '0x+150°'로 설정합니다.

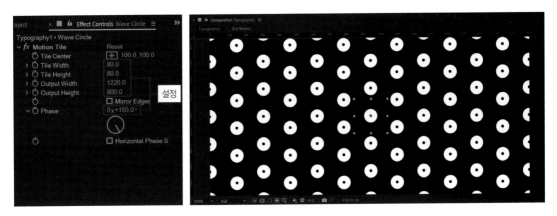

4 Tools 패널에서 문자 도구(T)를 선택하고 Composition 패널 화면을 클릭한 다음 'FESTIVAL'을 입력합니다. Character 패널에서 텍스트의 속성을 설정합니다.

5 Timeline 패널에서 'FESTIVAL' 레이어도 시작 점이 '1초 11프레임'에 위치하도록 드래그하여 이동합니다.

6 앞선 과정과 같게 텍스트의 형태를 변형시키는 애니메이션을 만들어 봅니다. 'FESTIVAL' 레이어에서 마우스 오른쪽 버튼을 클릭한 다음 Create → Create Shapes from Text를 실행합니다.

7 Timeline 패널의 탐색 창에 'path'를 입력하여 'FESTIVAL Outlines' 레이어의 Contents → F, E, S, T, I, V, A, L → Path 속성을 표시합니다. 현재 시간 표시기를 '2초 11프레임'으로 이동한 다음 'Stop Watch' 아이콘(🕚)을 클릭해 키프레임을 만듭니다.

8 현재 시간 표시기를 '1초 11프레임'으로 이동합니다.

9 Composition 패널에서 I의 기준점 반과 V, A, L의 기준점을 선택하고 Shift를 누른 상태로 →를 눌러 그림과 같이 화면의 오른쪽으로 이동합니다.

❶ 선택

❷ Shift + →

10 Timeline 패널에서 'Graph Editor' 아이콘(◻)을 클릭하여 활성화합니다. 그래프의 모양을 조정하여 탄력적인 움직임으로 설정합니다.

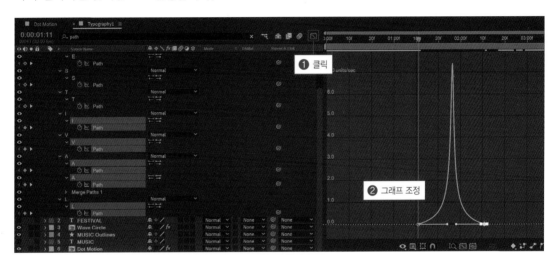

❶ 클릭

❷ 그래프 조정

11 현재 시간 표시기를 '2초 16프레임'으로 이동합니다. 'FESTIVAL Outlines' 레이어, 'FESTIVAL' 레이어, 'WAVE Circle' 레이어를 선택하고 Alt와]를 동시에 눌러 레이어를 현재 시간 표시기가 있는 위치까지 레이어를 자릅니다.

❶ 이동

❷ 선택

❸ Alt +]

12 Timeline 패널에서 마우스 오른쪽 버튼을 클릭한 다음 **New → Solid**를 실행하여 새로운 단색의 Solid 레이어로 배경 레이어를 만듭니다.

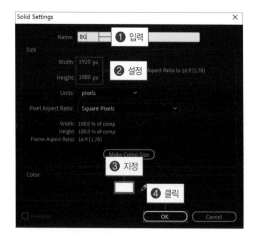

13 Solid Setting 대화상자가 표시되면 Name을 'BG'로 입력하고 Width를 '1920px', Height를 '1080px'으로 설정하고 〈OK〉 버튼을 클릭합니다.

14 Timeline 패널에서 'BG' 레이어를 가장 아래로 드래그하여 배치합니다. Effects & Presets 패널에서 'Fill' 이펙트를 검색한 다음 Timeline 패널의 'BG' 레이어에 드래그하여 적용합니다. 현재 시간 표시기를 '0초'로 이동합니다.

디자이너's 노하우

텍스트에 적용된 서체가 너무 가늘면 변형후 가독성이 떨어질 수 있으므로 두께가 있는 서체를 적용하는 것이 효과적입니다. 변형의 방향에 따라 늘이기(Stretch) 했을 때 찌그러짐 없이 대칭적으로 보이는 서체 및 단어를 적용하면 효과적입니다.

15 Effect Controls 패널에서 Fill 항목의 Color를 '#B77700'으로 지정합니다.

16 Effect Controls 패널에서 Fill → Color 왼쪽의 'Stop Watch' 아이콘(🕐) 클릭하여 키프레임을 만듭니다.

17 Timeline 패널에서 U를 눌러 적용된 속성을 표시하고 Timeline 패널에서 현재 시간 표시기를 '1초 11프레임'으로 이동합니다. Fill 항목의 Color를 '#05052C'로 지정하면 '1초 11프레임'에 키프레임이 만들어집니다. Spacebar를 눌러 재생하면 자연스럽게 배경이 전환되는 애니메이션을 확인할 수 있습니다.

Alpha Matte로 타이포그래피 움직임 만들기

Alpha Matte를 활용하면 보이는 영역과 보이지 않는 영역을 설정할 수 있습니다. 이를 이용하여 다양한 텍스트 애니메이션을 응용할 수 있습니다. 이번 예제는 여러 가지 관련 키워드들을 나열하는 표현을 할 때 유용합니다.

1 메뉴에서 (File) → Import → File(Ctrl +I)을 실행합니다. Import File 대화상자가 표시되면 프로젝트 → Source → 07 폴더에서 'MUSIC FESTIVAL1~6.mp4', 'Ending Text.png' 파일을 선택한 다음 〈Import〉 버튼을 클릭합니다.

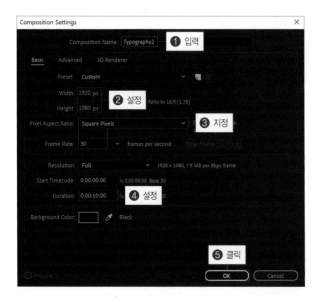

2 새로운 컴포지션을 만들기 위해 메뉴에서 (Composition) → New Composition(Ctrl+N)을 실행합니다. Composition Settings 대화상자가 표시되면 Composition Name에 'Typography2'를 입력하고 Width를 '1920px', Height를 '1080px'로 설정한 다음 Pixel Aspect Ratio를 'Square Pixels', Frame Rate를 '30'으로 지정합니다. Duration을 '0:00:10:00'으로 설정하고 〈OK〉 버튼을 클릭합니다.

3 Timeline 패널에서 'MUSIC FES-TIVAL2.mp4' 레이어를 '3초 1프레임'부터 시작하도록 드래그하여 배치합니다.

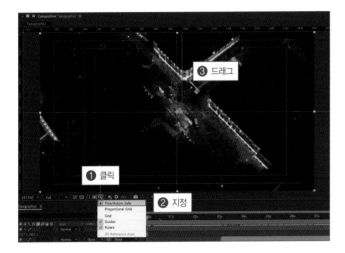

4 Composition 패널 하단에서 'Grid and guide options' 아이콘(囲)을 클릭해 'Tile/Action Safe'로 지정합니다. Composition 패널 화면에서 눈금자를 드래그하여 중심선을 만들어 가이드를 설정합니다.

5 Tools 패널에서 문자 도구(T)를 선택하고 Composition 패널의 화면을 클릭한 다음 'Joy, Present, Passion, Play, Powerful, Live, Sympathy, Performance, Together, Music'을 그림과 같이 입력합니다. Character 패널에서 글꼴과 크기, 행간 등을 설정합니다.

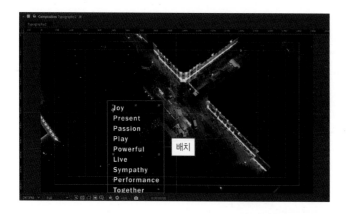

6 Composition 패널의 화면에서 첫 번째 단어를 그림과 같이 가로 중심선에 맞게 배치합니다.

7 Timeline 패널에서 텍스트 레이어를 선택하고 P를 눌러 Position 속성을 표시합니다. 현재 시간 표시기를 '0초'로 이동하고 Position의 'Stop Watch' 아이콘(🕐)을 클릭하여 키프레임을 만듭니다.

8 현재 시간 표시기를 '2초'로 이동합니다. Composition 패널의 화면에서 텍스트 레이어의 마지막 단어를 가로 중앙선에 맞게 배치한 다음 Timeline 패널에서 Position을 설정해 키프레임을 만듭니다.

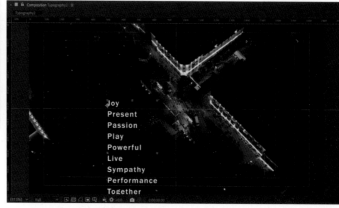

9 설정된 Position의 키프레임을 모두 선택하고 'Graph Editor' 아이콘(▦)을 클릭하여 활성화합니다. 그래프 모양을 조정하여 움직임을 설정합니다.

10 Tools 패널에서 사각형 도구(▣)를 선택하고 Composition 패널의 화면에서 Joy 텍스트 위치에 텍스트가 보이지 않게 드래그하여 사각형을 만듭니다.

11 Timeline 패널에 세이프 레이어가 만들어지면 '텍스트 매트'로 레이어 이름을 변경합니다. 텍스트 레이어의 Track Matte를 'Alpha TrackMatte "텍스트 매트"'로 지정하여 '텍스트 매트' 레이어서만 텍스트가 보이도록 설정합니다.

12 'Enables Motion Blur' 아이콘 ()과 'Motion Blur' 아이콘()을 클릭하여 모션 블러를 활성화합니다. 조금 더 역동적인 움직임을 만듭니다.

13 Tools 패널에서 펜 도구()를 선택하고 Composition 패널의 화면을 클릭하여 선을 만듭니다.

14 Timeline 패널에 셰이프 레이어가 만들어지면 레이어 이름을 '라인'으로 변경합니다. '라인' 레이어가 '2초 1프레임'부터 시작하도록 드래그하여 배치합니다. "라인" 레이어의 Contents 속성을 표시하고 Add의 오른쪽 ▶를 클릭하여 **Trim Path**를 실행합니다.

디자이너's 노하우

Trim Path는 모양(Shape) 레이어에서만 적용할 수 있는 기능이므로 펜 도구(Pen Tool)를 이용하여 라인을 생성하면 좋습니다.

15 Trim Path 1 기능이 추가된 것을 확인하고 속성을 표시합니다. End 왼쪽의 'Stop Watch' 아이
콘(⏱)을 클릭하여 '2초 1프레임'에서는 End를 '0%', '3초'에서는 End를 '100%'로 설정해 키프레임을
만듭니다. 점차 길어지는 선 애니메이션이 완성되었습니다.

16 Tools 패널에서 문자 도구(T)를
선택하고 Composition 패널의 화면을
클릭한 다음 'Joy, Present, Passion,
Play, Powerful, Live, Sympathy,
Performance, Together, Festival'
를 입력해 텍스트 레이어를 만들고
Composition 패널의 화면에서 라인
오른쪽에 배치합니다.

17 Timeline 패널에서 왼쪽 텍스트 레이어와 같은 방법으로 애니메이션을 적용하고 '3초 1프레임'부
터 시작되도록 레이어를 드래그하여 배치합니다.

18 현재 시간 표시기를 '5초 5프레임'으로 이동합니다. '라인' 레이어를 선택하고 Alt 와] 를 동시에 눌러 현재 시간 표시기가 있는 위치까지 레이어를 자릅니다. 왼쪽, 오른쪽 텍스트 레이어를 모두 선택한 다음 P 를 눌러 Position 속성을 표시하고 Position 왼쪽의 'Stop Watch' 아이콘(🕐)을 클릭하여 키프레임을 만듭니다.

19 현재 시간 표시기를 '5초 16프레임'으로 이동합니다. Position의 X를 설정하여 왼쪽 텍스트 레이어는 왼쪽으로 사라지도록 오른쪽 텍스트 레이어는 오른쪽으로 사라지도록 키프레임을 만듭니다.

20 영상을 재생하여 움직임을 확인합니다.

Text Animate 속성으로 타이포그래피 움직임 만들기

애프터 이펙트에서 텍스트 레이어는 기능을 추가해서 애니메이션을 활용할 수 있습니다. 기능을 추가할 때 여러 가지를 적용할 수 있는데, 애프터 이펙트의 계산 순서를 잘 파악하여 원하는 움직임을 만드는 것도 중요합니다. Effects & Presets 패널의 Animation Presets에는 사전 설정으로 많은 애니메이션 효과가 있습니다. 텍스트 레이어의 속성들을 활용해서 기본 프리셋으로 제공되는 움직임들은 자신의 작품에 맞게 조금씩 변형하여 손쉽게 사용할 수 있습니다.

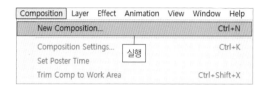

1 새로운 컴포지션을 만들기 위해 메뉴에서 (Composition) → New Composition(Ctrl+N)을 실행합니다.

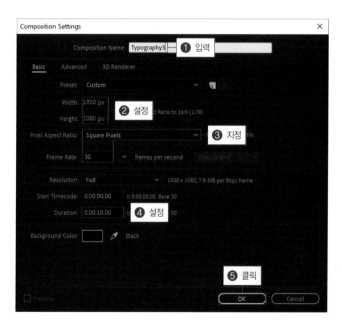

2 Composition Settings 대화상자가 표시되면 Composition Name에 'Typography3'를 입력하고 Width를 '1920px', Height를 '1080px'로 설정한 다음 Pixel Aspect Ratio를 'Square Pixels', Frame Rate를 '30'으로 지정합니다. Duration을 '0:00:10:00'으로 설정하고 〈OK〉 버튼을 클릭합니다.

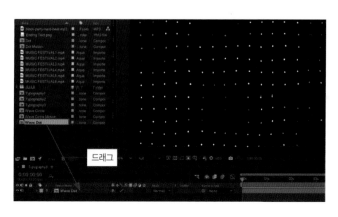

3 Project 패널에서 'Wave Dot' 컴포지션을 Timeline 패널로 드래그하여 불러옵니다.

4 Tools 패널에서 문자 도구(T)를 선택하고 Composition 패널의 화면을 클릭한 다음 'BEST', 'LIVE', 'PERFORMANCE'를 입력하여 세 개의 텍스트 레이어를 만듭니다.

5 텍스트 레이어가 만들어지면 Timeline 패널에서 1초 간격으로 레이어를 배치하여 순차적으로 나타나게 합니다.

6 'BEST' 레이어의 속성을 표시하고 Text의 Animate 오른쪽의 ▶을 클릭한 다음 Tracking을 실행합니다.

7   현재 시간 표시기를 '0초'로 이동합니다. 'BEST' 레이어의 Animator 1 항목에서 Tracking Amount 를 '491'로 설정하여 가운데를 중심으로 자간이 넓혀지게 만듭니다. 이어 Tracking Amount 왼쪽의 'Stop Watch' 아이콘(⏱)을 클릭하여 키프레임을 만듭니다.

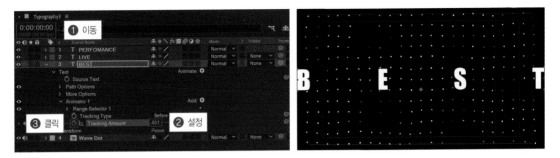

TIP
가운데를 중심으로 자간이 넓혀지지 않는다면 중심을 변경해야 합니다. 텍스트의 정렬 변경은 Paragraph 패널의 Center text를 활용합니다.

8   현재 시간 표시기를 '15 프레임'으로 이동한 다음 Tracking Amount를 '0'으로 설정하여 키프레임 을 만듭니다.

9   만들어진 키프레임을 모두 선택하고 'Graph Editor' 아이콘(⬚)을 클릭하여 활성화합니다. 그래 프의 모양을 변경하며 원하는 움직임으로 조정합니다.

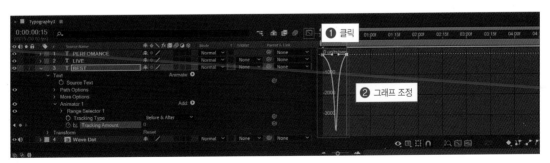

10 'BEST' 레이어의 'Motion Blur' 아이콘(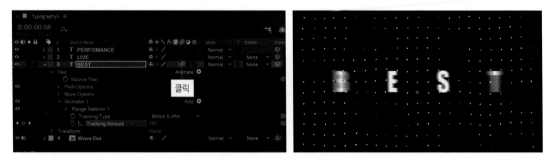)을 클릭하여 움직임에 속도감을 더합니다.

11 현재 시간 표시기를 '1초 1프레임'으로 이동한 다음 'LIVE' 레이어를 선택합니다. Effects & Presets 패널에서 Animation Presets → Text → Mechanical → Doppler를 더블클릭하여 'LIVE' 레이어에 적용합니다.

> **TIP**
> 이펙트는 현재 시간 표시기가 있는 위치부터 적용됩니다. 현재 시간 표시기 위치를 확인하고 적용하도록 합니다.

12 'LIVE' 레이어가 선택된 상태로 U를 눌러 적용된 키프레임을 표시해 'LIVE' 레이어 길이보다 키프레임이 더 많이 설정된 것을 확인합니다.

13 'LIVE' 레이어의 모든 키프레임을 드래그하여 선택한 다음 [Alt]를 누른 상태로 마지막 키프레임
을 왼쪽으로 드래그하여 키프레임을 레이어 길이에 맞게 위치를 배치합니다. 'LIVE' 레이어의 'Motion
Blur' 아이콘(🔘)을 클릭하여 움직임에 속도감을 더합니다.

TIP

[Alt]를 누른 상태로 키프레임을 드래그하면 같은 비율로 간격이 줄어듭니다.

14 'PERFORMANCE' 레이어의 속성
을 표시하고 Text의 Animate 오른쪽의
💽을 클릭한 다음 **Character Offset**을
실행합니다.

15 현재 시간 표시기를 '2초 15프레임'으로 이동합니다. Animator 1 항목의 Character Offset이 '0'
으로 설정되어 있는 것을 확인하고 왼쪽의 'Stop Watch' 아이콘(🔘)을 클릭하여 키프레임을 만듭니다.

16 현재 시간 표시기를 '2초 1프레임'으로 이동합니다. 'PERFORMANCE' 레이어의 Character Offset을 '100'으로 설정하면 키프레임이 만들어집니다.

17 Spacebar를 눌러 재생하면 텍스트가 랜덤하게 변하다가 PERFORMANCE로 나타납니다.

디자이너's 노하우

애프터 이펙트에서 Animation Presets 효과를 적용할 때 이름만으로는 사전에 어떤 움직임의 효과인지 알아채기 어렵습니다.
Effects & Presets 패널의 Animation Presets의 효과를 미리 보려면 메뉴에서 (Animation) → Browse Presets을 실행하여 표시되는 Adobe Bridge 대화상자에서 효과를 미리 보고 적용할 수 있습니다. 이 기능은 Adobe Bridge가 함께 설치된 경우에만 가능합니다.

Matte로 텍스트에 애니메이션 추가하기

타이포를 하나의 형태 또는 틀로 사용하여 그 안에 움직임을 표현하기도 합니다. 이는 Matte 기능을 사용하여 텍스트에 움직이는 질감을 부여합니다.

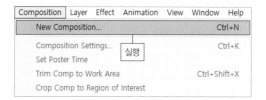

1 새로운 컴포지션을 만들기 위해 메뉴에서 (Composition) → New Composition(Ctrl+N)을 실행합니다.

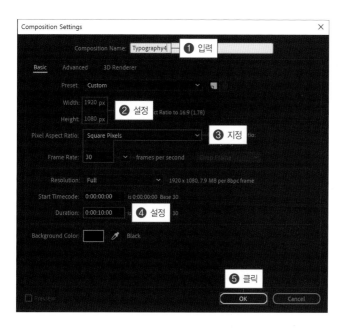

2 Composition Settings 대화상자가 표시되면 Composition Name에 'Typography4'를 입력하고 Width를 '1920px', Height를 '1080px'로 설정한 다음 Pixel Aspect Ratio를 'Square Pixels', Frame Rate를 '30'으로 지정합니다. Duration을 '0:00:10:00'으로 설정하고 〈OK〉 버튼을 클릭합니다.

3 Tools 패널에서 문자 도구(T)를 선택하고 Composition 패널의 화면을 클릭한 다음 'PERFORMANCE'를 입력해 텍스트 레이어를 만듭니다.

4 Timeline 패널에서 'PERFORM
ANCE' 레이어를 선택하고 Ctrl + D 를
눌러 텍스트 레이어를 복제합니다.

5 'PERFORMANCE' 레이어의 'Solo' 아이콘(◉)을 클릭해 해당 레이어만 보이도록 설정하고
Character 패널에서 'Swap Fill and Stroke' 아이콘(↰)을 클릭해 Fill과 Stroke의 색상을 변경합니다.
Stroke로 이루어진 텍스트가 되면 'Solo' 아이콘(◉)을 다시 한번 클릭해 해제합니다.

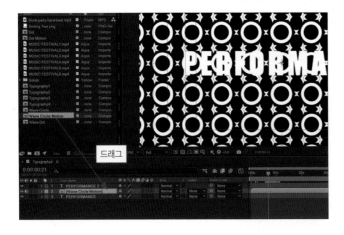

6 Project 패널에서 'Wave Circle
Motion' 컴포지션을 Timeline 패널의
'PERFORMANCE2' 레이어 아래로 드
래그하여 불러옵니다.

7 'Wave Circle Motion' 레이어의 Track Matte를 'Alpha Matte "PER-FORMANCE2"'로 지정합니다. 'PERFORMANCE2' 레이어에서만 'Wave Circle Motion' 레이어가 보이도록 설정되었습니다.

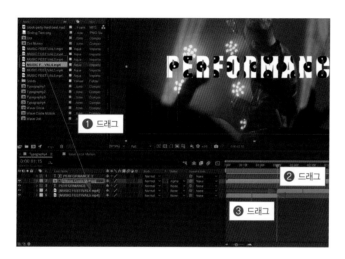

8 'MUSIC FESTIVAL3.mp4', 'MUSIC FESTIVAL4.mp4' 파일을 Timeline 패널의 가장 아래로 드래그하여 불러옵니다. 'MUSIC FESTIVAL3.mp4' 레이어를 '0초'에서 '1초 15프레임', 'MUSIC FESTIVAL4.mp4'를 '1초 16프레임'부터 시작하도록 레이어를 드래그하여 배치합니다.

9 'Wave Circle Motion' 레이어를 선택하고 T를 눌러 Opacity 속성을 표시합니다. Opacity를 '60%'로 설정하여 배경 영상과 어울리도록 조정합니다.

디자이너's 노하우

Track Matte가 Timeline 패널에서 표시되지 않는다면 Timeline 패널의 Columns에서 마우스 오른쪽 버튼을 클릭한 다음 Columns → Modes 를 실행하면 Track Matte가 Timeline 패널에 표시됩니다.

Expression으로 타이포그래피 움직임 만들기

연속적으로 바뀌는 텍스트 움직임을 만들기 위해서는 텍스트를 반복적으로 만들어 진행할 수도 있습니다. 그러나 텍스트의 수가 많아지면 작업이 어려워지고 시간도 많이 걸립니다. 이와 같은 경우 애프터 이펙트에서 제공되는 프리셋 기능 적용하고 Expression을 이용해서 변경한다면 여러 손쉽게 해결할 수 있습니다.

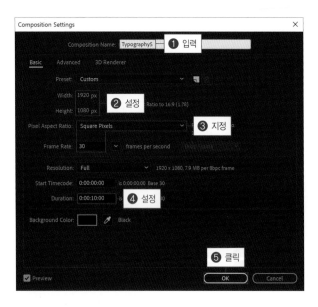

1 새로운 컴포지션을 만들기 위해 메뉴에서 [Composition] → New Composition(Ctrl+N)을 실행합니다.

Composition Settings 대화상자가 표시되면 Composition Name에 'Typography5' 입력하고 Width를 '1920px', Height를 '1080px' 설정한 다음 Pixel Aspect Ratio를 'Square Pixels', Frame Rate를 '30'으로 지정합니다. Duration을 '0:00:10:00'으로 설정하고 〈OK〉 버튼을 클릭합니다.

2 Effects & Presets 패널에서 Animation Presets → Text → Expressions → Buzz Words를 더블클릭합니다.

3 새로운 텍스트 레이어가 만들어진 것을 확인하고 화면의 정중앙으로 배치합니다.

4 레이어에 적용된 스크립트 영역을 활성화하기 위해 U를 두 번 누르면 Source Text 항목의 Expression: Source Text가 표시됩니다. Spacebar를 눌러 재생하면 익스프레션 안의 글자들이 차례로 나타나는 것을 알 수 있습니다.

5 buzz words의 " " 안의 내용을 삭제한 다음 '2022|Dec|31th|Stadium|From|6:00pm|To|8:00pm|Time|To|Experience|A|Party|For|Music|Festival'을 입력하여 변경합니다.

6 텍스트 레이어를 선택하고 Spacebar 를 눌러 재생해 보며 Effect Controls 패널에서 Buzz Frame Rate 항목의 Slider를 원하는 값으로 설정합니다.

디자이너's 노하우

애프터 이펙트의 익스프레션 중에서 Buzz Words는 많은 텍스트를 다룰 때 편리합니다. Buzz Frame Rate 수치를 변경하면 속도가 변하므로 키프레임 설정으로 구현하는 것보다 효율적입니다.

7 Timeline 패널에서 Ctrl + Shift + Y 를 눌러 Solid 레이어를 만듭니다. 만들어진 'Black Solid 2' 레이어를 배경 레이어로 사용하기 위해 텍스트 레이어 아래로 드래그하여 배치합니다.

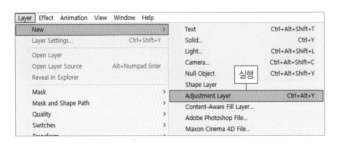

8 메뉴에서 (Layer) → New → Adjustment Layer를 실행합니다.

9 Effects & Presets 패널에서 'Invert' 이펙트를 검색한 다음 Timeline 패널의 'Adjustment Layer' 레이어에 드래그하여 적용합니다.

10 'Adjustment Layer' 레이어를 드래그하여 '5프레임' 정도로 만듭니다. Ctrl+D를 두 번 눌러 'Adjustment Layer' 레이어를 2개 더 복사한 다음 그림과 같이 레이어를 배치하여 텍스트 움직임에 재미를 더합니다.

11 Project 패널에서 'Audio Spectrum' 컴포지션을 Timeline 패널의 'Black Solid 2' 레이어 위로 드래그하여 배치합니다. 재생해 오디오 스펙트럼과 텍스트 움직임이 잘 어울리도록 레이어들의 시간 배치를 조정합니다.

종합 편집하여 타이포그래피 영상 마무리하기

실무

종합 편집을 위해 새로운 컴포지션을 생성하고 앞서 제작한 컴포지션과 영상 클립을 타임라인에 배치합니다. 영상 클립의 길이를 적절하게 조정하고 자연스러운 전환과 재미를 위해 부분적으로 트랜지션을 활용합니다. 편집이 완료되면 전체 영상의 길이에 맞게 작업 영역을 잘라 마무리합니다.

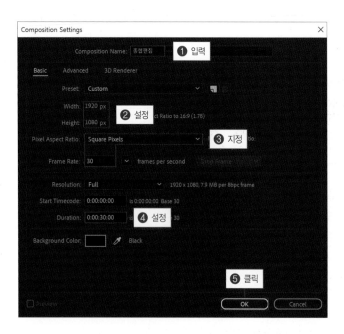

1 새로운 컴포지션을 만들기 위해 메뉴에서 (Composition) → New Composition ((Ctrl)+(N))을 실행합니다. Composition Settings 대화상자가 표시되면 Composition Name에 '종합편집'을 입력하고 Width를 '1920px', Height를 '1080px'로 설정한 다음 Pixel Aspect Ratio를 'Square Pixels', Frame Rate를 '30'으로 지정합니다. Duration을 '0:00:30:00'으로 설정하고 〈OK〉 버튼을 클릭합니다.

2 Project 패널에서 'Typography 1~5' 컴포지션, 'MUSIC FESTIVAL 5~6.mp4', 'Ending Text.png' 파일을 Timeline 패널로 드래그합니다.

3 그림과 같이 차례대로 배치한 다음 편집이 자연스럽게 레이어 위치를 조정합니다.

4 'Typography5' 레이어를 선택하고 레이어가 시작하는 위치부터 '1초' 뒤로 현재 시간 표시기를 이동한 다음 Ctrl + Shift + D 를 눌러 레이어를 두 개로 분리합니다.

5 'MUSIC FESTIVAL5.mp4' 레이어를 '15프레임' 정도로 자릅니다. 두 개로 분리된 'Typography5' 레이어들 사이에 'MUSIC FESTIVAL5.mp4' 레이어를 드래그하여 배치합니다. 전체적으로 연결이 자연스럽도록 레이어의 위치를 조정합니다.

6 Effects & Presets 패널에서 'CC Jaws' 이펙트를 검색하고 Timeline 패널의 'Typography4' 레이어에 드래그하여 적용합니다.

7 Effect Controls 패널에서 Height를 '5%', Width를 '10'으로 설정하고 Shape를 'Waves'로 지정합니다.

8 현재 시간 표시기를 'Typography4' 레이어 시작 위치인 '10초'로 이동합니다. Effect Controls 패널에서 CC Jaws → Completion 왼쪽의 'Stop Watch' 아이콘(⌀)을 클릭해 키프레임을 만들고 '100%'로 설정합니다.

9 현재 시간 표시기를 '15프레임' 뒤로 이동한 다음 Effect Controls 패널에서 CC Jaws → Completion을 '0%'로 설정합니다. 영상을 재생해 트랜지션이 적용되었는지 확인합니다.

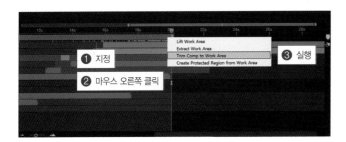

10 Timeline 패널에서 Work Area를 '0초'에서 '20초 1프레임'으로 지정하고 Work Area에서 마우스 오른쪽 버튼을 클릭한 다음 **Trim Comp to Work Area**를 실행합니다. 전체 영상이 20초로 잘립니다.

11 [Spacebar]를 눌러 전체 재생하고 어색한 부분을 조정합니다.

합성을 위한 배경과 대상 분리하기

영상 합성 기법은 현실에서 존재할 수 없는 상황이나 촬영할 수 없는 장면의 연출 또는 실물의 촬영 과정에 문제가 있는 경우에 활용합니다. 서로 다른 영상을 하나의 화면에 합성하기 위해서는 먼저 영상의 배경과 피사체를 분리해야 합니다. 합성에 사용할 대상이 배경과 쉽게 분리될 수 있도록 촬영 과정부터 깨끗한 배경 앞에서 촬영하는 등의 고려가 필요합니다. 배경과 대상을 분리 하기 위해 애프터 이펙트에서는 다음 두 가지 방법을 주로 사용합니다. 첫 번째로 크로마키(Chromakey)는 녹색이나 파란색의 배경 앞에서 촬영하고 배경색을 지워서 피사체를 추출하는 방법입니다. 두 번째로 로토 브러시(Roto Brush)는 화면의 특정 영역 을 오려내서 다른 영상과 합성하는 방법인데, 크로마키 촬영이나 적용이 여의치 않은 경우에 활용합니다. 어느 방법이든 피사체 와 배경이 깨끗하고 자연스럽게 분리되는 것이 중요합니다.

작업 특징 크로마키(Chromakey) 기능을 활용하여 초록색 배경을 제거하고 피사체에 새로운 배경을 자연스럽게 합성합니다.
로토 브러시(Roto Brush) 기능으로 피사체와 배경을 분리하고, 이어지는 Project 9에서 활용할 소스 영상을 제작합니다.

예제 파일 프로젝트\Source\08\ChromaKey.mp4, ChromaKey_BG.mp4, Effect5.mp4, VR Contents.mp4

완성 파일 프로젝트\Source\08\Project8-ChromaKey_완성.aep, Project8-ChromaKey_완성.mp4,
Project8-RotoBrush_완성.aep, Project8-RotoBrush_완성.mp4

크로마키 기능을 활용하여 녹색 배경 제거하기

크로마키(Chromakey)는 녹색이나 파란색 계열의 배경(Matte) 앞에서 촬영된 영상의 피사체와 배경을 컬러 키(Key)를 통해서 분리하는 방법입니다. 이때 피사체의 컬러는 배경과 다른 색으로 구분되도록 색 보정 과정을 거치면 더 편리하게 분리할 수 있습니다. 피사체 주변의 녹색 배경을 제거하기 위해 애프터 이펙트에서 키라이트(Keylight 1.2) 효과를 적용합니다.

새로운 배경과 피사체를 자연스럽게 합성하기

새로운 배경과 피사체를 자연스럽게 합성하기 위해서는 배경과 피사체의 색감, 빛, 그림자 능을 일치시켜야 합니다. 색상 교정 (Color Correction) 효과의 레벨(Levels) 항목을 조절하여 피사체의 밝기와 대비를 보정하면 더 자연스럽게 합성할 수 있습니다.

로토 브러시를 활용하여 배경에서 대상 분리하기

크로마키가 아닌 영상 합성은 애프터 이펙트에서 로토 브러시(Roto Brush)를 활용하여 배경과 대상을 분리할 수 있습니다.
로토 브러시는 마스크를 이용하여 피사체와 배경을 분리해 주는 브러시 도구이며, 마스킹 작업의 마지막 과정에서는 윤곽의
디테일을 유지하기 위해 가장자리 다듬기 도구(Refine Edge)를 사용합니다.

크로마키로 초록 매트 제거하기

크로마키는 녹색이나 파란색 계열의 배경(매트)에서 촬영되기 때문에 피사체는 매트 색과 같은 색이 있어서는 안되고, 색상 보정 또한 잘되어야 쉽게 합성할 수 있습니다. 최근 영상 콘텐츠가 다양화되는 것에 따라 가상현실 등 뉴미디어 콘텐츠에서 크로마키 활용을 하기도 합니다. 이번 프로젝트는 크로마키 매트를 제거하여 피사체와 배경을 분리한 후 영상에 피사체를 합성하도록 하겠습니다.

1 애프터 이펙트에서 새 프로젝트를 만들고 메뉴에서 (File) → Import → File([Ctrl]+[I])을 실행합니다.

Import File 대화상자가 표시되면 프로젝트 → Source → 08 폴더에서 'ChromaKey.mp4', 'ChromaKey_BG.mp4', 'VR Contents.mp4' 파일을 선택한 다음 〈Import〉 버튼을 클릭합니다.

2 새로운 컴포지션을 만들기 위해 Project 패널의 'ChromaKey.mp4' 파일에서 마우스 오른쪽 버튼을 클릭하여 New Comp from Selection을 실행합니다.

디자이너's 노하우

New Comp from Selection은 선택한 동영상과 같은 속성(사이즈, 프레임 레이트, 시간 등)으로 Timeline 패널에 새로운 컴포지션이 생성되는 기능입니다.

3 'ChromaKey.mp4' 컴포지션이 만들어지며 Timeline 패널에 'Chromakey.mp4' 레이어가 만들어
집니다. Effects & Presets 패널에서 'Keylight(1.2)' 이펙트를 검색한 다음 'Chromakey.mp4' 레이
어에 드래그하여 적용합니다.

4 Effect Controls 패널의 Keylight(1.2) 항목에서 Screen Colour의 '스포이트' 아이콘(⬚)을 클
릭하고 배경의 녹색 영역을 클릭합니다. Spacebar 를 눌러 크로마키가 불완전하게 제거된 부분이 있는
지 확인합니다.

TIP
불완전하게 제거된 부분이 있으면 Keylight(1.2) 항목의 Screen Matte, Inside Mask, Outside Mask 등의 설정 값을 변경하면서 조정합니다.

피사체와 배경 합성하기

피사체와 배경을 자연스럽게 합성하기 위하여 배경의 빛 방향을 고려하여 피사체의 빛 표현 및 그림자를 표현해야 합니다. 그에 더하여 Level 기능을 활용하면 피사체의 대비와 밝기 등을 보정하면 조금 더 자연스러운 작업을 완료할 수 있습니다.

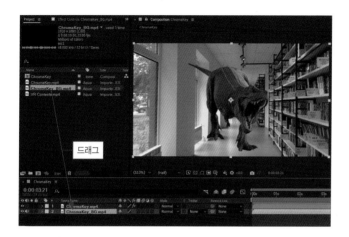

1 Project 패널에서 'ChromaKey_BG.mp4' 파일을 Timeline 패널에 드래그하여 불러옵니다.

2 Timeline 패널에서 'Chromakey.mp4' 레이어를 선택한 다음 P를 눌러 Position 속성을 표시하고 Shift+S를 눌러 Scale 속성을 표시합니다. Position과 Scale을 설정하여 'ChromaKey_BG.mp4' 파일과 자연스럽게 보이도록 합니다.

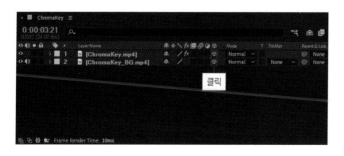

3 Light는 3D 레이어에서만 적용되므로 레이어를 3D 레이어로 변경하도록 하겠습니다. 'ChromaKey_BG.mp4', 'Chromakey.mp4' 레이어의에서 Switches 항목의 '3D Layer' 아이콘(🎲)을 클릭합니다.

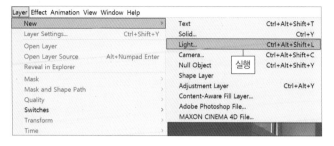

4 배경과 조금 더 자연스럽게 합성되도록 배경에 Light를 설치하도록 하겠습니다. 메뉴에서 (Layer) → New → **Light**를 실행합니다.

5 Light Settings 대화상자가 표시되면 Light Type을 'Spot'으로 지정한 다음 Intensity를 '100%', Cone Angle을 '70°', Con Feather를 '50%'로 설정하고 〈OK〉 버튼을 클릭합니다.

디자이너's 노하우

자연스러운 합성을 위해서 배경의 빛 특성과 일치하는 조명을 피사체에 설정할 필요가 있습니다. 방향성을 가지며 피사체에 집중할 수 있는 특성이 있는 Spot Light를 이용해서 배경 영상의 창문에서 나오는 빛과 방향이 일치하도록 합성될 대상(공룡)의 왼쪽에 빛을 생성합니다.

6 Timeline 패널에서 'Spot Light 1' 레이어의 Transform 속성을 표시합니다. Point of Interest를 '960, 553, −66', Position을 '690, 365, −77'로 설정합니다.

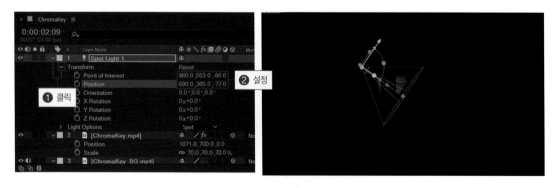

7 같은 방법으로 메뉴에서 (Layer) → New → Light를 실행하여 Light를 하나 더 만듭니다. Light Settings 대화상자가 표시되면 Light Type을 'Point'로 지정한 다음 Intensity를 '100%'로 설정하고 〈OK〉 버튼을 클릭합니다.

디자이너's 노하우

Spot Light를 설치하면 피사체 바깥의 영역이 어두워 보일 수 있습니다. 이때 조명이 설치된 부분을 중심으로 빛이 퍼져나가는 포인트 조명(Point Light)을 대상의 오른쪽에 설치하고 위치를 조정하면 전체 밝기를 맞출 수 있습니다.

8 Timeline 패널에서 'Point Light 1' 레이어의 Transform 속성을 표시하고 Position을 '940, 575, −400'으로 설정합니다.

9 피사체의 그림자를 만들기 위해 'Chromakey.mp4' 레이어를 선택하고 Ctrl+D를 눌러 레이어를 복제합니다. 아래에 있는 레이어 이름을 'Chromakey_그림자'로 변경합니다.

10 'Chromakey_그림자' 레이어를 그림자와 같이 보이기 위해 이미지를 뒤집도록 하겠습니다.
Effects & Presets 패널에서 'Flip'을 검색한 다음 Timeline 패널의 'Chromakey_그림자' 레이어에 드
래그하여 적용합니다.

11 'Chromakey_그림자' 레이어를 선택하고 P를 눌러 Postion 속성을 표시한 다음 피사체의 그림
자로 보이도록 Position을 설정합니다.

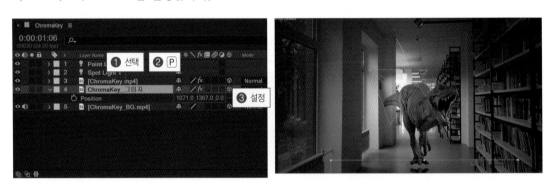

12 Effects & Presets 패널에서 'Fill'을 검색한 다음 Timeline 패널의 'Chromakey_그림자' 레이어
를 적용합니다.

13 Effect Controls 패널에서 Fill 항목의 Color를 '#000000'으로 지정합니다.

14 Effects & Presets 패널에서 'Gaussian Blur'을 검색한 다음 Time line 패널의 'Chromakey_그림자' 레이어에 드래그하여 적용합니다.

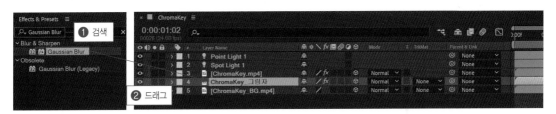

15 Effect Controls 패널에서 Gaussian Blur 항목의 Blurriness를 '50'으로 설정합니다.

16 'Chromakey_그림자' 레이어의 Mode를 'Soft Light'로 지정하고 T를 눌러 Opacity 속성을 표시합니다. Opacity를 '80%'로 설정하여 바닥과 자연스럽게 연출되도록 합니다.

17 'Chromakey_그림자' 레이어가 선택된 상태로 R을 눌러 Rotation 속성을 표시하고 Z Rotation을 '0x-15°'로 설정하여 배경 빛의 방향과 비슷하게 회전합니다. Shift+P를 눌러 Position 속성도 표시한 다음 Position을 설정해 적절하게 위치를 조정합니다.

18 Effects & Presets 패널에서 'Levels'을 검색한 다음 Timeline 패널의 'Chromakey.mp4' 레이어에 드래그하여 적용합니다.

19 Effect Controls 패널에서 Levels 항목의 Input White를 '215', Gamma를 '1.2'로 설정하여 피사체의 대비를 설정합니다.

20 Channel을 'Green'으로 지정하고 Green Input Black을 '4', Green Gamma를 '0.97'로 설정하여 레벨을 보정합니다.

디자이너's 노하우

크로마키(Chroma Key)를 이용하여 배경과 분리한 피사체는 단순히 조명을 이용해서 그림자를 만들 수 없습니다. 이러한 경우에는 피사체의 이미지를 복사하고 상하로 반전시켜 그림자로 활용할 수 있습니다.

자연스러운 텍스트 추가 및 편집하기

종합 편집을 위해 새로운 컴포지션을 생성하고 앞서 진행한 합성 컴포지션과 영상 클립을 타임라인에 배치합니다. 마스크(Mask)와 매트(Matte) 기능을 활용하여 텍스트 애니메이션을 만들고 영상에 자연스럽게 추가합니다.

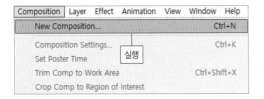

1 새로운 컴포지션을 만들기 위해 메뉴에서 (Composition) → New → Composition(Ctrl+N)을 실행합니다.

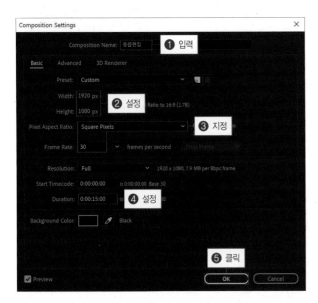

2 Composition Settings 대화상자가 표시되면 Composition Name에 '종합편집'을 입력하고 Width를 '1920px', Height를 '1080px'로 설정한 다음 Pixel Aspect Ratio를 'Square Pixels'로 지정합니다. Frame Rate를 '30', Duration을 '0:00:15:00'으로 설정하고 〈OK〉 버튼을 클릭합니다.

3 Project 패널에서 '종합편집' 컴포지션이 만들어진 것을 확인한 다음 'VR Contents.mp4' 파일을 Timeline 패널로 드래그하여 불러옵니다.

4 Timeline 패널의 'VR Contents.mp4' 레이어를 선택하고 현재 시간 표시기를 '3초'로 이동한 다음 Ctrl+Shift+D를 눌러 레이어를 분할합니다. 분할된 레이어 중 3초부터 시작되는 레이어의 이름을 'VR Contents2.mp4'로 변경합니다.

5 Timeline 패널에서 'VR Contents.mp4' 레이어를 '0초~3초', 'ChromaKey' 레이어를 '3초~7초', 'VR Contents2.mp4' 레이어를 '7초~15초'에 위치하게 배치합니다. 자연스럽게 연결되도록 조정합니다.

6 Tools 패널에서 문자 도구(T)를 선택하고 Composition 패널을 클릭하여 'REALITY'를 입력합니다. Timeline 패널에서 'REALITY' 레이어를 '9초'부터 시작하도록 배치한 다음 Character 패널에서 글꼴에 대한 설정합니다.

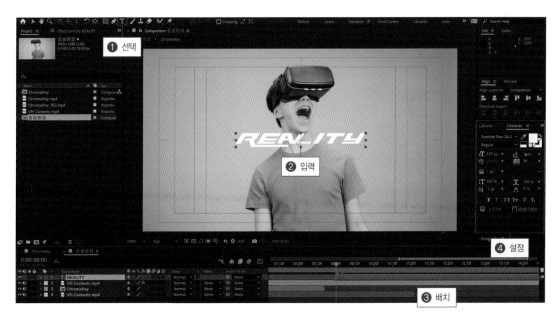

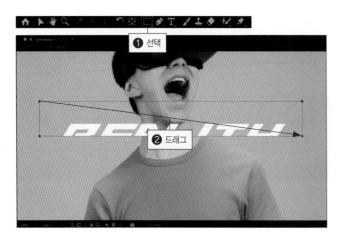

7 'REALITY' 레이어를 선택된 상태로 Tools 패널에서 사각형 도구(■)를 선택한 다음 Composition 패널에서 드래그하여 텍스트의 절반 정도의 크기로 설정하여 텍스트의 윗부분만 보이게 만듭니다.

8 Timeline 패널에서 'REALITY' 레이어를 선택하고 Ctrl + D를 누르면 레이어가 복제됩니다. 'REALITY 2' 레이어가 만들어진 것을 확인합니다.

9 'REALITY 2' 레이어를 선택하고 M을 눌러 레이어의 마스크 속성을 표시합니다. Mask Path 속성을 선택하고 ↓를 눌러 텍스트의 아랫부분만 보이도록 Mask Path의 위치를 아래로 이동하여 조정합니다.

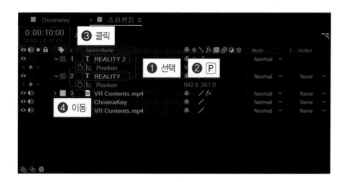

10 'REALITY', 'REALITY 2' 레이어를 선택하고 P를 눌러 Position 속성을 표시합니다. 현재 시간 표시기를 '10초'로 이동한 다음 Position 왼쪽의 'Stop Watch' 아이콘(🕐)을 클릭하여 키프레임을 만듭니다.

11 현재 시간 표시기를 '11초'로 이동한 다음 'REALITY' 레이어 Position의 Y를 '511', 'REALITY 2' 레이어 Position의 Y를 '611'로 설정합니다.

12 현재 시간 표시기를 '12초'로 이동합니다. 'REALITY', 'REALITY 2' 레이어 Position의 '11초' 키프레임을 선택한 다음 Ctrl+C를 눌러 키프레임을 복사하고 Ctrl+V를 눌러 복사한 키프레임을 붙여 넣습니다. 현재 시간 표시기를 '13초'로 이동합니다. '10초'의 'REALITY', 'REALITY 2' 레이어 Position의 키프레임을 복사하여 붙여 넣습니다.

TIP
서로 다른 레이어의 키프레임을 동시에 선택해서 복사 붙여 넣기가 불가능합니다. 각 레이어의 키프레임을 각각 선택한 다음 복사하고 붙여 넣습니다.

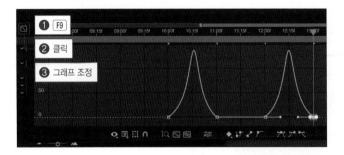

13 키프레임을 모두 선택 다음 F9 를 눌러 Ease Easy를 적용합니다. Graph Editor에서 속도 그래프를 조정하여 움직임을 자연스럽게 만듭니다.

14 Tools 패널에서 문자 도구(T)를 선택하고 Composition 패널을 클릭하여 'MAKE ME FUN'을 입력합니다. 텍스트를 정중앙에 위치하고 Timeline 패널의 '10초 13프레임~12초 15프레임'에 배치한 다음 Character 패널에서 글꼴에 대한 설정합니다.

15 텍스트 박스를 만들도록 하겠습니다. Tools 패널에서 사각형 도구(■)를 선택하고 Composition 패널을 드래그하여 'MAKE ME FUN' 레이어보다 조금 크게 사각형을 만듭니다.

16 Timeline 패널에 만들어진 Shape Layer를 'MAKE ME FUN' 레이어 아래 배치하고 텍스트를 정중앙으로 정렬합니다. Shape Layer의 이름을 '텍스트 박스'로 변경하고 Timeline 패널에서 '10초 13프레임~12초 15프레임' 사이에 보이도록 배치합니다.

17 '텍스트 박스' 레이어의 Track Matte를 'Alpha Invered Matte "MAKE ME FUN"'으로 지정하여 '텍스트 박스'에서 텍스트가 Alpha 형태로 보이도록 만듭니다.

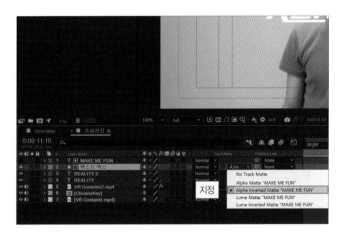

18 'REALITY', 'REALITY2' 레이어의 움직임에 맞춰 '텍스트 박스' 레이어의 크기를 변경하도록 하겠습니다. '텍스트 박스' 레이어를 선택하고 S를 눌러 Scale 속성을 표시한 다음 'Constrain Proportions' 아이콘(⚭)을 클릭하여 비활성화합니다.

TIP
'Constrain Proportions' 아이콘(⚭)을 비활성화하면 Scale의 Width와 Height를 개별로 조정 가능한 상태로 만들어 줍니다.

19 '10초'에 Scale을 '100, 0%', '11초'에 Scale을 '100, 100%', '12초'에 Scale을 '100, 100%', '13초'에 Scale '100, 0%'로 설정합니다. 박스가 세로로 커지고 만들어지고 작아져서 없어지는 움직임이 되었습니다.

TIP

만들어진 키프레임을 Graph Editor에서 그래프를 조정해 움직임을 자연스럽게 만들어 봅니다.

20 배경에 Blur 기능을 활용하여 텍스트가 잘 보이도록 배경을 흐리게 만들어 보겠습니다. Effects & Presets 패널에서 'Gaussian Blur' 이펙트를 검색하고 Timeline 패널의 'VR Contents2.mp4' 레이어에 드래그하여 적용합니다. '10초'에서는 Blurriness를 '0', '10초 15프레임'에서는 Blurriness를 '20'으로 설정합니다.

21 Spacebar로 램 프리뷰를 진행하면 배경이 점차로 뿌옇게 되는 것을 확인할 수 있습니다.

로토 브러시로 배경에서 대상 분리하기

애프터 이펙트에서는 로토 브러시(Roto Brush)를 활용하여 배경과 대상을 분리할 수 있습니다. 로토 브러시는 마스크를 이용하여 피사체와 배경을 분리해 주는 기능이며 마스킹 작업에 세밀함을 살리기 위해서는 리파인 엣지(Refine Edge)를 활용합니다.

1 애프터 이펙트에서 새 프로젝트를 만들고 메뉴에서 (File) → Import → File(Ctrl +I)을 실행한 다음 Import File 대화상자가 표시되면 프로젝트 → Source → 08 폴더에서 'Effect_5.mp4' 파일을 선택한 다음 〈Import〉 버튼을 클릭합니다.

2 새 컴포지션을 만들기 위해 Project 패널의 'Effect5.mp4' 파일에서 마우스 오른쪽 버튼을 클릭하여 **Create a New Composition**을 실행합니다.

> **TIP**
> Roto Brush를 활용할 경우 Composition 설정은 영상 파일의 속성과 같아야 하므로 Composition을 만드는 여러 방법 중에서도 예제와 같은 방법을 이용하여 만드는 것이 적합합니다.

3 Roto Brush를 적용할 구간에 현재 시간 표시기를 위치시켜야 합니다. 배경 영상의 첫 프레임부터 Roto Brush를 적용하기 위해 현재 시간 표시기를 '0초'로 이동하고 'Effect5.mp4' 레이어를 더블클릭합니다.

4 Composition 패널의 화면에 Layer 패널이 표시되면 Tools 패널에서 로토 브러시 도구( )를 선택하고 Brushes 패널에서 브러시 크기를 선택합니다.

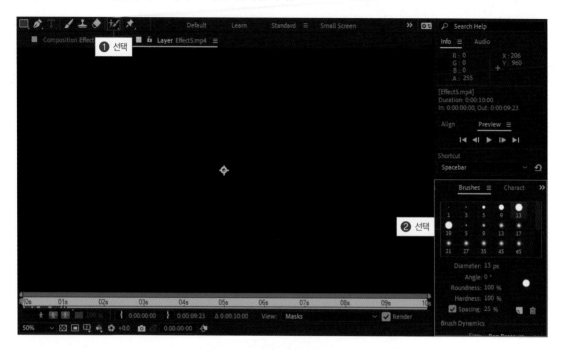

5 Layer 패널의 화면에서 배경과 분리하고 싶은 피사체의 윤곽선을 따라 드래그합니다.

디자이너's 노하우

로토 브러시(Roto Brush)로 배경을 분리할 때 배경과 피사체의 구분이 명확할수록 잘 분리됩니다. 그러나 원본 영상의 프레임 수가 너무 많다면 효율성이 떨어집니다. 자연스러운 한도 내에서 프레임 수를 줄이고 로토 브러시를 활용한다면 더욱 효과적일 것입니다.

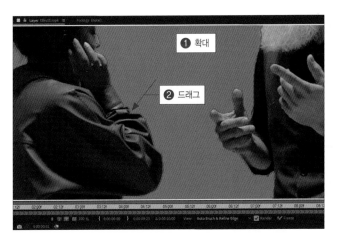

6 정교하게 분리하기 위해 화면을 확대하고 브러시 크기를 변경하며 진행합니다. 현재 선택된 영역이 분홍색 선으로 표시되며 마우스 포인터가 +로 보입니다. 선택 영역을 넓혀가고 싶으면 원하는 영역을 추가로 클릭 또는 드래그하여 진행합니다.

> **TIP**
> Spacebar를 누르면 손 도구(🖐)가 활성화되어 화면을 이동하며 작업할 수 있습니다.

> **TIP**
> 작업을 진행하다가 제외하고 싶은 영역이 생기면 Alt를 누르면 마우스 포인터가 −로 변한 것을 알 수 있고 Alt를 누른 상태로 클릭 또는 드래그하여 영역을 제외합니다.

7 로토 브러시로 분리를 진행해도 머리카락, 털 등의 세밀도가 떨어지는 경우 Tools 패널에서 리파인 엣지 도구(🖌)를 선택하고 Layer 패널에서 머리카락 부분과 수염 부분을 클릭 드래그하여 작업합니다.

> **TIP**
> 리파인 엣지 도구(🖌)는 정밀한 작업이 이루어지기 때문에 메모리를 많이 사용하게 되어서 렌더링 시 부하가 많이 일어나게 됩니다.

> **TIP**
> Layer 패널 하단의 'Toggle Refine Edge X-ray' 아이콘(🔲)이 자동으로 활성화되어 X-ray처럼 표시됩니다.

디자이너's 노하우
디테일을 살리기 위해서 리파인 엣지(Refine Edge)를 활용할 수 있지만, 세부가 부정확하기 때문에 사실적인 합성보다는 팝아트 스타일의 영상에 더 적합합니다.

8 현재 시간 표시기를 이동하여 다른 시간대에서 대상과 배경이 잘 분리되어 있는지 확인합니다.

TIP
추가적으로 분리되지 않은 부분이 있다면 같은 방법으로 선택 영역을 추가, 제거하여 진행합니다. 이와 같은 방법으로 10초까지 진행합니다.

9 작업을 진행하다가 배경과 잘 분리되었는지를 확인하기 위해 Layer 패널 하단의 'Toggle Transparency Grid' 아이콘(▦)을 클릭합니다.

10 로토 브러시 작업을 모두 마쳤다면 이를 시퀀스 파일로 출력하겠습니다. 메뉴에서 (File) → Export → Add to Adobe Media Encoder Queue를 실행합니다.

TIP
로토 브러시로 작업한 파일은 합성 시 프로그램이 부하가 걸릴 수도 있으므로 시퀀스 파일로 저장한 다음 배경 화면과 합성하는 것도 하나의 방법입니다.

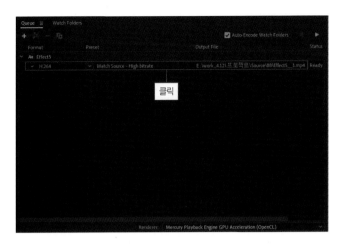

11 Adobe Media Encoder가 실행되면 Preset의 파란색 텍스트를 클릭합니다.

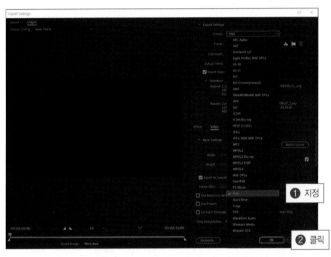

12 Export Settings 대화상자가 표시되면 Format을 'PNG'로 지정한 다음 〈OK〉 버튼을 클릭합니다.

13 'Start Queue' 아이콘(▶)을 클릭하여 렌더링을 진행합니다. 렌더링이 완료되면 여러 장의 이미지가 순차적 이름으로 저장이 된 것을 확인할 수 있습니다.

이펙트 적용하여
흥미로운 분위기 형성하기

영상에서 효과 즉, 이펙트(Effects)는 이미지에 다양한 시각 효과를 적용하거나 합성 또는 변형하는 작업 전체를 의미합니다.
실사 촬영이 불가능한 장면, 눈으로 보기 힘든 현상, 극단적인 감정의 표현 등에 시각 효과를 적용하면 더 극적으로 보이면서
시청자의 재미와 이해도를 높일 수도 있습니다. 이번 프로젝트에서는 애프터 이펙트에서 인상적인 시각 효과를 활용하여 다양한
분위기를 연출해 보겠습니다.

작업 특징 손 그림처럼 표현할 수 있는 브러시(Brush) 효과, 배경을 분리한 영상을 매트(Matte)로 사용하여 움직이는 패턴 넣기, 파티클 시뮬레이션
(Particles Simulation) 효과 등을 적용하여 흥미로운 영상 스타일을 표현합니다.

예제 파일 프로젝트\Source\09\png Sequence 폴더, Effect BG.jpg, Effect Mode.mp4,
Effect1~Effect7.mp4, Light Effect.mp4, pattern.mp4, Spectrum.mp4

완성 파일 프로젝트\Source\09\Project9_완성.aep, Project9_완성.mp4

브러시 도구로 로토스코프 손 그림처럼 표현하기

로토스코프(Rotoscope) 효과는 영상을 손으로 그린 애니메이션처럼 표현하는 기법입니다. 로토스코핑(Rotoscoping)은 영상에 한 프레임씩 그래픽 요소를 추가하여 제작하는 수고가 필요한 애니메이션 작업입니다. 애프터 이펙트에서 브러시 도구(Brush Tool)를 사용하면 간편하게 손 그림 같은 스타일을 만들 수 있습니다.

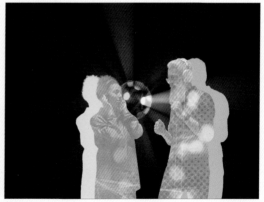

매트를 활용하여 피사체에 움직이는 패턴 효과 넣기

배경과 분리된 영상을 매트(Matte)로 활용해서 피사체에 움직이는 패턴 효과를 채워 넣겠습니다.
뮤직비디오나 광고 영상에서 주인공이 화려하게 움직이는 팝아트 스타일의 연출에 효과적입니다.

시뮬레이션 효과 추가하기

애프터 이펙트의 시뮬레이션(Simulation) 효과는 자연현상이나 물리적인 움직임처럼 키프레임 애니메이션으로 표현하기
어려운 장면을 생성하는 도구입니다. 시뮬레이션 중에서는 무수히 많은 점이 움직이는 파티클(Particle) 효과가 대표적이며
촬영으로 불가능한 애니메이션을 만들 수 있습니다. 시뮬레이션 효과의 세부 속성 수치를 변경하면 같은 효과라도 서로 다른
방식으로 표현될 수 있습니다.

RGB 분리 효과로 역동성을 시각적으로 표현하기

RGB 분리 효과(RGB Split) 또는 색수차 효과(Color Aberration)라고 불리는 효과로 역동적인 표현을 할 때 많이 사용됩니다. 이번 프로젝트에서는 RGB 분리 효과를 통해 주인공 내면의 보이지 않는 역동성을 시각적으로 표현합니다.

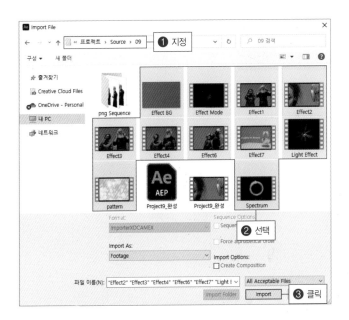

1 새 프로젝트를 만들고 메뉴에서 〔File〕 → Import File(Ctrl+I)를 실행합니다. Import File 대화상자가 표시되면 프로젝트 → Source → 09 폴더에서 'Effect BG.jpg', 'Effect Mode.mp4', 'Effect1~7.mp4', 'Light Effect.mp4', 'pattern.mp4', 'Spectrum.mp4' 파일을 선택한 다음 〈Import〉 버튼을 클릭합니다.

2 Project 패널에서 'Effect2.mp4' 파일에서 마우스 오른쪽 버튼을 클릭하여 New Comp from Selection을 실행합니다. 새로운 'Effect2' 컴포지션이 만들어지며 Timeline 패널에 영상이 배치된 것을 확인할 수 있습니다.

3 Effects & Presets 패널에서 'Set Channels' 이펙트를 검색한 다음 Timeline 패널의 'Effect_2.mp4' 레이어에 드래그하여 효과를 적용합니다.

4 Timeline 패널에서 'Effect2.mp4' 레이어를 선택하고 Ctrl+D를 두 번 눌러 두 개의 레이어를 복제합니다.

각 레이어를 선택하고 Enter를 눌러 'Effect2_Red', 'Effect2_Green', 'Effect2_Blue'로 레이어의 이름을 변경합니다.

5 'Effect2_Red' 레이어를 선택하고 Effect Controls 패널에서 Set Red To Source 1's를 'Red', Set Green To Source2's를 'Off', Set Blue To Source3's를 'Off'로 지정합니다.

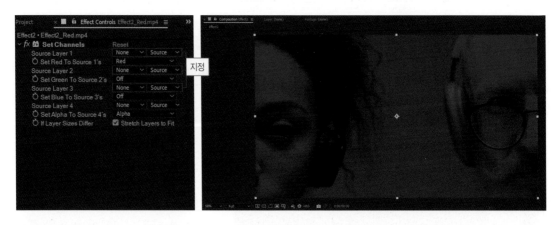

6 Timeline 패널에서 'Effect2_Green' 레이어를 선택하고 Effect Controls 패널에서 Set Red To Source 1's를 'Off', Set Green To Source2's를 'Green', Set Blue To Source2's를 'Off'로 지정합니다.

7 Timeline 패널에서 'Effect2_Green.mp4' 레이어의 'Solo' 아이콘(◉)을 클릭하여 효과 적용 모습을 확인하고 다시 한 번 'Solo' 아이콘(◉)을 클릭하여 해제합니다.

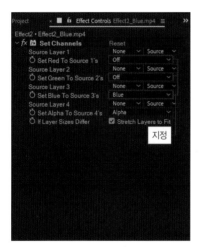

8 'Effect2_Blue' 레이어를 선택하고 Effect Controls 패널에 Set Red To Source 1's를 'Off', Set Green To Source2's를 'Off', Set Blue To Source2's를 'Blue'로 지정합니다.

9 Timeline 패널에서 'Effect2_Blue.mp4' 레이어의 'Solo' 아이콘(◉)을 클릭하여 효과 적용 모습을 확인하고 다시 한 번 'Solo' 아이콘(◉)을 클릭하여 해제합니다.

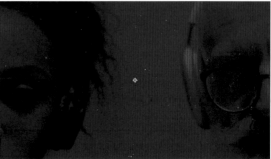

10 Timeline 패널에서 'Effect2_Red', 'Effect2_Green', 'Effect2_Blue' 레이어의 Mode를 'Add'로 지정합니다.

11 Timeline 패널에서 현재 시간 표시기를 '2초'로 이동하고 모든 레이어를 선택한 다음 S를 눌러 Scale 속성을 표시합니다. 속성이 표시되면 Scale 왼쪽의 'Stop Watch' 아이콘(🕘)을 클릭해 키프레임을 만듭니다.

12 현재 시간 표시기를 '2초 5프레임'으로 이동하고 'Effect2_Red' 레이어의 Scale을 '107%', 'Effect2_Blue' 레이어의 Scale을 '115%'로 설정합니다.

13 현재 시간 표시기를 '2초 10프레임'으로 이동하고 'Effect2_ Red', 'Effect2_ Blue' 레이어의 Scale을 '100%'로 설정합니다.

14 현재 시간 표시기를 '3초'로 이동하고 'Effect2_Red', 'Effect2_Green', 'Effect2_Blue' 레이어의 Scale을 '100%'로 설정합니다.

15 현재 시간 표시기를 '2초 20프레임'으로 이동하고 'Effect2_Red' 레이어의 Scale을 '107%', 'Effect2_Blue' 레이어의 Scale을 '115%'로 설정합니다.

16 Spacebar를 눌러 RGB 분리 효과(RGB Split)가 잘 표현되었는지 확인합니다.

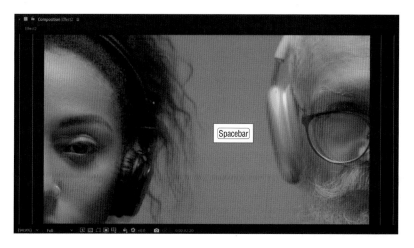

브러시 도구로 로토스코핑 효과 표현하기

로토스코핑 효과는 영상에서 많이 쓰이는 모션 그래픽 효과 중 하나입니다. 로토스코핑을 표현하기 위해서는 1Frame 씩 그래픽을 추가하여 완성하기 때문에 무척 수고로운 작업입니다. 애프터 이펙트에서는 브러시 도구를 활용하여 간편하게 손그림 스타일을 표현할 수 있으며, 로토스코핑 같은 재미있는 효과도 만들 수 있습니다.

1 Project 패널의 'Effect4.mp4' 파일에서 마우스 오른쪽 버튼을 클릭하여 **New Comp from Selection**을 실행합니다. 새로운 컴포지션이 만들어지며 타임라인에 영상이 배치된 것을 확인할 수 있습니다.

2 현재 시간 표시기를 '6초'로 이동한 다음 'Effect4.mp4' 레이어를 더블클릭합니다.

3 Composition 패널의 화면이 위치한 곳에 Layer 패널에 활성화된 것을 확인합니다.

4 Tools 패널에서 브러시 도구(🖌)를 선택한 다음 Layer 패널에서 Ctrl를 누른 상태로 위아래로 드래그하여 원하는 브러시 크기를 설정합니다.

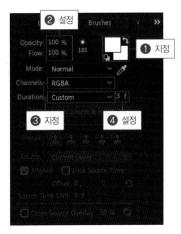

5 Paint 패널에서 색상 상자를 클릭하여 색상을 '#FFFFFF'로 지정하고 Opacity를 '100%', Flow를 '100%'로 설정합니다. 이어 Channels를 'RGBA', Duration을 'Custom'으로 지정하고 '3f'로 설정합니다.

TIP

Paint 패널에서 Duration을 'Custom'으로 지정하고 프레임 수(1f, 2f, 3f...)를 변경하면서 작업을 진행하면 영상의 움직임에 적합한 표현을 할 수 있습니다.

6 Timeline 패널의 현재 시간 표시기를 '7초'로 이동하고 Layer 패널의 화면에서 그림과 같이 라인을 따라 그립니다.

7 Ctrl + → 를 세 번 눌러 3프레임 뒤로 이동한 다음 또 다른 라인을 그리면서 재미있는 표현들을 추가해 봅니다.

8 같은 방법으로 '7초~10초' 사이에 브러시 도구를 활용해 원하는 대로 재미있는 표현을 합니다. 모든 작업을 완료한 다음 'Effect4.mp4' 레이어의 Effects 속성을 표시하면 많은 키프레임이 만들어진 것을 확인할 수 있습니다.

9 Spacebar 를 눌러 자연스럽게 움직이는 낙서 이미지를 확인합니다.

Matte로 피사체에 패턴 애니메이션 추가하기

매트를 활용해 피사체에 움직이는 패턴 효과를 넣겠습니다. 매트(Matte)는 특정 영역에만 효과나 모션 그래픽을 보이게 만드는 기능으로 활용합니다. 이와 같은 효과는 특정 영역을 강력하게 보여 줄 때 효과적이며 뮤직비디오에서도 쓰이곤 합니다. 이전 예제에서 로토 브러시를 기능을 활용해 배경과 피사체를 분리한 시퀀스 파일을 불러오겠습니다.

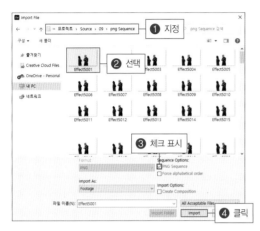

1 Project 패널에서 마우스 오른쪽 버튼을 클릭하여 **Import → File**을 실행합니다. Import File 대화상자가 표시되면 프로젝트 → Source → 09 → png Sequence 폴더에서 'Effect5001.png' 파일을 선택한 다음 'PNG Sequence'를 체크 표시하고 〈Import〉 버튼을 클릭합니다.

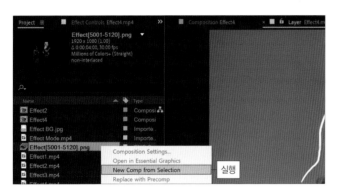

2 Project 패널의 만들어진 'Effect [5001-5120].png' 파일에서 마우스 오른쪽 버튼을 클릭하여 **New Comp from Selection**을 실행합니다.

3 Project 패널에서 알파 매트로 활용할 모션 패턴인 'pattern.mp4' 파일을 Timeline 패널의 'Effect[5001-5120].png' 레이어 아래로 드래그하여 배치합니다.

4 'pattern.mp4' 레이어의 Track Matte를 클릭하고 'Alpha Matte"Effect [5001-5120].png"'로 지정합니다.

5 Project 패널의 'Effect5[0000-1020].png' 파일을 Timeline 패널로 한 번 더 드래그하여 레이어 가장 위에 배치한 다음 'Effect5[0000-1020].png' 레이어의 Mode를 'Overlay'로 지정합니다.

TIP
Composition 패널 하단의 'Toggle Transpare ncy Grid' 아이콘(🔲)을 클릭하면 배경이 투명하게 보입니다.

6 두 번째 'Effect[5001-5120].png' 레이어를 선택하고 Ctrl+D를 두 번 눌러 복제합니다. 레이어를 선택하고 Enter를 눌러 레이어 이름을 각각 'Effect_Left', 'Effect_Right'로 변경한 다음 레이어를 가장 아래로 드래그하여 배치합니다.

디자이너's 노하우

Track Matte를 적용할 레이어와 매트 레이어 2개가 필요합니다. Timeline 패널에서 레이어를 배치할 때 매트 레이어는 상위에, Track Matte 가 적용된 레이어는 하위에 배치되어야 합니다.

매트 레이어의 알파 채널 유무와 밝기 구성에 따라 Track Matte에서 Alpha Matte, Alpha Inverted Matte, Luma Matte, Luma Inverted Matte 중에서 합성 방식을 지정할 수 있습니다.

7 'Effect_Left' 레이어의 'Solo' 아이콘(⬤)을 클릭하여 'Effect_Left' 레이어만 보이도록 합니다.

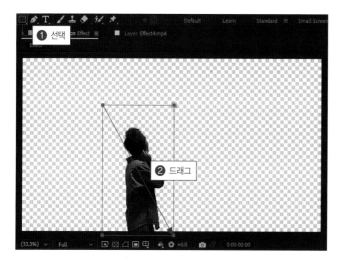

8 Tools 패널에서 사각형 도구(▢)를 선택하여 왼쪽 사람만 보이도록 마스크를 만듭니다.

9 'Effect_Left' 레이어의 'Solo' 아이콘(⬤)을 다시 클릭하여 비활성화하고 'Effect_Right' 레이어를 선택한 다음 Timeline 패널의 'Solo' 아이콘(⬤)을 클릭하여 'Effect_Right' 레이어만 보이도록 합니다.

10 Tools 패널에서 사각형 도구(▣)를 선택하여 오른쪽 사람만 보이도록 마스크를 만듭니다.

11 'Effect_Left' 레이어의 'Solo' 아이콘(◉)을 다시 클릭하여 활성화하고 Effects & Presets 패널에서 'Fill' 이펙트를 검색한 다음 Timeline 패널의 'Effect_Left' 레이어에 드래그하여 효과를 적용합니다.

12 Effect Controls 패널에서 Color의 색상 상자를 클릭합니다. Color 대화상자가 표시되면 #에 '#FFFF00'을 입력하고 〈OK〉 버튼을 클릭하여 색상을 변경합니다.

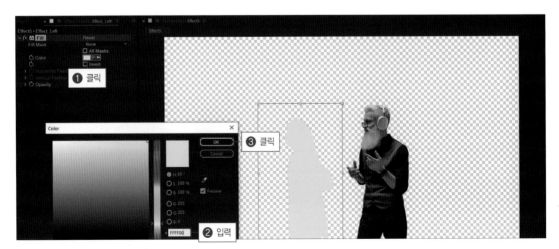

13 'Effect_Right' 레이어도 같은 방법으로 'Fill' 이펙트를 드래그하여 적용합니다.

14 Effect Controls 패널에서 Color의 색상 상자를 클릭하고 Color 대화상자가 표시되면 #에 '00FFD8'을 입력하고 〈OK〉 버튼을 클릭하여 색상을 변경합니다.

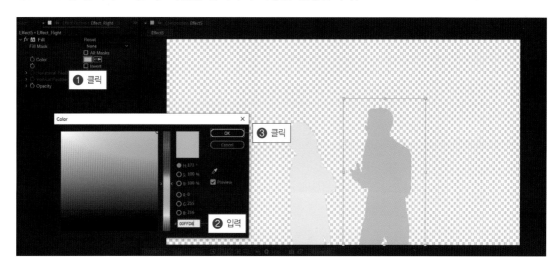

15 Timeline 패널의 'Effect_Left', 'Effect_Right' 레이어를 선택하고 P 를 눌러 Position 속성을 표시합니다. 'Effect_Left' 레이어의 Position을 '880, 540'으로 설정하여 왼쪽으로 이 동합니다.

TIP

기존 설정 값에 원하는 숫자를 바로 적는 것이 아닌 이동하고 싶은 픽셀 숫자만큼을 (+ 숫자), (– 숫자) 형식으로 입력하여 적용할 수 있습니다. 예제에서는 Position의 X를 '960–80'으로 입력하여 '880'을 설정했습니다.

16 'Effect_Right' 레이어의 Position을 '1040, 540'으로 설정하여 오른쪽으로 이동합니다. 모든 레이어의 'Solo' 아이콘(●)을 클릭하여 비활성화합니다.

17 Project 패널에서 'Light Effect. mp4' 파일을 Timeline 패널의 가장 하단으로 드래그하여 레이어를 배치합니다.

18 'Light Effect.mp4' 레이어를 선택하고 S를 눌러 Scale 속성을 표시한 다음 '135%'로 설정하여 배경에 가득차게 보이도록 합니다.

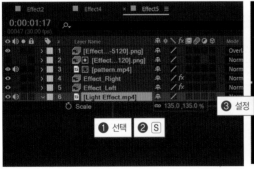
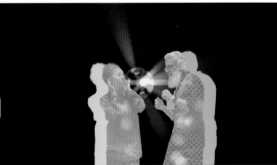

Simulation으로 파티클 효과 표현하기

애프터 이펙트의 Simulation 효과들은 자연 현상이나 키프레임 애니메이션으로는 표현하기 어려운 효과들이 모여 있습니다. 그중 파티클(Particle) 효과가 대표적이고 촬영으로 불가능한 이미지를 연출할 수 있습니다. 이 효과들은 세부 속성들의 수치를 적합하게 변경하여 같은 효과라도 여러 가지의 형태로 표현할 수 있습니다.

1 Project 패널에서 'Effect6.mp4' 파일에서 마우스 오른쪽 버튼을 클릭하여 **New Comp from Selection**을 실행합니다. 새로운 'Effect6' 컴포지션이 만들어지며 Timeline 패널에 영상이 배치된 것을 확인할 수 있습니다.

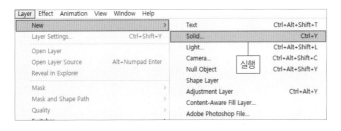

2 메뉴에서 (**Layer**) → New → Solid를 실행합니다.

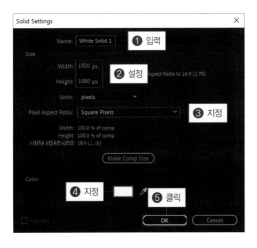

3 Solid Settings 대화상자가 표시되면 Name에 'White Solid 1'를 입력하고 Width를 '1920px', Height를 '1080px'로 설정한 다음 Pixel Aspect Ratio를 'Square Pixels', Color를 '#FFFFFF'로 지정하고 〈OK〉 버튼을 클릭하여 단색의 Solid 레이어를 만듭니다.

4 Effects & Presets 패널에서 'CC Particle World' 이펙트를 검색하고 Simulation → CC Particle World를 Timeline 패널의 단색의 Solid 레이어에 드래그하여 효과를 적용합니다.

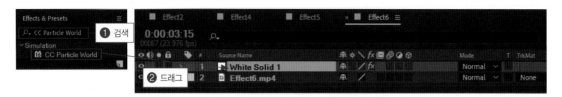

5 Effect Controls 패널의 CC Particle World 항목에서 Producer → Position의 Y를 '-0.19'로 설정하여 화면의 위로 이동합니다. Radius X를 '0.395', Radius Y를 '0.125', Radius Z를 '0.285'로 설정하여 정중앙에 만들어진 파티클이 화면의 가로축으로 넓게 퍼지는 것을 확인합니다.

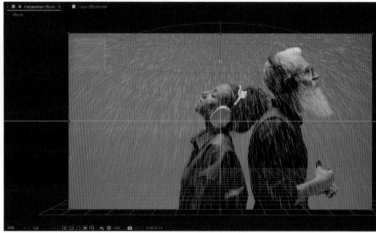

6 Physics에서 Animation을 'Explosive'로 지정하고 Velocity를 '1', Gravity를 '0.2'로 설정합니다.

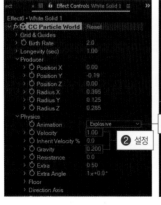

7 Particle의 Particle Type을 'Star'로 지정하고 Birth Size를 '0.03', Death Size를 '0.12'로 설정하여 파티클의 크기를 줄인 다음 Birth Color와 Death Color 색상을 '#FFFFFF'로 지정합니다.

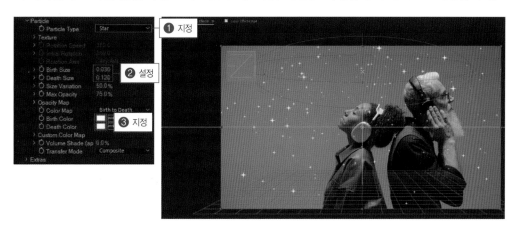

8 Physics의 Floor 속성을 표시하고 Floor Position을 '0.19'로 설정하고 Floor action을 'Bounce'로 지정하면 파티클이 바닥에서 튕기는 애니메이션이 되는 것을 볼 수 있습니다.

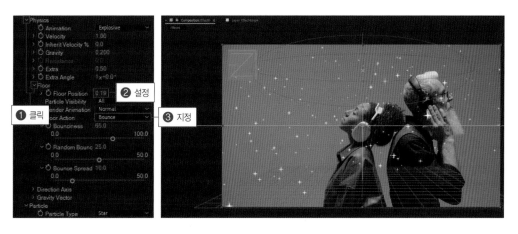

9 현재 인물이 입자가 되어 사라지는 움직임을 만들겠습니다. 현재 시간 표시기를 '7초'로 이동한 다음 'Effect6. mp4' 레이어를 선택하고 Ctrl + Shift + D를 눌러 레이어를 분할합니다. 분할된 레이어를 선택하고 Enter를 눌러 레이어 이름을 'Effect6_Scaterize.mp4'로 변경합니다.

10 'Effect6_Scaterize.mp4' 레이어를 선택합니다. Effects & Presets 패널에서 'CC Scatterize' 이 펙트를 검색하고 Simulation → CC Scatterize를 더블클릭하여 'Effect6_Scaterize.mp4' 레이어에 효과를 적용합니다.

11 Effect Controls 패널에서 CC Scatterize → Scatter 왼쪽의 'Stop Watch' 아이콘()을 클릭해 키프레임을 만듭니다.

TIP
Timeline 패널에서 효과가 적용되어 있는 레이어를 선택하고 U를 누르면 적용된 키프레임 속성을 표시할 수 있습니다.

12 현재 시간 표시기를 '9초'로 이동한 다음 Effect Controls 패널에서 Scatter를 '1500'으로 설정하여 키프레임을 만듭니다. 이미지가 파티클이 되어 사라지는 애니메이션을 확인할 수 있습니다.

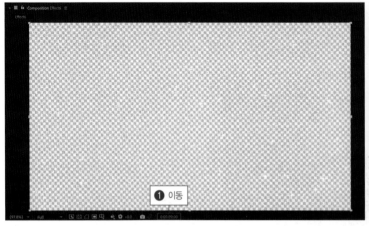

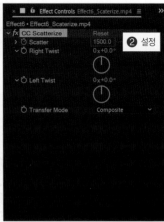

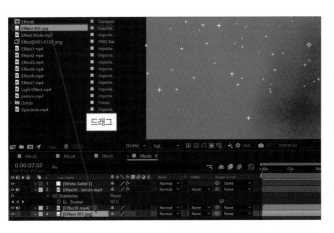

13 Project 패널에서 'Effect BG. jpg' 파일을 Timeline 패널의 가장 하단으로 드래그하여 레이어를 배치합니다.

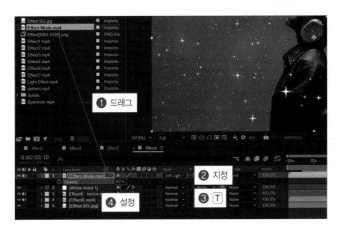

14 Project 패널에서 'Effect Mode. mp4' 파일을 Timeline 패널의 가장 상단으로 드래그하여 레이어에 배치합니다. Mode를 'Soft Light'로 지정하여 자연스럽게 합성되도록 하고 T를 눌러 Opacity 속성을 표시한 다음 '82%'로 설정합니다.

15 Project 패널에서 'Spectrum. mp4' 파일을 Timeline 패널의 가장 상단에 두 번 드래그하여 배치하고 Mode를 'Screen'으로 지정합니다. 가져온 'Spectrum.mp4' 레이어의 각 이름을 'Spectrum_Left', 'Spectrum_Right' 로 변경합니다.

16 'Spectrum_Left', 'Spectrum_Right' 레이어를 선택하고 S를 눌러 Scale 속성을 표시한 다음 'Spectrum_Left' 레이어의 Scale을 '35%', 'Spectrum_Right' 레이어의 Scale을 '40%'로 설정합니다.

17 Composition 패널에서 'Spectrum_Left', 'Spectrum_Right' 레이어 위치를 이동하여 왼쪽 사람과 오른쪽 사람의 헤드폰에 위치하도록 합니다.

18 Timeline 패널의 '4초'에서 Alt + [를 누르고 '6초 12프레임'에서 Alt +]를 눌러 자르고 조정합니다.

19 'Spectrum_Left', 'Spectrum_Right' 레이어를 선택하고 [P]를 눌러 Position 속성을 표시한 다음 현재 시간 표시기를 '4초 1프레임'으로 이동하고 'Stop Watch' 아이콘(🔘)을 클릭해 첫 번째 키프레임을 만듭니다. 각 레이어를 왼쪽 사람과 오른쪽 사람의 헤드폰의 움직임을 따라갈 수 있도록 키프레임을 만듭니다.

TIP
현재 시간 표시기를 이동하고 Composition 패널 화면에서 직접 위치를 조정하면 키프레임이 추가됩니다.

20 'Spectrum_Left', 'Spectrum_Right' 레이어를 선택하고 [T]를 눌러 Opacity를 표시한 다음 '4초 1프레임'에서 Opacity를 '0%', '4초 10프레임'에서 Opacity를 '100%', '6초 1프레임'에서 Opacity를 '100%', '6초 11프레임'에서 Opacity를 '0%'로 설정합니다.

21 자연스럽게 나타났다가 자연스럽게 사라지는 움직임을 만들었습니다.

종합 편집하여 이펙트 영상 마무리하기

종합 편집을 위해 새로운 컴포지션을 생성하고 준비된 영상과 앞서 작업한 컴포지션을 타임라인에 배치하여 각 장면들이 자연스럽게 연결될 수 있도록 세부 조정합니다.

1 메뉴에서 (Composition) → New Composition 을 실행합니다.

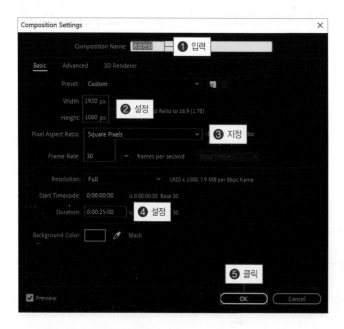

2 Composition Settings 대화상 자가 표시되면 Composition Name 에 '종합편집'을 입력하고 Width를 '1920px', Height를 '1080px'로 설정 한 다음 Frame Rate를 '30'으로 지정 합니다. Duration을 '0:00:25:00'으로 설정하고 〈OK〉 버튼을 클릭하여 새로 운 컴포지션을 만듭니다.

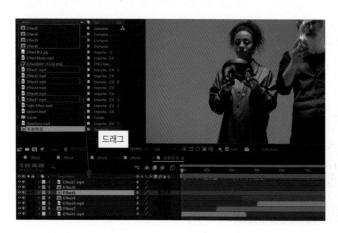

3 Project 패널에서 'Effect2', 'Effect4', 'Effect5', 'Effect6' 컴포지 션과 'Effect1.mp4', 'Effect3.mp4', 'Effect7.mp4' 파일을 Timeline 패널 로 드래그하여 불러옵니다.

4 Timeline 패널에서 'Effect1.mp4~Effect7.mp4' 레이어를 그림과 같이 배치합니다.

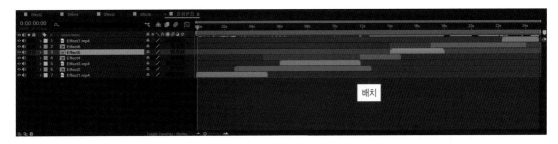

TIP

'Effect1' : '0초~2초 20프레임'   'Effect2' : '2초 21프레임~5초 29프레임'

'Effect3' : '6초~11초 24프레임'   'Effect4' : '11초 25프레임~14초'

'Effect5' : '14초 1프레임'~'16초 2프레임'   'Effect6' : '17초~22초 7프레임'

'Effect7' : '22초 8프레임~24초 29프레임'

5 'Effect7.mp4' 레이어를 선택하고 T를 눌러 Opacity 속성을 표시합니다. Opacitiy의 'Stop Watch' 아이콘(◯)을 클릭해 '22초 8프레임'에서 Opacity를 '0%', '23초 9프레임'에서 Opacity를 '100%'로 설정하여 자연스럽게 전환되도록 합니다.

6 Spacebar를 눌러 각 장면들이 자연스럽게 연결될 수 있도록 시간과 트리밍 등 세부 조정합니다.

트래커 합성 기법으로
움직임 추적하기

영상 속에서 초상권이나 개인정보 보호를 위해 특정 영역을 가려야 할 상황이 있습니다. 모바일 디바이스나 앱 광고를 보면 화면 부분에서 영상 콘텐츠를 제시하는 경우가 많습니다. 이때 촬영한 영상을 그대로 합성하면 디바이스 화면과 콘텐츠 화면이 어긋나면서 보기 불편해집니다. 화면과 콘텐츠의 위치를 정확하게 합성하나 지우기 위해서 대상 위치를 연속 추적하는 트래커(Tracker) 기능을 활용하면 효과적입니다.

작업 특징 화면에서 움직이는 대상을 추적할 때 트래커(Tracker)를 사용합니다. 동작 추적(Track Motion)을 위해 하나의 포인트를 추적하는 Transform 유형과 사각형을 추적하는 Perspective Coner Pin 유형 중에서 선택합니다. 입체적인 공간이나 영역의 변화를 추적할 때는 카메라 추적(3D Camera)을 사용합니다. 트래커를 이용하면 움직이는 대상에 콘텐츠 영상을 정확하게 합성할 수 있습니다.

예제 파일 프로젝트\Source\10\Coffee_1.mp4, Coffe_2.mp4, Coffee_Color.mp4, end.mp4, focus.png, Hand.mp4, Tab_flip.mp4, tracker_source_1.mp4, tracker_source_2.mp4

완성 파일 프로젝트\Source 10\Project10_완성.aep, Project10_완성.mp4

1개의 트랙 포인트로 대상 추적하기

애프터 이펙트의 추적기(Tracker) 패널에서 동작 추적(Track Motion) 도구 중 변형(Transform)을 선택하고, 영상 화면 속에서
1개의 트랙 포인트를 움직이는 대상(Target)에 설정하여 추적을 따라가는 그래픽 이미지를 붙일 수 있습니다.

——

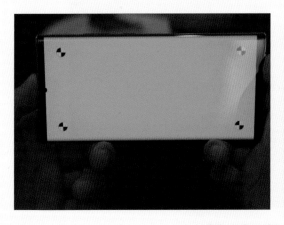

4개의 트랙 포인트로 영역 추적하기

녹색 배경의 스마트폰 화면 코너에 십자 포인트 4개를 Perspective Corner Pin으로 설정하여
화면 영역을 추적하고 콘텐츠 영상을 정확하게 합성해 보겠습니다.

카메라 추적(3D Camera) 트래커를 이용하여 영역 추적하기

애프터 이펙트에서 카메라 추적(3D Camera) 트래커를 사용하면 화면 속에서 입체적으로 움직이는 영역을 자연스럽게
추적하고 그 위에 새로운 콘텐츠를 정확하게 합성하는 데에 유용합니다.

1개의 Track Point로 대상 추적하기

애프터 이펙트에서 1개의 Track Point를 이용하여 영상 화면 속에서 움직이는 대상, 즉 특정 물체를 지정하고 추적하는 방법을 살펴보겠습니다.

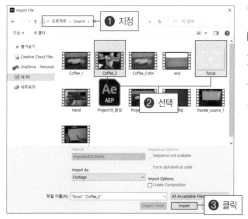

1 애프터 이펙트에서 새 프로젝트를 만들고 메뉴에서 (File) → Import → File을 실행합니다.

Import File 대화상자가 표시되면 프로젝트 → Source → 10 폴더에서 'Coffee_2.mp4', 'focus.png' 파일을 선택한 다음 〈Import〉 버튼을 클릭합니다.

2 새로운 컴포지션을 만들기 위해 Project 패널의 'Coffee_2.mp4' 파일에서 마우스 오른쪽 버튼을 클릭한 다음 New Comp from Selection을 실행합니다.

TIP

트래커 기능을 활용할 경우 Composition 설정은 영상 파일의 속성과 같아야 합니다. 여기에서는 Composition을 만드는 여러 방법 중에서도 마우스 오른쪽 버튼을 이용하여 만드는 것이 가장 적합합니다.

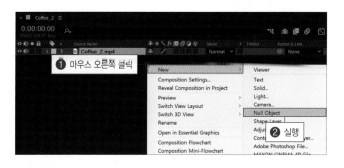

3 합성에 활용할 오브젝트를 만들기 위해 Timeline 패널에서 마우스 오른쪽 버튼을 클릭한 다음 New → Null Object를 실행합니다.

4 배경 영상의 첫 프레임부터 트래커를 적용하기 위해 Timeline 패널에서 현재 시간 표시기를 '0초'로 이동한 다음 'Coffee_2.mp4' 레이어를 선택합니다.

5 Tracker 패널에서 〈Track Motion〉 버튼을 클릭하면 Composition 패널 위치에 Layer 패널이 표시되며 화면에 'Track Point 1'이 만들어집니다. 화면을 확대하고 'Track Point 1'을 추적할 부분에 위치시킵니다.

6 Tracker 패널의 Analyze 항목에서 '앞으로 추적' 아이콘(▶)을 클릭합니다. 영상 추적이 시작되면서 'Track Point 1' 주변으로 궤적이 만들어집니다. 추적이 완료될 때까지 기다립니다.

7 추적이 완료된 다음 Timeline 패널에서 'Coffee_2.mp4' 레이어의 속성을 표시합니다. Motion Trackers가 추가되고 트래커 추적으로 인해 수많은 키프레임이 만들어진 것을 확인합니다.

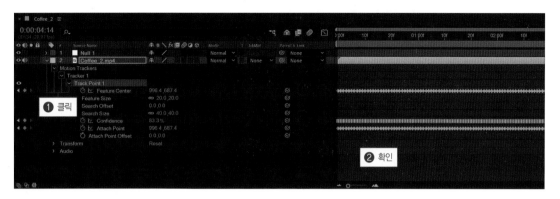

8 'Coffee_2.mp4' 레이어가 선택된 상태에서 Tracker 패널의 Motion Target의 〈Edit Target〉 버튼을 클릭합니다. Motion Target 대화상자가 표시되면 Apply Motion To의 Layer에서 'Null 1'을 지정하고 〈OK〉 버튼을 클릭합니다.

9 Tracker 패널에서 〈Apply〉 버튼을 클릭합니다. Motion Tracker Apply Options의 대화상자가 표시되면 〈OK〉 버튼을 클릭합니다.

10 설정을 완료하고 Composition 패널을 클릭하여 표시한 다음 현재 시간 표시기를 움직이면 화면 속 빨간 사각형의 'Null 1'이 추적 위치를 따라서 움직이는 것을 확인할 수 있습니다.

11 Project 패널에서 'focus.png' 파일을 Timeline 패널로 드래그하여 불러옵니다.

12 'focus.png' 레이어를 선택한 상태로 S를 눌러 Scale 속성을 표시하고 '50%'로 설정합니다.

13 'focus.png' 레이어를 선택한 상태로 P를 눌러 Position 속성을 표시하고 그림과 같이 Composition 패널의 화면 속 포커스 사각형을 'Null 1' 레이어의 빨간색 사각형에 일치하도록 Position을 설정합니다.

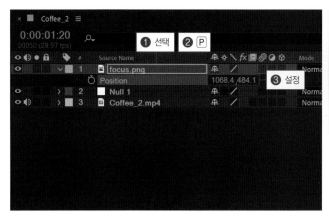

14 Timeline 패널에서 'focus.png' 레이어 Parent & Link 항목의 '로프' 아이콘(⊚)을 'Null 1' 레이어로 드래그 하여 연결합니다. 'focus.png' 레이어 는 'Null 1' 레이어에 연결되어 함께 움 직입니다.

15 Spacebar를 눌러 자연스럽게 연결 되어 움직이는 영상을 확인합니다.

4개의 Track Point로 영역 추적하기

스마트폰 화면에 녹색의 배경의 십자 포인트 4개를 설정하여 추적하는 Track Motion 기법을 사용하여 합성하는 방법을 살펴보겠습니다.

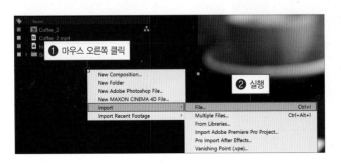

1 Project 패널에서 마우스 오른쪽 버튼을 클릭한 다음 **Import → File**을 실행합니다.

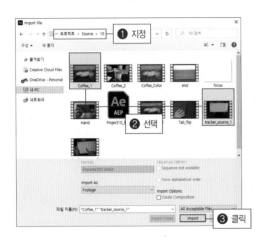

2 Import File 대화상자가 표시되면 'tracker_source_1.mp4', 'Coffee_1.mp4' 파일을 선택한 다음 〈Import〉 버튼을 클릭합니다.

> **TIP**
> 'Tracker_source_1.mp4' 파일은 배경이 되는 스마트폰 영상이고, 'Coffee_1. mp4' 파일은 합성할 그래픽 영상입니다.

3 새 컴포지션을 만들기 위해 Project 패널에서 'tracker_source_1.mp4' 파일을 'Create a New Composition' 아이콘(▣)으로 드래그합니다.

> **TIP**
> Composition을 만드는 여러 방법 중에서 드래그 방법은 마우스 오른쪽 버튼으로 Composition을 만드는 것과 같습니다.

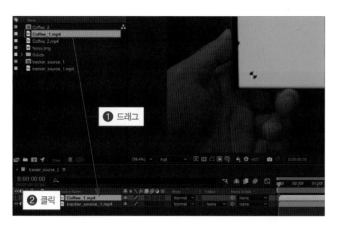

4 Project 패널에서 'Coffee_1.mp4' 파일을 Timeline 패널로 드래그하여 불러온 다음 'Coffee_1.mp4' 레이어의 '눈' 아이콘(◉)을 클릭하여 화면에 보이지 않도록 설정합니다.

5 Timeline 패널의 'Coffee_1.mp4' 레이어에서 마우스 오른쪽 버튼을 클릭한 다음 **Pre-compose**를 실행합니다.

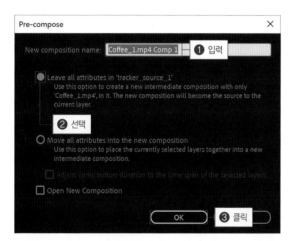

6 Pre-compose 대화상자가 표시되면 New composition name에 'Coffe_1.mp4 Comp 1'을 입력하고 'Leave all attributes in 'Tracker_source_1''을 선택한 다음 〈OK〉 버튼을 클릭합니다.

TIP
Tracker 기능으로 합성할 영상을 Pre-compose로 설정하는 것이 추후 수정 또는 변경에 편리합니다.

7 배경 영상의 첫 프레임부터 Tracker를 적용하기 위해 Timeline 패널에서 'tracker_source_1.mp4' 레이어를 선택한 다음 현재 시간 표시기를 '0초'로 이동합니다.

8 Tracker 패널에서 〈Track Motion〉 버튼을 클릭합니다. Composition 패널 위치에 Layer 패널이 표시되며 'Track Point 1'이 만들어진 것을 확인합니다.

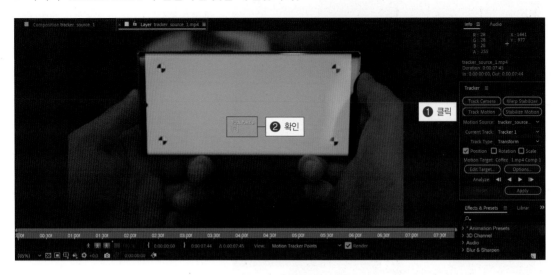

9 Tracker 패널에서 Track Type을 'Perspective corner pin'으로 지정하면 Layer 패널의 Track Point가 4개(Track Point 1, Track Point 2, Track Point 3, Track Point 4)로 변경되어 표시됩니다.

TIP

Tracker의 추적 정확성을 높이기 위해서 Track Point를 4개로 설정하는 것이 일반적입니다. 영상 소스의 촬영 또는 준비 단계부터 배경은 녹색으로 설정하고, 합성될 영역에는 검은색 십자 추적 마커를 미리 추가하면 편리합니다.

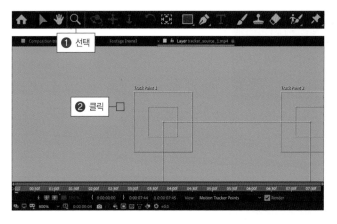

10 Tools 패널에서 확대/축소 도구 (🔍, Ctrl+➕)를 선택하고 Layer 패널 화면의 'Track Point 1' 부분을 클릭하여 확대합니다.

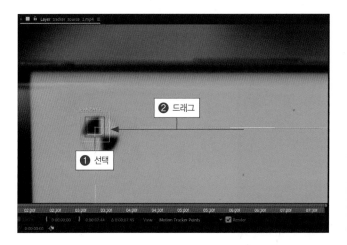

11 확대된 'Track Point 1'의 안쪽 사각형을 선택하고 십자 추적 마커로 드래그하여 'Track Point 1' 안쪽 사각형 위치로 이동합니다.

TIP
확대/축소 도구(🔍)로 화면이 확대된 상태에서 영상의 4개의 십자 추적 마커 전부가 한 번에 보이지 않을 수도 있습니다. 이때 손 도구(✋, Spacebar)를 선택하여 화면 표시 영역을 이동하며 작업하면 편리합니다.

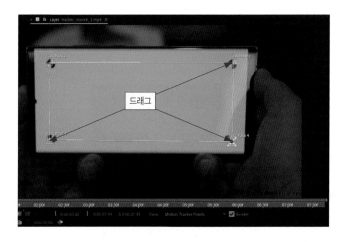

12 같은 방법으로 'Track Point 2', 'Track Point 3', 'Track Point 4'를 각각 나머지 십자 추적 마커로 드래그하여 이동합니다.

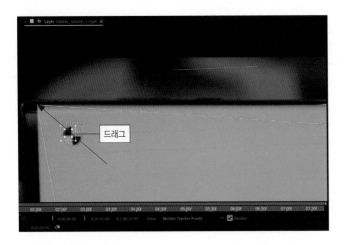

13 실제로 합성될 영역은 초록색 화면 부분입니다. 'Track Point 1' 십자선의 'Attach Point'를 드래그하여 녹색 화면 영역의 왼쪽 상단 모서리로 이동합니다.

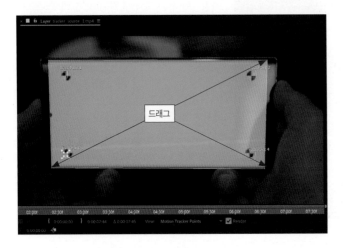

14 같은 방법으로 'Track Point 2'를 오른쪽 상단 모서리, 'Track Point 3'을 왼쪽 하단 모서리, 'Track Point 4'를 오른쪽 하단 모서리로 드래그하여 각각 이동합니다.

15 Tracker 패널에서 Analyze 항목의 'Analyze forward' 아이콘(▶)을 클릭합니다. Layer 패널에 영상 추적이 시작되며 십자 마커 주변으로 궤적이 나타납니다.

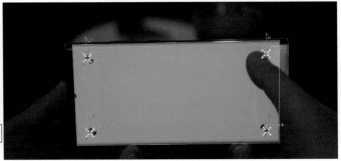

16 추적이 완료된 다음 Timeline 패널에서 'tracker_source_1.mp4' 레이어의 속성을 표시합니다. 'Motion Trackers' 속성이 추가되고 트래커 추적으로 인해 수많은 키프레임이 만들어진 것을 확인합니다.

17 'tracker_source_1.mp4' 레이어가 선택된 상태로 Tracker 패널의 Motion Target 항목의 〈Edit Target〉 버튼을 클릭합니다.

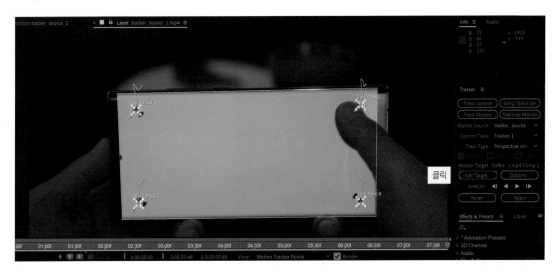

18 Motion Target 대화상자가 표시되면 Layer를 '1.Coffee_1.mp4 Comp 1'로 지정하고 〈OK〉 버튼을 클릭합니다.

19 Tracker 패널에서 〈Apply〉 버튼을 클릭합니다.

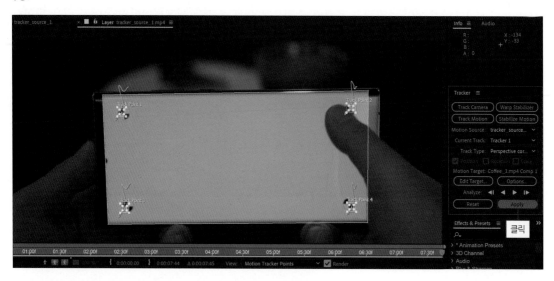

20 'Coffee_1.mp4 Comp 1' 레이어의 '눈' 아이콘(◉)을 클릭하여 다시 활성화하면 두 영상의 합성된 상태를 확인할 수 있습니다.

21 Spacebar를 눌러 합성이 잘 되었는지 확인합니다.

TIP

합성된 영상이 설정한 영역과 일치하지 않을 경우 'Coffee_1.mp4 Comp 1' 레이어를 선택한 다음 S를 눌러 Scale 속성을 표시한 다음 영상 크기를 '101%' 정도로 설정하여 화면에 맞춰 봅니다.

Keylight로 배경 영상의 초록 매트 제거하기

합성된 화면 영역의 경계선에서 영상 요소의 일부가 잘리거나 남아 있는 현상을 해결해 보겠습니다.

1 Tracker 기능을 이용하여 영상의 녹색 영역에 합성했지만, 현재 시간 표시기를 이동하여 살펴보면 합성된 영상에서 손가락이 잘리는 문제가 발생하는 것을 확인할 수 있습니다.

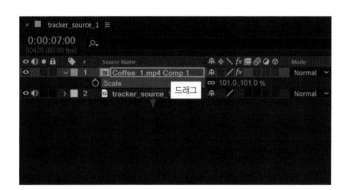

2 Timeline 패널에서 'Coffee_1. mp4 Comp1' 레이어를 드래그하여 tracker _source_1.mp4' 레이어 아래로 이동합니다.

3 Effects & Presets 패널에서 Keying 항목의 'Keylight (1.2)' 이펙트를 Timeline 패널의 'tracker _source_1.mp4' 레이어로 드래그하여 적용합니다.

4 Effect Controls 패널에서 Keylight(1.2) → Screen Color의 '스포이트' 아이콘(▇▇)을 클릭한 다음 Composition 패널 화면의 녹색 영역을 클릭하여 배경색으로 설정합니다.

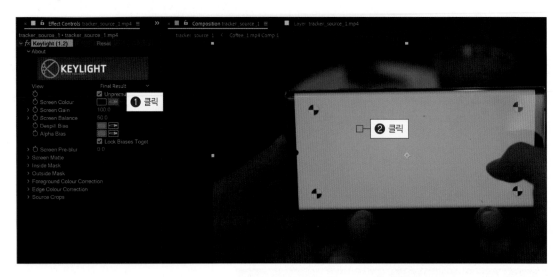

5 Spacebar 를 눌러 영상을 재생해 보면 손가락 문제는 해결되었으나 녹색 영역이 조금 불완전하게 제거된 것을 확인할 수 있습니다. Effect Controls 패널에서 Keylight(1.2) 항목의 View를 'Screen Matte'로 지정합니다. Composition 패널에서 매트가 정교하게 제거되지 않은 것을 확인합니다.

TIP

크로마키 작업은 매우 섬세한 작업으로 Level, Hue/Saturation, Screen Colour 수치가 다르며 결과가 다를 수 있습니다. 잘못 촬영되면 후반 작업에서도 많은 어려움을 겪을 수 있으니 촬영 단계부터 잘 진행되어야 합니다.

6 Effect Controls 패널에서 About의 Screen Gain을 '100', Screen Balance를 '60'으로 설정하고 Screen Matte의 Clip Black을 '10', Clip White를 '80'으로 설정하여 합성한 영상이 깨끗하게 보이도록 합니다.

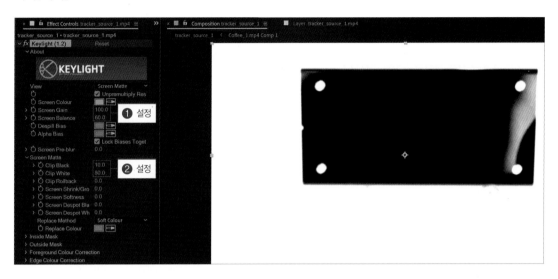

7 About의 View를 다시 'Final Result'로 지정합니다.

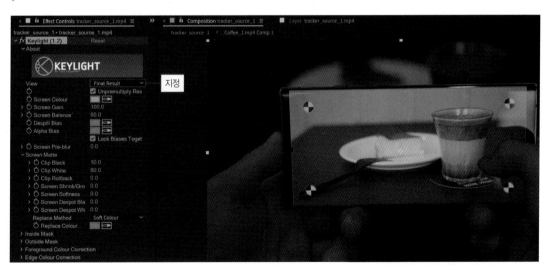

마스크로 십자 추적 포인트 제거하기

Tracker 기능을 완료한 다음에는 화면에 십자 마커가 계속 보일 필요가 없으므로 Set Matte와 마스크를 적용하여 보이지 않도록 설정하겠습니다.

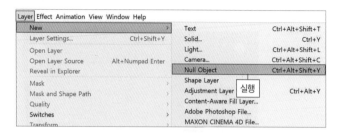

1 마커 위치를 컨트롤 하기 위해 'Null' 레이어를 만들겠습니다. 메뉴에서 [Layer] → New → Null Object ([Ctrl]+[Alt]+[Shift]+[Y])를 실행합니다.

2 Timeline 패널에서 만들어진 'Null 1' 레이어를 선택하고 [Enter]를 눌러 '마커콘트롤'으로 레이어 이름을 변경합니다. Composition 패널에서 '마커콘트롤' 레이어를 왼쪽 상단 마커의 위치로 이동합니다.

3 Timeline 패널에서 '마커콘트롤' 레이어를 선택하고 [P]를 눌러 Position 속성을 표시합니다. 'tracker_source _1.mp4' 레이어의 'Track Point 1' 속성을 표시합니다.

4 '마커콘트롤' 레이어가 'Track Point 1'을 따라다니도록 설정하겠습니다. Timeline 패널에서 Alt 를 누른 상태로 '마커콘트롤' 레이어 Position 왼쪽의 'Stop Watch' 아이콘(⏱)을 클릭하여 Expression 의 스크립트 영역을 활성화합니다.

5 '마커콘트롤' 레이어에서 Expression:Position의 '로프' 아이콘(◎)을 'tracker_source_1.mp4' 레이어의 Attach Point로 드래그하여 연결합니다.

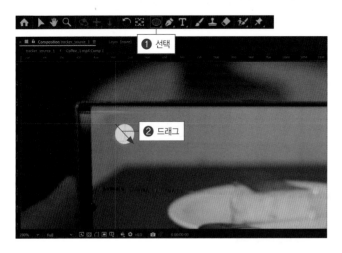

6 Timeline 패널의 레이어가 선택되지 않은 상태로 Tools 패널에서 원형 도구(◎)를 선택하고 Composition 패널 화면에서 왼쪽 상단의 마커와 같은 모양으로 원을 만듭니다.

> **TIP**
> 메뉴에서 (View) → Show Ruler(Ctrl+R)를 실행하여 눈금자를 표시하면 작업이 더욱 편리합니다.

7 Timeline 패널에서 'Shape Layer 1' 레이어에서 Enter를 눌러 레이어 이름을 '마커숨기기'로 변경합니다. '마커숨기기' 레이어가 선택된 상태로 A를 눌러 Anchor Point 속성을 표시한 다음 설정하여 원의 가운데 중심으로 이동합니다.

TIP
Tools 패널에서 뒤로 팬 도구(🔲, Y)을 선택하고 Composition 패널에서 Ctrl를 누르면 Anchor Point를 중심으로 이동됩니다.

8 Timeline 패널 '마커숨기기' 레이어의 Parent & Link 항목에서 '로프' 아이콘(⚫)을 '마커콘트롤' 레이어로 드래그하여 연결합니다.

9 Spacebar를 눌러 재생하면 마커를 따라 '마커숨기기' 레이어가 따라다니는 것을 확인합니다. 같은 방법으로 'Track Point 3'을 따라다니는 원을 만들고 따라다니도록 연결합니다.

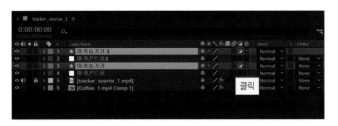

10 Timeline 패널 '마커숨기기', '마커숨기기3' 레이어의 Switches 항목에서 'Adjustment Layer' 아이콘(◉)을 클릭하여 Adjustment Layer로 변경합니다.

TIP

Adjustment Layer로 변경하면 보이지 않지만 효과를 적용하여 사용할 수 있습니다.

11 Set Matte를 적용하여 마커가 보이지 않게 설정하겠습니다. Effects & Presets 패널에서 'Set Matte' 이펙트를 검색하고 Timeline 패널의 'tracker_source_1.mp4' 레이어에 드래그하여 적용합니다.

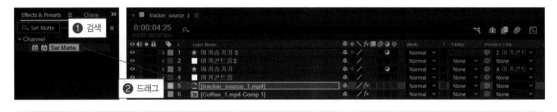

TIP

Set Matte는 Track Matte와 비슷한 기능이지만 Track Matte는 하나의 레이어에 하나의 Matte를 적용할 수 있고, Set Matte는 여러 개의 Matte를 적용할 수 있습니다.

12 Effect Controls 패널의 Set Matte 항목에서 Take Matte From Layer를 '3. 마커숨기기'로 지정하고 'Invert Matte'를 체크 표시하여 반전하면 Composition 패널 화면에서 왼쪽 상단의 마커가 지워진 것을 확인할 수 있습니다.

13 같은 방법으로 Effects & Presets 패널에서 'Set Matte' 이펙트를 Timeline 패널의 'tracker_source_1.mp4' 레이어에 드래그하여 한 번 더 적용합니다.

14 Effect Controls 패널의 Set Matte 2 항목에서 Take Matte From Layer를 '1. 마커숨기기'로 지정하고 'Invert Matte'를 체크 표시하여 반전시킵니다. Composition 패널 화면에서 왼쪽 하단의 마커가 지워진 것을 확인할 수 있습니다.

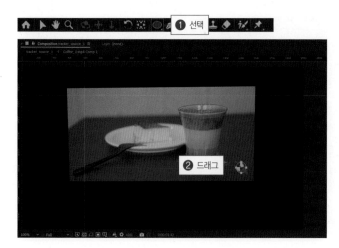

15 Timeline 패널에서 'tracker_source_1.mp4' 레이어가 선택된 상태로 Tools 패널의 원형 도구(◯)를 선택하고 Composition 패널 화면에서 드래그하여 포인트 원형보다 더 큰 원형을 만듭니다. Timeline 패널에 'Mask 1'이 만들어지며 마스크 영역 안에 위치한 검은색 십자 마커만 보이게 됩니다.

16 Timeline 패널에서 'tracker_source_1.mp4' 레이어의 Mask 1을 'Subtract'로 지정하면 십자 마커가 사라지고 마스크 바깥의 영상이 보이게 됩니다.

17 Mask 1 속성을 표시하고 Mask Feather를 '32', Mask Expansion을 '21'로 설정하여 경계를 자연스럽게 하고 Mask Path 모양도 자연스럽게 수정합니다.

18 마커가 움직이기 때문에 마스크도 움직여야 합니다. Mask Path 왼쪽의 'Stop Watch' 아이콘(⏱)을 클릭하고 키프레임을 만듭니다. 현재 시간 표시기를 이동하여 마커가 가려지도록 움직임을 설정하면 키프레임이 추가됩니다.

19 같은 방법으로 나머지 십자 추적 마커도 마스크를 적용하여 화면에서 보이지 않도록 설정합니다.

20 화면의 빛 비침 현상이 자연스럽지 않아 빛 색깔을 더 제거하여 자연스럽게 만들도록 하겠습니다. Effects & Presets 패널에서 'Linear Color Key' 이펙트를 검색하고 Timeline 패널의 'tracker_source_1.mp4' 레이어에 드래그하여 적용합니다.

21 Effect Controls 패널에서 key Color의 색상 상자를 클릭하여 '6CBAFF'로 지정하고 Matching Tolerance를 '14%', Matching Softness '8%'로 설정하면 빛 비침 현상이 이전보다 제거된 것을 확인할 수 있습니다.

그래픽 애니메이션 추가하기

Stoke를 이용하여 화면을 확대하는 슬라이더 애니메이션을 제작합니다. 손가락 움직임과 위치를 고려하여 화면과 자연스럽게 어우러지도록 배치합니다.

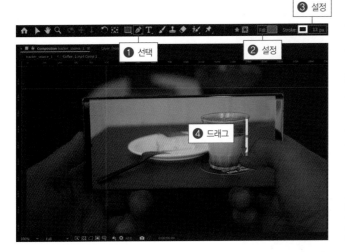

1 Tools 패널에서 펜 도구(✐)를 선택하고 Fill을 'None'으로 설정한 다음 Stroke를 '#FFFFFF', '13px'로 설정합니다. Composition 패널 화면에 클릭 또는 드래그하여 선을 만듭니다.

TIP
이 선을 화면을 확대하는 슬라이더로 만들기 위해 손가락의 움직임과 위치를 고려합니다.

2 Timeline 패널에서 '5초 46프레임'부터 나타나도록 드래그하여 배치합니다.

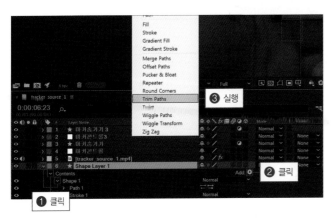

3 Timeline 패널에서 만들어진 'Shape Layer 1' 레이어의 속성을 표시하고 Add 오른쪽의 ▶를 클릭하여 **Trim Path**를 실행합니다.

4 'Shape Layer 1' 레이어의 이름을 '확대슬라이더'로 변경합니다. '확대슬라이더' 레이어의 Trim Path 속성을 표시하고 End 왼쪽의 'Stop Watch' 아이콘(⏱)을 클릭하여 키프레임 만듭니다. 현재 시간 표시기를 이동하고 End를 설정하여 손가락의 이동에 따라 슬라이더의 길이가 변하도록 합니다.

TIP

| '5초 46프레임' : '0%' | '6초 22프레임' : '56.8%' |
| '6초 34프레임' : '81.4%' | '6초 51프레임' : '93%' |

5 '확대슬라이더' 레이어를 선택하고 T를 눌러 Opacity 속성을 표시한 다음 '50%'로 설정합니다.

6 Tools 패널에서 문자 도구(T)를 선택하고 텍스트 레이어 두 개를 만들어 하나는 숫자 '0'을 입력하고 다른 하나는 'X'를 입력합니다.

7 Effects & Presets 패널에서 'Numbers' 이펙트를 검색하고 Timeline 패널의 '0' 레이어에 드래그하여 적용합니다.

8 Effect Controls 패널의 Decimal Places를 '1'로 설정하여 소수점 아래 한 자릿수만 표시되도록 하고 두 개의 텍스트 레이어를 슬라이더 왼쪽에 적절하게 이동하여 배치합니다.

9 Timeline 패널의 '0' 레이어의 Numbers 속성을 표시하고 왼쪽의 'Stop Watch' 아이콘(⏱)을 클릭합니다. Value/Offset/Random Max를 '5초 53프레임'에서 '0', '6초 51프레임'에서 '3'으로 설정합니다.

10 Timeline 패널에서 'Coffee_1. mp4Comp 1' 레이어를 선택하고 S를 눌러 Scale 속성을 표시합니다. 왼쪽의 'Stop Watch' 아이콘(🕐)을 클릭하여 키프레임을 만들고 Scale을 '5초 53프레임'에서 '101%', '6초 51프레임'에서 '130%'로 설정합니다.

11 Spacebar 를 눌러 영상을 재생해 그래픽 애니메이션을 확인합니다.

디자이너's 노하우

Tracker의 추적 기능은 움직이는 대상의 합성에 적합합니다. 이 기능은 편리한 만큼 사용하기에 어려운 점과 제한 사항도 있습니다.

프로그램이 자동으로 계산하기 때문에 추적하는 영역이 다른 영역과 잘 구분이 되어야 하고, 추적하는 영역이 갑자기 화면에서 사라지면 더 이상 추적이 수행되지 않습니다.

카메라가 급격한 속도로 움직이는 장면도 추적이 곤란한데, 긴 영상 클립에 Trakcer를 적용할 때는 추적할 부분만 짧게 잘라 작업한다면 더 효율적 것입니다.

Camera Tracker로 영역 추적하기

애프터 이펙트에서 3D Camera Tracker를 활용하면 입체적으로 움직이는 영역을 추적하여 합성하기에 유용합니다.

1 메뉴에서 (File) → Import → File 을 실행합니다. Import File 대화상자 가 표시되면 프로젝트 → Source → 10 폴더에서 'tracker_source_2.mp4', 'Coffee_Color.mp4' 파일을 선택한 다 음 〈Import〉 버튼을 클릭합니다.

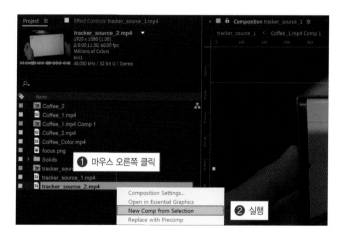

2 Project 패널의 'tracker_source_ 2.mp4' 파일에서 오른쪽 마우스 버 튼을 클릭한 다음 **New Comp from Selection**을 실행하여 새 컴포지션을 만듭니다.

3 Timeline 패널에서 'tracker_ source_2.mp4' 레이어를 선택합니다.

4 Tracker 패널에서 〈Track Camera〉 버튼을 클릭합니다.

5 영상 추적이 시작되면 화면에 'Analyzing in background(step 1 of 2)' 글씨가 표시됩니다. 'solving camera'라는 글씨가 나타나면 추적이 완료됩니다.

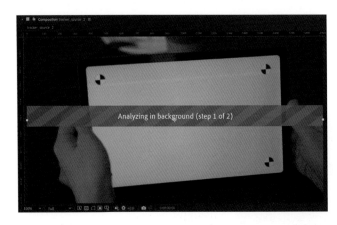

6 트래킹 작업이 완료된 화면에는 다양한 색상의 X 형태의 마커가 만들어집니다. 합성을 원하는 영역에 마우스 포인터를 이동하면 마커들이 서로 연결되면서 빨간색 원이 나타납니다.

7 빨간색 원에서 마우스 오른쪽 버튼을 클릭하여 **Create Solid and Camera**를 실행합니다.

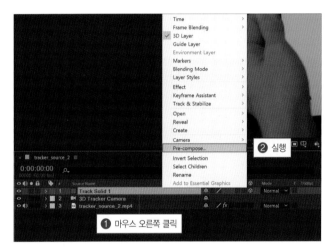

8 Timeline 패널의 만들어진 'Track Solid 1' 레이어에서 마우스 오른쪽 버튼을 클릭하여 **Pre-compose**를 실행합니다.

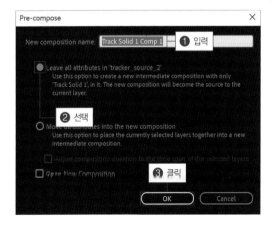

9 Pre-compose 대화상자가 표시되면 New composition name에 'Track Solid 1 Comp 1'을 입력하고 'Leave all attributes in 'Tracker_source_2''를 선택한 다음 〈OK〉 버튼을 클릭합니다.

10 Effects & Presets 패널에서 'Corner Pin' 이펙트를 검색하고 Time line 패널의 'Track Solid 1 Comp 1' 레이어로 드래그하여 적용합니다.

11 Composition 패널 화면 모서리에 네 개의 핀이 만들어진 것을 확인하고 Effect Controls 패널에서 Upper Left, Upper Right, Lower Left, Lower Right를 설정하여 합성될 영역의 모서리에 일치하게 조정합니다.

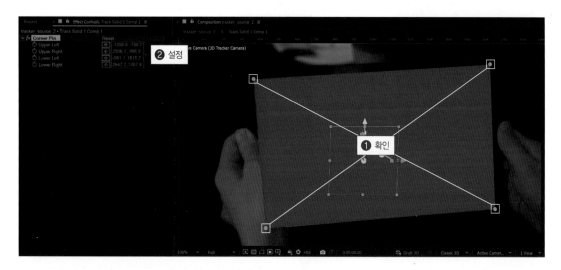

12 Project 패널에서 'Track Solid 1 Comp 1' 파일을 더블클릭하여 'Track Solid 1 Comp 1' 컴포지션을 표시하고 'Coffee_Color.mp4' 파일을 Timeline 패널로 드래그하여 배치합니다.

13 Timeline 패널에서 'Coffee_ Color.mp4' 레이어를 선택하고 ⑤ 를 눌러 Scale 속성을 표시한 다음 'Constrain Propotions' 아이콘(⚮)을 클릭하여 비활성화합니다. 화면 크기 에 맞도록 Scale을 '60, 100%'로 설정 합니다.

14 'tracker_source_2' 컴포지션으 로 돌아와서 Project 패널의 'Track Solid 1 Comp 1' 컴포지션을 Timeline 패널의 'tracker_source_2.mp4' 레이 어 아래로 드래그하여 배치합니다.

15 Effects & Presets 패널에서 'Keylight(1.2)' 이펙트를 검색하고 Timeline 패널의 'tracker_ source_2.mp4' 레이어로 드래그하여 적용합니다.

16 Effect Controls 패널 keylight(1.2) 항목에서 Screen Colour의 '스포이트' 아이콘(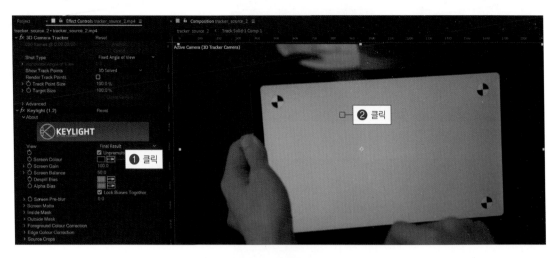)을 클릭하고 Composition 패널 화면 안의 녹색 영역을 클릭하여 제거합니다.

17 현재 시간 표시기를 이동하여 프레임들의 합성 상태를 확인하면서 'Tracker_source_1.mp4' 레이어의 영상 속 손의 움직임에 맞춰 'Coffee_Color.mp4' 레이어의 영상 싱크를 자연스럽게 조절합니다.

18 앞서 실습한 마스크로 십자 추적 포인트 제거하기의 12번~16번과 같은 방법으로 마스크를 만들어 마커를 제거합니다.

트래커 적용하고 컴포지션 종합 편집하기

종합 편집을 위한 새로운 컴포지션을 생성하고 이제까지 작업한 컴포지션을 순서를 고려하여 타임라인에 배치합니다. 키프레임 애니메이션을 활용하여 트랜지션을 적용하고 전체적으로 자연스럽게 조정합니다.

1 Project 패널의 빈 공간을 더블클릭하여 Import File 대화상자가 표시되면 프로젝트 → Source → 10 폴더에서 'Hand. mp4', 'Tab_flip.mp4', 'end.mp4' 파일을 선택하고 〈Import〉 버튼을 클릭합니다.

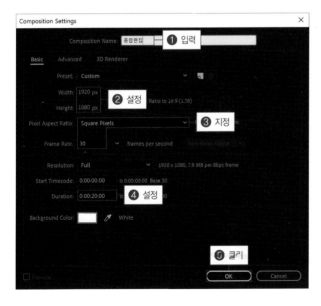

2 메뉴에서 [Composition] → New Composition을 실행합니다.
Composition Settings 대화상자가 표시되면 Composition Name에 '종합편집'을 입력하고 Width를 '1920px', Height를 '1080px', Frame Rate를 '30', Duration을 '0:00:20:00'으로 설정한 다음 〈OK〉 버튼을 클릭합니다.

3 Project 패널에서 'Hand.mp4' 파일, 'tracker_source_1' 컴포지션, 'Coffee_2' 컴포지션, 'Tab_flip.mp4' 파일, 'tracker_source_2' 컴포지션, 'end.mp4' 파일을 선택하고 Timeline 패널로 드래그하여 불러옵니다.

4 아래서부터 'Hand.mp4', 'trcker_source_1', 'Coffee_2', 'Tab_flip.mp4', 'trcker_source_2', 'end.mp4' 레이어를 순서대로 그림과 같이 배치합니다.

5 레이어 사이에 Transition을 적용하여 확대, 축소하며 연결되도록 하겠습니다. 'Hand.mp4', 'tracker_source_1' 레이어를 선택한 상태로 [S]를 눌러 Scale 속성을 표시하고 왼쪽의 'Stop Watch' 아이콘(⏱)을 클릭하여 키프레임을 만든 다음 설정합니다.

TIP

'Hand.mp4' 레이어 Scale : '1초 16프레임'에서 '100%', '2초 2프레임'에서 '204%'

'tracker_source_1' 레이어 Scale : '2초 2프레임'에서 '210%', '2초 15프레임'에서 '130%'

6 'Hand.mp4' 레이어의 키프레임을 모두 선택하고 Shift + F9 를 눌러 Ease Easy In을, 'tracker_source_1' 레이어의 키프레임을 모두 선택하고 Ctrl + Shift + F9 를 눌러 Ease Easy Out을 적용하여 그래프 속도감을 조절합니다. 'tracker_source_1' 레이어의 Scale을 '5초 14프레임'에서 '146%'로 설정하여 점차적으로 확대되도록 합니다.

7 Spacebar 를 눌러 재생해 각 장면들이 자연스럽게 연결될 수 있도록 시간과 트리밍 등을 세부 조정합니다. 이렇게 Tracker 기능을 활용하여 영상 속 모바일 디바이스 화면에 앱 콘텐츠 영상이 자연스럽게 합성되었습니다.

TIP

흔들리는 영상은 'Warp Stabilizer' 이펙트를 활용하여 어느 정도 흔들림을 보정할 수 있습니다. 이 기능은 프리미어와 애프터이팩트 모두 존재하며 비디오와 같은 포맷의 시퀀스나 컴포지션을 만들어 적용해야 작동합니다. 이 기능은 보완 기능일 뿐 처음부터 촬영을 잘하는 것이 중요합니다.

셰이프 레이어로 통통 튀는
모션 그래픽 표현하기

애프터 이펙트의 도형 도구에는 모양 레이어(Shape Layer), 패스(Path), 펜 도구(Pen Tool), 마스크(Mask) 등이 있습니다. 모양 레이어는 도형의 특성을 갖는데, 기본 속성 외에 추가 속성도 적용할 수 있습니다. 애니메이션을 구현할 때 모양 레이어의 다양한 속성을 활용하면 참신한 표현이 가능합니다. 모션 그래픽 작업 과정에서 이미지 파일을 불러오면 셰이프 레이어와 같은 속성은 적용할 수 없는데, 이때 도형 도구를 사용하여 모양 레이어를 생성하면 됩니다. 레이어의 기본 변형 외에도 Squash & Stretch(형태가 줄다가 늘어나는 변화), Anticipation(기대되는 동작 표현), Follow Through(선행 움직임을 따라가기), Secondary Action(파생된 동작) 등의 애니메이션 동작의 원칙을 고려해서 모션 그래픽 작업을 진행한다면 더 생동감 있는 표현이 가능합니다.

작업 특징 모양 레이어(Shape Layer)를 활용하는 액체(Liquid) 효과 애니메이션, Create Nulls From Path.jsx를 적용하는 형태 변형 애니메이션, 회전 움직임을 이용하는 배경 전환 애니메이션을 생동감 있게 제작합니다.

예제 파일 프로젝트\Source\11\city.png, forest.png, paris.png, Project11.aep

완성 파일 프로젝트\Souce 11\Project11_완성.aep, Project11_완성.mp4

액체 효과 애니메이션

모양 레이어(Shape Layer)에 도형을 생성하고 Fast Box Blur, Levels 효과 등을 적용하여
액체처럼 움직이는 리퀴드(Liquid) 느낌의 애니메이션을 만듭니다.

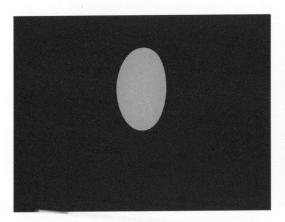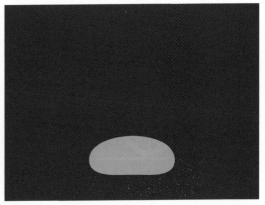

Create Nulls From Path.jsx를 적용하는 형태 변형 애니메이션

모양 레이어(Shape Layer)의 고정점을 선택한 후, Null을 생성하고 움직여서 형태를 유연하게 변형하면 애니메이션 모션을
구현할 수 있습니다. 모양 레이어의 고정점은 직접 제어하기 어렵지만, Create Nulls From Path.jsx 기능을 적용하면 형태를
변화시키는 제어가 가능합니다.

회전 트랜지션을 이용한 배경 애니메이션

회전하며 움직이는 배경을 연속적으로 교체하여 역동적인 배경 전환 애니메이션을 제작합니다.

Expression으로 같이 회전하는 애니메이션 만들기

모션 그래픽 작업 중에 같은 수치 값으로 함께 움직여야 하는 오브젝트들이 있습니다. 이 경우 Expression을 사용하면 유용합니다.

1 애프터 이펙트를 실행하고 메뉴에 서 (File) → Open Project(Ctrl+O) 를 실행합니다. 열기 대화상자가 표시 되면 프로젝트 → Source → 11 폴더에 서 'Project11.aep' 파일을 선택한 다음 〈열기〉 버튼을 클릭합니다.

2 Project 패널에서 '자전거' 컴포지 션을 더블클릭하여 불러오면 Timeline 패널에서 '자전거' 컴포지션에 있는 레 이어들이 표시됩니다.

3 자전거 페달 2개는 같은 중심점 을 가지고 연결되어 회전합니다. 2개 의 레이어를 함께 움직이기 위해 Ctrl +Alt+Shift+Y를 눌러 'Null 1' 레이 어를 만듭니다.

4 'Null 1' 레이어를 선택한 다음 Enter를 눌러 '회전 콘트롤'로 레이어 이름을 변경합니다. S를 눌러 Scale 속성을 표시한 다음 '30%'로 설정합니다.

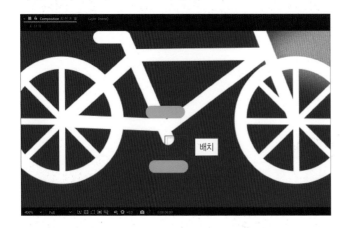

5 'Null 1'레이어를 2개의 페달 중심으로 이동하여 배치합니다.

6 '자전거 패달', '자전거 패달2' 레이어의 Parent & Link 항목에서 '로프' 아이콘(⊙)을 '회전 콘트롤' 레이어로 드래그하여 연결합니다.

7 '회전 콘트롤' 레이어를 선택하고 [R]을 눌러 Rotation 속성을 표시합니다. [Alt]를 누른 상태로 Rotation 왼쪽의 'Stop Watch' 아이콘(⏱)을 클릭하면 Expression이 활성화되며 스크립트 영역이 표시됩니다. 스크립트 영역에 'time*360'을 입력합니다. '회전 콘트롤' 레이어를 중심으로 '자전거 패달', '자전거 패달2' 레이어가 1초에 한 바퀴 회전하는 움직임이 적용됩니다.

8 '회전 콘트롤' 레이어는 Expression을 변경해 주어야만 회전 수를 설정할 수 있기 때문에 이를 손쉽게 변경하기 위한 레이어를 추가하도록 하겠습니다. [Ctrl]+[Alt]+[Shift]+[Y]를 눌러 'Null 2' 레이어를 만든 다음 [Enter]를 눌러 '익스프레션 콘트롤'로 레이어 이름을 변경합니다.

9 Effects & Presets 패널에서 Angle Control을 검색한 다음 Timeline 패널의 '익스프레션 콘트롤' 레이어에 드래그하여 적용합니다.

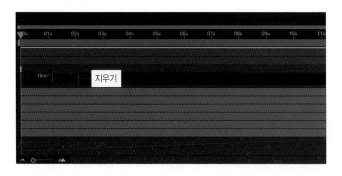

10 '회전 콘트롤' 레이어의 스크립트 영역에 입력되어 있는 360 숫자를 지우고 마우스 포인터를 스크립트 영역으로 위치합니다.

11 '익스프레션 콘트롤' 레이어가 선택된 상태로 Rotation의 'Expression pick whip' 아이콘(◎)을 Effect Controls 패널의 Angle Control 항목의 Angle로 드래그하여 연결합니다.

12 Expression 스크립트 영역에 자동으로 수식이 입력됩니다.

13 Effect Controls 패널에서 Angle Control 항목의 Angle을 '1x0°'로 설정합니다. Angle에 따라 회전 수가 변경되는 것을 확인할 수 있습니다.

14 자전거 페달이 회전할 때 앞바퀴와 뒷바퀴도 함께 회전하겠습니다. '앞바퀴', '뒷바퀴' 레이어를 선택한 다음 R을 눌러 Rotation 속성을 표시하고 Alt를 누른 상태로 Rotation 왼쪽의 'Stop Watch' 아이콘(⏱)을 클릭합니다. '회전 콘트롤' 레이어의 스크립트 영역 복사하여 '앞바퀴', '뒷바퀴' 레이어의 Expression의 스크립트 영역에 각각 붙여 넣습니다.

15 페달이 수평을 유지하면서 회전하기 위해 '자전거 페달' 레이어를 선택한 다음 R을 눌러 Rotation 속성을 표시하고 Alt를 누른 상태로 Rotation 왼쪽의 'Stop Watch' 아이콘(⏱)을 클릭하여 Expression 을 활성화합니다. Rotation의 'Expression pick whip' 아이콘(🌀)을 '회전 콘트롤' 레이어 Rotation 에 드래그하여 연결합니다.

16 '자전거 페달1' 레이어 Expression 스크립트 영역에 자동으로 입력된 'thisComp.layer("회전 콘트롤").transform.rotation' 텍스트 마지막에 '*-1'을 추가로 입력합니다. '자전거 페달2' 레이어도 같은 방법으로 진행합니다.

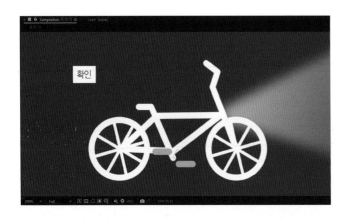

17 자전거 페달이 수평으로 회전하는 것을 확인할 수 있습니다.

18 자전거가 달리는 지면을 만들겠습니다. Tools 패널에서 펜 도구(🖊)를 선택하고 Fill을 'None'으로 선택합니다. Storke Color를 '#FFFFFF'로 지정하고 크기를 '10px'로 설정한 다음 Composition 패널에서 그림과 같이 자전거 하단에 선을 만듭니다.

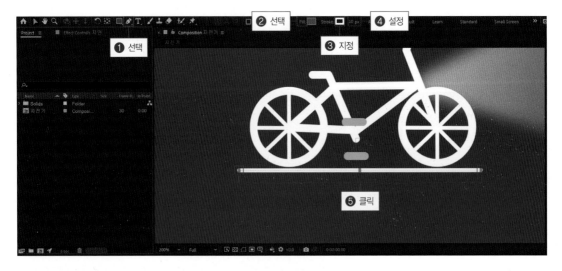

19 Timeline 패널에서 레이어 이름을 '지면'으로 변경한 다음 가장 하위 레이어로 드래그하여 이동합니다. '지면' 레이어의 속성을 표시하고 Stroke → Line Cap을 'Round Cap'으로 지정합니다.

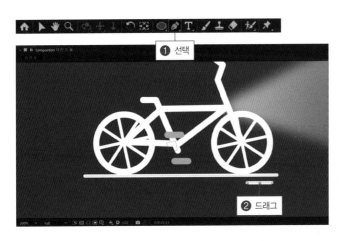

20 같은 방법으로 '지면' 레이어가 선택된 상태로 Tools 패널에서 펜 도구(✐)를 선택한 다음 Composition 패널에서 그림과 같이 짧은 선을 하나 더 추가로 그려 줍니다.

21 만들어진 선을 움직여 자전거의 움직임 표현을 강조하겠습니다. '지면' 레이어에서 Shape 2를 선택한 다음 Add 오른쪽 ◉를 클릭하고 **Trim Paths**를 실행하여 속성을 추가합니다.

22 Trim Paths 1의 End를 '64%'로 설정하고 Offset을 '0초'에 '0x+0', '29프레임'에 '−1x+0'으로 설정합니다. Alt 를 누른 상태로 Offset 왼쪽의 'Stop Watch' 아이콘(◉)을 클릭하여 Expression을 활성화합니다. 스크립트 영역에 'loopOut("cycle")'을 입력합니다.

회전 트랜지션을 적용하기 위한 배경 이미지 배치하기

회전 트랜지션을 적용하기 위해 Timeline 패널에 배경 이미지를 배치하겠습니다.

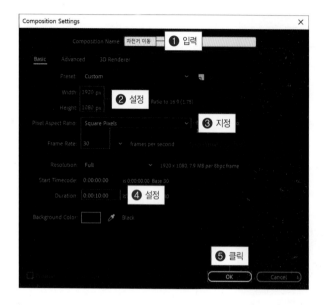

1 새 컴포지션을 만들기 위해 메뉴에서 (Composition) → New Composition([Ctrl]+[N])을 실행합니다.

Composition Settings 대화상자가 표시되면 Composition Name에 '자전거 이동'을 입력하고 Width를 '1920px', Height를 '1080px'로 설정한 다음 Pixel Aspect Ratio를 'Square Pixels', Frame Rate를 '30'으로 지정합니다. Duration을 '0:00:10:00'으로 설정하고 〈OK〉 버튼을 클릭합니다.

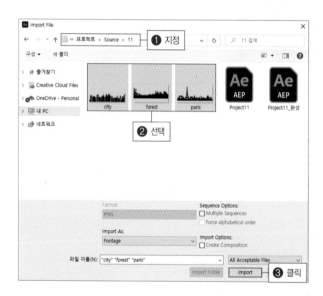

2 메뉴에서 (File) → Import → File ([Ctrl]+[I])을 실행합니다. Import File 대화상자가 표시되면 프로젝트 → Source → 11 폴더에서 'city.png', 'forest.png', 'paris.png' 파일을 선택한 다음 〈Import〉 버튼을 클릭합니다.

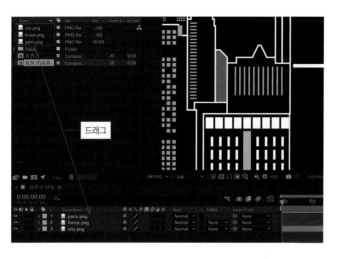

3 Project 패널에서 'city.png', 'forest.png', 'paris.png' 파일을 Time-line 패널로 드래그하여 불러옵니다.

4 Timeline 패널에서 'city.png' 레이어를 '0초~1초 15프레임', 'forest.png' 레이어를 '1초 16프레임 ~2초 16프레임', 'paris.png' 레이어를 '2초 17프레임~4초'에 위치하도록 배치합니다.

TIP

Alt + [, Alt +]를 이용해서 현재 시간 표시기를 중심으로 앞뒤를 잘라낼 수 있습니다.

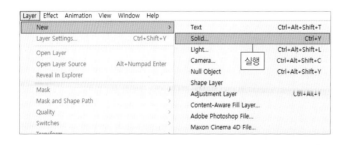

5 Solid 레이어를 만들기 위해 메뉴에서 (Layer) → New → Solid(Ctrl +Y)를 실행합니다.

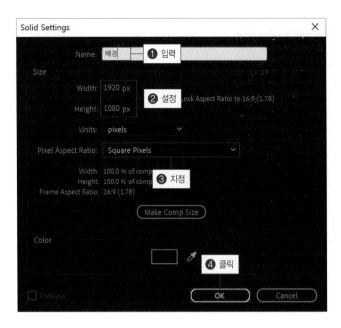

6 Solid Settings 대화상자가 표시되면 Name에 '배경1'을 입력하고 Width를 '1920px', Height를 '1080px'로 설정한 다음 Pixel Aspect Ratio를 'Square Pixels'로 지정하고 〈OK〉 버튼을 클릭합니다.

7 Timeline 패널에서 '배경1' 레이어를 선택한 상태로 Ctrl+D를 두 번 눌러 레이어를 두 개 복제하고 복제된 레이어의 이름을 '배경2', '배경3'으로 변경하고 레이어를 그림과 같이 배치합니다.

8 '배경1' 레이어의 색상을 '#0C67AA', '배경2' 레이어의 색상을 '#FC4827', '배경3' 레이어의 색상을 '#0C67AA'로 지정하여 색상을 변경합니다.

TIP
Solid 레이어의 Color는 Ctrl+Shift+Y를 눌러 Solid Settings에서 변경합니다.

9 [Ctrl]과 [R]을 눌러 눈금자가 활성화되면 도로의 위치를 설정하기 위해 위쪽 눈금자를 드래그하여 적절하게 위치합니다.

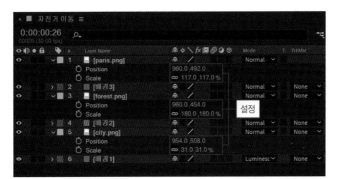

10 눈금자의 위치에 맞춰 'city.png', 'forest.png', 'paris.png' 레이어의 Position을 설정하고 화면에 적절하게 보이도록 Scale을 설정합니다.

▲ '1초 16프레임~2초 16프레임' 배치 모습

▲ '2초 17프레임~4초' 배치 모습

11 Timeline 패널에서 '배경1', '배경2', '배경3' 레이어를 선택하고 [S]를 눌러 Scale 속성을 표시한 다음 Scale을 모두 '200%'로 설정합니다.

TIP
'배경'을 화면 크기보다 크게 설정하는 이유는 회전시켰을 때 잘려 보이지 않게 하기 위해서입니다.

12 도로를 만들기 위해 Tools 패널에서 사각형 도구(■)를 선택하고 Composition 패널에서 그림과 같이 사각형 모양의 셰이프 레이어를 만듭니다.

13 Timeline 패널에서 셰이프 레이어의 이름을 '도로1'로 변경합니다.

14 Timeline 패널에서 '도로1' 레이어를 선택하고 Ctrl+D를 두 번 눌러 레이어를 두 개 복제합니다. 복제된 레이어의 이름을 '도로2', '도로3'으로 변경하고 레이어를 그림과 같이 배치합니다.

15 각 레이어를 선택하고 색상을 변경합니다. '도로1' 레이어 색상을 '#000000', '도로2' 레이어 색상을 '#0C67AA', '도로3' 레이어 색상을 '#003B67'로 지정합니다.

▲ '1초 16프레임~2초 16프레임' 배치 모습

▲ '2초 17프레임~4초' 배치 모습

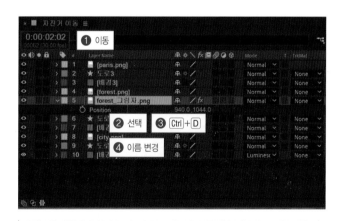

16 현재 시간 표시기를 '1초 16프레임'으로 이동하고 'forest.png' 레이어를 선택한 다음 Ctrl+D를 눌러 레이어를 복제합니다. 복제한 레이어 이름을 'forest_그림자.png'로 변경합니다.

디자이너's 노하우

자연스러운 이미지 표현을 위해 모션 그래픽에 그림자를 활용하기도 합니다. 이 때 그림자를 새로 그리기 보다는 기존 오브젝트를 복사하고 형태를 변형하여 제작하는 것도 요령입니다.

17 Effects & Presets 패널에서 'Flip' 이펙트를 검색한 다음 Timeline 패널의 'forest_그림자.png' 레이어에 드래그하여 적용합니다.

18 레이어가 상하로 반전되었습니다. P를 눌러 Position 속성을 표시하고 그림과 같이 설정합니다.

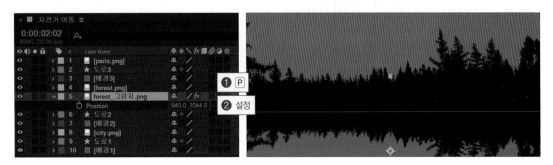

19 현재 시간 표시기를 '2초 17프레임'으로 이동합니다. Effects & Presets 패널에서 'Motion Tile' 이펙트를 검색한 다음 Timeline 패널의 'paris.png' 레이어에 드래그하여 적용합니다.

20 Effect Controls 패널에서 Motion Tile 항목의 Output Width를 '200'으로 설정합니다. 잘렸던 'paris.png' 이미지가 가로로 반복됩니다.

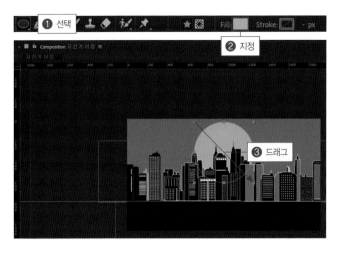

21 달을 만들기 위해 Tools 패널에서 원형 도구(◎)를 선택하고 Fill의 색상을 '#FDA813'으로 지정한 다음 Composition 패널에서 원 모양의 셰이프 레이어를 만듭니다.

22 Timeline 패널에서 레이어 이름을 '달1'로 변경하고 'city.png' 레이어 하단으로 드래그하여 이동합니다.

23 '달1' 레이어를 선택하고 Ctrl+D를 두 번 눌러 레이어를 두 개 복제합니다. 복제된 레이어의 이름을 각각 '달2', '달3'으로 변경합니다. '달2' 레이어를 '도로2' 레이어 위에 '달3' 레이어를 '도로3' 레이어 위로 드래그하여 배치합니다. '달1', '달2', '달3' 레이어도 상위 레이어의 길이 맞게 조정합니다.

회전 트랜지션으로 배경 애니메이션 만들기

회전 애니메이션을 설정하여 배경 이미지를 교체하는 표현을 만들겠습니다.

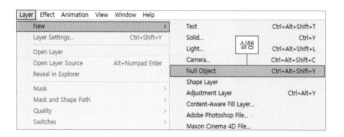

1 Null 레이어를 만들기 위해 메뉴에서 (Layer) → New → Null Object(Ctrl+Alt+Shift+Y)를 실행합니다.

2 Timeline 패널에 만들어진 Null 레이어를 선택하고 Ctrl+D를 두 번 눌러 두 개의 Null 레이어를 복제합니다. 복제된 각각의 레이어 이름을 '콘트롤1', '콘트롤2', '콘트롤3'으로 변경합니다.

TIP

함께 움직여야 하는 레이어들이 있으면 Null 레이어에 Parent & Link를 연결하여 진행하는 것이 효율적입니다.

디자이너's 노하우

여러 개의 레이어를 Null 레이어에 연결하여 변형(Transform) 속성을 적용하면 연결된 모든 레이어가 함께 변경됩니다.

3 '콘트롤1' 레이어를 'city.png', 레이어 위에 배치합니다. 'city.png', '달1', '도로1', '배경1' 레이어의 Parent & Link 항목에서 '로프' 아이콘(◎)을 '콘트롤1' 레이어에 드래그하여 연결합니다.

4 같은 방법으로 '콘트롤2' 레이어를 'forest.png' 레이어 위로 드래그하여 배치하고 'forest.png', 'forest_그림자.png', '달2', '도로2', '배경2' 레이어의 Parent & Link 항목에서 '로프' 아이콘(◎)을 '콘트롤2' 레이어에 드래그하여 연결합니다.

5 '콘트롤3' 레이어를 'paris.png' 레이어 위로 드래그하여 배치하고 'paris.png', '달3', '도로3', '배경3' 레이어를 '콘트롤3' 레이어의 Parent & Link 항목에서 '로프' 아이콘(◎)을 '콘트롤2' 레이어에 드래그하여 연결합니다.

6 '콘트롤1' 레이어를 선택하고 ⓡ를 눌러 Rotation 속성을 표시한 다음 '1초 5프레임'에서 Rotation을 '0°', '1초 15프레임'에서 Rotation을 '40°'로 설정합니다.

7 설정이 끝나면 두 키프레임을 선택하고 Ctrl+Shift+F9를 눌러 Easy Ease Out을 적용합니다. Rotation 움직임을 진행하며 화면에서 잘려지는 레이어는 크기를 조정합니다.

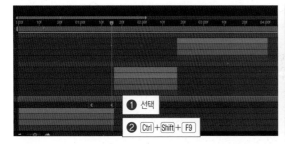

8 '콘트롤2' 레이어를 선택하고 ⓡ를 눌러 Rotation 속성을 표시한 다음 '1초 16프레임'에서 Rotation을 '−40°', '1초 26프레임'에서 Rotation을 '0°'로 설정합니다.

9 설정이 끝나면 두 키프레임을 선택하고 Ctrl + F9 를 눌러 Easy Ease In을 적용합니다.

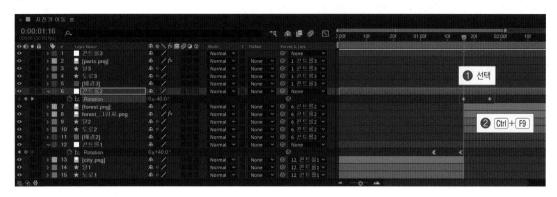

10 '2초 6프레임'에서 Rotation을 '0°', '2초 16프레임'에서 Rotation을 '40°'로 설정합니다.

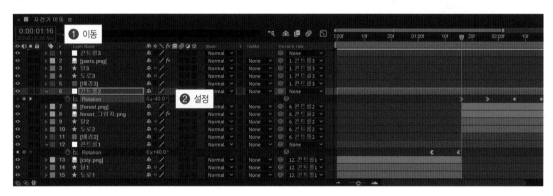

11 설정이 끝나면 두 키프레임을 선택하고 Ctrl + Shift + F9 를 눌러 Easy Ease Out을 적용합니다. Rotation 움직임을 진행하며 화면에서 잘리는 레이어는 크기를 조정합니다.

12 '콘트롤3' 레이어를 선택하고 R 를 눌러 Rotation 속성을 표시한 다음 '2초 17프레임'에서 Rotation을 '40°', '2초 27프레임'에서 Rotition을 '0°'로 설정합니다.

13 설정이 끝나면 두 키프레임을 선택하고 Ctrl+F9를 눌러 Easy Ease In을 적용합니다. Rotation 움직임을 진행하며 화면에서 잘리는 레이어는 크기를 조정합니다.

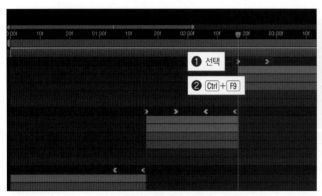

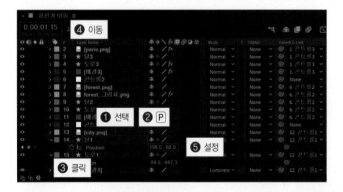

14 '달1' 레이어를 선택하고 P를 눌러 Position 속성을 표시한 다음 '1초'에서 Position을 '0, −216', '1초 15프레임'에서 Position을 '198, −88'로 설정합니다. 화면의 정중앙에 위치하다가 오른쪽 하단으로 이동하는 움직임을 연출합니다.

TIP
애니메이션 법칙 중 Follow Through(메인 움직임과 추가 움직임)는 메인 움직임을 더 강화하여 보여 줍니다.

TIP
Transform 기능을 사용할 때 오브젝트의 Anchor Point가 오브젝트의 정중앙에 위치하는 것이 작업하기 편리합니다.

15 '달2' 레이어를 선택하고 **P**를 눌러 Position 속성을 표시한 다음 '1초 16프레임'에서 Position을 '-330, -25', '1초 26프레임'에서 Position을 '0, -273', '1초 28프레임'에서 Position을 '0, -163'으로 설정합니다. 왼쪽 하단에서 정중앙으로 이동하는 움직임을 연출합니다.

TIP
원하는 위치에서 움직임을 멈추기 직전에 조금 더 이동한 다음 원하는 위치로 돌아오는 움직임을 구성하면 움직임이 더 흥미롭습니다.

16 '달3' 레이어를 선택하고 **P**를 눌러 Position 속성을 표시한 다음 '2초 21프레임'에서 Position을 '-281, -73', '2초 27프레임'에서 Position을 '266, -194', '3초 3프레임'에서 Position을 '-10, -837' 로 설정합니다. 왼쪽 하단에서 오른쪽 상단으로 움직이며 사라지는 움직임을 연출합니다.

17 달이 사라진 후에 화면이 어두워지는 느낌을 표현해 보겠습니다. Effects & Presets 패널에서 'Brightness & Contrast' 이펙트를 검색한 다음 '배경3', '도로3' 레이어에 드래그하여 적용합니다.

18 현재 시간 표시기를 '3초 3프레임'으로 이동한 다음 Effect Controls 패널에서 Brightness & Contrast 항목의 Brightness를 '0'으로 설정하고 'Stop Watch' 아이콘(⏱)을 클릭하여 키프레임을 만듭니다. 현재 시간 표시기를 '3초 13프레임'으로 이동한 다음 Effect Controls 패널에서 Brightness 를 '-140'으로 설정합니다. 화면이 어두워지는 애니메이션이 되었습니다.

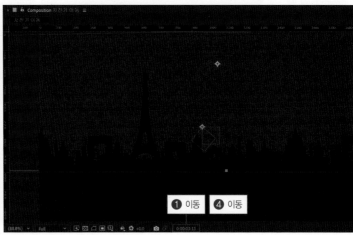

19 Project 패널에서 '자전거' 컴포지션을 Timeline 패널의 가장 상위 레이어로 드래그하여 배치합니다. '자전거' 레이어를 선택하고 P를 눌러 Position 속성을 표시한 다음 'Stop Watch' 아이콘(⏱)을 클릭하여 키프레임을 만들고 설정합니다. 자전거가 왼쪽에서 나타나서 머물러있다가 오른쪽으로 사라지는 애니메이션이 됩니다.

20 Tools 패널에서 문자 도구(T)를 선택하고 Composition 패널의 화면을 클릭하여 'MOTION GRAPHICS' 텍스트를 입력합니다.

21 Timeline 패널에서 텍스트 레이어가 '20프레임'부터 나타나도록 드래그하여 배치합니다.

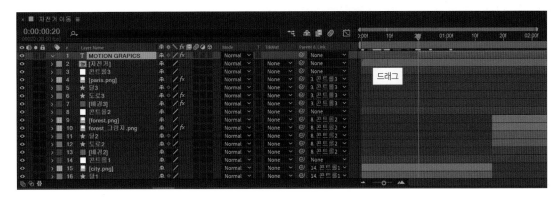

22 Effects & Presets 패널에서 'Drop Shadow' 이펙트를 검색한 다음 Timeline 패널의 텍스트 레이어에 드래그하여 적용합니다.

23 Effect Controls 패널의 Drop Shadow 항목에서 Shadow Color를 '#0C67AA'로 지정하고 Distance를 '15'로 설정합니다.

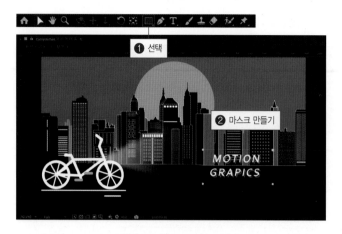

24 자전거가 지나가면서 텍스트가 사라지는 움직임을 만들어 보겠습니다. Timeline 패널에서 텍스트 레이어를 선택하고 Tools 패널에서 사각형 도구(▪)를 선택한 다음 Composition 패널에서 그림과 같이 사각형 Mask를 만듭니다.

25 텍스트 레이어에서 Mask 1의 속성을 표시하고 Mask Feather를 '50'으로 설정합니다. 현재 시간 표시기를 '3초'로 이동하고 Mask Path 왼쪽의 'Stop Watch' 아이콘(▪)을 클릭하여 키프레임을 만듭니다.

26 Mask Path가 선택된 상태로 '3초 5프레임', '3초 10프레임', '3초 15프레임' 구간에 현재 표시기를 위치한 다음 Mask Path의 점들을 움직여 점점 사라지는 글자를 만듭니다.

디자이너's 노하우

Mask Feather 값을 설정하면 Mask 형태의 경계선 부분을 흐리면서 더 자연스럽게 보이도록 나타낼 수 있습니다.

리퀴드 효과 애니메이션 만들기

셰이프 레이어를 이용한 리퀴드 효과를 적용하여 애니메이션을 만들겠습니다.

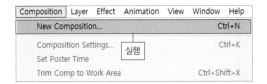

1 새로운 컴포지션을 만들기 위해 메뉴에서 (Composition) → New Composition(Ctrl+N)을 실행합니다.

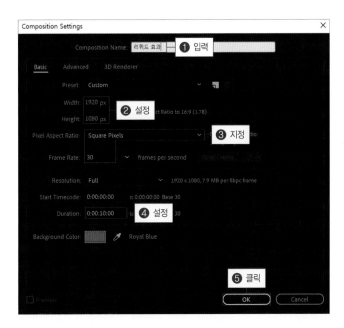

2 Composition Settings 대화상자가 표시되면 Composition Name에 '리퀴드 효과'를 입력하고 Width를 '1920px', Height를 '1080px'로 설정한 다음 Pixel Aspect Ratio를 'Square Pixels', Frame Rate를 '30'으로 지정합니다. Duration을 '0:00:10:00'으로 설정하고 〈OK〉 버튼을 클릭합니다.

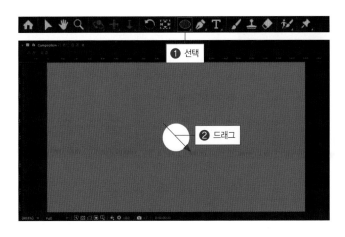

3 Tools 패널에서 원형 도구(◯)를 선택하고 Composition 패널의 화면에 드래그하여 원을 만듭니다.

4 Timeline 패널에서 만들어진 셰이프 레이어 이름을 '오른쪽 원'이라고 변경하고 '오른쪽 원' 레이어의 Size를 '200' 정도로 설정합니다.

5 Align 패널에서 'Horizontally' 아이콘(■)과 'Vertically' 아이콘(■)을 클릭해 화면에 정중앙에 배치합니다.

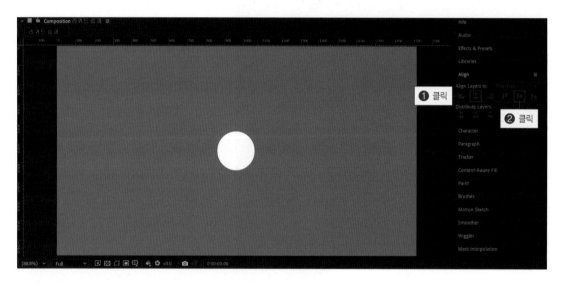

6 Timeline 패널에서 '오른쪽 원' 레이어를 선택하고 Ctrl+D를 두 번 눌러 레이어를 두 개 복제합니다. 복제된 레이어의 이름을 '왼쪽 원', '가운데 원'으로 변경합니다.

7 '왼쪽 원', '가운데 원' 레이어를 선택하고 P를 눌러 Position 속성을 표시합니다. 현재 시간 표시기를 '0초'로 이동한 다음 '왼쪽 원', '가운데 원' 레이어 Position 왼쪽의 'Stop Watch' 아이콘(⏱)을 클릭하여 키프레임을 만듭니다. 현재 시간 표시기를 '1초'로 이동한 다음 '왼쪽 원' 레이어의 Position을 '660, 540', '가운데 원' 레이어의 Position을 '1260, 540'으로 설정합니다.

TIP
키프레임을 값을 설정할 때 숫자를 입력해도 되고, +, −를 활용하여 수식을 입력하면 값이 자동으로 계산됩니다.

8 움직임을 탄력적으로 만들기 위해 속도 그래프를 조정해 봅니다. 만들어진 모든 키프레임을 선택하고 Ctrl+Shift+K를 눌러 **Keyframe Velocity**를 실행합니다.

9 Keyframe Velocity 대화상자가 표시되면 Incoming Velocity의 Influence를 '0.01%', Outgoing Velocity의 Influence를 '40%'로 설정하고 〈OK〉 버튼을 클릭합니다.

10 'Graph Editor' 아이콘()을 클릭하여 속도 그래프가 변경된 것을 확인할 수 있습니다.

11 만들어진 원들에 액체 같은 효과를 적용하기 위해 메뉴에서 (Layer) → New → Adjustment Layer(Ctrl+Shift+Y)를 실행합니다.

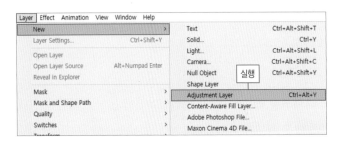

12 Timeline 패널에서 만들어진 Adjustment Layer의 이름을 '리퀴드 효과'로 변경합니다.

13 Effects & Presets 패널에서 'Fast Box Blur' 이펙트를 검색한 다음 Timeline 패널의 '리퀴드 효과' 레이어에 드래그하여 적용합니다.

14 Effect Controls 패널의 Fast Box Blur 항목에서 Blur Radius를 '25'로 설정합니다.

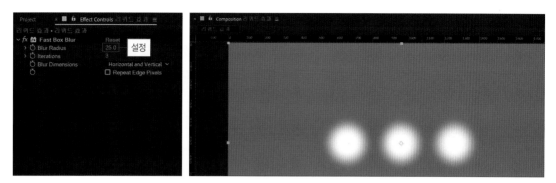

15 Effects & Presets 패널에서 'Fast Box Blur' 이펙트, 'Levels' 이펙트를 검색한 다음 Timeline 패널의 '리퀴드 효과' 레이어에 드래그하여 적용합니다.

16 Effect Controls 패널의 Levels 항목에서 Channel을 'Alpha'로 지정하고 Alpha Input Black을 '180', Alpha Input White를 '200'으로 설정합니다. 흐릿했던 원의 흐릿함이 없어지면서 액체 같은 형태가 적용된 것을 확인할 수 있습니다.

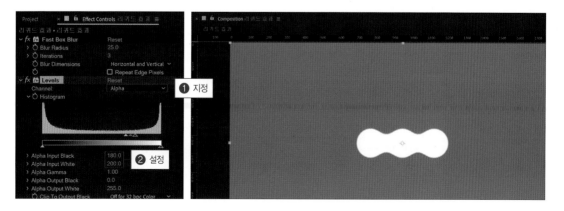

리퀴드 효과 애니메이션으로 화면 구성하기

세작한 리퀴드 효과 애니메이션을 화면에 여러개 배치하고 위치 변형과 시간차를 주어 흥미로운 화면을 구성해 봅시다.

1 Timeline 패널에서 '오른쪽 원', '왼쪽 원', '가운데 원' 레이어를 선택하고 마우스 오른쪽 버튼을 클릭하여 **Pre-compose**를 실행합니다.

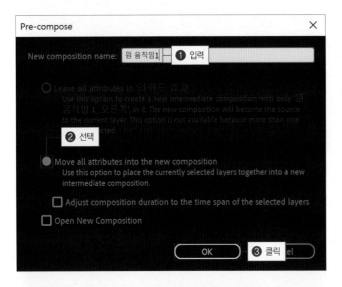

2 Pre-compose 대화상자가 표시되면 New composition name에 '원 움직임1'을 입력하고 'Move all attributes into the new composition'을 선택한 다음 〈OK〉 버튼을 클릭합니다.

> **디자이너's 노하우**
>
> Pre-compose는 여러 레이어를 하나로 그룹으로 만들어 주는 기능입니다. Pre-compose 대화상자에서 'Move all attributes into the new composition'를 선택하면 레이어에 적용되어 있는 이펙트를 모두 포함하여 합쳐집니다.

3 Timeline 패널에서 '원 움직임1' 레이어를 선택한 다음 Ctrl+D를 세 번 눌러 레이어를 세 개 복제합니다. 복제된 레이어의 이름을 각각 '원 움직임1_가운데', '원 움직임1_왼쪽', '원 움직임1_오른쪽'으로 변경합니다.

4 현재 시간 표시기를 '1초'로 이동한 다음 '원 움직임1_가운데', '원 움직임1_왼쪽', '원 움직임1_오른쪽' 레이어를 선택하고 [[]를 눌러 레이어가 '1초'부터 시작하도록 위치를 조정합니다.

5 '원 움직임1_가운데', '원 움직임1_왼쪽', '원 움직임1_오른쪽' 레이어를 선택한 다음 [R]을 눌러 Rotation 속성을 표시합니다. Rotation을 '90°'로 설정하여 회전합니다.

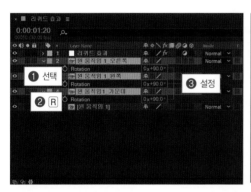
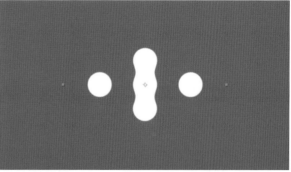

6 '원 움직임1_가운데', '원 움직임1_왼쪽', '원 움직임1_오른쪽' 레이어를 선택한 다음 [P]를 눌러 Position 속성을 표시합니다. '원 움직임1_오른쪽' 레이어의 Position을 '1260, 540', '원 움직임1_왼쪽' 레이어의 Position을 '660, 540'으로 입력합니다.

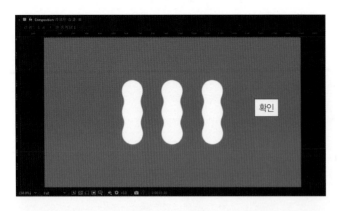

7 '원 움직임1_오른쪽' 레이어가 오른쪽으로 이동하고 '원 움직임1_왼쪽' 레이어가 왼쪽으로 이동하는 것을 확인할 수 있습니다.

8 '원 움직임1_오른쪽', '원 움직임1_왼쪽' 레이어를 선택한 다음 Ctrl+D 를 눌러 레이어를 복제합니다.

9 '원 움직임1_오른쪽2', '원 움직임1_왼쪽2' 레이어를 선택한 상태로 P를 눌러 Position 속성을 표시하고 '원 움직임1_오른쪽2' 레이어의 Postion을 '1560, 540', '원 움직임1_왼쪽2' 레이어의 Postion을 '360, 540'으로 설정합니다. 이어 '원 움직임1_오른쪽2', '원 움직임1_왼쪽2' 레이어가 '2초'부터 시작하도록 위치를 드래그하여 이동합니다.

10 '원 움직임1' 레이어와 '원 움직임1_왼쪽2' 레이어를 선택하고 Ctrl + D를 눌러 레이어를 복제합니다. '원 움직임1_복제', '원 움직임1_왼쪽3' 레이어를 '3초'부터 시작하도록 위치를 드래그하여 이동합니다.

11 '원 움직임1_복제' 레이어를 선택하고 P를 눌러 Position 속성을 표시한 다음 왼쪽의 'Stop Watch' 아이콘(◯)을 클릭합니다. '3초 1프레임'에서 Position을 '960, 848', '4초'에서 Position을 '960, 540'으로 설정하여 아래쪽에서 가운데로 이동하는 움직임을 만듭니다.

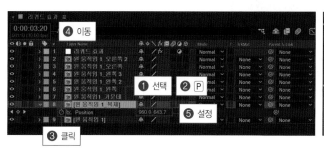
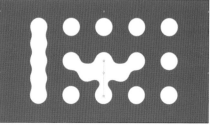

12 '원 움직임1_왼쪽3' 레이어를 선택하고 P를 눌러 Position 속성을 표시한 다음 'Stop Watch' 아이콘(◯)을 클릭합니다. '3초 1프레임'에서 Position을 '360, 540', '4초'에서 Position을 '956, 540'으로 설정하여 왼쪽에서 가운데로 이동하는 움직임을 만듭니다.

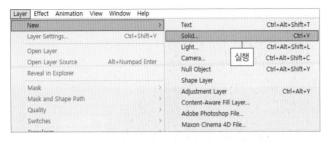

13 전체 원들의 크기를 조정하기 위해 Null 레이어를 만들겠습니다.
메뉴에서 (Layer) → New → Null Object(Ctrl+Alt+Shift+Y)를 실행합니다.

14 Null 레이어의 이름을 '크기 콘트롤'로 변경합니다. '리퀴드 효과', '크기 콘트롤' 레이어를 제외한 모든 레이어를 선택하고 Parent & Link 항목에서 '로프' 아이콘(⊚)을 '크기 콘트롤' 레이어에 드래그하여 연결합니다.

15 '크기 콘트롤' 레이어를 선택하고 S를 눌러 Scale 속성을 표시한 다음 왼쪽의 'Stop Watch' 아이콘(⏱)을 클릭합니다. 현재 시간 표시기를 이동하여 '0초'에서 '크기 콘트롤' 레이어의 Scale을 '100%', '1초'에서 Scale을 '130%', '3초 11프레임'에서 Scale을 '200%', '4초'에서 Scale을 '485%'로 설정해 크기 변화 애니메이션을 만듭니다.

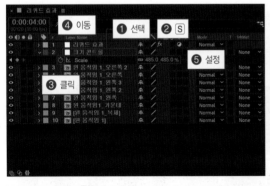

디자이너's 노하우
널 오브젝트(Null Object) 또는 통칭 널 레이어(Null Layer)는 Parents 기능으로 다른 레이어들을 연결하면 함께 연동되는 그룹 효과를 얻을 수 있습니다. 만약 Null Layer를 사용하지 않고, 여러 레이어를 변형하면 작업량도 늘어나지만 각 개체의 속성이 개별적으로 변경되면서 화면의 질서가 흐트러질 수도 있습니다.

Create Nulls From Path.jsx로 형태 변형 애니메이션 만들기

셰이프 레이어의 점들을 이용하여 애니메이션을 진행하면 유연한 움직임을 만들 수 있습니다. 셰이프 레이어의 점들은 직접 선택하고 조절하기 어렵습니다. 이때 Create Nulls From Path.jsx 기능을 활용하면 해결할 수 있습니다.

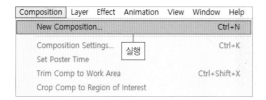

1 새로운 컴포지션을 만들기 위해 메뉴에서 (Composition) → New Composition(Ctrl+N)을 실행합니다.

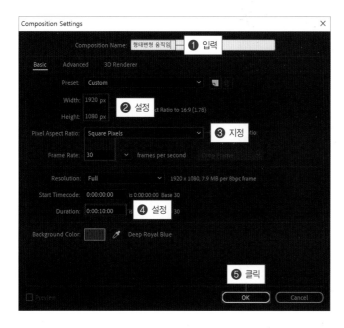

2 Composition Settings 대화상자가 표시되면 Composition Name에 '형태변형 움직임'을 입력하고 Width를 '1920px', Height를 '1080px'로 설정한 다음 Pixel Aspect Ratio를 'Square Pixels', Frame Rate를 '30' 지정합니다. Duration을 '0:00:10:00'으로 설정하고 〈OK〉 버튼을 클릭합니다.

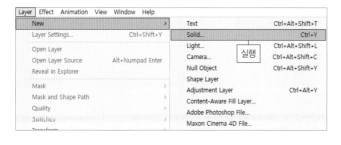

3 Solid 레이어를 만들기 위해 메뉴에서 (Layer) → New → Solid(Ctrl+Y)를 실행합니다.

4 Solid Settings 대화상자가 표시되면 Name에 '배경'을 입력하고 Width를 '1920px', Height를 '1080px'로 설정한 다음 Pixel Aspect Ratio를 'Square Pixels'로 지정하고 〈OK〉 버튼을 클릭합니다.

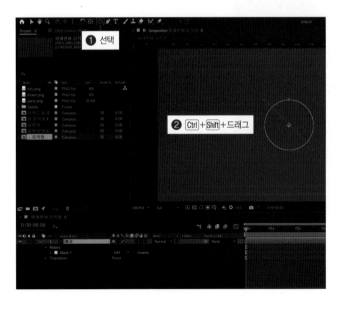

5 Timeline 패널에서 '배경' 레이어를 선택하고 Tools 패널에서 원형 도구(◉)를 선택합니다. Composition 패널에서 Ctrl와 Shift를 동시에 누른 상태로 화면을 드래그하여 원을 만듭니다. Timeline 패널의 '배경' 레이어에원 마스크(Mask1)가 만들어진 것을 확인할 수 있습니다.

TIP
Ctrl를 누른 상태로 원을 그리면 마우스 클릭을 시작한 위치부터 원이 그려지고 Shift를 누른 상태로원을 그리면 정원형이 그려집니다.

6 메뉴에서 (Layer) → New → Shape Layer를 실행합니다.

7 Timeline 패널에 Shape Layer가 만들어지면 레이어 이름을 '원 변형'으로 변경합니다. '원 변형' 레이어의 속성을 표시하고 Add 오른쪽 ▶를 클릭한 다음 **Path**를 실행하여 속성을 추가합니다.

실무

8 '배경' 레이어의 Mask 1 → Mask Path를 선택하고 [Ctrl]+[X]로 잘라내기를 한 다음 '원 변형' 레이어의 Path 1 → Path를 선택하고 [Ctrl]+[V]를 눌러 붙여 넣습니다.

TIP
원을 이와 같은 방법으로 만들어야 Create Nulls From Path.jsx 기능을 사용할 때 오류나지 않습니다.

9 Timeline 패널의 '원 변형' 레이어에서 Add 오른쪽 ▶를 클릭한 다음 **Fill**을 실행하여 속성을 추가합니다. 만들어진 원에 Color가 추가되었습니다.

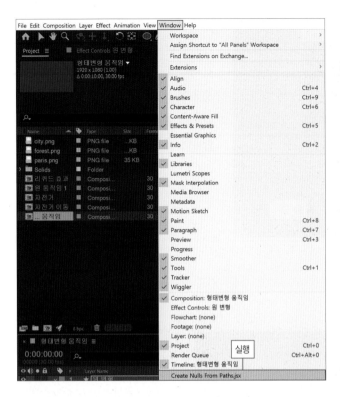

10 Timeline 패널에서 '원 변형' 레이어의 Path1 → Path를 선택한 다음 메뉴에서 (Window) → **Create Nulls From Path.jsx**를 실행합니다.

11 Create Nulls From Path 대화상자가 표시되면 〈Point Follow Nulls〉 버튼을 클릭합니다.

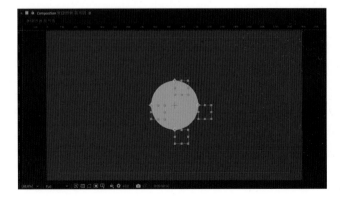

12 원 변형 레이어의 조절점 개수에 맞춰 4개의 'Null' 레이어가 만들어집니다.

13 작업하기 편리하도록 레이어 이름을 각 점에 알맞게 '원 변형: Path 1_위', '원 변형: Path 1_왼쪽', '원 변형: Path 1_아래', '원 변형: Path 1_오른쪽'으로 변경합니다.

14 '원 변형: Path 1_위', '원 변형: Path 1_왼쪽', '원 변형: Path 1_아래', '원 변형: Path 1_아래' 레이어를 선택하고 P를 눌러 Position 속성을 표시합니다. 현재 시간 표시기를 '0초'로 이동한 다음 'Stop Watch' 아이콘(⏱)을 클릭하여 키프레임을 만들고 '10프레임'에서 Position의 Y를 높게 설정하여 그림과 같이 아래로 내립니다.

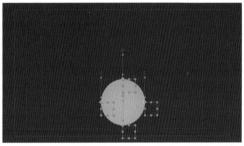

TIP

Timeline 패널에서 Ctrl+Shift+→를 누르면 현재 시간 표시기가 10프레임씩 이동합니다.

15 현재 시간 표시기를 '20프레임'으로 이동하고 선택된 네 개의 레이어의 Position의 Y를 낮게 설정하여 '0초'의 위치보다 위쪽에 위치하게 배치합니다.

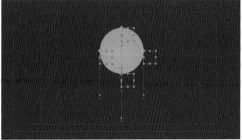

16 현재 시간 표시기를 '1초'로 이동합니다. '10프레임'의 Position과 같게 설정하기 위해 '10프레임'에서의 키프레임을 선택하고 Ctrl+C를 눌러 복사한 다음 '1초'에서 Ctrl+V를 눌러 붙여 넣습니다.

17 현재 시간 표시기를 '1초 10프레임'으로 이동합니다. 네 개의 Null 레이어에서 Position의 Y를 낮게 설정하여 원을 위로 이동해 화면에서 사라지도록 설정합니다.

18 현재 시간 표시기를 키프레임이 설정된 각 프레임으로 이동하고 Composition 패널의 화면에서 Position을 직접 조절해 원의 모양을 변형해 봅니다.

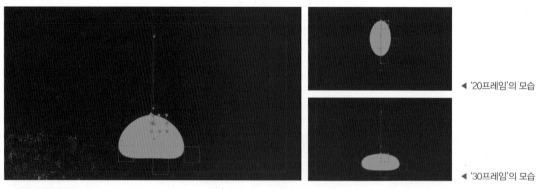

▲ '10프레임'의 모습

◀ '20프레임'의 모습

◀ '30프레임'의 모습

19 설정된 모든 키프레임을 선택하고 마우스 오른쪽 버튼을 클릭한 다음 **Keyframe Assistant** → **Easy Ease** (F9)를 실행합니다.

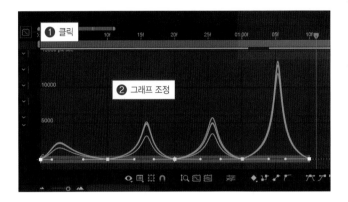

20 'Graph Editor' 아이콘(▨)을 클릭하여 활성화하고 그래프 모양을 다음과 같이 조정합니다.

21 레이어의 시간을 조정하여 움직임을 더 재미있게 만들겠습니다. Timeline 패널에서 '원 변형: Path 1_왼쪽', '원 변형: Path 1_오른쪽' 레이어를 선택하고 →를 눌러 '1프레임' 뒤로 이동합니다. '원 변형: Path 1_아래' 레이어를 선택하고 →를 두 번 눌러 '2프레임' 뒤로 이동합니다.

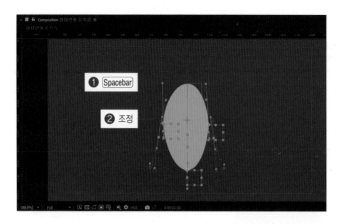

22 Spacebar 를 눌러 재생해 어색한 부분이 있으면 모양을 조정합니다. 모양을 변형한 부분에 키프레임이 추가되는 것을 확인할 수 있습니다.

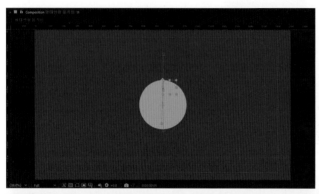

23 '0초'에서 원의 모양이 보이지 않아 원의 모양을 유지하겠습니다. '원변형: Path 1_위', '원 변형: Path 1_왼쪽', '원 변형: Path 1_아래', '원 변형: Path 1_아래' 레이어를 선택하고 '5프레임' 뒤로 이동합니다. 전체적으로 재생하면서 자연스럽게 수정합니다.

디자이너's 노하우

모양 레이어(Shape Layer)에 질감을 드러내고 싶을 때 Matte 기능을 활용합니다. 질감으로 활용하려는 이미지 레이어와 매트로 활용할 레이어가 필요합니다. 애프터 이펙트에서 활용할 수 있는 매트 기능은 'Track Matte'와 'Set Matte'가 있습니다. Set Matte는 Effects & Presets 패널에서 적용할 수 있는데, Track Matte와 비교해서 레이어의 상하 관계나 연결에 제한 없이 적용할 수 있어 효과적입니다.

카메라 도구로 모션 그래픽
공간 표현하기

애프터 이펙트에서 카메라 기능을 활용하면 공간감이 강한 장면을 연출할 수 있습니다. 오브젝트의 동작에 카메라 움직임까지
더하면 역동적이고 흥미로운 결과가 나타납니다. 카메라의 속성을 고려하여 공간에서 움직임을 계획할 때는 먼저 큰 움직임을
설정하고 점차 작고 디테일한 움직임을 추가하여 공간의 밀도를 높여갑니다. 이 프로젝트에서는 3D Layer와 카메라를 활용하여
영화 타이틀 시퀀스처럼 공간감 있는 영상을 제작하겠습니다.

작업 특징 3D 레이어에 이미지를 배치하고 카메라의 움직임을 설정합니다. 오브젝트와 카메라의 움직임을 고려하여 자연스럽게 장면을 연결합니다.
세부적인 애니메이션 요소와 질감을 추가해서 전체 모션 그래픽의 완성도를 높입니다.

예제 파일 프로젝트\Source\12\3D Layer.psd, city.png, forest.png, Grunge.jpg, paris.png, Project12.aep, 텍스트.aep

완성 파일 프로젝트\Source\12\Project12_완성.aep, Project12_완성.mp4

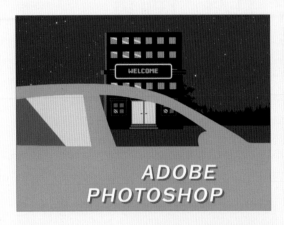

3D 레이어에 이미지를 배치하고 카메라 모션 설정하기

애프터 이펙트에서 3D 레이어로 설정하고 카메라를 추가해서 움직이면 입체적인 공간감을 연출할 수 있습니다.
이때 화면 공간에 이미지 오브젝트들을 입체적으로 배치하고 카메라를 움직이는 키프레임 설정이 필요합니다.

———

자연스럽게 장면 연결하기

이미지 오브젝트와 카메라의 움직임을 고려하여 각 장면을 자연스럽게 연결합니다.

세부 애니메이션 요소와 질감 추가하기

세부적으로 변화하는 오브젝트는 모션 그래픽을 더 역동적으로 보이게 하는데, 움직임을 디테일하게 구성할수록 영상의 밀도도 증가합니다. 퍼핏 핀 툴(Puppet Pin Tool)을 이용하여 변형(Transform) 속성에서 유연한 움직임을 구현하고, 모양 레이어 (Shape Layer)의 반복(Repeater)을 이용하여 배경에 변화 요소를 추가합니다. 오브젝트에 질감을 적용하여 독특한 스타일의 모션 그래픽을 완성합니다.

3D Layer 공간에 카메라 배치하기

애프터 이펙트에서 3D Layer를 설정하고 카메라를 사용하면 평면적인 프레임을 넘어 공간감을 주어 다각도로 다양한 장면을 연출할 수 있습니다. 이를 위해서는 공간감 있게 오브젝트를 배치하는 것부터 카메라의 기본적인 이해가 필요합니다.

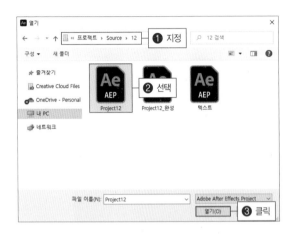

1 애프터 이펙트를 실행하고 메뉴에서 (File) → Open Project(Ctrl + O)를 실행합니다. 열기 대화상자가 표시되면 프로젝트 → Source → 12 폴더에서 'Project12.aep' 파일을 선택한 다음 〈열기〉 버튼을 클릭합니다.

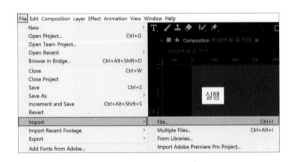

2 프로젝트 진행에 필요한 파일을 불러오기 위해 메뉴에서 (File) → Import → File을 실행합니다.

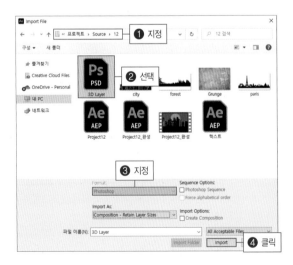

3 Import File 대화상자가 표시되면 프로젝트 → Source → 12 폴더에서 '3D Layer.psd' 파일을 선택하고 Import As를 'Composition – Retatin Layer Sizes'로 지정하고 〈Import〉 버튼을 클릭합니다.

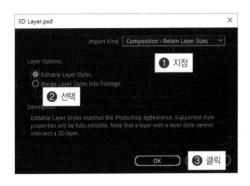

4 3D Layer.psd 대화상자가 표시되면 Import Kind 를 'Composition — Retain Layer Sizes'로 지정하고 Layer Options을 'Editable Layer Styles'로 선택한 다음 〈OK〉 버튼을 클릭합니다.

5 Project 패널에서 만들어진 3D Layer 컴포지션을 더블클릭하여 불러옵니다. Timeline 패널에서 불러온 레이어들을 확인할 수 있습니다.

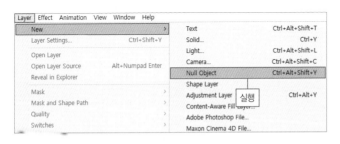

6 레이어를 화면에 배치하기 전에 함께 이동되어야 하는 레이어를 그룹으로 만들겠습니다. 메뉴에서 (Layer) → New → Null Object(Ctrl + Alt + Shift + Y)를 실행합니다.

7 Timeline 패널에서 만들어진 Null 레이어를 선택하고 [Ctrl]+[D]를 눌러 한 개의 Null 레이어를 복제합니다. 각각의 Null 레이어 이름을 '건물 콘트롤', '자동차 콘트롤'로 변경합니다.

8 '건물 콘트롤' 레이어를 '건물문_왼쪽' 레이어 위로 드래그하여 배치합니다. '건물문_왼쪽', '건물문_오른쪽', '건물' 레이어를 '건물 콘트롤' 레이어를 선택하고 Parent & Link 항목에서 '로프' 아이콘(⊚)을 '건물 콘트롤' 레이어로 드래그하여 연결합니다.

9 '자동차 콘트롤' 레이어를 '자동차_뒷바퀴' 레이어 위로 드래그하여 배치합니다. '자동차_뒷바퀴', '자동차_앞바퀴', '자동차', '자동차_창문' 레이어를 선택하고 Parent & Link 항목에서 '로프' 아이콘(⊚)을 '자동차 콘트롤' 레이어로 드래그하여 연결합니다.

10　면에 공간감을 연출하기 위해 모든 레이어를 3D Layer로 만들겠습니다. Timeline 패널에서 모든 레이어를 선택하고 Switches 항목의 '3D Layer' 아이콘(⬛)을 클릭합니다.

11　카메라를 설치하겠습니다. 메뉴에서 (Layer) → New → Camera(Ctrl + Alt + Shift + C)를 실행합니다.

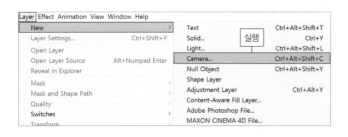

12　Camera Settings 대화상자가 표시되면 Type을 'Two-Node Camera', Preset을 '35mm'로 지정하고 〈OK〉 버튼을 클릭합니다.

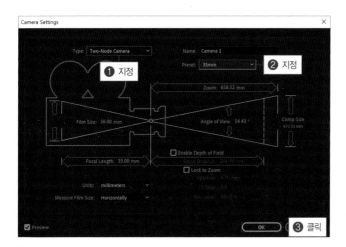

TIP

50mm가 사람의 눈과 가장 유사한 원근감 초점 거리를 갖는 표준 렌즈입니다. 이보다 작은 35mm 이하 렌즈는 초점 거리 짧고 화각은 넓은 광각 렌즈고, 이보다 큰 80mm 이상 렌즈는 초점 거리는 길고 화각이 좁은 망원 렌즈입니다.

디자이너's 노하우

애프터 이펙트에서 선택할 수 있는 카메라는 두 종류가 있습니다. 원노드(One-Node) 카메라는 일반식인 핸드헬트 기메리치럼 자유롭게 움직일 수 있습니다. 투노드(Two-Node) 카메라는 관심 영역(Point of Interest)을 설정하여 피사체와의 관계 속에서 설정할 수 있습니다. 따라서 특정 방향으로 카메라를 움직이면서 피사체를 중심으로 회전도 가능합니다.

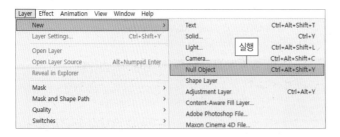

13 카메라를 쉽게 사용하기 위해 Null 레이어를 만들도록 하겠습니다. 메뉴에서 (Layer) → New → Null Object(Ctrl + Alt + Shift + Y)을 실행합니다.

14 Null 레이어 이름을 '카메라 콘트롤'로 변경하고 'Camera 1' 레이어의 Parent & Link 항목에서 '로프' 아이콘(◎)을 '카메라 콘트롤' 레이어로 드래그하여 연결합니다. '카메라 콘트롤' 레이어도 Switches 항목에서 '3D Layer' 아이콘(◉)을 클릭하여 3D Layer로 만듭니다.

TIP

카메라를 직접 움직여도 되지만 때때로 위치를 변경하다 카메라 위치가 변경되기도 합니다. Null 레이어와 함께 사용하면 오류가 줄어들기 때문에 Null 레이어를 이용하도록 합니다.

15 Composition 패널 하단의 Select view layout을 '2 Views'로 지정하여 3D Layer 기능을 활용하기 편리하게 변경합니다. 왼쪽 화면의 3D view popup을 'Top', 오른쪽 화면의 3D view popup을 'Camera 1'로 지정합니다.

16 Timeline 패널에서 '배경', '건물 콘트롤', '자동차 콘트롤', '사람1', '사람2', '카메라 콘트롤' 레이어를 선택하고 P를 눌러 Position 속성을 표시합니다. '배경' 레이어의 Z Position을 '5000', '건물 콘트롤' 레이어의 Z Position을 '3000', '자동차 콘트롤' 레이어의 Z Position을 '0', '사람2' 레이어의 Z Position을 '4000', '사람1' 레이어 Z Position을 '2000', '카메라 콘트롤' 레이어의 Z Position을 '800'으로 설정합니다.

17 '배경' 레이어가 Z축으로 이동하여 작아졌습니다. '배경' 레이어를 선택하고 Shift + S를 눌러 Scale 속성을 표시한 다음 '500'으로 설정합니다.

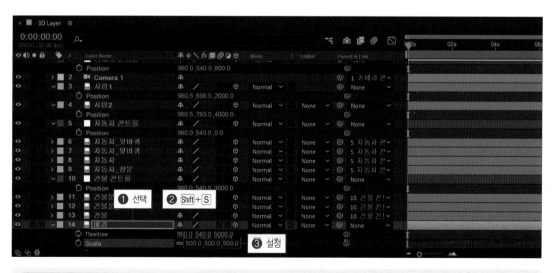

TIP
기존에 활성화되었던 속성을 닫지 않고 새로운 속성을 표시할 때 Shift를 활용하면 됩니다. Position 속성이 표시된 상태에서 S를 누르면 Scale 속성이 표시되지만, Shift + S를 누르면 Position과 Scale 속성 모두 표시됩니다.

18 카메라 움직임을 설정하여 카메라가 Zoom-In 되는 연출을 정확하게 카메라를 움직이기 위해 '카메라 콘트롤' 레이어의 Position을 X, Y, Z로 분리하겠습니다. '카메라 콘트롤' 레이어의 Position에서 마우스 오른쪽 버튼을 클릭한 다음 **Separate Dimensions**를 실행합니다.

19 '카메라 콘트롤' 레이어의 Z Position을 '0초'에서 '800'으로 설정하고 'Stop Watch' 아이콘(🖱)을 클릭하여 키프레임을 만듭니다. '2초'에서 Z Position을 '800', '2초 15프레임'에서 Z Position을 '1900', '3초 15프레임'에서 Z Position을 '1900', '4초'에서 Z Position을 '4000', '5초'에서 Z Position을 '4000', '5초 15프레임'에서 Z Position을 '5500'으로 설정하여 키프레임이 만들어진 것을 확인합니다.

TIP

Timeline 패널의 타임코드에 시간을 입력하여 현재 시간 표시기를 이동할 수도 있습니다. 예를 들어 '2초'로 이동하려면 '200', '5초 15프레임'으로 이동하려면 '515'를 입력하면 됩니다.

---

20 화면에서 보이는 레이어의 Position을 설정하여 보기 좋게 연출하겠습니다. 현재 시간 표시기를 '2초'로 이동하고 '자동차 콘트롤' 레이어에서 Position의 X, Y를 설정합니다.

 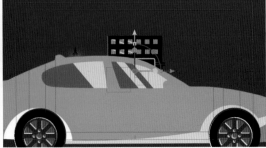

21 현재 시간 표시기를 '2초 15프레임'으로 이동하고 '사람1' 레이어에서 Position의 X, Y를 설정합니다.

22 현재 시간 표시기를 '4초'로 이동하고 '건물 콘트롤' 레이어의 Position X, Y를 설정합니다.

 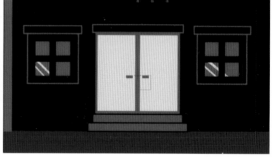

23 현재 시간 표시기를 '5초 15프레임'으로 이동하고 '사람2' 레이어의 Position X, Y를 설정합니다.

24 '카메라 콘트롤' 레이어의 키프레임을 모두 선택하고 F9 를 눌러 Easy Ease를 적용합니다.

25 'Graph Editor' 아이콘(▧)을 클릭하여 활성화합니다. 그래프 모양을 조정하여 움직임을 리듬감 있게 만들어 봅니다.

26 Timeline 패널에서 '사람1' 레이어를 '2초 10프레임'부터 나타나도록 레이어 위치를 드래그하여 배치하고 '사람2' 레이어를 '4초'부터 나타나도록 레이어 위치를 드래그하여 배치합니다.

오브젝트의 애니메이션 설정하기

카메라 움직임을 설정했다면 화면을 구성하는 오브젝트의 움직임을 구성하겠습니다. 움직임은 화면을 역동적으로 만들어 주고 오브젝트의 움직임을 세밀하게 구성할수록 화면의 밀도가 높아집니다. 그러나 한 프레임 안에서 자칫 너무 많은 움직임이 나타나면 메인 움직임이 약해져 전달력도 약해질 수 있습니다. 전체적으로 강조해야 하는 부분과 약하게 가야 하는 부분을 잘 계획하여 작업을 진행합니다.

1 Timeline 패널에서 '자동차 콘트롤' 레이어를 선택하고 P를 눌러 Position 속성을 표시한 다음 'Stop Watch' 아이콘(⏱)을 클릭하여 키프레임을 만듭니다. '0초'에서 Position을 '−386, 525, 0', '25프레임'에서 Position을 '850, 525, 0', '1초'에서 Position을 '843, 525, 0'으로 설정합니다.

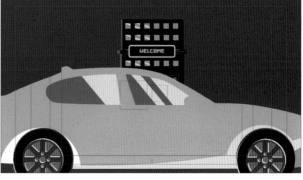

2 자동차 창문이 열리는 움직임을 연출하겠습니다. '자동차 창문' 레이어를 선택하고 P를 눌러 Position 속성을 표시한 다음 'Stop Watch' 아이콘(⏱)을 클릭하여 키프레임을 만듭니다. '1초 1프레임'에서 Position을 '156, 31.5, 0', '1초 29프레임'에서 Position을 '156, 145.5, 0'으로 설정하여 키프레임을 만듭니다.

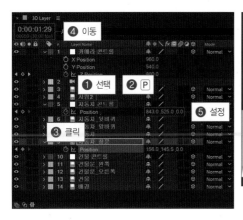
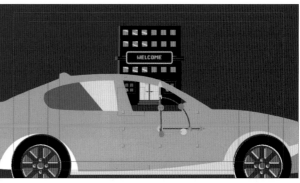

3 건물의 문이 양쪽으로 회전하면서 열리는 움직임을 연출하겠습니다. '건물문_왼쪽', '건물문_오른쪽' 레이어를 선택하고 Ⓐ를 눌러 Anchor Point 속성을 표시한 다음 'Stop Watch' 아이콘(⏱)을 클릭하여 키프레임을 만듭니다. 각 레이어의 회전축을 설정합니다.

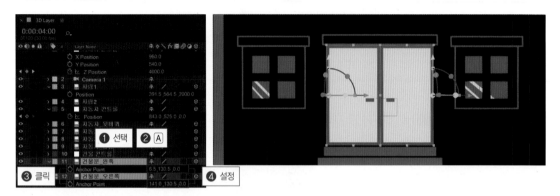

4 '건물문_왼쪽', '건물문 오른쪽' 레이어를 선택하고 Ⓡ을 눌러 Rotation 속성을 표시합니다. '건물문_왼쪽' 레이어의 Y Rotation 왼쪽의 'Stop Watch' 아이콘(⏱)을 클릭하여 키프레임을 만들고 '4초 15프레임'에서 '0°', '5초'에서는 '90°'로 설정합니다.

5 같은 방법으로 '건물문_오른쪽' 레이어의 Y Rotation을 '4초 15프레임'에서는 '0°', '5초'에서는 '-90°'로 설정하여 키프레임을 만듭니다.

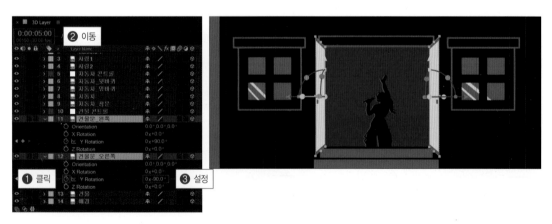

6 '사람2' 레이어의 간단한 움직임을 만들어 보도록 하겠습니다. 현재 시간 표시기를 '4초'로 이동합니다. '사람2' 레이어의 'Solo' 아이콘()을 클릭하여 '사람2' 레이어만 보이도록 합니다.

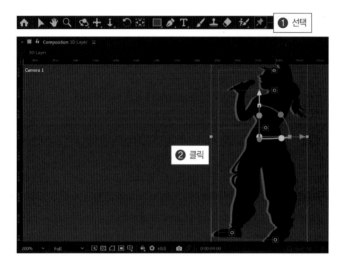

7 Tools 패널에서 퍼핏 핀 도구()를 선택하고 '사람2' 레이어를 선택한 다음 그림과 같이 5개의 퍼핏 핀을 추가합니다.

TIP

애프터 이펙트의 레이어는 Transform 속성에서 표현하기 어려운 미세 동작들은 퍼핏 핀 도구()를 사용하면 좋습니다. 특히 포인트를 조절할 수 있는 벡터 방식의 이미지와는 달리 '사람2' 레이어는 레스터 방식의 이미지이므로 퍼핏 핀 도구()로 미세 동작 움직임을 진행할 수 있습니다.

8 현재 시간 표시기를 '4초 15프레임' 으로 이동합니다. Tools 패널에서 선택 도구()를 선택하고 Composition 패널에서 머리에 추가한 핀을 선택한 다음 왼쪽 하단으로 살짝 드래그합니다.

TIP

퍼핏 핀 도구()는 자동으로 키프레임이 만들어집니다. Timeline 패널에서 핀을 적용한 레이어를 선택하고 U를 눌러 적용된 속성을 모두 표시하면 핀의 키프레임을 확인할 수 있습니다.

9 Timeline 패널에서 현재 시간 표시기를 '5초'로 이동한 다음 Puppet Pin 1의 Position '4초' 키프레임을 Ctrl+C 를 눌러 복사하고 Ctrl+V 를 눌러 붙여 넣습니다.

10 만들어진 3개의 키프레임이 반복적으로 실행되도록 Expression을 입력하겠습니다. Puppet Pin 1에서 Alt 를 누른 상태로 Position 왼쪽의 'Stop Watch' 아이콘(⏱)을 클릭하고 Expression: Position의 스크립트 영역에 'loopOut("cycle")'을 입력합니다. 재생하여 적용되었는지 확인한 다음 '사람2' 레이어의 'Solo' 아이콘(⬤)을 클릭하여 비활성화합니다.

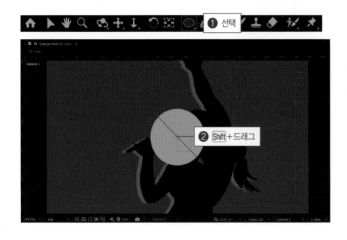

11 Tools 패널에서 원형 도구(⬤)를 선택하고 Composition 패널에서 Shift 를 누른 상태로 드래그하여 정원형을 만듭니다.

12 Fill을 '#FDA813'으로 지정하고 Stroke를 'None'으로 설정합니다. Timeline 패널에서 S를 눌러 Scale 속성을 표시한 다음 Scale을 '400%'로 설정합니다. 레이어 이름을 '스포트라이트'로 변경합니다.

13 '스포트라이트' 레이어를 선택하고 Switches 항목의 '3D Layer' 아이콘 (⬛)을 클릭하여 기능을 활성화합니다. P를 눌러 Position 속성을 표시하고 Z Position을 '4100'으로 설정합니다.

14 '사람2' 레이어에서 Position의 X를 그림과 같이 설정하여 화면의 왼쪽 부분에 텍스트가 들어갈 수 있도록 공간을 확보합니다.

디자이너's 노하우

모양 레이어(Shape Layer)에 에어브러시로 뿌린 듯한 질감을 적용해서 그림자를 추가하는 방법도 있습니다. 레이어를 선택하고 마우스 오른쪽 버튼을 클릭해서 팝업창이 뜨면 Layer Style → Inner Style을 선택하고, Layer Styles 항목에서 Blend Mode: Dissolve, Inner Shadow의 수치를 설정해서 에어브러시 효과를 만듭니다.

15 '사람2' 레이어를 '6초 29프레임'까지 보이도록 자릅니다. '스포트라이트' 레이어를 선택하고 S를 눌러 Scale 속성을 표시한 다음 '7초'에서 Scale을 '100', '7초 15프레임'에서 Scale을 '22'로 설정하여 키프레임을 만듭니다.

16 키프레임을 모두 선택한 다음 F9를 눌러 Easy Ease를 적용하고 'Graph Editor' 아이콘( )을 눌러 활성화한 다음 그래프 모양을 조정하여 움직임을 리듬감 있게 만듭니다.

Repeater로 빛 오브젝트 추가하기

셰이프 레이어의 Repeater를 활용하여 Circle을 반복적으로 복사하여 빛 효과를 제작해 봅시다.

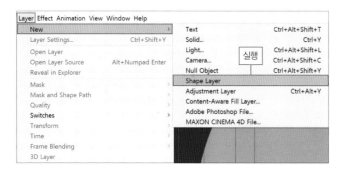

1 '빛' 오브젝트를 셰이프 레이어로 만들어 추가하겠습니다. 메뉴에서 [Layer] → New → Shape Layer를 실행하여 셰이프 레이어를 만듭니다.

2 레이어 이름을 '빛'으로 변경한 다음 Timeline 패널에서 셰이프 레이어의 'Solo' 아이콘(●)을 클릭하여 '빛' 레이어만 보이도록 설정합니다.

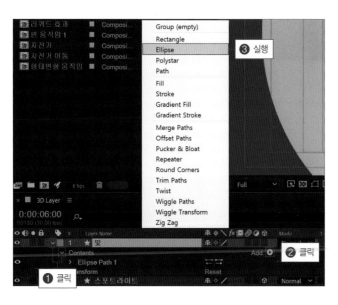

3 '빛' 레이어의 속성을 표시하고 Add의 오른쪽 ▶를 클릭하고 Ellipse를 실행합니다.

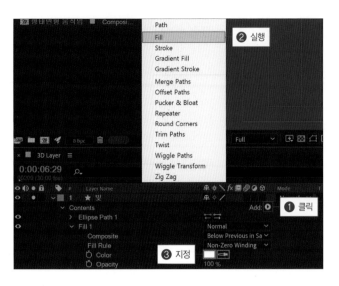

4 다시 Add의 오른쪽 ▶를 클릭하고 **Fill**을 추가한 다음 Color를 '#FFFFFF'로 지정합니다.

5 '빛' 레이어의 Add의 오른쪽 ▶를 클릭하고 **Repeater**를 실행하면 '빛' 레이어에 Repeater 1이 추가됩니다.

디자이너's 노하우

Repeater는 하나의 오브젝트를 쉽게 여러 개로 복사할 수 있는 기능입니다. 복제 기능에 비해서 효율적이고 반복의 속성을 변형시켜 배리에이션(Variation)을 구현하는 데에 효과적입니다. 이것은 셰이프 레이어에서만 사용할 수 있습니다.

6 Repeater 1의 속성을 표시하여 Copies를 '30'으로 설정합니다. Transform: Repeater 1의 Position을 '100, 0' Scale을 '95%'로 설정하여 크기가 조금씩 작아지면서 가로로 길게 배열된 30개의 원이 만들어집니다.

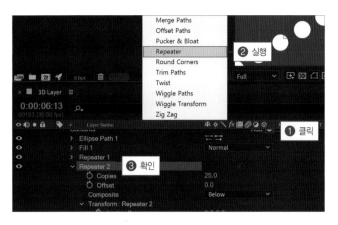

7 원들을 회전하면서 여러 개로 카피 하도록 하겠습니다. '빛' 레이어의 Add 의 오른쪽 ▶를 다시 클릭하고 한 번 더 **Repeater**를 실행하면 '빛' 레이어에 Repeater 2가 추가됩니다.

8 Repeater 2의 하위 속성을 표시하고 Copies를 '25'로 설정하고 Transform: Repeater 2의 Position을 '0', Rotation을 '15°'로 설정합니다.

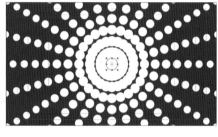

9 '빛' 레이어의 'Solo' 아이콘(●)을 다시 클릭하여 비활성화하고 Switches 항목의 '3D Layer' 아이콘(⬡)을 클릭 합니다.

10 Position과 Scale의 속성을 표 시하고 Position을 '960, 540, 4000', Scale을 '7%'로 설정하고 Mode를 'Soft Light'로 지정합니다.

11 '빛' 레이어를 선택하고 R를 눌러 Rotation의 속성을 표시합니다. Alt를 누른 상태로 Z Rotation 왼쪽의 'Stop Watch' 아이콘(⏱)을 클릭합니다. Expression: Rotation의 스크립트 영역이 활성화되면 'time*90'을 입력합니다.

12 '빛' 레이어를 선택하고 현재 시간 표시기를 '4초 16프레임'으로 이동한 다음 Alt + [를 누르고 다시 현재 시간 표시기를 '7초'로 이동한 다음 Alt +]를 눌러 레이어를 자릅니다.

13 Project 패널의 'forest.png' 파일을 Timeline 패널에 두 번 드래그하여 이동하고 두 레이어 모두 Switch 항목의 '3D Layer' 아이콘(⬢)을 클릭합니다.

14 각 레이어의 Z Position을 '0'으로 설정하고 Position X, Y와 Scale을 설정하여 그림과 같이 건물의 왼쪽, 오른쪽에 적절하게 배치합니다.

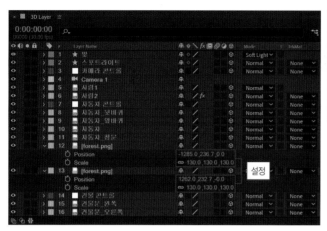

15 조절이 완료되면 두 개의 'forest.png' 레이어를 선택하고 Parent & Link 항목의 '로프' 아이콘(⊚)을 '건물 콘트롤' 레이어에 드래그하여 연결합니다.

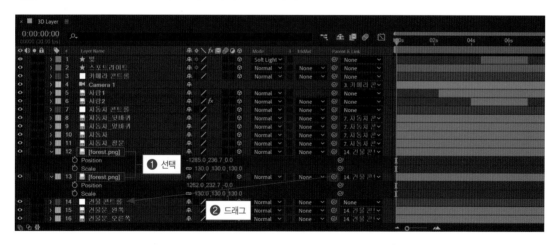

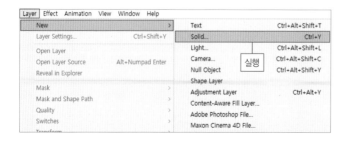

16 배경에 별을 추가하도록 하겠습니다. Solid 레이어를 만들기 위해 메뉴에서 [Layer] → New → Solid([Ctrl]+[Y])을 실행합니다.

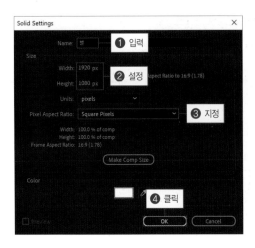

17 Solid Settings 대화상자가 표시되면 Name 에 '별'을 입력하고 Width를 '1920px', Height를 '1080px', Pixel Aspect Ratio를 'Square Pixels'로 지 정하고 〈OK〉 버튼을 클릭합니다.

18 Effects & Presets 패널에서 'CC Ball Action' 이펙트를 검색한 다음 '별' 레이어에 드래그하여 적용합니다.

19 Effect Controls 패널의 CC Ball Action 항목에서 Scatter를 '300', Rotation을 '90°', Twist Angle을 '90°', Grid Spacing을 '10', Ball Size를 '5'로 설정합니다.

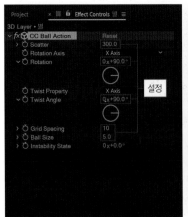

20 '별' 레이어를 Pre-compose 하
도록 하겠습니다. Timeline 패널에서
'별' 레이어에서 마우스 오른쪽 버튼을
클릭한 다음 **Pre-compose**를 실행합
니다.

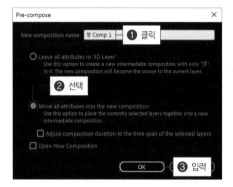

21 Pre-compose 대화상자가 표시되면 New composi-
tion name에 '별 Comp 1'을 입력하고 'Move all attributes
into the new composition'을 선택한 다음 〈OK〉 버튼을
클릭합니다.

22 '별 Comp 1' 레이어를 선택하고 Switch 항목에서 '3D Layer' 아이콘(⬛)을 클릭합니다. '별
Comp 1' 레이어의 Position과 Rotation 속성을 표시하고 Z Position을 '5000', Scale을 '350%'로 설
정합니다. Y Position을 그림과 같이 적절하게 설정하여 배치합니다.

23 Effects & Presets 패널에서 'Glow' 이펙트를 검색한 다음 '별 Comp 1' 레이어에 적용합니다. '별 Comp 1' 레이어에 Glow가 적용되었습니다.

24 현재 시간 표시기를 '4초 14프레임'으로 이동한 다음 Alt+] 를 눌러 '별 Comp 1' 레이어가 '4초 14프레임'까지 보이도록 설정합니다.

텍스트 추가하여 크레딧 타이틀 만들기

타이틀 시퀀스에서는 텍스트가 나옵니다. 영화 제작에 참여한 제작자들의 이름이 나오는 크레딧 타이틀(Credit Title)로 주연 배우 소개와 프로덕션, 디자인, 음악 그리고 감독 등을 소개하는 것으로 구성합니다. 이는 소개 텍스트이기도 하지만 작품의 분위기, 내용 의도 등을 고려하여 디자인적으로 효과를 높이기 위해 작업을 진행합니다.

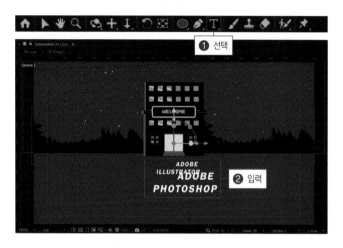

1 Tools 패널에서 문자 도구(T)를 선택하고 Composition 패널에서 'ADOBE PHOTOSHOP', 'ADOBE ILLUSTRATOR', 'ADOBE PREMIERE'를 입력하여 3개의 텍스트 레이어를 만듭니다.

2 Timeline 패널에서 3개의 텍스트 레이어를 선택하고 Switches 항목의 '3D Layer' 아이콘(◾)을 클릭한 다음 P를 눌러 Position 속성을 표시합니다.

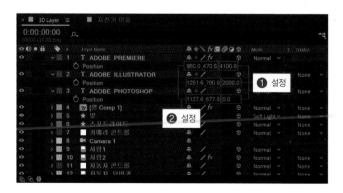

3 'ADOBE PHOTOSHOP' 레이어의 Z Position을 '0', 'ADOBE ILLUSTRATOR' 레이어의 Z Position을 '2000', 'ADOBE PREMIERE' 레이어의 Z Position을 '4100'으로 설정합니다. 화면에서 확인하면서 각 레이어의 X, Y Position도 설정합니다.

4 Effects & Presets 패널에서 'Drop Shadow' 이펙트를 검색한 다음 모든 텍스트 레이어에 적용합니다.

5 Effect Controls 패널의 Drop Shadow 항목에서 Shadow Color를 '#0C67AA'로 지정하고 Distance를 '15'로 설정합니다.

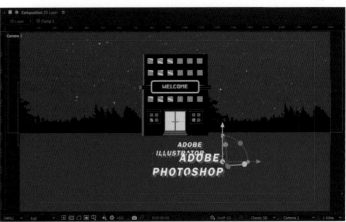

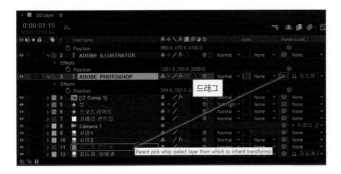

6 'ADOBE PHOTOSHOP' 레이어의 Parent & Link 항목에서 '로프' 아이콘(◎)을 '자동차 콘트롤' 레이어로 드래그하여 연결합니다.

7 'ADOBE ILLUSTRATOR' 레이어를 '2초 8프레임'부터 시작하도록 드래그하여 배치하고 'ADOBE PREMIERE' 레이어를 '4초 1프레임~6초 29프레임'에 위치하도록 배치합니다.

8 Project 패널에서 '형태변형 움직임' 컴포지션을 더블클릭하여 불러옵니다.

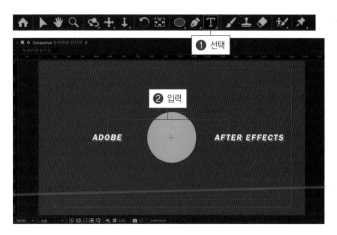

9 Tools 패널에서 문자 도구(T)를 선택하고 Composition 패널에서 'ADOBE AFTER EFFECTS'를 입력하여 텍스트 레이어를 만듭니다.

10 지금까지 작업했던 텍스트와 같은 방법으로 'Drop Shadow' 이펙트를 적용합니다.

11 Timeline 패널에서 'ADOBE AFTER EFFECTS' 레이어를 선택하고 P를 눌러 Position 속성을 표시합니다. 현재 시간 표시기를 이동하여 '5프레임'에서 Position을 '386.6, 556.7', '15프레임'에서 '386.6, 481.7', '25프레임'에서 Position을 '386.6, 556.7'으로 설정하여 키프레임을 만듭니다.

12 원의 움직임에 맞춰 텍스트가 움직이는 것을 확인할 수 있습니다.

종합 편집하여 모션 그래픽 영상 마무리하기

각 장면별 자연스러운 연결을 고려하여 편집을 진행하는 것이 중요합니다.

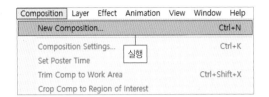

1 새로운 컴포지션을 만들기 위해 메뉴에서 (Composition) → New Composition(Ctrl+N)을 실행합니다.

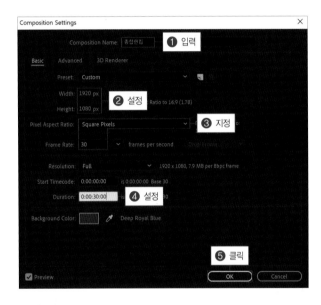

2 Composition Settings 대화상자가 표시되면 Composition Name에 '종합편집'을 입력하고 Width를 '1920px', Height를 '1080px'로 설정한 다음 Pixel Aspect Ratio를 'Square Pixels', Frame Rate를 '30'으로 지정합니다. Duration을 '0:00:30:00'으로 설정하고 〈OK〉 버튼을 클릭합니다.

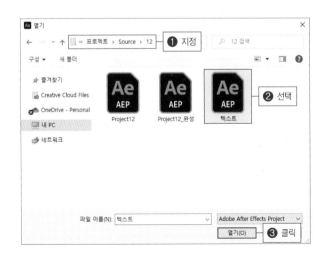

3 메뉴에서 (File) → Import(Ctrl+I)를 실행합니다. Import 대화상자가 표시되면 프로젝트 → Source → 12 폴더에서 '텍스트.aep' 파일을 선택한 다음 〈Import〉 버튼을 클릭합니다.

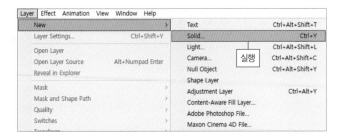

4 Solid 레이어를 만들기 위해 메뉴에서 (Layer) → New → Solid(Ctrl +Y)를 실행합니다.

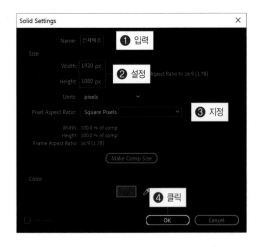

5 Solid Settings 대화상자가 표시되면 Name에 '전체배경'을 입력하고 Width를 '1920px', Height를 '1080px'로 설정한 다음 Pixel Aspect Ratio를 'Square Pixels'로 지정하고 〈OK〉 버튼을 클릭합니다.

6 '텍스트' 컴포지션을 '0초~4초 26프레임', '자전거 이동' 컴포지션을 '4초 27프레임~8초 25프레임', '3D Layer' 컴포지션을 '8초 26프레임~16초 8프레임', '형태변형 움직임' 컴포지션을 '16초 9프레임~18초 1프레임', '리퀴드 효과' 컴포지션을 '18초~24초'로 배치합니다.

디자이너's 노하우

모션 그래픽 작업에서 각 장면 컴포지션들을 하나로 연결할 때에도 장면 전환의 기법을 고려해야 합니다. 컷 편집처럼 매치 컷으로 장면을 연결하면 무난합니다.

7 '리퀴드 효과' 레이어가 너무 느린 것 같아 시간 조절을 하겠습니다. Timeline 패널에서 '리퀴드 효과' 레이어의 Stretch를 '70%'로 설정하여 빠르게 만듭니다.

TIP

'리퀴드 효과' 컴포지션을 불러와 속도를 변경할 수 있지만 여기에서는 Timeline 패널의 Stretch를 이용했습니다.

TIP

Timeline 패널에서 마우스 오른쪽 버튼을 클릭한 다음 Columns에서 항목을 숨기고 추가할 수 있습니다.

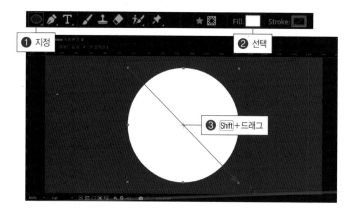

8 Tools 패널에서 원형 도구( )를 선택하고 Fill을 '#FFFFFF'로 지정한 다음 Composition 패널에서 Shift 를 누른 상태로 드래그하여 정원형을 만듭니다.

9 Timeline 패널에서 셰이프 레이어의 속성을 표시하고 Size를 '960'로 설정합니다. 셰이프 레이어의 이름을 '마지막 원'으로 변경하고 '22초 4프레임'부터 보이도록 배치합니다.

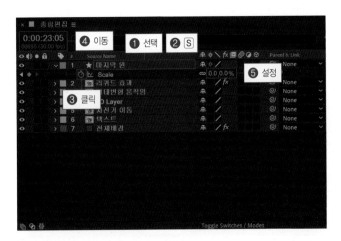

10 '마지막 원' 레이어를 선택하고 ⑤를 눌러 Scale 속성을 표시한 다음 현재 시간 표시기가 '22초 4프레임'에서 Scale을 '80%', '22초 17프레임'에서 Scale을 '40%', '23초 5프레임'에서 Scale을 '0%'로 설정하여 키프레임을 만듭니다.

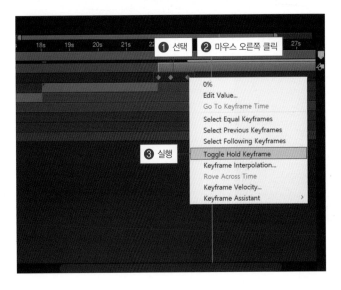

11 '마지막 원' 레이어에 설정된 키프레임을 모두 선택하고 마우스 오른쪽 버튼을 클릭한 다음 Toggle Hold Keyframe을 실행합니다. 설정한 키프레임으로 자연스럽게 변화하지 않고 키프레임 사이에 모션 없이 바로 입력된 수치로 변화하게 되어 움직임이 끊겨 보입니다.

12 Effects & Presets 패널에서 'Fill' 이펙트를 검색한 다음 Timeline 패널의 '전체배경' 레이어에 드래그하여 적용합니다.

13 Effect Controls 패널에서 효과가 적용된 것을 확인하고 '22초 5프레임'에서 Color를 '#0C67AA', '22초 17프레임'에서 Color를 '#003B67', '23초 5프레임'에서 Color를 '#000000'으로 지정하여 키프레임을 만듭니다.

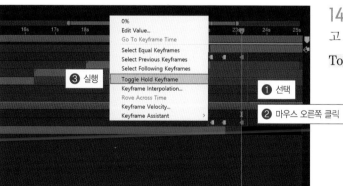

14 설정된 키프레임을 모두 선택하고 마우스 오른쪽 버튼을 클릭한 다음 **Toggle Hold Keyframe**을 실행합니다.

15 모든 작업이 완료되면 렌더링하기 전에 불필요한 부분을 자르도록 하겠습니다. 현재 시간 표시기를 '24초'로 이동한 다음 N을 눌러 Work Area End를 지정합니다.

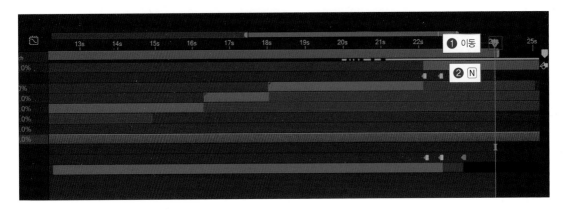

16 Work Area 영역에서 마우스 오른쪽 버튼을 클릭한 다음 **Trim Comp to Work Area**를 실행하여 설정한 영역까지 잘라냅니다.

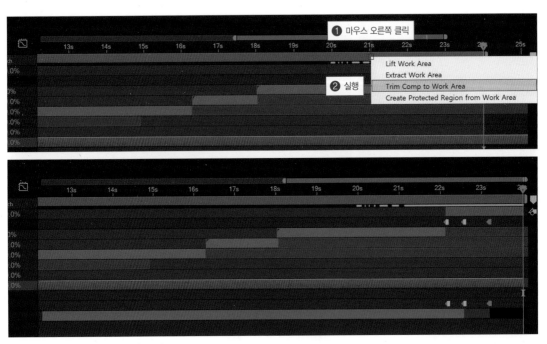

▲ Work Area 영역이 잘린 모습

애프터 이펙트의 3D 기능 활용하기

전문적인 3D 프로그램을 사용하지 않아도 간단한 3D 느낌의 텍스트 표현 정도는 애프터 이펙트에서 만들어낼 수 있습니다.
이러한 3D 텍스트는 개인 창작자의 아이덴티티나 영상 콘텐츠의 로고 표현 등에 활용할 수 있고 2D 그래픽에 비해서 3D 스타일의
그래픽은 더 현실감 있고 입체적인 느낌을 줄 수 있습니다. 최근에는 영상의 여러 분야에서 3D 디자인의 혼용이 증가하고 있습니다.
평면 이미지나 영상과 함께 3D 요소를 함께 활용하면 더 새로운 영상디자인 구현이 가능합니다.

작업 특징 애프터 이펙트의 3D 렌더러(3D Renderer)를 CINEMA 4D로 변경하고, 텍스트 레이어를 3D 레이어로 설정하여 입체감을 표현합니다.
이어서 조명(Light)과 카메라(Camera)를 설치하고 키프레임 모션과 빛나는 효과 등을 추가하여 3D 텍스트 표현을 완성합니다.

예제 파일 프로젝트\Source\13\2D TEXT.mp4, BLACK_BAR.png

완성 파일 프로젝트\Source\13\Project13_완성.aep, Project13_완성.mp4

텍스트에 3D 입체감 표현하기

애프터 이펙트에서 3D 입체감의 표현을 위해 3D Renderer를 CINEMA 4D로 변경합니다. 3D 입체감의 표현을 위해서는 오브젝트의 정면(Front), 상면(Top), 측면(Side), 사용자(Custom) 뷰를 동시에 확인해야 합니다. 텍스트 도구로 텍스트 레이어를 생성하며 3D 레이어로 설정한 후, Geometry Options 항목에서 Bevel Style, Bevel Depth, Extrusion Depth 등을 조절하여 텍스트의 입체감을 표현합니다.

텍스트 위에 지나가는 빛 효과 만들기

CC Light Sweep 효과를 적용하여 텍스트 위에 빛이 지나가는 움직임을 표현합니다.

조명과 카메라를 설치하고 움직임과 빛 효과 추가하기

3D 오브젝트의 입체감과 공간감을 드러내기 위해서 조명(Light)와 카메라(Camera)를 설치합니다. 조명은 3D 오브젝트에 사실적인 표현과 디테일을 보강하는 요소입니다. 카메라와 오브젝트에 키 프레임 모션을 설정하고, 렌즈 플레어(Lens Flare) 효과와 비네트(Vinette) 효과 등을 추가하여 입체적인 느낌을 강조합니다.

3D TEXT 만들기

애프터 이펙트에서 3D 개체의 표현은 3D Layer 기능을 실행시키고 Z축으로 레이어를 쌓아가는 방식도 있고 Composition Settings에서 Renderer를 변경하여 진행할 수도 있습니다. 이번 프로젝트에서는 Renderer를 CINEMA 4D로 변경하여 진행하겠습니다. 3D 표현을 할 때는 Front, Top, Side, Perspective 뷰의 3D 입체감을 표현을 고려하고 작업해야 합니다.

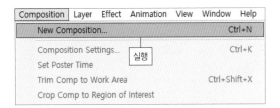

1 애프터 이펙트에서 새 프로젝트를 만들고 새로운 컴포지션을 만들기 위해 메뉴에서 (Composition) → New Composition(Ctrl+N)을 실행합니다.

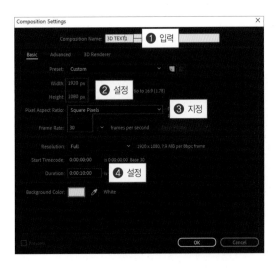

2 Composition Settings 대화상자가 표시되면 Composition Name에 '3D TEXT1'를 입력하고 Width를 '1920px', Height를 '1080px'로 설정한 다음 Pixel Aspect Ratio를 'Square Pixels', Frame Rate를 '30'으로 지정합니다. Duration을 '0:00:10:00'으로 설정합니다.

3 애프터 이펙트에서 3D 기능을 사용하려면 3D Renderer를 변경해야 합니다. Composition Settings 대화상자의 (3D Renderer) 탭을 선택합니다. Renderer를 'CINEMA 4D'로 지정하고 〈Options〉 버튼을 클릭합니다.

4 CINEMA 4D Renderer Options 대화상 자가 표시됩니다. Quality를 '20' 정도로 설정 하고 〈OK〉 버튼을 클릭합니다.

TIP
Quality의 수치가 높을수록 보이는 결과물이 좋아지지만, 수 치를 올릴수록 작업 속도가 느려집니다.

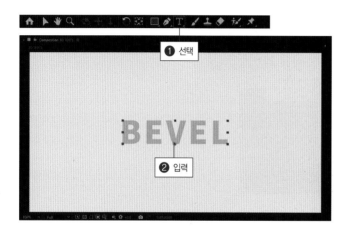

5 Tools 패널에서 문자 도구(**T**)를 선택하고 Composition 패널의 화면에 'BEVEL'을 입력하고 중앙에 정렬합 니다.

TIP
Charcter 패널에서 텍스트의 속성을 설정합니다.

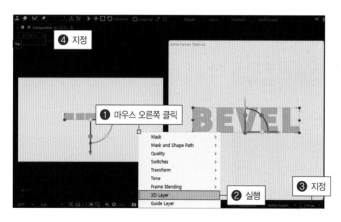

6 Composition 패널에서 마우스 오 른쪽 버튼을 클릭하고 **3D Layer**를 실 행합니다. Composition 패널 하단의 Select view layout을 '2 Views'로 지 정하고 왼쪽 화면의 3D View Popup 을 'Top'으로 지정합니다.

TIP
Timeline 패널에서 '3D Layer' 아이콘(🔳)을 클릭 해도 됩니다.

디자이너's 노하우
3D 기능을 활용할 때 다양한 측면에서 오브젝트를 관찰해야 하므로 2개 이상의 뷰를 화면에 배치하여 작업하는 것이 좋습니다.

7 Timeline 패널에서 텍스트 레이어의 속성을 표시한 다음 Geometry Options 항목에서 Bevel Style을 'Concave'로 지정하고 Bevel Depth를 '5', Extrusion Depth를 '70'으로 설정합니다.

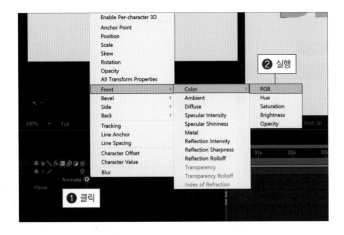

8 Animate 오른쪽의 ▶를 클릭하고 Font → Color → RGB를 실행합니다.

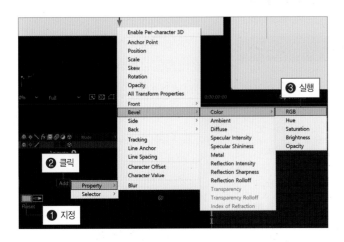

9 Font Color가 추가되면 '#FFB30E'로 지정하고 새로 추가된 Animator 1에서 Add 오른쪽의 ▶를 클릭하고 Property → Bevel → Color → RGB를 실행합니다.

10 Bevel Color가 추가되면 '#FFFFFF'
로 지정합니다.

11 Animator 1에서 Add 오른쪽의
▶를 클릭하고 Property → Side →
Color → RGB를 실행합니다.

12 Side Color가 추가되면 '#FFA40E'
로 지정합니다.

13 Tools 패널에서 문자 도구(■)를 선택하고 Composition 패널의 화면에 'STUDIO'를 입력하여 텍스트 레이어를 만든 다음 Character 패널에서 텍스트의 속성을 설정합니다.

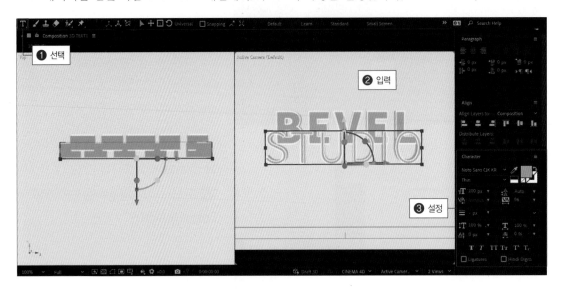

14 'BEVEL' 레이어와 같은 방법으로 'STUDIO' 레이어에서 Switches 항목의 '3D Layer' 아이콘(■)을 클릭하고 속성을 표시합니다.

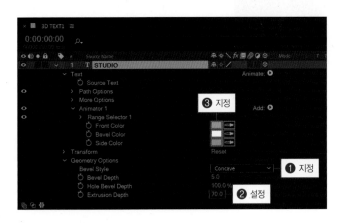

15 Geometry Options의 Bevel Style을 'Concave'로 지정하고 Bevle Depth를 '5', Extrusion Depth를 '70'으로 설정한 다음 Font Color를 '#FFB30E', Bevel Color를 '#FFFFFF', Side Color를 '#FFA40E'로 지정합니다.

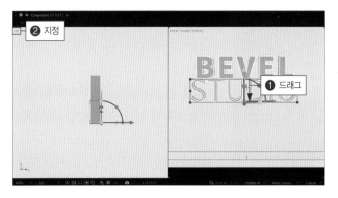

16 'STUDIO' 레이어를 'BEVEL' 레이어 아래로 드래그하여 그림과 같이 위치를 조절합니다. Composition 패널 왼쪽 화면의 3D View Popup을 'Left View'로 지정하고 확인하며 작업합니다.

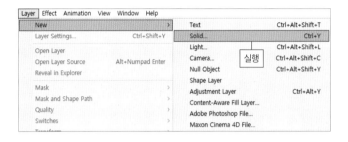

17 바닥 배경을 만들기 위해 Solid 레이어를 만들겠습니다. 메뉴에서 (Layer) → New → Solid(Ctrl + Y)을 실행합니다.

18 Solid Settings 대화상자가 표시되면 Name에 '바닥배경'를 입력하고 Width를 '1920px', Height를 '1080px'로 설정한 다음 Pixel Aspect Ratio를 'Square Pixels'로 지정하고 〈OK〉 버튼을 클릭합니다.

19 Timeline 패널에서 '바닥배경' 레이어를 가장 하단으로 드래그하여 배치하고 Switches 항목의 '3D Layer' 아이콘(▣)을 클릭합니다. '바닥배경' 레이어를 선택한 다음 R을 눌러 Rotation 속성을 표시하고 X Rotation을 '90°'로 설정합니다.

20 '바닥배경' 레이어를 선택하고 P를 눌러 Position 속성을 표시한 다음 Y Position을 설정하여 텍스트의 아래 위치에 적당하게 배치합니다.

21 '바닥배경' 레이어를 선택하고 S를 눌러 Scale 속성을 표시한 다음 Scale을 '500'으로 설정하여 화면에서 바닥이 잘려 보이지 않게 설정합니다.

조명 만들고 카메라 설치하기

3D의 입체감과 공간감을 잘 표현하기 위해서는 Light와 Camera를 설치해야 합니다. 영상에서 조명은 영상 제작에서 중요한 기법 중 하나입니다. 라이트는 3점 조명의 원리를 응용해서 오브젝트의 입체감을 부여할 수 있습니다. 이를 고려하면 애프터 이펙트에서도 라이트를 설치할 수 있습니다.

1 메인이 되는 주광을 설치하겠습니다. 메뉴에서 (Layer) → New → Light를 실행하여 Light를 만듭니다.

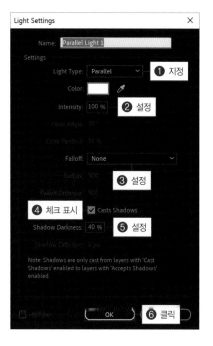

2 Light Settings 대화상자가 표시되면 Light Type을 'Parallel'로 지정하고 Intensity를 '100%'로 설정합니다. Falloff를 'None'으로 지정하고 'Cast Shadow'를 체크 표시한 다음 Shadow Darkness를 '40%' 설정하고 〈OK〉 버튼을 클릭합니다.

디자이너's 노하우

주광은 피사체를 선명하고 입체적으로 만드는 조명입니다. 일정한 방향성이 있는 'Parallel'로 지정하여 피사체의 왼쪽 상단에 주광을 위치시킵니다.

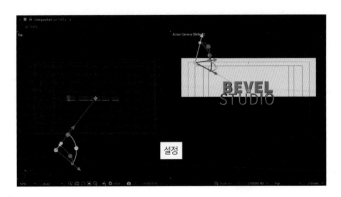

3 만들어진 'Parallel Light 1' 레이어의 위치를 텍스트의 왼쪽 상단에서 비스듬히 비추도록 설정합니다.

설정

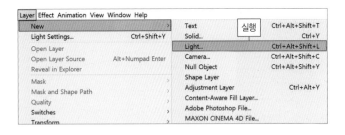

실행

4 보조 라이트를 설치하겠습니다. 같은 방법으로 메뉴에서 [Layer] → New → Light를 실행하여 Light를 하나 더 만듭니다.

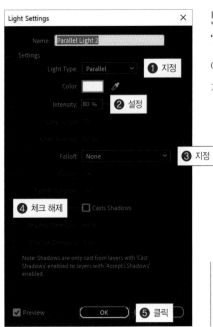

❶ 지정
❷ 설정
❸ 지정
❹ 체크 해제
❺ 클릭

5 Light Settings 대화상자가 표시되면 Light Type을 'Parallel'로 지정하고 Intensity를 '80%'로 설정합니다. Falloff를 'None'으로 지정하고 'Cast Shadow'에 체크 표시를 해제하고 〈OK〉 버튼을 클릭합니다.

디자이너's 노하우

보조광도 주광과 같은 'Parallel'로 지정합니다. 주광보다 다소 약하게 설정해야 하며 'Cast Shadows'는 체크 표시하지 않습니다.

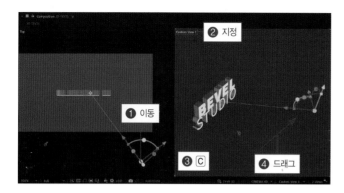

6 'Parallel Light 2' 레이어를 'Parallel Light 1' 레이어 반대편으로 이동하여 부드러운 대비와 풍부한 색을 표현합니다. Composition 패널의 오른쪽 화면을 'Costom View'로 지정하고 C를 눌러 주위 궤도 도구(🔄)로 화면을 회전하며 작업합니다.

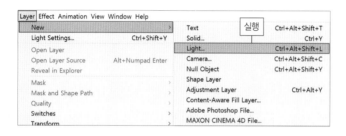

7 화면 전체의 밝기를 조정할 보조 라이트를 설치하겠습니다. 같은 방법으로 메뉴에서 (Layer) → New → Light를 실행합니다.

8 Light Settings 대화상자가 표시되면 Name에 'Ambient Light 3'을 입력하고 Light Type을 'Ambient'로 지정한 다음 Intensity '20%'로 설정하고 〈OK〉 버튼을 클릭합니다. 화면이 전체적으로 밝아지는 것을 확인할 수 있습니다.

디자이너's 노하우

역광은 피사체 뒤에서 투사하는 것이 일반적이지만, 비슷한 효과를 내는 주변광 (Ambient Light)을 사용할 때도 있습니다. 전체의 밝기를 고려하여 Intensity 수치를 주광원보다 낮게 설정합니다.

9 텍스트의 그림자를 만들겠습니다. Timeline 패널에서 'BEVEL', 'STUDIO' 레이어를 선택한 다음 검색 창에 'Cast Shadows'를 검색합니다. 표시된 Material Option의 Cast Shadows에서 'Off'를 클릭하여 'On'으로 설정하면 텍스트 그림자가 만들어진 것을 확인할 수 있습니다.

TIP

그림자는 'Parallel Light 1'의 위치를 변경하며 적절하게 조정합니다.

10 메뉴에서 (File) → New → Camera(Ctrl+Alt+Shift+C)를 실행하여 카메라를 만듭니다. Camera Settings 대화상자가 표시되면 Type을 'Two-Node Camera', Presets를 '35mm'로 지정하고 〈OK〉 버튼을 클릭합니다.

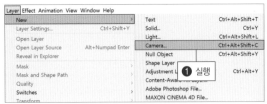
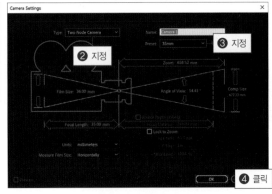

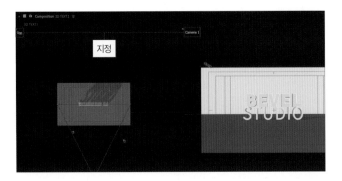

11 카메라가 생성되면 Composition 패널에서 왼쪽 화면의 3D View Popup을 'Top', 오른쪽 화면의 3D View Popup을 'Camera 1'로 지정합니다.

3D 오브젝트에 역동적인 움직임 설정하기

영상에서의 움직임은 크게 오브젝트의 움직임과 카메라의 움직임으로 나눌 수 있습니다. 3D 오브젝트의 움직임은 3D의 특징에 적합하도록 Z축을 잘 활용하는 것이 좋습니다. 이에 더하여 카메라를 설치하여 움직임을 주면 오브젝트의 움직임과 더불어 역동적인 표현을 할 수 있습니다.

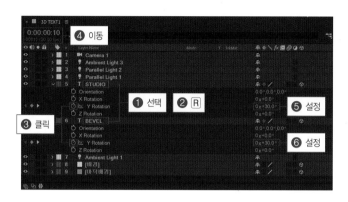

1 'STUDIO' 레이어와 'BEVEL' 레이어를 회전시키겠습니다. 'STUDIO', 'BEVEL' 레이어를 선택하고 R을 눌러 Rotation 속성을 표시합니다. 현재 시간 표시기를 '10프레임'에서 Y Rotation을 '30°', '15프레임'에서 Y Rotation을 '0°'로 설정하여 키프레임을 만듭니다.

2 설정한 키프레임을 모두 선택하고 F9를 눌러 Easy Ease를 적용합니다.

3 'STUDIO' 레이어를 선택하고 Ctrl+D를 눌러 레이어를 복제합니다. 'STUDIO 2' 레이어가 만들어진 것을 확인하고 레이어가 '0초~9프레임' 사이에 위치하도록 현재 시간 표시기를 '9프레임'으로 이동하고 Alt+]를 눌러 레이어를 자릅니다.

4 'STUDIO 2' 레이어를 선택하고 U를 눌러 'STUDIO 2' 레이어에 적용된 속성을 표시합니다. 키프레임을 모두 선택하고 '10프레임~15프레임'에 있는 키프레임을 '0초~10프레임'에 위치할 수 있도록 드래그하여 이동합니다.

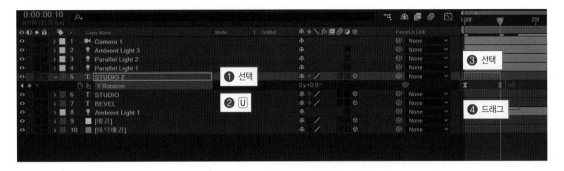

5 'STUDIO', 'BEVEL' 레이어를 선택하고 '10프레임'부터 나타나도록 Alt+[를 눌러 앞부분을 잘라낸 다음 U를 눌러 키프레임을 확인합니다.

6 'STUDIO' 레이어의 키프레임을 선택하고 '15프레임~20프레임'에 위치할 수 있도록 드래그하여 이동합니다.

7 'STUDIO' 텍스트 레이어를 선택하고 ⑤를 눌러 Scale 속성을 표시한 다음 Shift+P를 눌러 Position 속성을 같이 표시합니다. Scale을 '300%'로 설정하고 '바닥배경' 레이어의 위치에 맞게 Position을 설정합니다.

8 카메라 움직임을 설정하겠습니다. Timeline 패널에서 'Camera 1' 레이어를 선택한 다음 P를 눌러 Position 속성을 표시합니다. Position 속성에서 마우스 오른쪽 버튼을 클릭한 다음 **Separate Dimensions**를 실행합니다.

9 카메라 Zoom-In 움직임을 만들겠습니다. 현재 시간 표시기를 '0초'로 이동하고 'Camera 1' 레이어 Z Position 왼쪽의 'Stop Watch' 아이콘(🕙)을 클릭하여 키프레임을 만듭니다. 현재 시간 표시기를 '2초'로 이동한 다음 Z Position을 '-1404.7'로 설정합니다.

10 설정한 키프레임을 모두 선택하고 [F9]를 눌러 Easy Ease를 적용합니다.

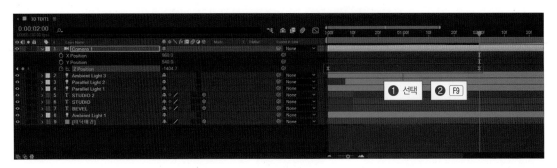

11 현재 시간 표시기를 '2초'로 이동하고 'Camera 1' 레이어 Y Position 왼쪽의 'Stop Watch' 아이콘(🕐)을 클릭하여 키프레임을 만듭니다. 현재 시간 표시기를 '10프레임'으로 이동하고 Y Position을 '−650'으로 설정합니다. 설정한 키프레임을 선택하고 [Shift]+[F9]를 눌러 Easy Ease In을 적용합니다. 'Graph Editor' 아이콘(🕐)을 클릭하여 그래프 모양을 조정합니다.

12 'Graph Editor' 아이콘(📉)을 클릭하여 그래프 모양을 조정합니다.

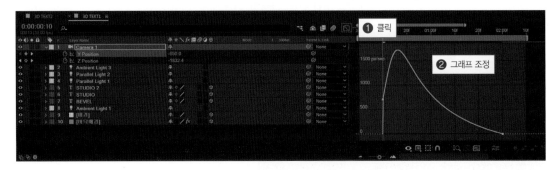

공간감 부여하고 이펙트 설정하기

배경을 삼차원으로 설정하여 공간감을 부여하는 것이 입체적인 표현에 중요합니다. 공간감을 표현하기 위해서는 배경을 삼차원적으로 배치하고 애프터 이펙트의 Effect로 표현하면 효율적입니다.

1 바닥 배경을 만들기 위해 Solid 레이어를 만들겠습니다. 메뉴에서 (Layer) → New → Solid(Ctrl+Y)를 실행합니다.

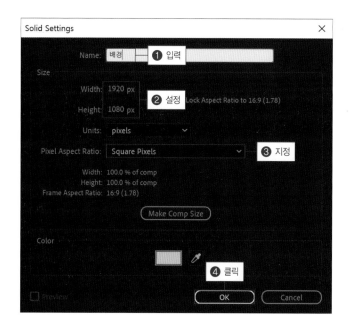

2 Solid Settings 대화상자가 표시되면 Name에 '배경'을 입력하고 Width를 '1920px', Height를 '1080px'로 설정한 다음 Pixel Aspect Ratio를 'Square Pixels'로 지정하고 〈OK〉 버튼을 클릭합니다.

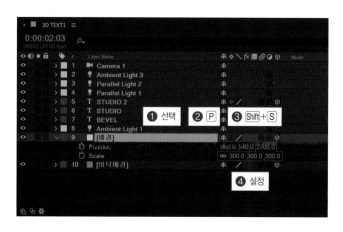

3 Timeline 패널에서 '배경' 레이어를 선택하고 P를 눌러 Position 속성을 표시한 다음 Shift+S를 눌러 Scale 속성을 표시합니다. Position의 Z를 '2700', Scale을 '300'으로 설정합니다.

4 Effects & Presets 패널에서 'Gradient Ramp' 이펙트를 검색한 다음 Timeline 패널의 '바닥배경' 레이어에 드래그하여 적용합니다.

5 Effect Controls 패널의 Gradient Ramp 항목에서 Start Color를 '#FFFFFF', End Color를 '#BEBEBE'로 지정합니다. Start of Ramp와 End of Ramp 위치를 조정하여 그러데이션이 잘 표현될 수 있도록 합니다.

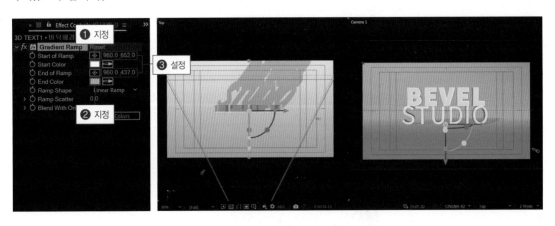

6 '바닥배경' 레이어의 경계를 자연스럽게 설정하기 위해 레이어에 마스크를 만들겠습니다. '바닥배경' 레이어에서 마우스 오른쪽 버튼을 클릭한 다음 Mask → New Mask(Ctrl + Shift + N)를 실행합니다.

7 '바닥배경' 레이어 Mask 1 속성을 표시합니다. Mask Feather를 '200 pixels', Mask Expansion 을 '−200 pixels'로 설정하여 경계를 자연스럽게 합니다.

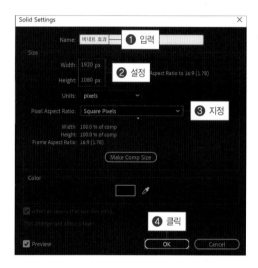

8 배경에 비네트 효과를 추가하기 위해 Solid 레이어를 만들겠습니다. 메뉴에서 (Layer) → New → Solid(Ctrl+Y)를 실행합니다.

Solid Settings 대화상자가 표시되면 Name에 '비네트 효과'를 입력하고 Width를 '1920px', Height를 '1080px'로 설정한 다음 Pixel Aspect Ratio를 'Square Pixels'로 지정하고 ⟨OK⟩ 버튼을 클릭합니다.

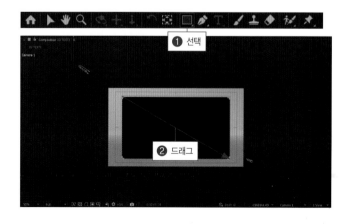

9 Timeline 패널에서 '비네트 효과' 레이어를 선택하고 Tools 패널에서 사각형 도구(■)를 선택한 다음 Composition 패널의 화면에 드래그하여 마스크를 만듭니다.

10 '비네트 효과' 레이어의 Mask 1 속성을 표시합니다. Mask Feather를 '200 pixels', Mask Expansion을 '200 pixels'로 설정합니다. 수치를 조정하여 배경과 자연스럽게 만들어 봅니다.

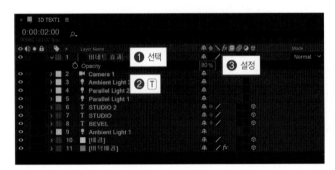

11 '비네트 효과' 레이어를 선택하고 T를 눌러 Opacity 속성을 표시한 다음 Opacity를 '80%'로 설정하여 배경과 조금 더 자연스럽게 보이도록 합니다.

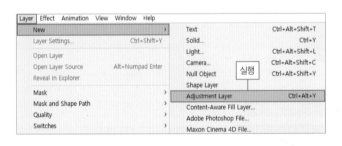

12 'Lens Flare' 이펙트를 적용하기 위해 먼저 Adjustment Layer를 만듭니다. 메뉴에서 (Layer) → New → **Adjustment Layer**(Ctrl+Shift+Y)를 실행합니다.

13 Timeline 패널에 Adjustment Layer가 만들어지면 레이어 이름을 '렌즈 플레어 효과'로 변경합니다.

14 Effects & Presets 패널에서 'Lens Flare'를 검색한 다음 Timeline 패널의 '렌즈 플레어 효과' 레이어에 적용합니다.

15 Effect Controls 패널의 Lens Flare 항목에서 Flare Center를 '575, 355', Flare Brightness를 '60%'로 설정합니다.

16 Timeline 패널에서 '렌즈 플레어 효과' 레이어를 선택하고 현재 시간 표시기를 '23프레임'으로 이동한 다음 [Alt]+[[]를 눌러 '23프레임'부터 보이도록 설정합니다.

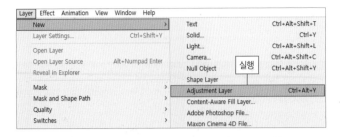

17 회전 시 역동적으로 보일 수 있는 이펙트를 적용하기 위해 먼저 Adjustment Layer를 만듭니다. 메뉴에서 [Layer] → New → Adjustment Layer(Ctrl+Shift+Y)를 실행합니다.

18 Timeline 패널에 Adjustment Layer가 만들어지면 레이어 이름을 '라이트 폭발 효과'로 변경합니다.

19 Effects & Presets 패널에서 'CC Light Burst'를 검색한 다음 Timeline 패널의 '라이트 폭발 효과' 레이어에 적용합니다.

20 Effect Controls 패널의 CC Light Burst 항목에서 Ray Length를 '10'으로 설정합니다.

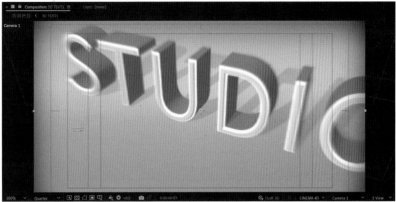

21 Timeline 패널에서 '라이트 폭발 효과' 레이어가 '1프레임~6프레임' 사이에 보이도록 배치합니다.

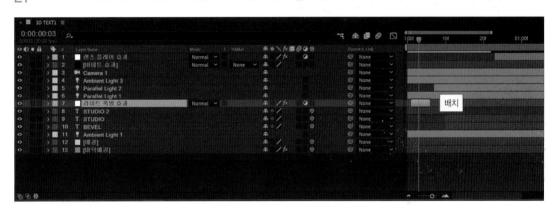

22 '라이트 폭발 효과' 레이어를 선택한 다음 Ctrl + D 를 눌러 복제합니다. '라이트 폭발 효과 2' 레이어가 '13프레임~16프레임' 사이에 보이도록 배치합니다.

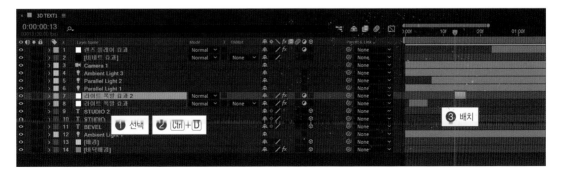

CC Light Sweep 이펙트로 빛이 지나가는 효과 만들기

CC Light Sweep 이펙트를 이용하여 텍스트 위에 빛이 지나가는 효과를 표현해 보겠습니다.

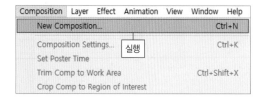

1 새로운 컴포지션을 만들기 위해 메뉴에서 (Composition) → New Composition(Ctrl+N)을 실행합니다.

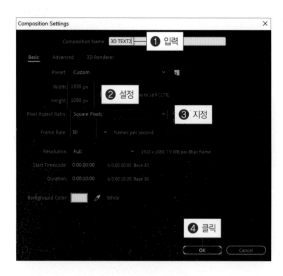

2 Composition Settings 대화상자가 표시되면 Composition Name에 '3D TEXT2'를 입력하고 Width를 '1920px', Height를 '1080px'로 설정한 다음 Pixel Aspect Ratio를 'Square Pixels', Frame Rate를 '30'으로 지정합니다. Duration을 '0:00:10:00'으로 설정하고 〈OK〉 버튼을 클릭합니다.

3 '3D TEXT1' 컴포지션에서 'BEVEL' 텍스트 레이어, 'STUDIO' 텍스트 레이어, '비네트 효과' 레이어를 복사해서 '3D TEXT2'의 컴포지션에 붙여 넣기 합니다. 'BEVEL' 텍스트 레이어, 'STUDIO' 텍스트 레이어의 3D Layer 기능은 클릭하여 해제합니다.

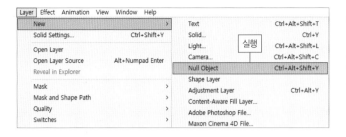

4 2개의 레이어의 크기를 설정하기 위해 Null 레이어가 필요합니다. Null 레이어를 만들기 위해 메뉴에서 (Layer) → New → Null Object(Ctrl +Alt+Shift+Y)를 실행합니다.

5 'Null' 레이어 이름을 '크기 콘트롤'로 변경합니다. 'BEVEL', 'STUDIO' 레이어를 선택하고 Parent & Link 항목에서 '로프' 아이콘(◎)을 '크기 콘트롤' 레이어로 드래그하여 연결합니다.

6 '크기 콘트롤' 레이어를 선택하고 S를 눌러 Scale 속성을 표시한 다음 Scale을 '137%'로 설정합니다.

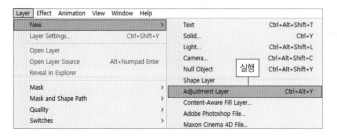

7 빛 효과를 추가하기 위해 Adjust-ment Layer를 만듭니다. 메뉴에서 (Layer) → New → Adjustment Layer (Ctrl + Shift + Y)를 실행합니다.

8 Timeline 패널에 Adjustment Layer가 만들어지면 레이어 이름을 '빛 효과'로 변경합니다.

9 Effects & Presets 패널에서 'CC Light Sweep' 이펙트를 검색한 다음 Timeline 패널의 '빛 효과' 레이어에 드래그하여 적용합니다.

10 Effect Controls 패널의 CC Light Sweep 항목에서 Direction을 '30°'로 설정합니다.

11 Effect Controls 패널에서 CC Light Sweep → Center 왼쪽의 'Stop Watch' 아이콘(⏱)을 클릭하여 키프레임을 만들고 '0초'에서 Center를 '444, 270', '1초'에서 Center를 '1730, 270'으로 설정합니다. 텍스트 위에서 왼쪽에서 오른쪽으로 이동하는 빛 효과가 만들어졌습니다.

12 Timeline 패널에서 '빛 효과' 레이어를 'STOUDIO' 레이어 바로 위로 드래그하여 배치합니다.

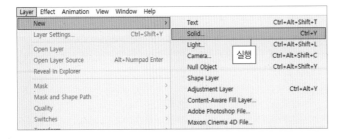

13 배경 Solid를 만들도록 하겠습니다. 메뉴에서 (Layer) → New → Solid(Ctrl+Y)를 실행합니다.

14 Solid Settings 대화상자가 표시되면 Name에 '배경'을 입력하고 Width를 '1920px', Height를 '1080px'로 설정한 다음 Pixel Aspect Ratio를 'Square Pixels'로 지정하고 〈OK〉 버튼을 클릭합니다.

15 Timeline 패널에 '배경' 레이어가 만들어졌습니다. 레이어를 가장 하단으로 드래그하여 배치합니다.

종합 편집하여 3D 기능 영상 마무리하기

새로운 컴포지션을 생성하여 이제까지 작업했던 컴포지션과 동영상을 이용하여 전체 편집하고 자연스럽게 조정합니다. 영상 전체에 검은색 바를 설정하여 영상의 집중도를 높입니다.

1 메뉴에서 (File) → Import → File(Ctrl +I)을 실행한 다음 Import File 대화상자가 표시되면 프로젝트 → Source → 13 폴더에서 '2D TEXT.mp4', 'BLACK_BAR. png' 파일을 선택한 다음 〈Import〉 버튼을 클릭합니다.

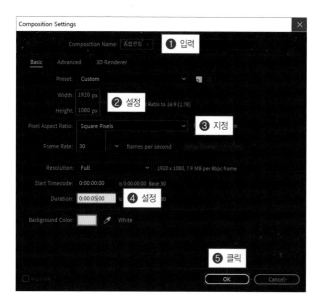

2 새로운 컴포지션을 만들기 위해 메뉴에서 (Composition) → New Composi-tion(Ctrl+N)을 실행합니다.

Composition Settings 대화상자가 표시되면 Composition Name에 '종합편집'을 입력하고 Width를 '1920px', Height를 '1080px'로 설정한 다음 Pixel Aspect Ratio를 'Square Pixels', Frame Rate를 '30'으로 지정합니다. Duration을 '0:00:05:00'으로 설정하고 〈OK〉 버튼을 클릭합니다.

3 Project 패널에서 '2D TEXT. mp4' 파일, '3D TEXT1' 컴포지션, '3D TEXT2' 컴포지션을 Timeline 패널로 드래그하여 불러옵니다.

4 '3D TEXT1' 컴포지션을 '0초~1초 28프레임', '2D TEXT.mp4' 레이어를 '1초 29프레임~2초 14프레임', '3D TEXT2' 컴포지션을 '2초 15프레임~4초 29프레임'으로 그림과 같이 배치합니다.

5 화면 비율을 변경하기 위해 검은색 바를 설정하도록 하겠습니다. Project 패널에서 'BLACK_BAR.png' 파일을 Timeline 패널로 드래그하여 불러온 다음 가장 상위 레이어에 드래그하여 배치합니다.

6 Spacebar 를 눌러 재생하고 어색한 부분이 있으면 조정합니다.

TIP

3D 기능을 사용할 때에는 재생이 원활하지 않을 수 있습니다. Resolution/Down Sample Factor Popup을 'Full'로 지정하지 않고 그보다 낮추어 작업하면 더 효율적입니다. 이는 작업의 효율성을 위함이며 최종 렌더링 품질과는 관련이 없습니다.

디자이너's 노하우

일반적인 2D 애니메이션과 구별되는 3D 애니메이션의 가장 큰 특징은 깊이에 해당하는 Z축을 활용하여 오브젝트 움직임의 공간성을 강조할 수 있고, 정지된 오브젝트라도 여러 방향에서 보여 줄 수 있다는 점입니다. 애프터 이펙트는 전문적인 3D 프로그램처럼 작동하기 않기 때문에 적은 수의 오브젝트만 생성하고 카메라와 모션을 활용해서 효과적으로 연출하는 요령이 필요합니다.